《农业软科学研究丛书（2004—2009）》之四

农村劳动力转移与农民收入

农业部软科学委员会办公室

中国财政经济出版社

图书在版编目（CIP）数据

农村劳动力转移与农民收入/农业部软科学委员会办公室．—北京：中国财政经济出版社，2010.9

（农业软科学研究丛书．2004～2009；4）

ISBN 978－7－5095－2431－2

Ⅰ.①农…　Ⅱ.①农…　Ⅲ.①农村－劳动力转移－研究－中国②农民－收入－研究－中国　Ⅳ.①F323.6②F323.8

中国版本图书馆CIP数据核字（2010）第158865号

责任编辑：周桂元　张怡然　　　　版式设计：董生萍

封面设计：郁　佳

中国财政经济出版社出版

URL：http：//www.cfeph.cn

E－mail：cfeph@cfeph.cn

社址：北京市海淀区阜成路甲28号　邮政编码：100142

发行处电话：88190406　财经书店电话：64033436

北京富生印刷厂印刷　各地新华书店经销

787×960毫米　16开　27印张　351 000字

2010年9月第1版　2010年9月北京第1次印刷

定价：49.00元

ISBN 978－7－5095－2431－2/F·2065

（图书出现印装问题，本社负责调换）

本社质量投诉电话：010－88190744

《农业软科学研究丛书（2004—2009）》

编 辑 委 员 会

编者说明

呈现在读者面前的这套丛书，是农业部软科学研究2004—2009年成果汇编。

农业部软科学委员会曾编纂《农业软科学研究丛书》和《农业软科学研究新丛》，收录1994—2000年、2001—2003年间的软科学研究成果。丛书出版后，受到了社会各界的广泛好评。2004—2009年，农业部软科学委员会组织专家对农业和农村改革发展的重大问题、热点难点问题开展深入研究，形成了一大批高质量的研究成果。许多研究成果既注重前瞻性，又注重战略性；既注重理论性，又注重操作性，为领导决策发挥了重要的咨询服务作用，为推动农业农村经济持续健康发展提供了重要的理论支撑。为进一步强化农业软科学成果的转化利用，扩大农业软科学研究成果的社会影响，现将这六年的研究成果汇编成《农业软科学研究丛书（2004—2009）》继续公开出版，供读者研究“三农”问题时参考。

在丛书编辑过程中，农业部软科学委员会办公室组织有关专家在全面整理农业软科学2004—2009年研究成果的基础上，筛选出仍具有理论和实践参考价值的研究成果，按主题和内容分类，编纂形成6册专集（著作）出版，分别是：《农业综合生产能力与农业社会化服务》，《现代农业与新农村建设》，《农业产业政策与农业宏观调控》，《农村劳动力转移与农民收入》，《农村基本经营制度与农业法制建设》，《农村改革与统筹城乡发展》。

各专集编纂人员对各项研究成果进行了认真的遴选，按一定的逻辑关系进行了整理和编排，并尽量保持原貌，以反映出认识与实践演进的时代脉络。同时，为方便读者阅读和参考，对入选研究成果作了内容综述。此外，为了保证这套丛书的质量，编审人员作了认真细致的审校工作。限于编者水平，书中不妥之处在所难免，敬请读者批评指正。

农业部软科学委员会办公室

2010 年 7 月

目 录

综　述

伴随着从农业社会向工业社会的过渡，人类社会就开始了农村劳动力向城市转移的进程。作为耕地资源相对匮乏的人口大国和农业大国，我国工业化进程中农村剩余劳动力的转移不仅其规模在世界上是空前巨大的，而且影响广泛而深远。我国农村剩余劳动力的转移不仅是有效促进农业增效、农民增收、农村发展、缩小城乡收入差距、解决好“三农”问题的重要途径，而且直接影响着我国的工业化和城镇化的发展进程，是我国国民经济综合发展与和谐社会建设的重要组成部分。农民收入问题是“三农”问题的核心，也是实施扩大内需战略、保持国民经济持续协调发展的关键。近年来，农业部软科学委员会围绕农村劳动力转移和农民收入问题组织展开了多项课题研究，取得了一系列重要成果。我们在认真遴选、梳理相关研究成果的基础上，形成了《农村劳动力转移与农民收入》一书。

本书共分七章：第一章，农村劳动力转移的历史与现状；

第二章，农村进城务工人员社会管理和服务；第三章，农村劳动力转移对农业生产的影响；第四章，农民工返乡创业；第五章，农村劳动力培训；第六章，积极促进农村劳动力转移就业；第七章，千方百计增加农民收入。编纂本书的基本思路是：①充分利用2004年以来农业部软科学课题成果，根据各课题研究内容的彼此联系，重新组合分类。②本书在选取课题成果时，在关注理论性的同时，更加注重课题成果的时代性、实践性和可操作性。③充分收录研究视角较新的成果。

一、农村劳动力转移进程与现状

我国农村劳动力转移起步较晚，建国后才逐渐启动农村劳动力转移的历史进程。但由于过去严格的户籍管理制度和我国计划经济管理体制的限制，大规模的农村劳动力转移在改革开放后才真正全面展开，并呈现出快速发展的态势。

“2004—2006年农村劳动力转移就业研究”总结了我国农村劳动力转移的历程和基本情况，总结分析了农村劳动力转移就业的区域差异及其原因以及农村劳动力转移就业的宏观微观影响因素。该研究报告认为，从劳动力就业地点转换的角度来看，改革开放以来，农村劳动力转移就业的历史进程可划分为三个阶段：第一阶段是1978—1991年的就地转移阶段。农村剩余劳动力主要是向本地新兴的乡镇企业转移，农户主要是兼业型经营。在这一时期，农村剩余劳动力转移存在比较明显的地区差异，主要表现为东南沿海地区农村劳动力转移发展大大快于中西部落后地区。20世纪80年代中期以后开始出现异地转移，但尚未形成主流。第二阶段是1992—2003年的全面转移阶段。这一时期的农村劳动力开始形成多元化多层次的全面转移格局，就业地域本地、异地兼备，就业方向第一、第二产业兼具。1992年以后，异地转移代替就地转移逐渐成为农村劳动力转移的主体，大量农村剩余劳动力由中西部地区流向经济发达的东部。也正是在这一时期出现了“民工潮”现象，形成了中国特有的人数过亿人的“农民工”群体。与此同时，就地转移也在发生深刻变化，就业质量、就业结构和就业产业都得到进一步优化。第三阶段是2004年至今的优化转移阶段。这个阶段的突出特点是出现了农民工回乡创业的热潮，农村劳动力双向流动与双向就业的新局面正在形成。农民工带着在城市积累的资金和经验返乡创业的回流现象最早出现在20世纪90年代末，近几年更加普遍，其社会经济效益正在逐步得到显现。农民工返乡创业的主要特点：投资方向主要以工商经济为主；大多数人选择在小城镇创业和居住，为中西部地区发展小城镇化提供了推动力；部分农民工被充实到农村基层组织，成为重要的后备力量。可见，农民工是农村带头致富和带动群众致富的领头人，是新的生产方式、生活方式的推动者、开拓者，也是农村基层干部的后备力量。

伴随着国民经济增长和经济社会结构调整转型，我国农村劳动力就业结构可以说已经发生了历史性的深刻变化，特别是农村劳动力的转移就业进入了一个全新时期，呈现出不少值得关注的新特点、新趋势，成为我国经济社会结构变迁中最引人注目的现象。“有利于农民增收的就业促进政策研究”以全新的视角对这些新特点、新趋势作了系统深入的研究，研究成果显示：当前，农业从业人员下降，且女性化、老龄化、低文化、兼业化趋势增强；40%的农村劳动力已转移到非农产业，农民工已成为我国产业工人的主体；外出劳动力规模扩大，主要分布在劳动密集型行业，并以男性、青壮年、文化程度较高的精英群体为主；农村劳动力非农就业增长速率与经济增长周期波动密切相关。研究报告指出，1997年亚洲金融危机之后，我国经济进入了一个调整时期。1998—2002年GDP增长率连续5年小于10%。之后，国民经济进入了平稳较快增长阶段，2003—2007年GDP增长率连续5年大于10%。受国民经济周期波动影响，1998—2007年农村劳动力转移也呈现出明显的阶段性。这一时期，农村非农产业从业人员年均增长5.3%，而相对于这一时期的前5年来讲，后5年非农产业从业人员年均增长6.6%，转移速度明显加快。与上一个10年相比，这一时期农村劳动力转移也呈明显加快的趋势。从事非农产业的农村劳动力年均增长速度提高了1个百分点，非农产业从业人员所占比重上升了6个百分点。这说明，国民经济增长是农村劳动力转移就业的前提，经济增长加快时期，对农村劳动力就业的吸纳能力增强；反之，则弱。

二、农村劳动力转移的意义与影响

农村劳动力的转移是我国工业化、城市化发展过程中的一个必然，不仅是增加农民收入、促进农村发展的重要途径，而且也对我国城市和非农产业的发展产生了巨大的推动作用。农业部软科学课题“农民工进城的社会问题与制度创新研究”、“有利于农民增收的就业促进政策研究”、“农村劳动力转移对农业生产影响情况调查”等都涉及农村劳动力转移的意义与影响。综合各相关报告观点，可以从对农村、对城市和对整个国民经济这三个方面来看农村劳动力转移的意义与影响。

（一）农村劳动力转移对农村的意义及其影响

一是外出务工已成为农民增收的主要来源。近年来，工资性收入占农民人均纯收入的比重逐年提高，由1997年的24.6%上升到2007年的38.6%，工资性收入对农民人均纯收入的贡献份额达到52.7%，已取代农业收入成为农民增收的主体。可以说，1997—2007年，正是由于工资性收入的快速增长，一方面弥补了前几年农产品价格下跌对农民收入带来的损失，另一方面支撑了后几年农民收入的较快增长。

二是对农业生产影响。农村劳动力转移对农业生产的影响是间接的，若仅就农业生产而言，农村劳动力转移短期内对农业生产没有显著的不利影响，反而有利于农业生产率的提高；但从更长时期内考虑，农村劳动力转移尤其是青壮年劳动力的转移，对农业生产尤其是粮食生产的不利影响是不容忽视的。

（二）农村劳动力转移对城市社会的意义及其影响

第一，农民工的流入成为促进城市经济结构升级和社会事业发展的重要契机，创造了一个多赢的局面。①给城市提供了大量的廉价劳动力。②农村劳动力的流入使得调整城市的产业结构有了劳动力资源基础，形成了农民工依赖型城市。③农民进城务工经商是发展城市第三产业、提高城市居民生活质量的客观需要。④大量农民工进城推动城市增加公共资源和公共服务的供给能力，并开启了重新构建城市公共服务体系的进程。

第二，农民工在城市生活并不断追求自身权利，推动城市旧的管理体制不断改革创新。过去城市公共管理体制是建立在为有城市户口的居民服务的基础上的，现今大量农民工进城务工经商，使城市政府管理思路和体制受到挑战；城市旧的管理体制正在瓦解，开始将农民工纳入整个城市公共管理和服务体系中去；农村劳动力在流入城市过程中，其组织形态和维护基本权利的表现方式，也给城市的管理体制带来了新问题，这为城市改造旧有管理体制、实现管理转型、构建新型城乡关系提供了契机。

第三，城市新旧群体的融合需要经历一个长期的艰难过程。目前，市民对农民流入给城市带来的各种变化的评价正在由过去的负面为主，转变为正面为主，整个社会正在形成一种道义上和法理上的共识：农民有权流入城市、留在城市，农民工进城工作的意义和贡献都是巨大的。但是，也应当承认，农民的流入和农民工在城市的工作生活，市民与农民之间直接接触，观念冲突和行为摩擦将长期存在。政府的主要责任是针对存在问题，进行制度创新，从根本上消除城乡隔阂，缩短农民市民化的过程，减少身份转变过程中的痛苦，使我国的工业化、城镇化和现代化进程平稳顺利推进。

（三）农村劳动力转移对国民经济发展和整个社会的意义及其影响

我国是个人口众多的农业大国，农村人口占总人口的70%。改革开放以来，特别是20世纪90年代以来，农民外出就业的规模逐步扩大，成为我国工业化、城镇化、现代化发展过程中产业工人的重要来源，可以说，农村劳动力转移就业已成为国民经济成长的重要力量，农村劳动力向非农产业转移就业促进了国家整体工业化进程，农村劳动力向城镇转移就业推动了人口城镇化进程，农村劳动力转移就业推动了国民经济长期持续快速增长。

农村劳动力转移就业是入世后发挥我国劳动力成本低的优势，增强我国工农业产品国际竞争力的必然选择。在国际经济竞争中我国的比较优势主要是劳动力成本低，这主要又表现为农村劳动力成本低，而且数量庞大，供给充裕。农村劳动力的转移促进了城乡统一的劳动力市场形成，整合城乡劳动力资源，合理调整行业之间劳动力结构，有利于实现劳动力资源更有效地配置，保持我国的这一优势。

农村劳动力转移就业也是我国工业反哺农业、城市文明辐射农村的现实途径。依靠农业支持工业化，当工业化达到一定水平后，工业再反哺农业，这是许多工业化国家的共同经验。农村劳动力的转移可以使农民获得现金收入，直接支持农业建设和农民生活的改善。一部分农民外出打工，等于增加农业人口资源占有量，可以提高农业的规模效益。农村外出劳动力，在打工过程中接触了先进的生产方式和文化理念，返乡后既为农村经济发展带来资金，又带来市场信息、管理经验，更带来现代文明的生活方式。这些对于促进农村的发展和社会变迁，提高农村文明水平起到了潜移默化的作用。

农村劳动力转移就业影响农村居民收入，从而影响农村居民的消费水平变动，而农村居民消费增长与国民经济增长存在相关性。从历史数据看，首先，农村居民最终消费对 GDP 的总量和增长都作出了较大的贡献。其次，农村居民消费作为社会总消费需求的重要组成部分，直接影响国民经济各部门的 GDP。第三，农村居民最终消费需求的贡献率持续下降，将对国民经济产生不良影响。

农村劳动力转移就业对国民经济的作用还体现在我国应对国际金融危机方面。促进农民工返乡创业就是我国应对金融危机，确保经济平稳较快增长的一个重大举措。全球性的金融危机使我国出口大受影响，扩大内需成为拉动我国经济增长的关键。返乡农民工创业能够促进当地经济增长，解决农民工就业，增加农民收入，进而激活农村市场，扩大内需，拉动经济增长。促进返乡农民工创业是兴起全民创业，实现经济崛起战略的一个重大举措。

三、农村劳动力转移就业存在的问题

农民工规模大、流动性强，经济社会各个方面还不适应这种新的形势。一方面，农村青壮年劳动力大量外出，引发的社会问题日益突出。另一方面，由于我国长期存在的城乡二元经济社会结构，以及一些地方政府领导对农民工在中国现代化进程中的推动作用和历史意义缺乏足够的认识，目前城市在农民工的管理、服务以及推进农民工市民化方面仍存在着诸多问题。农业部软科学课题“农民工进城的社会问题与制度创新”、“农村进城务工人员社会管理与服务问题研究”、“农民工子女教育管理制度问题研究”、“北京、浙江、广东对农民工收费情况的调查”等报告都指出了农村劳动力转移中存在的问题，可以概括为以下几个方面：

（一）农村劳动力加快转移后引发的社会问题日益凸显

农村青壮年劳动力大量外流，导致部分地区从事农业生产的劳动力严重缺乏，致使大量耕地无人种或无力种，加之土地流转困难，许多耕地只能抛荒。这种劳务输出在短期内可以获得劳务经济效益，但这对当地的农业生产来说却是有一定的负面影响：一是农业劳动力人数的减少。二是农业生产劳动力结构性失衡和农业劳动力整体素质下降，输出的主要是青壮年和文化层次相对较高的劳动力，而仍留在农村进行农业生产的主要是中老年和妇女。由于他们的文化层次偏低，严重制约农业新技术在农业生产中的推广深度和广度，致使农业生产仍然保持粗放型的经营方式，降低了耕地的利用效率和产出效率。这与新农村建设和现代农业发展的需要是明显不相匹配和不相适应的。

随着农民工群体的不断壮大，“农民工子女”的教育问题越来越突出。由于他们就学的地点是他们的居住地点，从就学的情况来看，事实上也存在两种形态。一种是“流动儿童”随父母在城市里生活和在城市里的学校上学，另一种是“留守儿童”，即没有随父母到城市居住生活，而是留在家乡上学。目前农民工子女义务教育主要存在入学的机会和条件不平等、不能适龄入学和失学、中途转学的问题和农民工子弟学校缺乏规范和扶持的问题。流动儿童中的在学者占全部流动儿童的90.7%，失学率高达9.3%。由于进城农民工子女未能完全纳入当地义务教育体系，相当一部分农民工子女在务工城市不能像城里的孩子一样进入公办中小学，享受九年之义务教育。即使到公办学校就读的也只是在小学阶段，因为不能跨省市高考，初高中阶段绝大多数要回乡就读。而民办学校又得不到当地政府的支持，办学经费没有列入财政预算，无法安排专项资金，只有依靠收费维持运转，无形中加重了农民工的教育负担。

（二）农村劳动力素质低下使得其就业面狭窄，工资待遇低

素质低下的农村劳动力，进城面对的必然是十分狭窄的职业选择空间，从而影响其向非农转移的可能性和稳定性以及就业报酬。

根据国家统计局农村外出劳动力农民工统计监测调查，2009年，外出农民工仍以从事制造业、建筑业和服务业为主。在外出农民工中，从事制造业的农民工所占比重最大，占39.1%，其次是建筑业占17.3%，服务业占11.8%，住宿餐饮业和批发零售业各占7.8%，交通运输仓储邮政业占5.9%。从工资报酬看，虽然农民工外出务工收入不断增长，但总体水平仍然很低。2009年，外出农民工月平均收入为1417元，外出农民工月均收入在600元以下的占2.1%，600—800元的占5.2%，800—1200元的占31.5%，1200—1600元的占33.9%，1600—2400元的占19.7%，2400元以上的农民工占7.6%。受雇人员的收入和自营人员的收入差异明显，受雇人员月均收入1389元，自营人员的月均收入为1837元。

分行业看，不同行业收入水平差别较大，制造业、服务业和住宿餐饮业收入水平偏低。2009年，农民工收入水平较高的是交通运输业、采矿业和建筑业的农民工，月均收入分别为1671元、1640元和1625元；收入较低的分别是住宿餐饮业、服务业和制造业的农民工，月均收入分别为1264元、1276元和1331元。

（三）农村进城务工人员社会管理和服务方面存在诸多问题

虽然进城农民工和市民工作生活在“同一蓝天下”，但在享受政府提供的公共产品和服务方面，却是“两个天下”，大多数农民工得不到“市民待遇”。

一是城市劳动力市场存在严重的二元分割。虽然大多数地方取消了针对农民工的就业行业、工种限制，但农民进城就业的渠道仍然不畅，突出表现在城市的公共就业服务、政府举办的劳动力市场，只服务于有户口的当地市民，不向外来农民工开放。

二是进城农民工未完全纳入城市公共卫生服务体系。城市公共卫生体系建设的规模和运行方式基本上是建立在对城市居民服务的基础上的，进城农民工基本上不能享受城市公共卫生资源和服务。这里有两个问题，一方面卫生防疫免疫、妇幼保健服务特别是国家免费的卫生服务未能覆盖农民工及其子女，另一方面由于农民工及其子女流动性大，使服务工作的难度相对大一些，以居住相对稳定的城市居民为对象的现有服务方式还很不适应。

三是城市政府举办的劳动技能培训不对外地人开放。政府举办的各类职业培训都是财政“买单”，但只面向拥有本地户口的居民，进城农民工被挡在门外。这种情况造成的后果是：一方面，企业缺乏高技能的农民工，一些地方出现了“民工荒”（其实是高技能民工荒）；另一方面，大量进入城市的低素质农民工找不到工作。

（四）进城农民工融入城市社会存在制度性歧视

进城务工人员进入城市后，往往因为其农民身份而受到制度歧视。制度障碍主要来自几个方面：

一是户籍制度壁垒。城乡两种身份是进城务工人员所面临的最大的制度性不平等，使他们无法真正融入城市社会生产力系统之中。城市户籍制度改革缓慢的原因，主要是政府担心大量外来农民工成为城市户口后，要享受城镇居民所有的社会保障，会大大增加地方财政的开支。全国小城镇户口在政策上已经放开，但并没有真正对外来农民工放开，在户口转入上仍然限制很严。

二是就业壁垒。不少城市在招工程序、招工比例、务工的领域、行业、工种等方面，采取各种行政、法律手段予以限制。例如，有的城市规定，用工单位招用外来劳力，必须先公开招聘本市的劳动力，招聘不足，经有关部门批准备案，方可招用外来劳动力。有的城市规定按行业、工种，将行业工种分为可使用、控制使用、禁止使用外来劳动力三类进行管理。

三是现行管理体制中的不合理因素影响进城农民工就业和生活环境的改善。20 世纪 90 年代中期以来城市建立的对外来流动人口的管理机构一般都设在公安部门，管理的重点是维护社会治安和稳定，实质上是把进城就业的农民工视为不安定因素，限制多于服务，防范多于保护。

四、积极促进农村劳动力转移就业

农村劳动力从农业向非农产业、从农村向城镇转移，不仅对农户微观收入、消费、生产效率产生了重大而深刻的影响，而且支撑了国民经济的持续较快增长，为国家现代化建设作出了重大贡献。与城镇的就业问题相比，农民就业问题更加复杂，既有发展的问题，也有改革的问题。正是农民就业问题的特殊性、复杂性和关联性，才凸显出它的重要性。鉴此，“有利于农民增收的就业促进政策研究”提出，在新的历史条件下，必须把农民就业问题放在更加突出的位置，采取更加得力的措施，促进农村劳动力转移就业。

一是突出宏观政策的就业目标，选择有助于扩大就业的经济发展方式和结构调整方向。扩大就业的原动力在于经济增长。能否实现经济增长与就业增长良性互动，取决于国家对经济发展方式和结构调整方向的选择。劳动力资源丰富，既是我国发展中面临的最大压力，也是最大优势。经济发展方式由粗放向集约转变是必然选择，但这并不意味着一定要用技术和资本密集取代劳动密集经济。因此，技术进步、科技创新、产业升级等技术路线的选择都应有助于发挥我国劳动力资源比较优势，争取把全球有限的就业岗位更多地配置到中国来。建议把就业效应作为经济发展质量的重要评价标准，选择有助于拓展就业空间的经济结构调整方向，着力培育就业增长点，发展战略性新兴产业，创造新的就业岗位。

二是支持劳动密集型产业发展，发挥中小企业和乡镇企业吸纳就业的新优势。保持制造业、建筑业吸纳就业的能力。把服务业作为扩大就业的主渠道，全面开发第三产业就业空间。要大力发展面向生产、面向民生和面向农村的服务，特别是社区服务、家政服务、社会化养老服务以及快递配送、大众餐饮等便民服务，吸纳更多的农民工就业。大力扶持劳动密集型中小企业发展。落实国家促进中小企业发展金融和税收优惠等各项政策，着力缓解中小企业特别是小企业“融资难”问题。继续强化乡镇企业的“蓄水池”作用。引导企业积极承接大中城市和沿海发达地区产业转移，大力发展劳动密集型的轻工产业特别是农产品精深加工业，发展直接为农业农村提供生产投入品和生活消费品的产业。

三是推进有就业需求的城镇化进程，构建农民转移就业的新载体。加快推进城镇化，不仅是解决农村剩余劳动力问题的根本出路，也是当前扩大内需的重要举措。以加快小城镇建设创造新的就业需求。以产业发展带动农村人口和劳动力聚集，加强小城镇基础设施建设并纳入政府投资支持范围，使其成为县域经济的增长极、进城农民的安居点、城镇化的新动力。以壮大县域经济构建农民就业重要平台。要加大对县域经济发展的支持力度，扩大县域发展自主权，增加对县的一般性转移支付，增强县域经济发展活力和实力。培育特色支柱产业，大力发展农村第二、第三产业，在活跃农村经济中创造就业机会。妥善解决好进城农民工安居乐业问题。推进户籍制度改革，放宽中小城市和小城镇落户条件，有计划有步骤地把已经进城，并有稳定就业和住房的农民工转变为城镇居民，逐步实现农民工在劳动就业和报酬、子女就学、公共医疗、住房租购以及社会保障方面与城镇居民享有同等待遇。同时，完善土地流转制度，通过承包土地使用权的流转，包括转让、转包、转租、抵押、入股等，促使土地逐步集中，发展适度规模经营。

四是实施农业产业振兴计划，开辟农业内部就业新领域。农业产业化经营不仅是延长农业产业链条、增加农业附加值的关键措施，也是扩大农业就业容量、提高农业增收功能的有效途径，同时也是增强农业稳定发展能力、扭转农业弱质低效局面的根本出路。我们应该像振兴十大产业一样去振兴我们的农业产业，像重视工业化一样重视农业产业化。把农业产业化经营作为振兴农业产业的重要抓手，把提升农产品加工业水平作为振兴农业产业的重要途径，把加强农业产能建设作为振兴农业产业的重要基础，把调整农业产业结构作为振兴农业产业的重要内容。对农业的深度、广度和多功能的开发，特别是非耕地资源开发，发展特色农业、生态农业、旅游休闲农业，也可以大大扩大农业的容人之量。

五是实施农民培训计划，着力提升农民就业能力。能否提升农民文化素质，已经成为能否真正将农村巨大的人口资源转化为宝贵的人力资源的关键。要大规模开展农民工职业技能培训，这对于在短期内提高农村劳动力就业技能水平、增强岗位适应性具有明显效果。大力发展农村职业教育，有利于培育一支高素质的青年农民队伍。建议政府有关部门研究制定青年农民培养专项规划，鼓励一部分有知识、有文化的青年投身到农村产业。

六是统筹城乡发展，改善农民就业制度环境。要加快建立城乡统一的劳动力市场。将农民就业纳入整个社会就业体系，形成城乡劳动者平等就业制度。要健全覆盖城乡的就业服务体系。强化就业服务机构为劳动者提供包括信息咨询、职业介绍、失业保险等服务责任，搞好农民就业技能培训，提高就业适应能力。要完善劳动力市场规则，加强农民工权益保护，彻底清除对劳动力进城务工的不合理限制和乱收费。切实改善农民工劳动条件，扩大农民工保险覆盖面，并逐步同城乡各项社会保障制度相衔接。强化流动人口服务和体制机制创新，将农民工纳入整个社会服务和管理体系，为他们创造良好的工作和生活环境。

五、千方百计增加农民收入

“三农”问题的核心是农民问题，农民问题的核心是收入问题。这也是小康社会建设的重点和难点。农业部软科学课题“农民增收的长效机制研究”、“国民经济增长与农民收入增长的关系研究”、“城乡收入差距及地区之间、农户之间农民收入差距变化趋势研究”、“上海、浙江、江苏是如何缩小城乡居民收入差距的”等较为全面地分析研究了现阶段我国农民收入问题，认为改革开放以来，我国农民收入不断增长，但长期以来增长速度一直低于国民经济的增长速度，一方面导致农民消费不足，制约消费需求和市场扩张，对长期经济增长不利；另一方面，农民收入增长缓慢也影响了我国全面小康社会的进程。

上述研究报告总结了我国农民收入增长的历史变动，认为我国改革开放以来，农民收入增长的历程可分为四个阶段：第一阶段，1978—1984 年农民收入超常规增长；第二阶段，1985—1990 年农民收入在波动中缓慢增长；第三阶段，1991—1996 年农民收入反弹回升；第四阶段，1997 年以后农民收入进入缓慢增长的阶段。

研究报告还总结分析了农民收入增长中存在的问题及成因，认为现阶段我国农民收入增长中存在的问题主要是非农收入增长不快，农民增产不增收，东西部地区收入差距大，这些问题的存在严重影响着我国农民收入增长。造成非农收入增长不快的最根本原因是户籍制度的束缚和农村人力资源素质低的制约。低质量的农村人力资本既限制了农村剩余劳动力向城市的转移，也限制了农村剩余劳动力向高经济收入领域的转移和发展，限制了其收入的长期稳定增长。我国城镇化发展滞后和城市经济吸收劳动力能力下降也限制了非农收入的增长；农民增产不增收的成因主要是，农产品往往是缺乏需求价格弹性的商品，农产品的丰收使供给增加往往导致农产品的价格会大幅度地下降，致使农民总收入量减少。此外，我国与市场脱节的农产品价格体制、高价的农业生产资料和居高不下的税费负担也是造成农民增产不增收的原因；东部与中部、西部地区农民人均纯收入水平差距逐年扩大，而中部与西部地区的差距有所缩小。区域间农民收入水平差异扩大的原因，主要是受当地社会经济和自然环境等因素变化的影响。20 多年来，东中西部经济发展水平的差异是农民收入水平差异的根本原因，由于经济发展水平的不同，从而从各方面对农民收入产生了一定的影响，归纳起来主要有以下四个方面：资源环境不均等，东南沿海地区的自然资源和社会经济资源条件都相对优越；农村教育发展不平衡，经济的发展离不开教育，教育水平与农村经济发展之间密切相关；非农产业发展不均衡；农村市场化发展不同步。

综上所述，我国各地农民收入水平低且不均衡。阻碍我国农民收入增长的原因有：户籍制度的束缚、农村人力资源的制约、农产品需求价格弹性小、农产品价格体制与市场脱节、生产资料价格居高不下等。造成东西部地区收入差距大的原因有：资源环境条件的不均等、农村教育发展不均衡、非农产业发展不均衡、市场化发展不同步等等。研究报告认为，促进农民收入持续较快增长、缩小城乡居民收入差距是当前和今后一个时期农业农村工作的中心任务，必须动员各方力量，下大力气，全力破解城乡居民收入差距扩大难题。

一是缩小城乡居民收入差距要靠政府调节。缩小城乡居民收入差距属于分配范畴，市场机制无法解决分配差距问题，解决分配差距必须依靠政府。因此，缩小城乡居民收入差距是政府的一项基本职能，应该主要通过政府行为而不是市场机制来促进农民收入的较快增加和城乡居民收入差距的缩小。要把农民增收纳入城乡经济社会发展的总体框架综合考虑，而不是就农村来谈农村发展、就农民来谈农民增收。事实上，在目前的发展阶段，农民收入已经是一个全局问题，必须把农民增收放在国民经济社会发展的整个体系中统筹考虑。

二是缩小城乡居民收入差距关键是加快农民增收。城乡居民收入差距主要是由于农民收入增长慢造成的。因此，缩小城乡居民收入差距的关键是加快农民增收的速度，较快地增加农民收入。只有加快农民收入增长，使农民收入较快增加，才能在城乡居民收入共同增长中缩小城乡居民收入差距，即要在城乡居民收入共同增长中通过农民收入的更快增长来实现城乡居民收入差距缩小的目标。

三是缩小城乡居民收入差距要注重开辟农民增收的新领域。要从本地的实际出发，通过调整和优化结构，建立有利于农民增收的农业结构体系；要加快农村工业化步伐，把发展农村第二、第三产业作为农民增收的主渠道；要加快推进城镇化，把更多的农村富余劳动力转移到城镇就业和生活，这是富裕农民和实现城乡一体化的根本之路；要注重农村基础设施建设，加大对农村道路、能源、通讯、供水、环保等生产生活基础设施建设的投入，为农民增收创造良好外部条件。

四是缩小城乡居民收入差距要研究建立长效机制。城乡居民收入差距缩小是一个相对较长的过程，临时性的措施可以收到一些效果，但不能从根本上解决问题。必须建立长效机制，使增加农民收入的有效措施制度化、长期化、固定化，才能实现农民收入的持续快速增长，促进城乡居民收入差距的不断缩小。建立长效机制的关键是调整国民收入分配结构，使国民收入分配向农业、农村和农民倾斜，形成制度化、规范化、长期化的财政支持农民增收措施。

五是缩小城乡居民收入差距需要加快探索建立农村的社会保障制度。农村社会保障制度是实现农民收入和生活稳定化的重要措施，是缩小城乡居民收入差距工作的重要内容，也是缩小城乡居民收入差距长效机制的重要内容。要重视建立农村社会保障制度，通过由点到面、由低层次到高层次、由较少项目到较多项目的探索和完善，推进农村社会保障制度与城镇接轨和城乡社会保障制度一体化。

（侯锐　曹玉霞　执笔）

第一章

农村劳动力转移的历史与现状

进入21世纪以来，随着工业化、城镇化进程的推进，农村剩余劳动力向城镇和非农产业转移的步伐明显加快，2006年农村劳动力外出就业人数已达2.07亿人。如此大规模的农村劳动力转移就业是社会经济发展的必然结果，也是发展中国家经济增长和农业转型过程中最重要特征之一（刘易斯，1954；等）。农村剩余劳动力转移就业不仅可以有效地促进农业增效、农民增收、农村发展，而且是缩小城乡收入差距、解决好“三农”问题的重要途径。同时，丰富的劳动力供给也为中国经济的腾飞打下了坚实基础。有研究资料表明，1978—2003年间中国GDP增长有17.87%来源于农村劳动力转移的贡献（李勋来、李国平，2005）。

随着工业化、城镇化进程不断加快，农村劳动力参与非农就业的规模正在不断扩大，已经成为农民增收的重要途径。但是中国农村劳动力城镇化程度落后于工业化（林毅夫，1994；宋健，2005），我国农村劳动力转移呈现出“移而不迁”、“兼业化”等特点。同时由于农村劳动力在转移就业过程中，还存在就业工资水平低、劳动强度大、工作不稳定、难以享受公平的社会服务等问题和困难，制约了农村劳动力的转移就业和农民增收。因此，研究如何促进农村剩余劳动力充分、稳定、有序就业对增加农民收入具有重要的现实意义。

第一节 改革开放以来农村劳动力转移就业的历史演变[①]

我国农村劳动力转移起步较晚，新中国成立后才真正逐渐启动农村劳动力转移的历史进程（陈吉元，1991）。但由于改革开放以前实施了重工业优先发展战略，政府采取了一系列扭曲产品和要素价格的办法来压低重工业发展的成本（林毅夫、蔡昉、李周，1999），对农产品的收购和分配实行统购统销政策，同时实施了严格的户籍管理制度将城乡人口隔离。农民就业限制在农业和农村，除参与农业生产和社队工业外，几乎没有其他的非农就业机会。而改革开放后，中国社会经济情况发生了翻天覆地的变化，一方面，家庭联产承包责任制的确立极大地促进了农业劳动生产率的提高，解放了大量农村劳动力；另一方面，计划经济体制的改革使得城镇非正规部门和各类非公有制企业发展起来，为农村劳动力提供了巨大的转移空间。

① 本节选自农业部软科学课题“2004—2006 年农村劳动力转移就业研究”（课题编号：200717），课题主持人：王秀清。

特别是随着户籍制度的松动和城市改革的推进，大量农村劳动力摆脱了对土地的依赖，获得了自由择业的机会。可以说，改革开放后农村劳动力转移就业的局面才全面打开，逐步实现了由农业向非农业，由以当地乡镇企业就业为主到大规模跨区域转移就业的历史演变。本节主要从劳动力就业地点转换的视角来回顾农村劳动力转移就业的历史进程。我们将改革开放以来农村劳动力转移就业划分为三个阶段：就地转移阶段，全面转移阶段和优化转移阶段。

一、就地转移（1978—1991 年）

1978 年 12 月召开的党的十一届三中全会实现了全党的工作重点向经济建设方向的转移，确立了社会主义建设时期的正确路线，形成了一系列符合实际的方针、政策。特别是家庭联产承包责任制的推行，从根本上扭转了农业生产长期落后的局面，农民的种粮积极性空前提升。1984 年，我国粮食产量达到 40731 万吨，比 1978 年的粮食产量增加了 10254 万吨，增幅为 33.64%，与改革前相比有了大幅度增长，基本解决了粮食短缺问题，但与此同时大量农村劳动力由隐性转为显性，寻求非农就业机会，农业剩余劳动力问题凸显出来。

正是在这样的历史机遇面前，乡镇企业异军突起，发展之迅速超出人们的想象。这与政策环境的变化密不可分。在 1979 年 9 月召开的中共十一届四中全会上通过的《中共中央关于加快农业发展若干问题的决定》中提出："社队企业要有一个大发展，逐步提高社队企业的收入占公社三级经济收入的比重。"1984 年 3 月 1 日，中共中央、国务院转发农牧渔业部《关于开创社队企业新局面的报告》（即中发（1984）4 号文件），这一文件将社队企业正式改名为乡镇企业。这些政策的出台具有重要的意义。虽然各方面对乡镇企业的看法还不完全一致，但乡镇企业毕竟得到了正式认可，取得了合法的地位，从此走上了发展的快车道。1983 年，乡镇企业就业人数达到

3235万人，总产值1019亿元，发放工资总额176亿元，分别比1978年增长14.4%、97.9%和102.3%。1984—1988年是乡镇企业超速发展的五年，1988年乡镇企业总产值达到7018亿元，就业人数9545万人，企业数量1888万个，分别比1983年增长了5.9、1.9和12.9倍。1989—1991年三年的治理整顿，国家通过紧缩政策对国民经济的增长规模和速度进行总体控制，放慢经济发展的脚步。受宏观政策调整影响，大批乡镇企业停产停业，大量劳动力回流到农业。乡镇企业的发展暂时处于徘徊期，但潜力仍在。1991年乡镇企业总产值达到11622亿元，就业人数9616万人，企业数量1909万个，虽然相比1988年发展明显受阻，但经过市场锤炼的乡镇企业更具生命力，发展也更加理性。

乡镇企业大发展的一个突出贡献就是为广大农村劳动力创造了大量非农就业机会。由于乡镇企业在其发展早期底子薄、基础差，生产的主要是投资小、见效快的轻工业产品，走的是一条劳动密集型的发展道路，其带动就业的作用相比城市国营企业更加明显。据统计，1979—1984年间，我国乡镇企业每年新增1.2个就业岗位和4100元固定资产，可增加1万元产值，而同期各类国营企业同样增加1万元产值，则需新增7460元固定资产投资，却只能新增0.4个就业岗位。[①] 1977—1988年乡镇企业对劳动力转移的贡献系数为0.618，而国营企业为0.212，城市集体企业为0.122，城镇个体企业为0.048。[②] 可以看到乡镇企业在20世纪80年代是吸引就业的主要力量。1978年，乡镇企业从业人数为2827万人，占农村劳动力总数的9.23%，到1991年达到9614万人，占农村劳动力总数的22.31%，人数增加2.4倍，所占比重增加了1.4倍，其吸纳农村剩余劳动力的能力相当巨大。参见表1－1。

① 张琦、王秀清：《中国农民就业新探索》，贵州人民出版社1994年版，第148页。

② 谢康："改革开放以来我国农村剩余劳动力转移的变迁"，《特区经济》，2005年第6期。

表 1－1　　1978—2005 年乡镇企业基本情况表

年份	企业（万个）	总产值（亿元）	从业人员（万人）	农村劳动力（万人）	乡镇企业从业人员占农村劳动力比重（%）
1978	152	515	2827	30638	9.23
1979	148	561	2909	30974	9.39
1980	142	678	3000	31826	9.43
1981	134	767	2970	32637	9.10
1982	136	892	3113	33837	9.20
1983	135	1019	3235	34785	9.30
1984	607	1710	5028	34676	14.50
1985	1222	2728	6979	37065	18.83
1986	1515	3583	7937	37976	20.90
1987	1750	4946	8805	38960	22.60
1988	1888	7018	9545	40105	23.80
1989	1869	8403	9366	40545	23.10
1990	1873	9581	9262	42010	22.05
1991	1909	11622	9614	43093	22.31
1992	2092	18051	10581	43802	24.16
1993	2453	29022	12345	44256	27.89
1994	2495	45378	12017	44654	26.91
1995	2203	68915	12861	45042	28.55
1996	2336	76778	13508	45289	29.83
1997	2099	82363	13050	45962	28.39
1998	2004	96694	12537	46432	27.00
1999	2071	108426	12704	46897	27.09
2000	2085	116150	12820	47964	26.73
2001	2132	—	13086	49085	26.66
2002	2185	140434	13288	48960	27.14
2003	—	152360	13573	48793	27.82
2004	2250	172516	13866	48724	28.46
2005	2314	—	14272	48494	29.43

资料来源：历年《中国乡镇企业年鉴》、《中国统计年鉴》。

由于乡镇企业多集中在农村附近，农民此时的就业地点的选择主要还是在本地，此时农户经营的状态主要是兼业型。20世纪90年代初的一项研究显示，其调查的468户农户中有81%都不同程度兼业，从事非农生产的劳动力有90.5%的兼顾农业生产。① 在20世纪80年代中期以后，随着改革延伸到城市，国营、集体企业开始发生变化，小型工业、建筑、商业等城市非公有制经济发展起来，农村劳动力逐步开始了异地转移。东部沿海地区是改革的先导，经济的发展首先带动了当地农村剩余劳动力的就业，随着需求的扩张，大量中西部地区农村劳动力也开始涌向了东部的第二、第三产业，开启了跨区域转移之门。以广东东莞为例，1988年东莞32万名外来劳动力中有近30%来自外省区。从20世纪80年代整体来看，农村劳动力转移的规模和增长幅度相当突出（见表1－2），然而此时的转移主要还是以向本地乡镇企业转移的方式进行的。据统计，1986年，农村劳动力内部转移的占87%，转入城市的仅占13%，而县内转移的占76.2%，县外的占23.8%（见表1－3）。然而此时农村劳动力的转移是非常不平衡的，东部沿海大中城市的经济发展带动了周围农村劳动力的快速转移，而广大中西部不发达地区农村劳动力转移的进程则比较缓慢。据统计，1978—1992年间，仅江苏、浙江、广东三省转移农村劳动力总量就达2700万人，而西南和西北总共才转移了937万人，分别占全国转移总量的41.7%和14.4%，区域间的差异非常明显。

表1－2　　1979—1988年我国农村劳动力转移情况

年份	1979	1980	1981	1982	1983	1984	1985	1986	1987	1988
转移规模（万人）	3409	3848	4130	4354	4912	6583	7559	8534	9309	9950
增长（%）	3.4	12.9	7.3	5.4	12.8	34.0	14.8	12.9	9.1	6.9

资料来源：邹农俭：《中国农村城市化研究》，广西人民出版社1998年版。

① 韩俊：《跨世纪的难题——中国农业劳动力转移》，山西经济出版社1994年版，第174—175页。

表 1-3　　1986 年全国 222 个村农业劳动力地域转移方式

转移方式或去向	数量（人）	比重（%）
一、转移总数	70216	100.0
1. 就地转移	43223	61.6
2. 异地转移	26993	38.4
二、异地转移	26993	38.4
1. 本县外乡农村	5606	8.0
2. 本省外县农村	6513	9.3
3. 本省农村	1062	1.5
4. 农村集镇	1418	2.0
5. 县城及建制镇	3255	4.6
6. 中小城市	7941	11.3
7. 大城市	1024	1.5
8. 国外劳务输出	174	0.2

资料来源：庚德昌主编：《全国百村劳动力情况调查资料集》，中国统计出版社 1989 年版。

二、全面转移（1992—2003 年）

1992—1996 年是改革开放后农村劳动力转移迎来的第二个高峰，农村劳动力外出就业规模迅速增长。1992—1996 年，平均每年转移劳动力增加数量超过 800 万人，年均增长 8%。[①] 1992 年邓小平同志南巡讲话的发表和中共十四大的召开推动了我国计划经济体制向市场经济体制转轨，解除了企业姓"资"姓"社"的思想禁锢，确立了各种经济成分在经济活动中的合法地位，极大地促进了多种所有制企业的发展，也带动了农村第三产业的兴起。乡镇企业在经历了三年徘徊期后率先

① "2003—2004 中国农村劳动力转移的新变化"，中国农村劳动力转移培训网，http：//www.nmpx.gov.cn/gongzuoyanjiu/t20040708_ 21590.htm，2004 年 7 月 8 日。

活跃起来，显示出更加旺盛的生命力，吸纳了大量农村劳动力就业。1992 年乡镇企业总产值为 18051 亿元，从业人数为 1.06 亿人，到 1996 年，乡镇企业总产值达到 76778 亿元，从业人员达 1.35 亿人，分别增长了 325.3% 和 27.4%。然而，1992 年以后农村劳动力转移最大的变化，即异地转移代替就地转移逐渐成为农村劳动力转移的主体。大量农村剩余劳动力由中、西部地区流向经济发达的东部。我国的改革是从东部开始的逐步向内地延伸，特别是在东部沿海地区建立了“经济特区”，以达到以点带面、先富带动后富的作用，从一开始东部沿海地区与内地的发展就存在着巨大差距，东部的发展带动了对劳动力的需求，最早是吸纳本地区劳动力，随着经济发展壮大，逐渐开始吸纳大量外地农村剩余劳动力。20 世纪 80 年代末特别是 90 年代以后不断涌现的“民工潮”，正是这种异地转移的突出表现。20 世纪 80 年代初我国农村外出打工者不过几百万人，到 90 年代初则超过 2500 万人，而到 2002 年异地转移的农村劳动力已超过 8000 万人。国家统计局 1% 人口 1996 年抽样调查显示：1995 年外出就业规模达 1.49 亿人，其中县外就业劳动力占 53.0%。

1997 年，爆发东南亚经济危机，正值我国经济刚刚成功实现软着陆，国有企业进行大规模改制重组之时，给中国经济带来了很大冲击，城市就业压力巨大，消费低迷，城市下岗职工再就业问题突出，经济总体出现通货紧缩。乡镇企业也随之开始调整，其发展面临着前所未有的困境，主要表现在：①发展速度放慢。1997 年产值增长 18%，增幅比“八五”平均水平低 24.3 个百分点。②出口增长大幅下降。1997 年增长 16.5%，增幅比“八五”平均水平低 46.9 个百分点。③外资引进增量减少。1997 年增长 12%，增幅比“八五”平均水平低 61 个百分点。④亏损面扩大。1997 年全国乡镇企业亏损面为 8%，比上年有所增加。⑤吸纳农村剩余劳动力的速度减缓。1997、1998 两年全国乡镇企业吸纳劳动力减少 971 万人。

针对这些问题，国家开始实施积极的财政政策刺激经济增长，据统计，1998—2000年，国家共增发了3000多亿元国债，带动了银行贷款和自筹资金6000多亿元，建设了近6000个项目，总投资规模达到30000多亿元，一大批水利、交通、能源、环保工程相继建成。这些政策在刺激经济增长的同时，也带给农村剩余劳动力大量就业机会，极大缓解了乡镇企业滑坡导致的农村劳动力就业不足的困难，成为农村劳动力转移新的亮点，从而影响了农村就业格局的演变。

从产业结构上看，20世纪90年代农民从事非农产业的主体逐渐由第二产业转向第三产业。这与改革开放以来我国经济产业结构和就业结构的演变密切相关，三次产业结构由1978年的28.2:47.9:23.9发展为2006年的11.7:48.9:39.4，三次产业就业结构由1978年的70.5∶17.3∶12.2变为2006年的42.6:25.2:32.2,农业产值和就业份额分别下降了16.5%和27.9%，而第二产业和第三产业产值份额则不断上升（见表1－4）。从图1－1可以看到，1990年以后第三产业从业人数大幅增加，据统计，1990年从事第二、第三产业人数比1985年分别增加了22.7%、38.0%，2002年从事第二、第三产业人数比1990年分别增加了57.1%，131.3%。可见第三产业已成为吸纳农村剩余劳动力的重要力量。

表1－4　1952—2006年我国三次产业产值结构和就业结构变化表　单位：%

产业	产值结构			就业结构		
	1952年	1978年	2006年	1952年	1978年	2006年
第一产业	50.5	28.2	11.7	83.5	70.5	42.6
第二产业	20.9	47.9	48.9	7.4	17.3	25.2
第三产业	28.6	23.9	39.4	9.1	12.2	32.2

资料来源：《中国统计年鉴2007》。

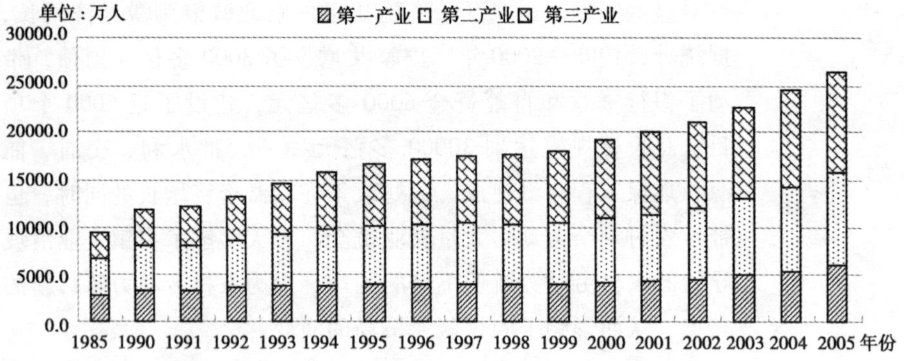

图 1－1　1985—2005 年我国农村从业人员三次产业分布图

资料来源：《中国统计年鉴 2007》。

可见，这一时期的农村劳动力开始形成多元化多层次的全面转移格局，就业地域本地、异地兼备，就业方向第二、第三产业兼具，虽然存在不少阻力，但总体上看，这一阶段农村劳动力外出就业的规模依然不断扩大，年平均增长 500 万人左右，年平均增速约 4%。国家统计局农调队农村住户 2001 年抽样调查显示：1997 年农村转移劳动力占农村劳动力总数的 18.1%，农村转移劳动力总数为 8315 万人，2000 年分别为 23.6%、11340 万人，到 2002 年已达 26.3%、13740 万人，农村劳动力转移在稳步增长中全面展开。

总体上看，1992—2003 年中国经济社会的发展从根本上带动了农村劳动力大规模转移，并带动了转移结构的变化，异地转移在各方面条件的综合作用下开始凸显出来，逐渐成为带动农村劳动力转移新的增长点。与此同时，就地转移也在发生深刻变化，就业质量、就业结构和就业产业都得到进一步优化，其适合国情的灵活性随着国民经济的起伏表现得非常突出。这一阶段里，就地转移与异地转移共同构成了农村劳动力全面转移的有机组成。

三、优化转移（2004 年至今）

2004 年以来，我国进入新一轮的经济增长期，党和国家出台一系列顺应时代发展的大政方针，增长质量、社会公平逐渐成为发展的目标。在其影响之下，我国农村劳动力在继续扩大转移的前提下，开始走上了一条结构优化、质量提升的新型转移道路。这主要体现在：①农民工回乡创业热潮凸显，早在20世纪90年代末，不少农民工带着在城市积累的资金、经验，返回家乡进行创业。近几年，这种方式的回流更加普遍，其社会经济效益正在逐步得到显现。②城乡二元格局正在被打破，就业环境不断改善，农民进城务工的制度性限制越来越少；职业培训得到普及，农民工就业质量不断提升，工资也在提高。③转移就业质量不断提高，非农就业收入增加，累计6个月以上转移就业的劳动力增加。本地就业结构不断优化，每年非农工作6个月以上的劳动力数量在增加。这些新变化的产生既有经济环境改善的作用，同样也离不开政策措施的正确引导。随着经济社会改革的深化，农村劳动力转移的结构和质量也将得到进一步的优化。

第二节

2004年以来农村劳动力转移就业的基本情况[①]

一、农村劳动力转移就业的现状及特征

（一）农村劳动力转移规模特征

近几年来，随着经济发展，农村劳动力转移就业规模不断扩大，到2006年，我国农村劳动力转移就业规模已达2.07亿

① 本节选自农业部软科学课题“2004—2006年农村劳动力转移就业研究”（课题编号：200717），课题主持人：王秀清；“东南沿海地区农民工供需问题调查”（课题编号：200437），课题主持人：盛来运。

人，比2000年增加5546万人，增加了36.50%，年均增长率为6.42%。2004年以来，农村劳动力转移就业呈稳步增长态势，2005年、2006年分别比上年增长了1.07%和1.40%。而且，转移就业劳动力比重也逐年增加，2006年有45.30%的农村劳动力参与了非农就业，这一比重比2004年增加了6.87个百分点（见表1－5）。

表1－5　2000—2006年我国农村劳动力总量和转移就业基本情况

年份	全国总人口（万人）	乡村人口数（万人）	农村劳动力数（万人）	农村转移就业劳动力数（万人）	转移就业劳动力/农村劳动力（%）
2000	126743	80837	47962	15165	31.60
2003	129227	76851	48971	17711	36.17
2004	129998	75705	49695	19099	38.43
2005	130756	74544	50387	20412	40.51
2006	131448	73742	45720	20711	45.30

资料来源：《中国农业发展报告2007》。

（二）农村劳动力转移地域构成

从农村劳动力非农就业的地域范围看，可分为本村、村外乡内、县内乡外、县外省内、省外国内和境外，2005年，以上区域构成分别为27.76%、14.38%、14.80%、17.23%、25.27%和0.56%。其中，在本村范围内非农就业所占比重最高，其次为省外和县外，可见，本村范围内的非农就业是农民转移就业的一个重要组成部分，这可能与农民的兼业特征密切相关。

将以上地域范围归类，由于农村劳动力在县域范围内就业和县域外就业从与家庭的联系、居住地点和与农业的关系方面看都存在着显著的区别，所以以县来划分以上地域范围，在县域范围内非农就业为就地就近转移，而县域范围以外非农就业为异地转移。通过划分我们可以发现，2003—2005年就地转移和异地转移的规模均在不同幅度的增加，其中，就地转移所占比重高于异地转移，2005 年，就地和异地转移规模分别为 55.51% 和 44.49%；而就地转移所占比重不断减小，异地转移比重不断增加（见表 1－6）。

表 1－6　　农村劳动力就地和异地转移构成

年份	农村转移劳动力（万人）	比重（%）	异地转移就业劳动力（万人）	占转移劳动力比重（%）	就地就近转移就业劳动力（万人）	占转移劳动力比重（%）
2003	17711	36.17	7201.29	40.66	10509.71	59.34
2004	19099	38.43	8395.92	43.96	10703.07	56.04
2005	20412	40.51	9081.30	44.49	11330.70	55.51

资料来源：农业部固定观察点。

（三）农村劳动力转移产业构成

随着农村非农经济发展和城镇非正规部门的兴起，农村劳动力转移就业呈现出多元化的趋势，不仅向工业企业转移就业，第三产业也是农民转移就业的重要支撑，而且第三产业的作用越来越凸显。2005 年，在第三产业就业的农村劳动力比重占 52.66%。从具体的行业分布看，工业仍占据了重要地位，占 29.45%；其次为建筑业，占 17.90%；再次为商业餐饮服务业和交通运输业分别占 14.39% 和 7.68%。

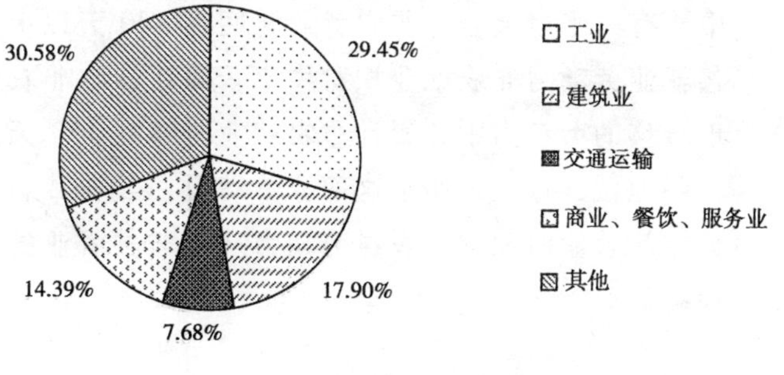

图 1－2　农村劳动力转移就业的产业构成

资料来源：《中国农业发展报告 2007》。

（四）农村劳动力转移就业的时间构成

从非农就业时间上看，不同的农村劳动力转移就业时间有较大差异，有些劳动力外出就业时间短，累计不足6个月甚至只有十几天，而有些劳动力则全年都参与非农就业。根据农村劳动力转移就业的定义，只有外出就业时间累计6个月以上的劳动力才能称为转移劳动力，但实际上还存在许多以农业生产为主兼顾非农就业的劳动力，虽然这部分劳动力没有实现转移，但是进行就地或异地转移的基础，另一方面，当外出就业机会减少，农村劳动力不能充分就业，那么兼业劳动力增加，所以，非农就业时间可以在一定程度上反映出劳动力转移就业的稳定性和质量。

从总体上看，近年来农村劳动力非农就业时间有所增加。2005年，我国农村劳动力一年累计平均非农就业时间为205.4天，转移劳动力平均就业时间为278.2天，均高于2004和2003年的水平（见表1－7）。2003年，由于受到“非典”疫情的影响，农村劳动力外出就业受到限制，因而非农就业时间减少。

从非农就业时间的具体构成看，从事非农就业的劳动力中，有62.92%的劳动力实现了转移，而另外37.08%的劳动力参与了以农业生产为主的兼业。在转移就业的劳动力中，有一半以上累计非农就业时间在300天以上，这说明转移就业劳动力非农就业相对稳定，而在参与非农生产而未实现转移的劳动力中，累计非农就业时间在120天以下的占了主要地位，这也说明了这部分劳动力“兼业”特征明显。可见，从就业时间看，农村劳动力从事非农就业的稳定性有待提高。

表 1-7　2003—2005 年农村劳动力非农就业时间基本情况　单位：天

年份	非农平均就业	转移平均就业时间
2003	185.8	253.9
2004	201.3	274.9
2005	205.4	278.2

资料来源：农业部固定观察点。

表 1-8　农村劳动力非农就业的时间构成　单位：%

	60 天以内	60—120 天	120—180 天	180—240 天	240—300 天	300 天以上
构成	15.66	13.53	7.88	13.85	12.37	36.70

资料来源：农业部固定观察点。

（五）农村劳动力转移就业的收入情况

非农就业收入已经成为农民家庭收入的重要来源，而且这一作用越来越凸显。2006 年农民家庭人均纯收入为 3587 元，家庭经营收入为 1931 元，外出务工收入为 1656 元，非农收入对农民收入的贡献为 46.17%，这一比重比 2000 年增加了 9.52 个百分点（见表 1-9）。

表 1-9　农民家庭人均收入情况

年份	2000	2001	2002	2003	2004	2005	2006
家庭人均纯收入（元）	2253	2366	2476	2622	2936	3255	3587
非农收入的贡献（%）	36.65	38.31	39.96	41.22	40.54	43.33	46.17

资料来源：《中国农业发展报告 2007》。

（六）转移就业劳动力的人口特征

1. 年龄特征

从农村劳动力年龄特征看，2005 年，从事农业生产或以从事农业生产为主的劳动力平均年龄为 44.1 岁，大于转移劳动力的平均年龄（34.2 岁），在转移就业的劳动力中，异地转移劳动力平均年龄为29.4岁，而就地转移劳动力平均年龄相对偏大为39.7岁，而且2002—2005年的趋势相同（见表1－10）。这说明，外出就业的劳动力与未转移劳动力相比年龄偏小，异地转移劳动力与就地转移劳动力相比年龄偏小。

表1－10　　2003—2005年我国农村劳动力的平均年龄　　单位：岁

年份	农村劳动力平均年龄	从事农业生产劳动力平均年龄	转移劳动力平均年龄	转移就业劳动力中	
				就地转移劳动力平均年龄	异地转移劳动力平均年龄
2003	39.4	42.8	34.4	39.1	28.5
2004	39.8	43.5	33.8	39.4	28.9
2005	40.1	44.1	34.2	39.7	29.4

资料来源：农业部固定观察点。

从各年龄段农村劳动力就业选择看，随着年龄的增长，选择从事农业生产的比重越来越高，而向非农产业转移的比重逐渐降低，特别是向异地转移的比重很低。年龄位于15—25岁年龄段的劳动力外出就业的比重为58.9%，位于26—35岁、36—45岁、46—55岁年龄段的劳动力外出就业的比重分别为49.9%、36.6%和27.5%，56—65岁农村劳动力外出就业的比重最低，为20.5%（见表1－11）。在外出就业的农村劳动力中，随着年龄的增长，就地转移劳动力的比重不断增加，异地转移劳动力的比重不断降低，年龄相对较小的农村劳动力倾向于选择异地转移就业，而年龄相对偏大的农村劳动力更倾向于就地转移就业，15—25岁外出就业的农村劳动力仅有38.7%选择在本地就业，大部分都选择了异地转移就业，而56－65岁外出就业的劳动力有87.8%选择了就地转移。这也验证了就地转移劳动力的平均年龄大于异地转移就业劳动力的平均年龄。就地转移就业年龄相对偏大，可能是由于年龄偏大的劳动者在精力和体力上都要逊色于年轻劳动者，而且年纪偏大的劳动者家庭结构比较庞大，常常是上有老人下有小孩，家庭负担较重，所以他们更倾向于就地转移，这样在增加家庭收入的同时可以有更多的时间照顾家庭。

表 1－11　　农村劳动力各年龄段就业分布　　单位：%

年龄段	农村劳动力年龄分布	从事农业生产劳动力在此年龄段的比重	就地转移在此年龄段的比重	异地转移在此年龄段的比重
15—25 岁	18.4	41.1	22.8	36.1
26—35 岁	20.9	50.1	26.4	23.5
36—45 岁	22.9	63.4	26.0	10.6
46—55 岁	24.7	72.5	22.6	4.9
56—65 岁	13.1	79.4	18.0	2.5

资料来源：农业部固定观察点。

2. 性别特征

从农村劳动力转移就业的性别特征看，男性劳动力所占比重较大。2005 年，转移就业的劳动力中，男性劳动力占了 63.55%，女性劳动力占 36.45%，与我国农村劳动力性别平均构成相比（男性女性比例为 55.63∶44.37），男性劳动力更偏重于外出就业。而对于外出就业劳动力来说，选择就地转移还是异地转移没有明显的性别偏好（见表 1－12）。

表 1－12　　农村劳动力性别构成　　单位：%

	男性	女性
农村劳动力性别构成	55.63	44.37
农业生产劳动力性别构成	47.71	52.29
转移就业劳动力性别构成	63.55	36.45
就地转移劳动力性别构成	64.06	35.94
异地转移劳动力性别构成	63.27	36.73

资料来源：农业部固定观察点。

3. 接受教育和培训情况

农村劳动力受教育程度和接受培训情况对其就业选择有着

较大的影响，一般来说，外出就业劳动力的基本素质高于从事农业生产的劳动力。2005 年，我国农村劳动力平均受教育年限为7.03 年，以从事农业生产为主劳动力平均受教育年限为6.48 年，而转移就业劳动力平均受教育年限相对高，为8.05 年。但从总体上看，不论农村劳动力还是转移就业劳动力，基本素质还需要进一步提高，以转移就业劳动力为例，受初中级以上文化程度的劳动力仅占了1/2，接受过职业教育或培训劳动力的比例不足1/5（见表1－13）。

表1－13　农村劳动力受教育程度和接受培训情况

	农村劳动力	从事农业生产的劳动力	转移就业劳动力
平均受教育年限（年）	7.03	6.48	8.05
初中以上文化程度的比例（%）	34.42	26.34	49.49
接受过职业教育或培训的比重（%）	8.23	4.15	15.86

资料来源：农业部固定观察点。

二、农村劳动力转移就业的区域差异

（一）转移就业规模的差异

我国幅员辽阔、资源禀赋，经济发展水平、工业化程度都存在较大差异，因而不同区域在农村劳动力配置上呈现出不同的特点和特征。从西部到东部，随着经济发展水平的提升，农村劳动力外出就业的比重越高，与此同时，就地转移的比重也越高。东部地区外出就业的劳动力中，大多数选择就地转移，这一比例占到了70%以上，而中西部地区选择就地转移的劳动力仅占40%左右。2002 年至2005 年，东部地区农村劳动力非农就业格局基本没变，而中西部地区，除2003 年受“非典”疫情影响就地转移就业比重增加外，农村劳动力选择就地转移有下降的趋势，异地转移就业的比重不断增加。2005 年，东、中、西部就地转移占农村劳动力外出就业的比重分别为69.5%、45.3%和40.4%，可见，东部地区农村剩余劳动力就地转移的比例远高于中西部地区（见图 1－3）。

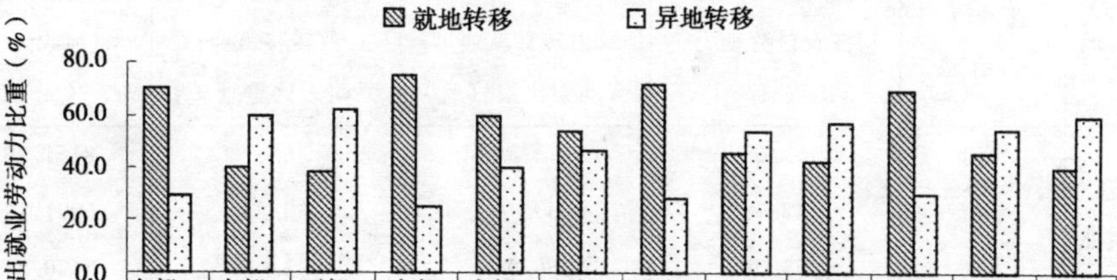

	2002 年			2003 年			2004 年			2005 年		
	东部	中部	西部	东部	中部	西部	东部	中部	西部	东部	中部	西部
就地转移	70.3	40.3	38.1	75.0	59.6	53.7	71.5	45.7	43.0	69.5	45.3	40.4
异地转移	29.7	59.7	61.9	25.0	40.4	46.3	28.5	54.4	57.0	30.5	54.7	59.6

图 1－3　2002—2005 年东中西部地区农村劳动力非农就业区域构成及其变化

资料来源：2002 年数据由《中国农村劳动力非农就业》一书中的表 3－3 计算；2003—2005 年数据由农业部抽样调查数据计算整理。

2007 年，国务院发展研究中心农村部的社会调查也显示出了这种区域差异：经济不发达、农民收入水平低的中西部地区，农村劳动力更多地选择异地转移就业；而经济相对发达，农民收入水平高的东部地区，农村劳动力更愿意在当地从事非农就业，通过当地的乡镇企业、民营企业实现就地就近转移①。例如，江苏省、浙江省和上海市都是经济发展水平较高的省（市），农民人均收入水平在 6600 元以上，排在全国前列，农村剩余劳动力主要选择在本地就业，就地转移劳动力占全部外出就业劳动力的 2/3。特别是将这些东部经济发达省份与中西部落后省份相比，劳动力就业选择的区域差异更加明显，青海、内蒙古、广西等省份农民人均纯收入不足 2000 元，其农村剩余劳动力更多的选择异地转移就业，选择就地转移的劳动力只占外出就业劳动力的 1/10 左右（见表 1－14）。

① 韩俊、崔传义等：“农村剩余劳动力微观调查”，载蔡昉主编：《中国人口与劳动力问题报告——刘易斯转折点及其政策挑战》，社会科学文献出版社 2007 年版。

表 1－14　2006 年我国部分省（市）农村劳动力非农就业区域构成

区域	省、市、自治区	转移就业劳动力占农村劳动力比重（%）	就地转移劳动力占转移就业劳动力比重（%）	异地转移劳动力占转移就业劳动力比重（%）	农民人均纯收入（元）
东部	江苏	59.63	73.33	26.67	8151.29
	浙江	42.98	69.77	30.23	6991.17
	上海	53.04	66.04	33.96	6630.31
	山东	43.84	38.64	61.36	4281.06
中部	河北	28.12	14.29	85.71	1839.59
	河南	42.11	16.67	83.33	2418.12
	湖北	35.76	22.22	77.78	3146.39
	湖南	53.47	25.93	74.07	2426.95
西部	四川	19.86	26.32	73.68	2997.32
	重庆	56.18	14.29	85.71	2796.42
	广西	31.05	12.90	87.10	2084.49
	青海	47.84	10.42	89.58	2049.55
	甘肃	36.68	32.43	67.57	1916.80
	内蒙古	25.75	11.65	88.35	1828.67
	云南	12.51	24.78	75.22	1700.53
	陕西	29.03	13.78	86.22	1641.78
	贵州	40.86	14.63	85.37	981.36

资料来源：国务院发展研究中心农村部调查数据整理。

（二）收入差异

由于转移就业的区域差异，农村劳动力在收入构成上也存在明显的区域差异。东部地区农村剩余劳动力选择就地就近转移的比例较高，因而在农民人均收入的构成中来自本地非农就业的份额相对较大，2006 年，东部地区农民人均收入中有 26.28% 来自本地非农就业的收入。相比较而言，西部地区的农民收入中仅有 19.83% 来自本地非农就业。单独从收入水平看，不论东、中、西部地区本地非农就业的收入都要低于异地非农就业的收入水平，但东、中、西部相比较，依然是东部地区本地非农就业的劳动力收入水平较高，以家庭为核算单位，东部地区本地非农就业的人均收入水平为978元，分别比中部和西部地区高42.01%和69.79%（见表1-15）。

表1-15　2006年东部、中部、西部地区农民人均收入及其构成

区域	农民人均收入（元）	农业		本地非农就业		异地非农就业	
		收入（元）	比重（%）	收入（元）	比重（%）	收入（元）	比重（%）
东部	3721	1317	35.39	978	26.28	1564	42.03
中部	2951	961	32.57	695	23.55	1446	49.00
西部	2904	1069	36.81	576	19.83	877	30.20

资料来源：国务院发展研究中心农村部调查数据整理。

（三）产生原因

农村劳动力转移就业的区域差异与区域间经济发展水平的差距密切相关，东部地区县域经济发达、交通便利，许多企业和工厂选择到东部乡村落户，为当地提供了大量的就业岗位，使得当地大多数的农村剩余劳动力选择就近转移，同时，还吸引了众多外来就业的农村劳动力。而大部分中西部地区经济发展落后、资源禀赋差、缺乏产业支撑，不能有效带动当地劳动力就业，所以农村劳动力自然向发达地区转移，出现了大部分劳动力选择异地非农就业的局面。仅以乡镇企业为例，2006年，全国共有2314万个乡镇企业，大部分集中在东部和中部地区，其中，东部1035万个，占全国总数的44.73%，中部910万个，占全国的39.33%，西部地区仅拥有369万个乡镇企业，占15.94%（见表1-16）。由于东部地区乡镇企业以手工业、制造业等劳动密集型企业为主，而中西部地区的乡镇企业多是依靠资源发展起来的，所以，在吸纳劳动力就业上也存在很大的差异，东部地区平均每个企业可吸纳7.9个劳动力就业，中部地区平均每个企业可吸纳5.4个劳动力，而西部地区

每个企业仅可以吸纳4.2个劳动力就业。正是这种经济发展水平的差异，使东部地区县域经济成为当地农村劳动力非农就业的主阵地，同时也是外来农村劳动力就业的流入地。可见，受经济发展水平的影响，特别是县域经济发展差异的影响，农村劳动力就地转移的区域差异明显，东部地区农村劳动力以就地转移为主，而中西部地区则以异地转移为主。

表1-16　　2006年东、中、西部乡镇企业发展基本情况

区域	乡镇企业数（万个）	增加值（亿元）	从业人员数（万人）
东部	1035	40431	8235
中部	910	14157	4893
西部	369	3367	1552
全国	2314	57955	14680

资料来源：《中国乡镇企业统计年鉴2006》。

三、东部沿海地区农民工供给变化趋势

（一）东部沿海地区农民工总量

2004年在东部沿海地区务工的农民工达6511万人，2001—2004年年均约增加500万人，在东部沿海地区务工的农民工占全部外出农民工的比重2001年为67.8%，2002年为67.3%，2003年为68.2%，2004年上升到70%。在东部沿海地区务工的农民工无论是所占比重还是绝对数量都呈上升趋势。

从2004年东部地区农民工的就业省区看，主要分布在以下省（市）：在广东省务工的农民工占40.8%，在浙江省务工的农民工占11.5%，在江苏省务工的农民工占9.7%，在山东省务工的农民工占6.8%，在上海市务工的农民工占6.3%，在福建省务工的农民工占6%，在北京市务工的农民工占5.5%，在河北省务工的农民工占5.2%。在广东省务工的农民工达2600多万人，而在整个中西部地区务工的农民工也不

过2800多万人，全国超过1/4的农民工在广东省务工。

（二）东部沿海地区农民工的来源构成及变化趋势

1. 东部地区农民工来源构成

2004年，在东部沿海地区务工的农民工49%来自本地区，36%来自中部地区，15%来自西部地区。主要来自以下各省：安徽9.2%，广东8.1%，江苏8.1%，江西7.6%，广西6.9%，山东6.7%，湖北6.5%，湖南6.6%，河北5.7%，四川5.6%，河南5.3%。

2. 东部地区农村外出务工劳动力变化趋势

2004年东部地区农村外出务工劳动力3934万人，其中：农村常住户中外出务工的劳动力3188万人，举家外出务工的劳动力746万人。东部地区农村常住户外出劳动力占东部地区农村劳动力的比重呈逐年增加的趋势，2001年这一比重为14.4%，2002年为15.6%，2003年为16.5%，2004年为17.4%。

2004年，东部沿海地区外出务工劳动力占乡村劳动力比重高于20%的有4个省（区），分别是江苏、福建、广东、广西；所占比重在10%—20%的有北京、天津、河北、辽宁、上海、浙江、山东等省（市）。

3. 中西部地区农民工向东部地区流动的变化趋势

2004年，中部地区外出务工劳动力4728万人，西部地区外出务工劳动力3161万人。中部地区外出务工劳动力占劳动力的比重为27.2%；西部地区外出务工劳动力占劳动力的比重为25.4%。从外出劳动力的数量看，东部地区外出务工劳动力增加速度要略慢于中西部地区。2004年东部地区外出务工劳动力比2003年增加123万人，增长3.2%；中部地区外出务工劳动力增加205万人，增长4.5%；西部地区外出务工劳动力增加105万人，增长3.4%。

中部地区65.2%的外出劳动力流向东部地区，这一比重比2003年提高了1.2个百分点。西部地区41%的外出劳动力流向东部地区，比2003年提高4个百分点。而相应的在中西部地区务工的劳动力所占比重有所下降，表明外出务工劳动力在一定时期内有进一步向东部地区集中的趋势（见表1－17）。

表1－17　　农民工就业的地区分布　　单位：%

输出地	输入地					
	2004年			2003年		
	东部	中部	西部	东部	中部	西部
全国	70.0	14.2	15.6	68.0	14.7	17.1
东部	96.6	2.1	0.8	96.3	2.4	0.9
中部	65.2	32.8	1.8	64.0	33.9	1.8
西部	41.0	2.9	55.8	37.0	2.9	60.0

（三）东部沿海地区农民工的主要特点

1. 以青年男性为主，女性比例明显要高于中西部地区，平均年龄有所上升

2004年东部地区农民工中女性占37.4%，中部地区农民工中女性占26%，西部地区农民工中女性占23.6%。

从年龄看，在东部地区务工的农民工平均年龄为28岁。其中，16—20岁的农民工占19%，21—25岁的农民工占30.3%，26—30岁的农民工占16.7%，31—40岁的农民工占20.7%，40岁以上的农民工占12.3%。表1－18显示，近几年在东部地区务工农民工平均年龄有所上升，比较明显的是16—20岁的农民工所占比重由2002年的22.1%下降到2004年的19%，30岁以上的农民工所占比重则提高了2.3个百分点。

表 1-18　　东部地区农民工平均年龄及年龄结构　　单位：%

	2004 年	2003 年	2002 年
平均年龄（岁）	28.4	27.9	27.7
16—20 岁	19.0	21.2	22.1
21—25 岁	30.3	30.1	29.1
26—30 岁	16.7	16.1	16.2
31—40 岁	20.7	19.9	20.1
40 岁以上	12.3	11.3	10.6

2. 农民工文化程度高于全国平均水平

2004 年在东部地区务工的农民工中，文盲占 1.4%，小学文化程度占 14.9%，初中文化程度占 67.1%，高中文化程度占 11.4%，中专及以上文化程度占 5.2%。总体上看，东部地区的农民工文化程度要高于农村劳动力平均水平，初中及以上文化程度占 83.7%，比全国农村劳动力平均水平高 20.4 个百分点。

3. 农民工主要从事制造业和建筑业

2004 年在东部地区农民工中，从事制造业的农民工所占比重最大占 37.9%，其次是建筑业占 18.3%，居民服务业和其他服务业占 10.2%，住宿餐饮业占 5.9%，批发零售业占 4.1%。从事制造业的农民工 2002 年占 29.6%，2003 年占 32.4%，2004 年上升到 37.9%；从事建筑业的农民工 2002 年占 7.2%，2003 年占 14.6%，2004 年上升到 18.3%。从事制造业和建筑业的农民工比重逐年上升。

在东部地区务工的农民工以从事制造业为主，而中、西部地区务工农民工以从事建筑业为主，分别占 30.1% 和 37%（见表 1-19）。

表 1－19　2004 年农民工在不同地区务工从事的主要行业所占比重　单位：%

	全国	东部地区	中部地区	西部地区
采矿业	1.8	1.0	4.3	3.4
制造业	30.3	37.9	14.1	11.2
建筑业	22.9	18.3	30.1	37.0
交通运输、仓储和邮政业	3.4	3.2	4.0	3.7
批发零售业	4.6	4.1	5.7	5.4
住宿餐饮业	6.7	5.9	9.5	7.4
服务业	10.4	10.2	11.9	10.0

4. 超过 1/3 的农民工月收入水平在 500—800 元

2004 年，在东部地区务工的农民工月平均收入 798 元，比 2003 年增加 89 元，增长 12.6%。其中，月均收入在 300 元以下的农民工占 7%，比 2003 年下降 1.8 个百分点；月均收入在 300—500 元的农民工占 16.7%，下降 4.7 个百分点；月均收入在 500—800 元的农民工占 36.8%，下降 1.3 个百分点；月均收入在 800—1000 元的农民工占 17.4%，上升 4.3 个百分点；月均收入在 1000 元以上的农民工占 22.2%，上升 4.4 个百分点（见表 1－20）。

表 1－20　农民工在不同地区务工月均收入　单位：元

	2004 年	2003 年	2002 年
全　　国	780	702	659
东部地区	798	709	669
中部地区	724	643	623
西部地区	701	644	589

5. 不同就业地区和不同年龄组的农民工收入水平有差异

在东部地区务工的农民工收入高于在中西部地区务工的收入。东部地区农民工月平均收入比中部地区高 74 元，比西部地区高 97 元。从东部各主要省（市）看，北京、上海、江苏、浙江、福建的农民工月均收入高于东部地区平均水平，而河北、山东、广东则低于平均水平。在广东省务工农民工月收入702元，比东部地区平均水平低96元，其收入水平相当于在西部地区务工的平均水平。

在东部地区直辖市和省会城市务工的农民工收入高于在地级以下中小城市务工的收入。在直辖市务工的农民工平均月收入为920元，在省会城市务工的农民工平均月收入860元，明显要高于在地级及以下中小城市务工的收入。在地级市、县级市和建制镇务工的农民工平均月收入分别为761元、759元和740元。

高年龄组农民工收入水平要高于低年龄组的收入水平。16—20岁的农民工平均月收入为643元，21—25岁的农民工平均月收入为743元，26—30岁的农民工平均月收入为849元，31—40岁的农民工平均月收入为901元，41—50岁的农民工平均月收入为933元，50岁以下的农民工平均月收入为832元（见图1－4）。

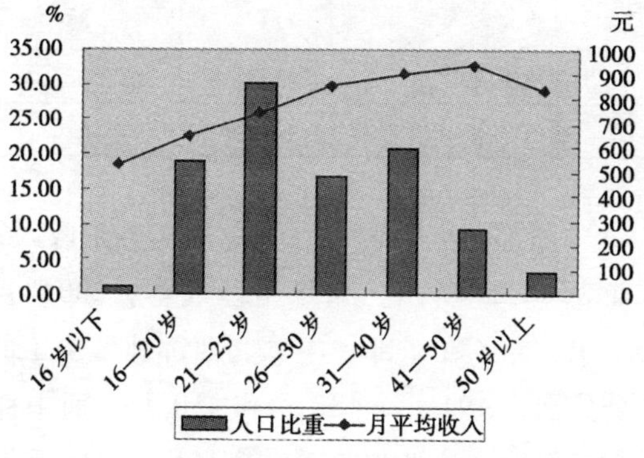

图1－4　东部地区不同年龄组农民工所占比重及月收入水平

6. 东部地区农民工生活消费支出相对较高

东部地区农民工六成以上是在地级以上大中城市务工，而近年来城市主要消费品价格的大幅上涨，加大了农民外出务工的迁徙成本。2004年在东部地区务工农民月均生活消费支出为304元，比中部地区高67元，比西部地区高53元。

表1－21显示，中部地区农民工在本地务工的月均消费支出是224元，而到东部和西部地区务工的月均消费支出分别是282元和235元；西部地区农民工在本地务工的月均消费支出是248元，而到东部和中部地区务工的月均消费支出分别是322元和283元。中西部地区的农民工去东部地区务工不仅收入低，而且开销大。

表1－21　　2004年跨区域流动农民工收入和消费支出比较　　单位：元/人·月

		在东部地区务工	在中部地区务工	在西部地区务工
东部地区外出劳动力	收入	892	1115	1337
	生活消费支出	311	349	427
	收入结余	580	766	910
中部地区外出劳动力	收入	698	682	717
	生活消费支出	282	224	235
	收入结余	416	458	482
西部地区外出劳动力	收入	723	859	688
	生活消费支出	322	283	248
	收入结余	401	576	440

7. 中西部地区农民工在东部地区务工收入结余少

如表1－21所示，扣除生活成本，2004年农民工平均收入结余489元，在东部、中部和西部地区务工的农民工平均收入结余分别为494元、487元和450元。而中部、西部地区农民工在东部地区的平均收入结余分别是416元和401元，都明显低于在本地区务工的农民工平均结余。中部地区农民工在中部、西部地区务工比在东部地区务工多获得42元和66元；西部地区农民工在中部、西部地区务工比在东部地区务工多获得175元和39元。

四、东部沿海地区农民工需求状况

在广东省务工的农民工约占在整个东部沿海地区农民工的40%，全国超过1/4的农民工在广东省务工，广东省农民工需求的变化对东部地区农民工需求的变化具有代表性和前瞻性。根据2004年底对广东省白云、番禺、三水和惠阳四个区9家劳务中介机构、20家企业的调查，多数企业经营情况较好，对劳动力的需求增加，而求职登记人数减少，部分企业用工紧缺的情况并没有得到缓解。

（一）东部地区对农民工的需求继续增加

1. 求职登记人数减少，用工需求登记人数大幅度增加

根据对劳务中介机构调查，2004年1—10月在9家劳务中介机构中求职登记的总人数为29636人，比2003年同期36440人减少6804人，减少18.7%。其中，求职登记的农民工人数20608人，农民工中有技术专长的求职登记人数为3611人，比去年同期分别减少21.3%和10.9%。与此同时，企业用工需求登记人数为255155人，比2003年同期增加142918人，增加1.27倍。其中技术工需求登记人数为99660人，比2003年同期增加1.65倍。多数企业经营情况较好，产品销路比较顺畅，对劳动力的需求大量增加，而求职登记人数的减少，表明劳动力供给的不足。

2. 农民工为企业员工主体，企业用工仍然紧缺

根据对企业的调查：2004年调查企业每家平均有员工837人，其中农民工为757人，占90.4%。在农民工中，外省农民工为621人，占82%，即农民工为企业人员的主体，而外省农民工又是农民工的主体。20家企业中缺少员工的有11家，占55%。调查企业每家平均缺工74人（占现有员工的8.8%），比上年平均缺工51人增长45.1%。每家企业缺少技工26人，比上年增加36.8%。番禺区骏丰鞋厂有岗位2000

个，在岗员工有1600人，缺少员工达1/5。

3. 企业工资略有增加，招工费用大幅度上升

2004年，企业中农民工的平均月收入为925.7元（其中企业主对食堂伙食补贴71.3元、对住宿补贴32.6元），比上年平均894.1元提高3.5%。另外，企业为每位农民工每月购买各种社会保险100.2元，比上年86.9元增加15.3%。企业新招一名农民工发生的费用平均为102.9元，比上年77.1元增加33.5%。20家企业中认为“招工比去年困难的”有9家，认为“招工情况和上年差不多”的也有9家，各占45%。

4. 招工不足对企业造成影响，但企业主认为增加农民工工资有困难

调查中，在回答“招工不足，对企业的主要影响”时，12位企业主认为是“影响按时交货和企业利润”，占60%；有5位认为是“影响企业信誉”，占25%；有3位认为是“企业主不敢放手接大单”，占15%。招工不足给企业造成了莫大的困扰，但企业主认为没有能力提高工资。20位企业主，认为企业能够承受普通工人的最高月工资在1000元以上的只有1位，19位认为只能在1000元以下。在回答“难以提高农民工工资的主要原因”时，认为“企业竞争激烈，企业利润很低”的有14位，占70%；认为“原材料价格上升多，产品出厂价上升少”的有6位，占30%。

（二）东部地区农民工需求的变化趋势

1. 随着经济社会发展和生产力水平提高，社会各方面对劳动力素质要求越来越高

广东省劳动就业服务管理中心根据对部分企业的抽样调查结果指出，广东省不是“劳工荒”，而是“技工荒”。广东省需要大量有技能的、适应制造业的“新型民工”。广东省要打造“世界制造业中心”，而制造业尤其是机械加工业的快速发展，对工人素质要求越来越高。广东省劳动和社会保障厅在

"2004年广东省劳动保障工作意见"中指出：目前广东省获得职业资格证书的技术技能劳动者共有296.5万人，其中高级以上技工11.7万人，不到全国4%的平均水平，与发达国家的40%更是差距极大。

南方人才市场测评中心分析认为：伴随着珠江三角洲等经济发达地区进入工业化中期阶段，产业结构开始调整和升级，科技含量高、对工人素质要求高的产业逐渐替代了原有的劳动密集型、简单来料加工型产业，这些新兴高科技产业自然也对工人提出了更高的要求。

2. 劳动力供不应求的职业趋向技术类工种

据《广东省2004年第二季度劳动力市场供求状况分析》统计数据显示：按职业小类划分供不应求的前十大职业中，技术工人就有裁剪缝纫工、机械工程技术人员、车工等三类，职位供求缺口为25424个，求人倍率为3.41，即每3.41个职位仅有1人应聘。广东省短缺的技能人才涉及模具、数码机床、电子、机电、设备维护、铸造、高级车工、焊工、铣工、钳工、汽车维修和美容、服装设计、网络维护、计算机操作等多个门类。如佛山市供不应求的10个职业小类中，技术类多达7个，平均求人倍率也在3.5以上。

不仅仅在珠江三角洲，类似的情况在长江三角洲也同样存在。据悉，由于缺少技工，浙江省海宁市每天至少流失100万美元的订单。据对近年来宁波市劳动力市场需求状况分析，操作工、裁剪、缝纫工、车工、机电产品装配工、焊工、纺织工等一些制造业的技术工种，被列入缺口最大的前10个职业中。浙江大学经济学院的一位教授指出：随着全球制造业向长江三角洲大规模转移，"技工荒"已经成为制约长江三角洲经济发展的新"瓶颈"。这就要求新生代农民工为提高求职竞争力，必须不断接受培训，掌握适应产业升级后的劳动技能。

第三节

农村劳动力转移就业的影响因素分析①

一、宏观影响因素分析

农村劳动力转移就业多元化格局的形成与宏观经济的发展以及国家宏观政策的调整是密不可分的。2003 年以来，我国国民生产总值增长率保持在 10% 左右，固定资产投资不断增加，同时，国家也加大了对“三农”的政策倾斜和资金支持力度，农村经济发展环境不断改善。在这样的背景下，农村劳动力转移就业形成了大规模向东部地区和城市转移以及就地就近转移并存的局面。

（一）国民经济增长与农村劳动力转移就业

以往的研究比较多的关注了农村劳动力转移对于社会经济发展的影响，而国民经济的增长对农村劳动力转移就业产生了什么样的影响呢？应该说，经济增长是提高就业率和就业质量的关键，同时，增加就业率也是经济发展的主要目标之一。

通过粗略的统计我们可以发现，国民经济增长与农村劳动力转移就业之间存在着较高的正相关关系。国民经济发展状况以国内生产总值衡量，农村劳动力转移规模，我们在此以农村劳动力从事非农就业的数量表示，具体如表 1 - 22 所示。

① 本节选自农业部软科学课题“2004—2006 年农村劳动力转移就业研究”（课题编号：200717），课题主持人：王秀清。

表 1-22　　经济总量与农村劳动力转移的相关数据

年份	名义 GDP（亿元）	实际 GDP（以 1983 年不变价格计算）（亿元）	农村劳动力从事非农就业规模（万人）
1983	5962.7	5962.7	3044.7
1984	7208.1	6869.0	4282.6
1985	9016.0	7796.3	6713.6
1986	10275.2	8482.4	7521.9
1987	12058.6	9466.4	8130.4
1988	15042.8	10536.1	8611.0
1989	16992.3	10968.1	8498.3
1990	18667.8	11384.9	8673.1
1991	21781.5	12432.3	8906.2
1992	26923.5	14197.6	9764.6
1993	35333.9	16185.3	10997.5
1994	48197.9	18305.6	11964.0
1995	60793.7	20300.9	12707.3
1996	71176.6	22331.0	13027.6
1997	78973.0	24407.8	13526.8
1998	84402.3	26311.6	13805.8
1999	89677.1	28311.3	13984.7
2000	99214.6	30689.4	15164.6
2001	109655.2	33236.6	15778.0
2002	120332.7	36261.2	16536.0
2003	135822.8	39887.3	17711.0
2004	159878.3	43915.9	19099.0
2005	183084.8	48483.1	20411.7

资料来源：《中国统计年鉴 2006》及相关数据计算；《中国农业发展报告 2006》。

以1983年不变价格计算，2005年我国GDP达到48483.1亿元，比1983年增加了7.13倍，年均增长率约为10%，而这一期间，从事非农就业的农村劳动力也增加了1.73亿人，是1983年的6.70倍。由此可知，在经济快速增长的同时，农村劳动力参与非农就业、转移就业的规模也在迅速扩大。

可以说，最近几年农村劳动力外出就业主要依赖于经济的发展，特别是非正规部门经济的发展为农村劳动力就业提供的就业岗位。与此同时，城市和农村改革不断深化，为农村劳动力外出就业创造了重要的制度环境。

（二）产业结构调整与农村劳动力转移就业

农村劳动力转移就业与产业结构调整和第二、第三产业的发展密不可分，2005年转移就业的劳动力中分别有47.34%和52.66%在第二产业和第三产业就业。

改革开放后，第二、第三产业发展为农村劳动力转移就业提供了广阔空间。2006年年末，第二产业产值达103162.0亿元，第三产业产值达82972.0亿元，三次产业产值构成由1978年的28.2∶47.9∶23.9演变为2006年的11.7∶48.9∶39.4，三次产业就业结构由70.5∶17.3∶12.2演变为42.6∶25.2∶32.2，尽管就业结构调整滞后于产业结构的变化，但这却为农村劳动力进一步转移就业提供了空间。

为了进一步考察第二、第三产业发展对劳动力就业的带动作用，我们计算了2003年以来第二产业和第三产业的就业弹性（见图1－5），结果表明2003—2006年第二、第三产业的就业弹性均为正，这说明第二、第三产业的发展可以带动劳动力就业。计算结果还显示，2005、2006年第二产业的就业弹性高于第三产业，这可能与第二产业中的劳动密集型产业的发展有关，如纺织、加工、建筑等行业等，也说明了第三产业吸纳劳动力就业的能力有待提高。

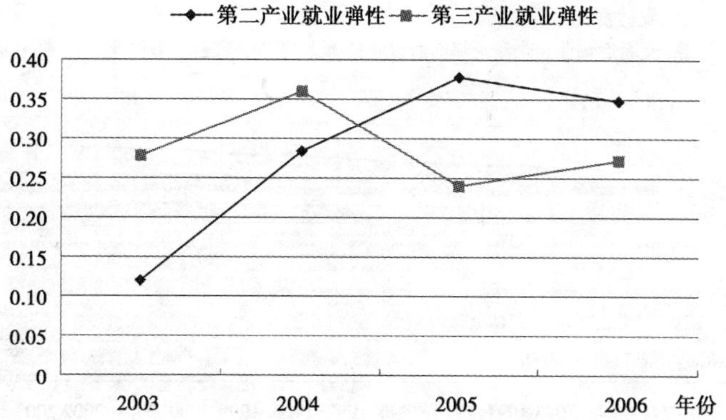

图 1-5　2003 年以来第二、第三产业就业弹性

资料来源：《中国统计年鉴 2007》。

（三）农村非农产业发展与农村劳动力转移就业

农村劳动力转移就业始于农村非农产业的发展，如社队企业、乡镇企业等，在历史的演进过程中，尽管大量农村劳动力开始远离故土外出就业，但在农村非农产业就业依然是农民转移就业的重要组成部分，拓宽了农民的就业渠道。

改革开放后，以乡镇企业为主的农村非农产业的发展使得乡村非农产业的从业人数迅速增加（见图 1-6）。2005 年，乡村非农产业的从业人数达到 2.04 亿人，是 1985 年的 3.04 倍，占乡村从业人员总数的 40.51%，其中，工业从业人员数占 29.45%，建筑业占 17.90%，批发零售、贸易、餐饮业占 14.39%，交通运输、仓储及邮电通信业占 7.68%。

从乡村非农产业的企业形式看，乡镇企业是吸纳农村劳动力转移就业的主力军（见表 1-23）。改革开放初期，转移就业的农村劳动力绝大多数在乡镇企业就业，而且随着乡镇企业的蓬勃发展，乡镇企业的就业规模不断扩大，1978 年，乡镇企业仅吸纳 2827 万人就业，到 1990 年乡镇企业吸纳劳动力就业数量增加了 2 倍多，达到 9265 万人。到 20 世纪 90 年代中

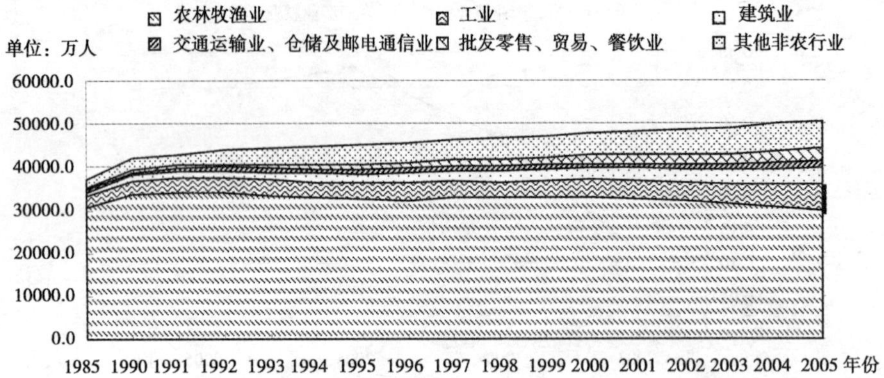

图 1－6　1985—2005 年乡村从业人员行业构成演变

资料来源：《中国统计年鉴 2007》。

后期，由于市场供过于求、竞争愈加激烈，再加之大部分乡镇企业规模小、技术水平落后、产品质量差、污染严重等问题，乡镇企业面临巨大的挑战，部分企业被迫关停，农村劳动力转移就业受到影响。经历了短暂的调整期后，乡镇企业的经营模式、技术水平等不断改善，进入了稳步提高的发展阶段，同时也带动了更多的农民就业，2006 年年底在乡镇企业就业的劳动力已达 1.47 亿人。值得注意的是，在乡镇企业发展的同时，私营企业和个体企业也不断壮大，成为吸纳农村劳动力转移就业的又一重要渠道。截至 2006 年年底，乡村私营企业和个体企业分别吸纳了 2632 万人和 2147 万人就业，占乡村非农就业的 13.53% 和 11.03% 。

表 1－23　　　1978—2006 乡村从业人员所属企业形式情况

年份	乡村从业人员数			
		乡镇企业	私营企业	个体
1978	30638	2827	—	—
1980	31836	3000	—	—
1985	37065	6979	—	—

续表

年份	乡村从业人员数			
		乡镇企业	私营企业	个体
1990	47708	9265	113	1491
1991	48026	9609	116	1616
1992	48291	10625	134	1728
1993	48546	12345	187	2010
1994	48802	12017	316	2551
1995	49025	12862	471	3054
1996	49028	13508	551	3308
1997	49039	13050	600	3522
1998	49021	12537	737	3855
1999	48982	12704	969	3827
2000	48934	12820	1139	2934
2001	49085	13086	1187	2629
2002	48960	13288	1411	2474
2003	48793	13573	1754	2260
2004	48724	13866	2024	2066
2005	48494	14272	2366	2123
2006	48090	14680	2632	2147

资料来源：《中国统计年鉴 2007》。

二、微观影响因素分析

（一）农村劳动力就业选择行为的理论分析

农村劳动力的就业选择一方面受劳动力市场需求的影响，另一方面也受到农村劳动力个人情况和家庭情况的影响。但对于素质相当、家庭状况相似的劳动力在劳动力市场上获得的就业机会是相等，所以我们将问题主要集中在劳动力的微观特征上。

根据农户模型，农户劳动力就业选择行为由家庭偏好（U）、农业生产（Y）、家庭劳动力数量（L）以及劳动力市场

（W）等因素决定。其中，农户的偏好由家庭收入和闲暇决定，而对收入和闲暇的偏好又是由家庭特征决定，如家庭固定资产数量、家庭的结构、劳动力受教育程度等；农业生产情况则是由当地的资源禀赋情况和生产技术决定；家庭面对劳动力市场工资率在很大程度上取决于家庭劳动力素质以及他们所能得到的就业机会，因此劳动力个人特征以及家庭所在地的经济发展水平决定了农户劳动力市场工资率高低，此外，转移成本也是劳动力外出就业考虑的因素之一。因此，农村劳动力就业选择行为可由图 1－7 表示。

农村劳动力就业地点选择是基于农户家庭效用最大化进行的理性选择，根据图 1－7 的描述，农村劳动力就业行为的影响因素可以进一步归纳为个人特征、家庭特征和外界环境因素。其中，个人特征包括劳动者年龄、受教育程度、技能培训情况和性别；家庭特征包括家庭固定资产数量、收入水平、劳动力结构、家庭生产经营情况等；外界就业环境包括劳动力外出就业机会、成本、本地经济发展情况、交通状况等。

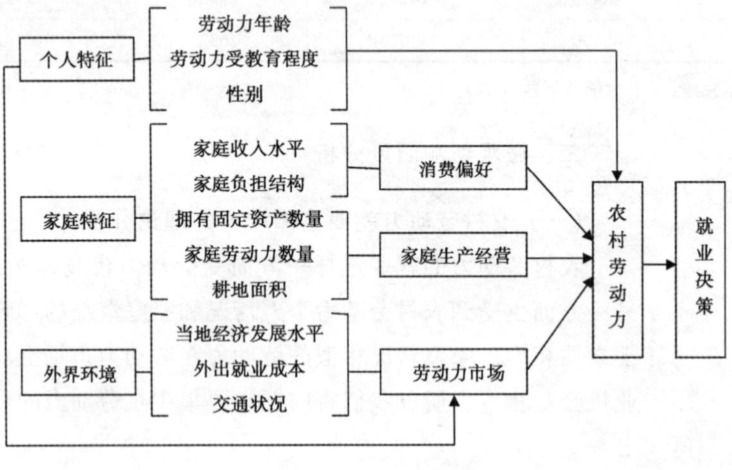

图 1－7　农村劳动力就业决策影响因素

1. 农村劳动力个人特征

个人特征是影响劳动力就业决策的主要因素，特别是劳动力的受教育程度及接受培训情况是影响劳动力供给的重要因素。一般认为，接受教育和技能培训对农村劳动力外出就业有正向的影响，即受教育程度越高外出就业机会越多，接受过技能培训越容易找到工作。相对于就业地点选择来说，中西部劳动力人力资本积累越多越倾向于异地就业寻找收益更高的就业机会，而人力资本低的劳动力越倾向于在当地做一些简单的工作。而东部地区由于经济活跃各产业发展较快，很难判断出劳动力人力资本状况对就业地点选择的影响。

劳动者的年龄和性别也是影响就业决策不容忽视的因素。一般处于青壮年时期的劳动力更倾向于异地转移就业。从性别上看，一般女性劳动力更愿意在本地就业，空闲时间可以帮助料理家务事和农业生产，而男性劳动力更多的是外出就业，特别是异地转移就业。

2. 农村劳动力家庭特征

农村劳动力就业选择行为是家庭劳动力配置的体现，必然受到农户家庭因素影响，一是家庭的偏好，二是家庭生产经营情况。

农户家庭偏好由家庭固定资产数量、家庭收入水平、家庭劳动力结构等决定。农户家庭固定资产数量是家庭经济状况的基本反映，固定资产数量多说明农户家庭经济状况较好，可能就降低了劳动力外出就业的愿望，或者劳动者更倾向于就地转移或进行家庭经营。家庭收入水平对于劳动力就业选择是一个内生变量，一方面收入水平影响着劳动力的就业选择，另一方面劳动力就业选择又影响了家庭收入水平，所以考虑家庭固定资产数量、家庭拥有耐用消费品数量及居住条件等来反映农户的收入水平。家庭劳动力结构同样影响了家庭的偏好。当家庭中劳动力数量多时，劳动力的就业呈现出多元化，包括农业生产、本地就业和异地就业；而当家庭劳动力负担较重时，家里面有小孩和老人需要照顾，劳动力可能更倾向于就近转移以照顾家庭，当家庭用于医疗和教育的支出负担较重时，劳动力可能更倾向于异地转移，因为异地转移相对于就近转移来说就业稳定性高，收入水平可能更高。

家庭生产经营包括农业生产和家庭自主经营，土地规模以及家庭自主经营收入可以反映农户家庭生产经营规模。根据理论分析的情况，家庭生产经营情况影响着家庭劳动力配置。家庭有一定经营规模时，劳动者可能更愿意在当地就业，以兼顾家庭生产。当家庭经营形成一定规模时，家庭生产的收益要高于外出就业，家庭不仅不向外提供劳动力，而且还会雇佣其他劳动力。可以说农户家庭生产经营规模与劳动力外出就业呈反向关系。

3. 外部就业环境特征

外部就业环境是劳动力外出就业考虑的主要因素，包括当地经济发展情况、外出就业收入和成本、交通状况等。当地经济发展情况是影响劳动力本地就业的关键因素，当地县域经济活跃，工业企业和第二、第三产业发达，那么就可以为农村劳动力本地就业提供良好的就业环境，相应当地农村劳动力就地转移的比率也高。反之，如果当地经济欠发达，就业机会少，劳动力则更多的选择异地转移就业。

依据农户模型，劳动力市场的工资率影响着家庭的劳动力配置。家庭劳动力分配偏向于工资率高的劳动力市场，现实也证实了这一点，劳动者大多选择收入水平相对高的地点就业。同时，由于劳动力的选择是理性的，转移就业成本也是他们考虑的主要因素之一。就地就近转移的成本低，当本地就业与异地就业收入差距不大时，劳动者更倾向于选择本地就业。

此外，家庭所处的地理位置、交通状况以及当地风俗习惯和观念等也是影响劳动力就业地点选择的因素。比如，交通便捷的地方劳动力更愿意外出就业，特别是县域范围内交通便捷，农民可以自由、快速的往返于就业地和家庭，那么农民更倾向于就近转移，尤其是摩托车的普及扩大了农民的活动范围。同时，经济相对发达和相对落后地区外出就业的观念不同也导致了劳动力配置的不同等。

综合以上分析，各因素对农村劳动力就业选择的预期作用如表 1－24 所示。

表 1－24　各影响因素对农村劳动力外出就业选择的预期作用

分类	影响因素	对农村劳动力选择就近转移的预期作用	对农村劳动力异地转移的预期作用
个人特征	劳动力年龄	正向	负向
	受教育年限	负向	正向
	接受过职业教育或技能培训	负向	正向
	性别	女性更倾向于就近转移	男性更倾向于异地转移
家庭特征	家庭劳动力数量	正向	正向
	家庭负担结构	不一定	不一定
	家庭人均耕地面积	正向	负向
	家庭拥有生产性固定资产量	正向	负向
外界因素	当地经济发展水平	正向	负向
	居住地地理位置	正向	正向
	交通状况	正向	正向

注：预期作用为各因素对劳动力就业选择的总影响。

第四节

现阶段农村劳动力就业变化特点[①]

就业是民生之本，是民富之基。中国是农业大国，有近 8 亿人生活在农村，农民富则国家盛。农民的就业状态不仅决定了农

① 本节内容选自农业部软科学课题“有利于农民增收的就业促进政策研究”（课题编号 200916），课题主持人：孙梅君。

民的收入水平，也从根本上决定了中国经济社会发展的状态。特别是在国际金融危机袭来之时，在农民就业面临严峻形势之下，促进农民就业增收，不仅是现代化进程中长期而重大的战略课题，也是扩大内需、保持经济长期平稳较快发展的当务之急；不仅是经济问题，也是社会问题。本节旨在进一步分析农民就业结构的演进及其对微观和宏观层面的影响，重新认识农民的就业问题，为研究制定有利于农民增收的就业促进政策提供参考。

一、农村劳动力就业：结构的深刻转变

在城乡分割的二元经济中，生产队集中劳动和严格的户籍制度限制着劳动力城乡流动，农村产业发展以农业为主，农民就业以农业为主，工业和城市部门所需劳动力主要来自城市。改革开放以后，农村劳动力从集体劳动中解放出来，获得自由支配劳动时间的权利，并逐步转向非农产业就业。通常，农村劳动力转移包括空间转移和产业转移两种含义，对应的就业方式即是外出就业和在农村本地非农就业，虽然外出就业的农村劳动力中仍有一部分可能从事农业生产活动，但人数了了。在统计上，一般将农村劳动力就业划分为三类：①从事农业生产；②在本地从事非农产业，包括家庭经营第二、第三产业和在本乡镇企业就业；③外出就业，即在本乡镇行政管辖区域以外从业 6 个月及以上（2008 年以前为 1 个月及以上），后两者统称为农民工。

伴随着国民经济增长和经济社会结构调整转型，我国农村劳动力就业结构发生了历史性的深刻变化，特别是农村劳动力的转移就业进入了一个全新时期，呈现出不少值得关注的新特点、新趋势，成为我国经济社会结构变迁中最引人注目的现象。

（一）农业从业人员下降，且女性化、老龄化、低文化化、兼业化趋势增强

据第二次全国农业普查，2006 年农村住户中农业劳动力

有3.42亿人，比1996年第一次普查时减少0.83亿人，下降19.4%；女性占53.2%，成为农业劳动力的主力军；从业人员平均年龄为43岁，比1996年增加了4岁；50岁以上的农业劳动力占33%，比1996年增加近15个百分点；平均受教育程度基本不超过初中。从事农业生产活动的时间明显缩短，种植业依然是主业，但畜牧业、林业、非农产业从业人员比重增幅较大。

（二）40%的农村劳动力已转移到非农产业，农民工已成为我国产业工人的主体

2006年，农村住户户籍从业人员中从事第二、第三产业的数量为2.2亿人，占农村从业人员的39%，这一转移趋势仍在不断持续，2008年农民工总量已达到2.3亿人。这说明，目前已有40%的农村劳动力转移到了非农产业。全国第二、第三产业从业人员中农民工占50%左右（49.2%），其中从事第二产业的农民工超过了60%，从事第三产业的近40%。

（三）外出劳动力规模扩大，主要分布在劳动密集性行业，并以男性、青壮年、文化程度较高的精英群体为主

2006年外出劳动力1.32亿人，占农村住户户籍从业人员的23.7%，比1996年增加0.61亿人。从产业分布看，外出从事制造业、建筑业和服务业的劳动力人数分别约为0.4亿人、0.3亿人和0.2亿人，三者占农村外出从业人员总数2/3以上。外出农村劳动力中男性占64.0%；初中及以上文化程度占80.1%，比1996年增加11.7个百分点；年龄集中在21—30岁。随着女性受教育程度的提高和产业结构调整升级，女性外出比重呈上升趋势，2006年男性外出比例比1996年下降6.3个百分点。

（四）农村劳动力非农就业增长速率与经济增长周期波动密切相关

1997年亚洲金融危机之后，我国经济进入了一个调整时

期。1998—2002 年 GDP 增长率连续 5 年小于 10%。之后，国民经济进入了平稳较快增长阶段，2003—2007 年 GDP 增长率连续 5 年大于 10%。受国民经济周期波动影响，最近 10 年农村劳动力转移也呈现出明显的阶段性（参见表 1－25）。

表 1－25　农业劳动力向非农产业转移进程

年　份	乡村从业人员（万人）	按行业划分			
		农业（万人）	非农产业（万人）	农业所占比重（%）	非农产业所占比重（%）
1986	37989.8	30467.9	7521.9	80.2	19.8
1996	45288.0	32260.4	13027.6	71.2	28.8
1997	46234.3	32677.9	13556.4	70.7	29.3
2000	47962.1	32797.5	15164.6	68.4	31.6
2001	48228.9	32451.0	15777.9	67.3	32.7
2002	48526.9	31990.6	16536.3	65.9	34.1
2003	48971.0	31259.6	17711.4	63.8	36.2
2004	49695.3	30596.0	19099.3	61.6	38.4
2005	50387.3	29975.5	20411.7	59.5	40.5
2006	50976.8	29418.4	21558.4	57.7	42.3
2007	51435.7	28640.7	22795.1	55.7	44.3
	各时期年均增长速度（%）			各时期增长百分点	
1986—1996	1.8	0.6	5.6	-9.0	9.0
1997—2002	1.0	-0.4	4.1	-4.8	4.8
2003—2007	1.2	-2.2	6.6	-10.2	10.2
1997—2007	1.1	-1.3	5.3	-15.0	15.0

资料来源：历年《中国农村统计年鉴》。

最近 10 年，农村非农产业从业人员年均增长 5.3%，而相对于这一时期的前 5 年来讲，后 5 年非农产业从业人员年均增长 6.6%，转移速度明显加快。从农村劳动力就业结构看，近 10 年来非农产业从业人员在农村全部从业人员中所占的比重，由1997年的29.3%上升到2007年的44.3%，提高了15个百分点，而前五年只增加4.8个百分点，后五年则增加了10.2个百分点。与过去10年相比，最近10年农村劳动力转移也呈明显加快的趋势。从事非农产业的农村劳动力年均增长速度提高了1个百分点，非农产业从业人员所占比重上升了6个百分点。这说明，农村劳动力转移与国民经济周期波动密切相关。回归分析结果看，GDP增长1%，农村劳动力非农就业增长0.866%。国民经济增长是农村劳动力转移就业的前提，经济增长加快时期，对农村劳动力就业的吸纳能力增强；反之，则弱。

二、农村劳动力就业转型：对农户收入和消费的影响

农村劳动力就业结构转型最突出的现象就是农村劳动力大规模向非农产业转移。这种转移改善了农户家庭资源要素配置、劳动时间利用和收入结构，也带来农户消费结构的优化和消费行为的改变。

（一）农村劳动力转移就业对农户的收入增长效应

识别农村劳动力就业结构转型的收入增长效应，一是可以观察劳动力就业结构导致的收入结构变化，包括收入水平和收入分布的改变；二是可以比较农业就业与非农就业或外出就业与非外出就业的收入差距或收入相对地位的变化。在统计上，农民收入被划分为工资性收入、家庭经营收入、财产性收入和转移性收入四个部分。而农民在本地或外出打工所获得的劳动报酬，被视为工资性收入。

1. 转移就业带来劳动时间的重新分配和资源要素的重新配置

我国人均耕地面积小、农业资源有限，农业存在大量剩余劳动力是不争的事实。第二次全国农业普查按照农村住户家庭成员在不同产业从业时间的多少，对农户按纯农业户、农业兼

业户、非农兼业户、非农业户等类型进行了划分。如表1－26所示，1996—2006年的10年间，随着农村劳动力向非农产业转移，以从事农业为主、以农业为主要收入来源的纯农业户比重下降了7.5个百分点，农村住户中以经营农业为主的农户目前只有一半左右（51.8%）；以从事非农产业为主兼营农业的农户占农村住户的37.3%，比10年前上升了24.5个百分点。土地流转现象增多，超小规模经营逐步向规模经营发展。2006年经营规模在30亩以上的耕地所占比重达到22.1%，比10年前提高了8.2个百分点。特别是养殖业的规模化经营发展快，1996年规模饲养量比重只有6.3%，2006年超过50%，2008年已超过60%。但土地和农业的社会保障功能依然不容忽视，相当部分进城农民还是放不下土地。

表1－26　　农户类型的变化

农户类型	1996年	2006年	增减
纯农业户比重（%）	59.3	51.8	-7.5
非农业兼业户比重（%）	12.8	37.3	24.5

2. 转移就业带来农业生产方式的转变和劳动效率的提高

农业劳动力向非农产业转移，并不必然带来农业生产能力的下降。相反，由于资本、技术投入的增加，土地产出率、农业劳动生产率、农民人均家庭经营第一产业收入等指标都有明显提高。2007年农业从业人员比重虽然已降到40.8%，但我国耕种收综合机械化水平已超过42%。1997—2007年的10年间，在耕地减少1.2亿亩、第一产业劳动力减少4037万人的情况下，主要农产品产量稳步增长。劳均粮食产量提高200千克，劳均农业产值提高1.3倍，农民来自第一产业的纯收入提高43%。劳动生产率的提高，大大弥补了劳动力减少对农业生产的影响。

3. 工资性收入已取代农业收入成为农民收入增长的主体

第一章

农村劳动力转移的历史与现状

农村劳动力向非农产业转移的最大动机是寻求较高的收入。伴随着转移就业和农户的分化，农民收入构成亦发生显著的变化。从表1－27可见，近10年来，农民收入的增长主要得益于工资性收入的快速增长。

表27　　近10年来农村居民收入增长及构成变化情况

年份	农民人均纯收入（元）	构成（元）				构成（%）			
		工资性收入	家庭经营收入	其中：农业收入	财产和转移性收入	工资性收入	家庭经营收入	其中：农业收入	财产和转移性收入
1985	397	72	296	264	30	18.1	74.6	66.5	7.6
1996	1926	451	1362	1147	113	23.4	70.7	59.6	5.9
1997	2090	515	1473	1220	103	24.6	70.5	58.4	4.9
1998	2162	574	1466	1192	122	26.5	67.8	55.2	5.6
1999	2210	630	1448	1139	132	28.5	65.5	51.5	6.0
2000	2253	702	1427	1090	123	31.2	63.3	48.4	5.5
2001	2366	772	1459	1127	135	32.6	61.7	47.6	5.7
2002	2476	840	1487	1135	149	33.9	60.1	45.8	6.0
2003	2622	918	1541	1196	163	35.0	58.8	45.6	6.2
2004	2936	998	1746	1398	192	34.0	59.5	47.6	6.5
2005	3255	1175	1845	1470	236	36.1	56.7	45.2	7.3
2006	3587	1374	1931	1521	281	38.3	53.8	42.4	7.8
2007	4140	1596	2194	1745	351	38.6	53.0	42.1	8.5
	各时期年均增长速度（%）					各时期贡献份额（%）			
1986—1996	15.4	18.2	14.9	14.3	12.8	24.8	69.7	57.8	5.4
1997—2007	7.1	12.0	4.1	3.6	13.0	52.7	35.2	25.6	12.1
1997—2002	3.4	10.3	0.2	－1.4	7.7	84.2	3.6	－22.0	11.9
2003—2007	10.8	13.7	8.1	9.0	18.7	45.4	42.5	36.7	12.1

过去10年间（1986—1996年），工资性收入对农民收入

增长的贡献份额只有 24.8%，家庭经营收入对农民收入的贡献份额占到 69.7%，其中农业收入的贡献份额为 57.8%，农业收入是农民增收的主要来源。而最近 10 年间（1997—2007 年），工资性收入占农民人均纯收入的比重逐年提高，由 1997 年 24.6% 上升到 2007 年的 38.6%，工资性收入对农民人均纯收入的贡献份额达到 52.7%，已取代农业收入成为农民增收的主体。特别是 1997—2002 年的 5 年间，农业收入出现负增长，农民收入增长基本依赖于农村劳动力转移就业获得的工资性收入的增长，农民人均增收的 386 元中有 325 元来自于工资性收入。近 5 年来，农产品价格形势好转，家庭经营农业收入较快增长，但工资性收入对农民收入的贡献份额仍然有 45.4%，高于家庭经营收入特别是农业收入的贡献。可以说，近 10 年来，正是由于工资性收入的快速增长，一方面弥补了前几年农产品价格下跌对农民收入带来的损失，另一方面支撑了后几年农民收入的较快增长。

4. 工资性收入的高低显著影响农户家庭收入的相对地位

从横截面资料看，收入水平愈高的农民家庭，工资性收入水平愈高，工资性收入对纯收入贡献比率愈大。如表 1－28 所示，工资性收入的高低与农户家庭收入分布的高低具有高度依存性。按照人口五等分分组，2006 年高收入组农户人均纯收入水平比低收入组农户高出 6 倍，而工资性收入则高出 8 倍。工资性收入对纯收入的贡献率随收入等级的上升依次提高，高收入组达到 41.2%，比低收入组高出 8.6 个百分点。

表 1－28　按人口五等分分组的农户纯收入及工资性收入贡献率

2006 年	全国平均	低收入户	中低收入户	中等收入户	中高收入户	高收入户
全年纯收入（元）	3587	1182.5	2222	3148.5	4446.6	8474.8
工资性收入（元）	1374	386	814.1	1230.5	1807	3495.2
工资性收入贡献率（%）	38.3	32.6	36.6	39.1	40.6	41.2

综上所述，农村劳动力转移就业直接支撑了近10年来农民收入的增长，工资性收入不仅取代了农业收入成为农民收入增长的主体，而且还改变了农户在农村收入分布中的相对地位。这里还没有讨论外出打工寄回或带回的收入对农业和其他产业投资所带来的间接收入增长，如果考虑这些因素，农村劳动力转移的收入增长效应会更大。

（二）农村劳动力就业结构转型的消费变动效应

收入决定消费。农村劳动力转移不仅带来收入的增长，也使收入构成发生改变，其显著的特点就是农民收入中现金收入的比重大幅度提高，收入的流动性增强。同时，农村劳动力外出打工就业，经历城市文明的洗礼，其消费观念和消费结构也会随之改变，进而对家庭和周围群体的消费模式和消费结构产生影响。因为，消费者的消费行为不仅受自身收入的影响，而且还受周围人的消费行为影响，高收入家庭的消费行为将对低收入家庭产生“示范效应”。因此，农村劳动力转移就业，不仅仅带来收入格局的变化，对农民消费行为和农村消费市场也产生了重大的影响。

1. 农村消费市场的扩大与农民收入增长高度正相关

收入决定消费。图1-8可见，农民收入的增长与农村消费品市场份额有着高度的正相关关系。通过对近20年来农村人均纯收入增长率与县及县以下消费品零售总额增长率两组数据进行回归分析，结果表明，农民人均纯收入每增长1%，农村消费品市场零售额就增长0.65%，这说明农村消费市场的扩大与农民收入增长呈高度正相关关系，农民收入的增长是农村消费品市场扩大的前提。

2. 劳动力转移就业有助于农民消费结构的改善

工资性收入占纯收入的比重可以从质量上衡量农村劳动力转移的程度，比重越高，转移程度越高。恩格尔系数是食品消费支出占全部生活消费支出的比重，用以衡量居民消费结构优

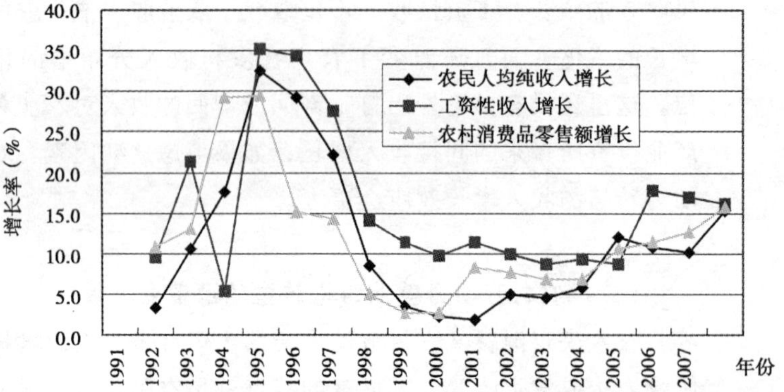

图 1－8　农民收入增长与农村消费增长的关系

劣程度，恩格尔系数越低，说明消费结构越合理。以农民消费的恩格尔系数为因变量，以工资性收入比重为自变量，根据散点图形，建立如下回归模型：

$$y = a + bx$$

根据近 20 年的时间序列数据，采用 SPSS 软件对工资性收入比重和恩格尔系数进行回归拟合，得如下回归结果（见表 1－29）。

表 1－29　回归方程的拟合结果

方程	系数 t 值	截距 t 值	F 值	R^2
Y = 77.803 － 0.904X	77.019	－26.163	684.48	0.977

从回归拟合结果来看，恩格尔系数与工资性收入比重的拟合结果非常理想，R^2 达到 0.977，且方程不存在自相关现象。从回归方程的意义看，工资性收入比重每增加 1 个百分点，恩格尔系数将下降 0.904 个百分点。农村劳动力转移增加了农民工资性收入，带来收入结构的变化，从而显著改善农民的消费结构。

3. 农村劳动力转移直接影响农民的消费行为

消费需求收入弹性是指在价格不变条件下，收入变动1%，消费需求变动的百分比，它反映了消费需求对于收入变动的敏感程度。以农村居民人均工资性收入为自变量，不同收入组别农户对各类消费品的人均生活消费支出为因变量，建立农村居民消费需求模型，得到不同收入组别农户对各类消费品的需求收入弹性。如表1－30所示，2007年与2006年相比，各组别对居住、家庭设备用品及服务均表现出较高的弹性（弹性大于1），说明当前农村居民对改善居住条件的意愿都比较强。同时，高收入组别农户对居住、家庭设备用品及服务、交通及通讯的消费需求收入弹性不仅都大于1，而且显著高于其他组别，说明随着转移就业获得的工资性收入增多，农民消费需求升级换代意愿强烈，对住、行的消费需求正呈现上升趋势，对衣、食等一般性的消费需求已相对饱和。

表1－30　2007年与2006年相比不同收入组别农户对各类消费品的需求收入弹性

	低收入户	中低收入户	中等收入户	中高收入户	高收入户	全国平均
生活消费支出	0.8771	0.8177	0.8076	0.7557	1.0917	0.8670
食品	0.9923	0.7935	0.8336	0.8053	0.9695	0.8776
衣着	1.1073	0.9289	1.0011	0.7769	1.0167	0.9388
居住	1.2849	1.3707	1.2265	1.3269	1.7157	1.3876
家庭设备及用品服务	1.0446	0.8227	1.2062	1.0715	1.3479	1.1036
交通和通讯	0.7121	0.8529	0.9604	0.5782	1.1717	0.8515
文化教育用品及服务	－0.0645	－0.1268	－0.1971	－0.2410	0.6070	0.0122
医疗保健	0.3912	0.9718	0.6341	0.7544	0.3400	0.6064
其他商品及服务	0.6542	1.0533	0.7262	0.9873	1.7596	1.0923

三、对农民就业问题的再认识

已经发生并将长期持续的农村劳动力从农业向非农产业、从农村向城镇转移，不仅对农户微观收入、消费、生产效率产生了重大而深刻的影响，而且支撑了国民经济的持续较快增长，为国家现代化建设作出了重大贡献。现阶段农村劳动力就业呈现多元化格局，固然得益于改革开放和国家一系列促进农村劳动力转移就业的政策措施，但农民进入非农产业的过程还多是自发形成的，并非有意的制度安排。一方面是农业低效率和农民收入低迫使农民不得不寻找新的谋生之路，或外出打工；另一方面是国民经济成长过程中产生了大量适合于农民就业的工种和岗位。在当前发展阶段转换、结构调整升级的双重背景下，农村劳动力转移就业既表现出一些新的特征，也面临一些新的矛盾。与城镇的就业问题相比，农民就业问题更加复杂，既有发展的问题，也有改革的问题。正是农民就业问题的特殊性、复杂性和关联性，才凸显出它的重要性。

（一）农村劳动力转移就业已成为国民经济成长的重要力量

1. 农村劳动力向非农产业转移就业促进了国家整体工业化进程

据第二次全国农业普查，2006 年农村劳动力从事第二、第三产业的人数占农村户籍从业人员的 38.9%，占全国第二、第三产业从业人员的 49.2%。农村劳动力在我国第二、第三产业各行业就业人员中的比重普遍较高，特别是在劳动密集型行业中已成为产业工人的主体。农民工在第二产业从业人员中占 58%，在第三产业从业人员中占 52%；在加工制造业从业人员中占 70%，在建筑业从业人员中占 80%。有关方面测算，2008 年农村第二、第三产业增加值分别占全国第二、第三产业增加值的 45% 和 25.4%，农村第二、第三产业已成为国民经济的重要组成部分。特别值得一提的是，农村劳动力流入非农产业，极大地增强了我国劳动密集型产业的国际竞争力。2006 年我国“纺织原料及纺织制品”净出口 1124 亿美元，占全部货物贸易顺差的 63%，总额和比重均排第 1 位。

2. 农村劳动力向城镇转移就业推动了人口城镇化进程

过去一个时期我国实行城乡分割的经济社会管理体制，城镇化一度严重滞后于工业化，形成明显的结构偏差。1978 年，全国 GDP 中第二、第三产业的份额合计为 71.8%，但第二、第三产业的就业份额仅为 29.5%，城镇人口比重仅为 17.92%。随着农业劳动力向非农产业转移、农村劳动力向城镇转移，这种结构偏差逐步得到矫正。特别是 20 世纪 90 年代中期以来，城镇化率加速提高。1995—2008 年的 13 年间，全国城镇人口比率提高 16.64 个百分点，平均每年提高 1.28 个百分点。在这个过程中，农村劳动力及其共同生活人口的转移发挥了重要推动作用。

3. 农村劳动力转移就业推动了国民经济长期持续快速增长

改革开放 30 年来，我国经济实现长期持续快速增长。特别是 20 世纪 90 年代以后，增长速度更快。1991—2008 年，我国 GDP 和人均 GDP 年均增长率分别达到 10.3% 和 9.4%。在推动国民经济长期持续快速增长的众多因素中，劳动力资源的再配置效应居重要地位。①劳动力资源从生产率较低的农业部门向生产率较高的非农产业部门转移，提高了全社会的劳动生产率，转移劳动力的劳动生产率“溢价”成为国民财富增长的重要源泉。②农村劳动力以极低的工资水平大量转向非农产业，延缓非农产业劳动力成本的上涨，转移劳动力的工资和福利“差价”成为工业化、城镇化资金积累的重要源泉。③转移劳动力因收入提高而产生的消费“拉力”也是内需增长的重要源泉。据有关专家测算，2006 年农村劳动力转向非农产业所产生的劳动生产率总“溢价”达到 8.37 万亿元，相当于全国 GDP 的 39.5%；农民工的低成本为国家工业化城镇化提供的资金积累达到 4.45 万亿元，农村劳动力非农就业收入派生出来的生活消费支出为 1.6 万亿元，占农村居民消费的 76%，占全社会居民消费支出的 20%。

（二）现阶段农民就业面临一系列新问题

近些年来，党和政府在改善农民就业环境、提高农民就业能力、促进农村劳动力转移就业方面做了大量工作，农村劳动力就业范围不断扩大，进入的领域和行业越来越多。但是，一方面制度环境障碍仍在宏观层面制约农民作为生产要素潜能的进一步释放；另一方面农民整体的就业能力低下，主要从事简单劳动，与我国新型工业化和现代农业建设对高素质劳动力的需求脱节。这些问题不仅严重制约农民的就业和增收，也拖曳整个经济结构的优化和提升。

1. 劳动力供给增加面临经济增长放缓的问题

经济增长是扩大就业的前提。农村劳动力转移就业速率与国民经济周期波动密切相关。受国际金融危机的影响，我国经济增长开始步入周期波动的下行通道，就业需求势必减弱。2008 年 GDP 增长速度只有 9%，城镇新增就业 1113 万人。2009 年政府提出的 GDP 预期增长目标为 8%，城镇新增就业只有 900 万人，在扩内需、保增长一揽子刺激政策的强力作用下，目前看，实现这两个目标没有问题。而明年政策的刺激效应有可能减弱，经济增长面临的形势更加复杂，增速不可能太高。而劳动力供给却在不断增加，城乡每年新增劳动力超过 2000 万人，明年劳动力供需缺口仍然高达 1000 多万人，就业形势不容乐观，特别是农民工、普通高校毕业生和困难群体就业形势比较严峻。

2. 就业能力低面临产业升级和结构调整的问题

经过 20 多年持续向外转移，农村劳动力已从数量的“无限供给”阶段转向“结构剩余”阶段，从工资的“低水平徘徊”阶段转向“持续上升”阶段，在总量仍有剩余的情况下，结构性矛盾越来越突出。为应对金融危机，沿海地区加快了产业升级和结构调整的步伐，实施“退二进三”、“腾笼换鸟”的产业转移政策，劳动力市场需求也由过去单纯的体力型、普工型向智力型、技能型转变，特别是需要大量有文化、懂技术、会经营的新型农民工，而目前农村平均不到初中文化程度的劳动力难以适应企业对劳动力技能的要求。加之农民工中有2/3是新生代，对薪酬和工作环境的要求较高。据调查，目前在珠江三角洲甚至长江三角洲一些地区，农民工"就业难"与企业"招工难"问题并存，"技工荒"与"普工荒"现象同在，这正是高素质劳动力需求与农村低素质劳动力供给相脱节的集中反映。据第二次全国农业普查资料显示，2006年农村劳动力平均受教育年限只有7.5年，初中及以下的占92.8%，高中及以上的仅占7.2%。在外出务工农民中具有高中文化程度的仅占12%左右，接受过技能培训的比重为14%。大量农民工只能局限于建筑、纺织、采掘、餐饮等传统产业，从事着简单、繁重、辛苦、低薪的劳动。

3. 就业岗位不足面临城镇化滞后和中小企业成长困难的问题

农村劳动力的转移就业需要载体，城镇、劳动密集型中小企业是最佳选择。但我国城镇化总体落后于工业化，大中小城市与小城镇发展不协调的问题突出，导致城镇化对经济增长的拉动效应、对就业岗位的扩张效应、对产业和人口的集聚效应没有得到充分释放。特别是小城镇建设明显滞后，自身筹资能力弱、国家支持力度小，缺乏科学规划和产业支撑，承载力不高，其用地潜力大、吸纳就业空间大、成本低的优势没有得到发挥。据第二次全国农业普查资料显示，全国平均每个建制镇镇区人口只有1万人，建成区面积只有4平方千米，平均每个建制镇基础设施投资仅为1044万元，县城关镇也只有1647万元。这不仅影响城镇化进程，对进一步发展第二、第三产业也十分不利，极大地制约了农村剩余劳动力的转移。中小企业是吸纳就业的主力军，目前吸纳了80%以上的劳动力就业。但我国中小企业普遍存在着技术创新能力不强、缺乏自主品牌、管理落后等问题，绝大部分处于产业链的低端，而且，中小企业融资难问题突出，抗风险和抗冲击能力较弱，在此轮金融危机中，首当其冲的就是劳动密集型中小企业。经历危机后，又面临产业升级和结构调整的压力。许多企业认识到，如果不进行技术创新，提高劳动效率和产品附加值，将面临被淘汰的风险。

4. 农业内部就业扩容面临产业化水平低和多功能开发不足的问题

工业化、城镇化固然对农村剩余劳动力有巨大的吸纳作用，但农业内部并非就没有就业扩张潜力。目前之所以表现出大量农业劳动力外流或转移，主要是缘于农业产业化水平低，生产、加工、流通各环节脱节，不仅造成农业比较利益低，而且也使农村劳动力就业渠道局限于生产环节，大大降低了农业吸收劳动力的能力。虽然近年来，我国农业产业化经营有了长足发展，但总体上看起步晚、规模小、机制不健全、带动能力较弱。据统计，2008 年全国各类农业产业化组织 20 万个，仅带动就业 4702 万人。特别是农产品加工业不发达，产业集中度不高，中小企业和家庭作坊较多。目前发达国家农产品加工率在 90% 左右，我国只有 45% 左右（初加工以上）；发达国家农产品深加工（二次以上加工）占 80%，我国只有 30% 左右；发达国家农产品加工产值普遍是农业产值的 2—4 倍，我国仅为 1 倍左右。而且近 60% 以上的农产品加工企业集中在城市，不仅增加了成本，也不利于吸纳农村劳动力就业。另外，我国农业资源丰富、市场前景广阔，不仅有 18.3 亿亩耕地，还有 60 亿亩草原、42.7 亿亩林地、42 亿亩大陆架渔场、2.6 亿亩内陆水域；但我们对农业的多种资源开发利用不够，对农业的生态保障、观光旅游和文化传承等多种功能开发不够。农民就业主要局限在耕地上、局限在生产环节上、局限在农业上，农村的就业潜力和容量尚未有效拓展。

5. 农村劳动力融入城市面临户籍制度约束的问题

农村劳动力转向城市就业是各国工业化、城镇化进程中必然要发生的结构变迁，具有普遍性。中国农村劳动力转移的特殊性在于，这一变迁受制于以户籍制度为基础的城乡分割体制。农村劳动力向非农产业、向城镇转移就业具有“就业在城市、户籍在农村，收入在城市、积累在农村，劳力在城市、家属在农村，生活在城市、根基在农村”的特征，是典型的流动式转移，以转移出去的劳动力最终都要回来为逻辑起点。这种流动式转移有其相对优势，如转入城市就业的劳动力有退路，可以避免形成城市贫民窟。但流动式转移的弊端更为突出：转入城市就业的劳动力不能真正融入城市经济社会体系，形成城乡之间、城市内部劳动力市场的分割，不利于劳动力市场的一体化；转移就业劳动力普遍没有劳动合约，或只有短期合约，企业和劳动者都没有提高技能的长远打算，不利于产业工人素质的提高；农民工游离于以户籍为基础的城市社保体系之外，不利于社会保障体系的建立健全；农民工的根基在农村，在城市的消费很低，不利于城市化效应的充分发挥，也不利于农村土地流转和农村空心化的治理。

6. 找工作盲目无序面临劳动力市场不健全与就业服务体系不完善的问题

农村劳动力市场发展落后且与城市劳动力市场不对接，增加了农民转移就业的难度和外出务工的盲目性。劳务中介组织发育不完善，服务水平低，致使农村劳动力转移就业组织化程度低、风险大、成本高，大多处于自发、无序、零散的状态，大多数农村劳动力的流动是经亲朋好友的介绍或引路而实现的。据有关方面调查，通过政府或社会职业中介服务机构组织劳务输出的人数不到流动总数的30%。公共就业服务体系特别是农村公共就业服务体系不发达，小额担保贷款、就业援助、信息服务、职业培训等就业政策覆盖范围窄、落实不到位，一些地方出台地方就业保护政策等，也在一定程度上制约了农村劳动力的流动、就业和创业活动。

（三）促进农民就业的现实需求和长远影响

农民就业状态与中国的改革发展紧密相连，与扩大内需、刺激消费、缩小收入分配差距、国家粮食安全以及工业化、城镇化等当前诸多重大问题密切相关。中国的特殊性很大程度上是由庞大的农民群体来建构的，无论作为生产要素，还是作为生产者和消费者群体，对我国经济、社会和政治发展所产生的影响是巨大的，是左右中国现代化进程的主要力量。

1. 扩大内需战略的实现，依靠于农民

主要靠外部需求来拉动经济增长是不可持续的，扩大内需已成为共识。在我国投资率连续多年超过40%的情况下，扩大内需重点在扩大消费需求，而扩大消费重点在扩大农村居民的消费，因为我国消费需求不足主要体现在农民消费不足。2008年，农村居民家庭平均每百户拥有彩电99.2台、电冰箱30.2台、洗衣机49.1台，如果全国2.2亿农户每个家庭都拥有1台电视机、1台电冰箱、1台洗衣机，那么，农村家电市场就能新增176万台彩电、1.54亿台电冰箱和1.12亿台洗衣机的容量。问题是农民的这种消费需求缺乏现实购买力，巨大的消费市场还只是潜在的。而扩大购买力，必须增加农民收入；增加农民收入，核心在改善农民就业。

2. 缩小收入分配差距，重点在农民

我国的收入分配差距在不断拉大，2008年城镇居民收入已是农村居民收入的3.3倍。缩小差距是构建和谐社会的必然要求，但如果没有农民就业状态的改善，那么收入分配差距将永远也不会缩小。党的十七届三中全会提出了到2020年农民人均纯收入比2008年翻一番的战略任务，即今后农民人均纯收入年均增长速度要达到6%。从2009年看形势不乐观，完成6%的任务有困难，城乡居民收入差距有可能进一步拉大。表面看城乡之间的收入差距似乎是农业生产方式落后和效率低下所致，但农业效率之所以低，不是农业本身的属性，也不是小农的生产方式。农民增收难，主要是就业门路窄、就业技能低、就业不充分。打破城乡分治，改革户籍、社保制度固然是必要的，但这替代不了对农民就业状态的改善。

3. 保障国家粮食安全，维系于农民

在全球化背景下，粮食安全的重要性无需多言。保障粮食安全，取决于农业综合生产能力。在构成生产能力的诸多因素中，最重要、最有能动性的是作为生产者和生产要素的农民，包括农民文化素质、生产技能、科技水平、经营能力等等。当前，我国正处在加快改造传统农业、走中国特色农业现代化道路的关键时期，建设现代农业需要有文化、懂技术、会经营的新型农民，否则，农业就不可能持续稳定发展，粮食安全就得不到保证。因此，保障粮食安全，仅仅鼓励农民种粮，是远远不够的，提升农民的生产技能，提高种粮比较效益是前提条件。

4. 推进工业化城镇化，动力是农民，约束也是农民

我国已经进入工业化中期阶段，农民工业已成为我国产业工人的主体，成为推动工业化、城镇化的重要力量。中期以前的工业化，表现为行业规模的扩大、企业个数的增加、就业人数的扩增以及产值份额的提高。这种“平面”的扩展对劳动力素质的要求不高，大量农民工能进入工业部门就业，原因即在于此。进入工业化后期，“平面”的扩展与产业的升级、增长方式的转换结合起来，对劳动力素质、知识、技能上的要求大大提高。在这个阶段，如果农民就业状态得不到改善，要么因为农民的就业能力低下，转移就业受阻，传统农业向现代农业转变难以实现；要么使后期工业化升级受阻，陷入低水平的“平面”扩展而不能自拔，产业升级和经济增长方式转变难以实现。城镇化吸纳农民转变为市民，但城镇化必然占用土地，而土地是农民就业的基本保障，现在还有一些失地农民处于无业状态，不少群体性事件和农民集体上访也都与此有关。我国城镇化之所以落后于工业化，很大程度上就是农民就业状态的约束所致。

第二章

农村进城务工人员社会管理和服务

改革开放以来，上亿农民工进城务工经商，跨地区流动就业。农民工进城对我国经济社会生活产生了十分广泛而深刻的影响，给经济生活带来了活力，改变着社会结构，同时也给城市管理带来一些问题。如何全面正确认识农民工问题，是一个必须解决好的问题。党的十六大报告指出，农村富余劳动力向非农产业和城镇转移，是工业化和现代化的必然趋势。要不断引导农村劳动力合理流动，这是符合我国国情和现代化发展阶段的一个重要判断，是一个务实的方针，反映了广大农民群众的意愿。因此，通过进行深入科学的研究，全面正确的认识和把握农民工进城务工经商的社会现象，从而制定正确的政策，做好管理和服务工作，具有十分重要的意义。

第一节 农民工进城的社会问题与制度创新[①]

一、农民工进城务工经商对于我国经济和社会生活的重大意义

（一）农民进城务工经商是转移农村富余劳动力、增加农民收入的重要途径

我国农村劳动力数量大，就业压力大，剩余劳动力和剩余劳动时间过多，是农民收入上不去的一大原因。而要增加就业进而解决农民收入问题很重要的一条就是要在农村以外做文章。很多地方劳动力外出打工已成为解决农村富余劳动力问题的主要途径，外出务工经商收入在农民增收中的作用日益突出。目前在全国农民人均纯收入中，农民进城打工获得的工资性收入，已经占到农民纯收入的约20%，是农民收入中增长最快的一项。在当前农产品普遍卖难的情况下，引导农民进城务工经商，对增加农民收入具有重要意义。今后一个时期，引导农民在当地发展非农产业的同时，鼓励他们进城务工经商，调整农村就业结构，开辟农民增收来源，是农村工作中的一项重要任务。

（二）农民进城务工经商是入世后发挥我国劳动力成本低的优势、增强我国工农业产品国际竞争力的必然选择

入世以后，我国经济将在更大范围内和更深层次上参与国

① 本节内容选自农业部软科学2005年度重点委托项目“农民工进城的社会问题与制度创新研究”，课题主持人：韩长赋。

际合作与竞争。提高国际竞争力很重要的应对思路是，发挥比较优势，进行非均衡竞争。我们的比较优势很重要的一条就是劳动力成本低，主要又表现在农村劳动力成本低，而且数量庞大，供给充裕。目前由于城乡分割的体制，造成城市劳动力成本相对偏高，限制了我们固有优势的发挥。通过农民进城打工，促进城乡统一的劳动力市场形成，整合城乡劳动力资源，合理调整行业之间劳动力结构，有利于实现劳动力资源更有效地配置，保持我们这一优势。

（二）农民进城务工经商是工业反哺农业、城市文明辐射农村的现实途径

依靠农业支持工业化，当工业化达到一定水平后，工业反哺农业，这是许多工业化国家的共同经验。但是由于我国农民太多，国有企业发展也面临许多困难，目前依靠工业反哺农业还不现实。农民进城打工可以获得现金收入，直接支持农业建设和农民生活的改善。四川省一年农民打工收入约 400 亿元，超过了地方财政的收入。这笔收入对于当地农业发展和开拓农村市场是举足轻重的。一部分农民外出打工，等于增加农业人口资源占有量，可以使经营农业的人口收入增多。农村青年很多人是抱着见世面、学技术的想法外出的，在打工过程中接触了先进的生产方式和文化理念，返乡后既为农村经济发展带来资金，又带来市场信息、管理经验，更带来现代文明的生活方式。这些对于促进农村的发展和社会变迁，提高农村文明水平起到了潜移默化的作用。

二、农民工群体出现对城市社会的影响

农民流动进城群体的出现，正在改变中国的经济社会基本格局，这种改变是通过非常具体的途径实现的。农民流动起初是一种以求职为直接目的的经济活动，因为其跨地域、跨身份、跨职业能力、跨文化，就直接触动到了中国的经济社会发

展进程的基本环节和国家管理制度的基本层面：跨地域，就涉及我们国家的城乡关系和区域关系；跨身份，就涉及了我们长期以来对农民与非农民身份划定的一些基本依据和政策；跨职业能力，就涉及农民的教育培训体制以及劳动力竞争的基础；跨文化，就涉及城乡二元结构在生活方式、价值观念、行为习惯和心理趋势等方面的问题。也就是说，农民流动而转变成为工作生活在城市中的农民工的现象对中国社会经济进程和未来发展的影响是极其全面、深刻的。

农民和市民第一次在一个地理区域范围内直接地、持续地接触，农民与市民之间在生活和工作上的联系也在逐渐展示出来，农民流入城市变成农民工给城市的经济社会发展引发了很多复杂的影响。

（一）农民工的流入成为促进城市经济结构升级和社会事业发展的重要契机，创造了一个多赢的局面

1949 年以后来，城市从没有如此大规模、如此长时期地面对这么多的农民的涌入，农民工给城市的运行和发展带来的是庞大的劳动力资源。这是属于这个群体的最基本经济社会属性。这个因素对城市劳动力格局的影响不仅是总量的增加，更是为劳动力重组提供了巨大的空间。

1. 一个庞大的劳动力人群持续地源源不断地流入，给城市提供了大量的廉价劳动力

目前我国总体上看是劳动力过剩的，但在城市中，劳动力总量是否过剩，有不同的衡量尺度。一方面，在一些大中城市中，劳动力总量处在绝对过剩阶段，尤其是城市的产业结构调整、技术升级和国有企业改革三大因素，直接导致劳动力需求的下降，城市本身就出现了比较严重的失业现象，农村剩余劳动力的流入使得城市劳动岗位的短缺更为加剧。另一方面，在东部的许多城市中，大量的新兴企业快速增加，这些企业多以劳动力密集型为特征，需要大量的劳动力从事简单技能的工

作。这些企业在过去10多年期间，一直承担着农村剩余劳动力的强大吸纳器功能。流入城市的相当部分农民被吸纳到这些企业工作，成为农民工。这些企业的竞争力在很长一段时期内很强，收益颇丰，既富了老板，也富了企业所在地区，农民工因此也有了比农村干农活高得多的收益。

2. 农村剩余劳动力的流入使得调整城市的产业结构行业结构有了劳动力资源基础，形成了农民工依赖型城市

城市的快速发展需要大量的建筑行业的劳动力来修路建房。据调查数据，90%以上的建筑企业职工就是农民工。在很多城市，市民已经总体上退出了这个行业。这样的劳动力结构调整还出现在城市的服务业，比如餐饮、养路、环卫、交通协理、保姆、保安、装卸、装修装饰、电梯、废品回收、修补等。另外值得注意的是，一些城市的企业中出现了以农民工替代市民身份职工的现象，一家有2万名职工的国有大企业，争取每年增加1000名农民工，减少1000名正式职工；同样，北京的一家企业中，已下岗职工3500人，但目前在岗的1950人中还包括350名农民工。这是因为企业确认使用农民工可以大大降低人工成本（工资支出、福利支出等）。这一现象构成市场上劳动力价格竞争中农民工的特殊竞争力。

实际上，在很多城市经济社会生活的很多方面农民工与市民不是竞争同一岗位。我们可以发现：城市发展和运行中的特定行业或工种已经不是以市民职工为主了，被农民工取而代之。市民的就业方向调整到了那些技术含量更高、更轻松的行业或工种上去了，留下这些技能简单、粗笨重的体力性工作给农民工。这样，农民工从20世纪80年代末期刚刚进入城市与市民职工直接竞争某一岗位的情况，转变成为间接的竞争。在那些技能简单、粗笨重体力性工作的竞争方面，农民工是相互之间进行竞争，而在可预见的将来，他们还是很难与市民进行岗位上的直接竞争，因为横在不同技能要求、技术含量的岗位之间的是农民工无法跨越的种种障碍，有些障碍背后是依然存

在的城乡管理体制的强大力量。城市就这样通过市场力量既为农村剩余劳动力流入城市寻求工作提供了机会，同时也通过制度力量把农民工挤压在一些特定行业或工种里。也就是有了农村剩余劳动力的源源不断的流入，这种挤压力量才得以体现，才促成了城市市民涌入其他行业或工种。这就是农民工给城市劳动力重组带来的最直接的变化。

3. 农民进城务工经商是发展城市第三产业、提高城市居民生活质量的客观需要

农村劳动力与城市劳动力的就业领域有较强的互补性，农民进城就业主要从事建筑、纺织、环卫、餐饮等行业，为改善城市居民生活和工作条件作出了重要贡献。目前在很多大中城市，农民工已经成为这些行业的主力军。甚至可以说，如果没有农民工，城里人下饭馆、倒垃圾即吃喝拉撒都会发生问题。农民工进城对城市的建设和发展所起到的重大作用是不容忽视的，也是不可缺少的。而且从就业结构看，这些脏活、累活、苦活都是城里人不愿干的，农民工进城并不直接构成对城市职工就业岗位的竞争。农民工大量进城，使城市第三产业所需劳动力得到补充，而城市第三产业发展与城市化进城是相伴而生的。从这个意义上说，农民工进城就业是全面推进城市化所必需的。

4. 大量农民工进城推动城市增加公共资源和公共服务的供给能力，并开启了重新构建城市公共服务体系的进程

农民工在城市中的工作生活必然要占用城市的相关经济社会资源，也迫使市民逐渐习惯于与农民工这些“城市新来者”分享一些原来独享的资源。由于城市基础设施和公共服务体系都是按照户籍人口的规模发展和配置的，因此，农民工大量进入城市以后，城市公共资源相对不足的问题不断显现。最明显的是大量农民的流入加剧了城市交通紧张，城市的公共交通不得不进行快速的扩张，以满足市民和农民工的出行需求。还有义务教育资源和公共卫生资源，也都如此。城市的公共场所也

不再是市民独有的空间，其他的一些服务设施也不得不容纳农民工，比如商场、电影院、医院等等。这样的分享客观上也给城市服务业的发展提供了巨大的支撑，尽管农民工在消费层级上与市民还有很大差距，但是，他们却与城市中的低收入市民在分享一些廉价的服务，比如小便利店、折扣店、小放映点、小诊所等。这也是一个重铸城市服务体系的过程。由于我们长期实行先生产后生活的方针，城市公共资源本身就相对不足，基础设施比较薄弱，城市公共资源承载能力的提高需要一个比较长的过程，这也从另一方面要求城市人口增加必须有序进行。

（二）农民工在城市生活并不断追求自身权利，推动城市旧的管理体制不断改革创新

过去城市公共管理体制基本上是建立在为有城市户口的居民服务的，大量农民工进城务工经商和居住，对现有的公共管理体制带来了挑战。

1. 大量农民工进城务工经商，使城市政府管理思路和体制受到挑战

过去对作为劳动力流入的农民，城市政府最初采取的各种限制性措施，起因于他们对本城市劳动力市场基本秩序的维护，这些措施包括：对资格的认定（比如需要农民家乡政府开出的务工证明，之后要求有流入城市以后暂住地区政府开具的证明），对农民就业工种的限制（比如一些城市前些年规定，如电话接线员、电梯工、保安员之类的工种不允许农民进入）等等。同时，对作为人群流入的农民，城市政府在初期也采取了很多限制性措施，也起因于他们对本地区社会治安和城市运行秩序的维护，这些措施包括：要求办理暂住证明，女性育龄农民工要求办理计划生育证明，对城乡交界地区的流入城市农民集中居住地进行定期或不定期的清理，对“三无”人员的定期驱赶等等。这些措施起因背后体现的是，传统城市

经济社会管理体制无法接纳新出现的大规模的农民流入，所以，限制性行为是“本能性”反应，也是一种本质上属于“排斥性”的反应。长期存在的城乡二元结构造成了城乡各种经济社会政治资源的严重分置，也造成了城市政府乃至城市市民对农民群体的严重的经济社会政治性歧视，这才是限制性反应的本意。在农民工子女受教育方面，在过去几年，在18岁以下有近2000万人，其中在义务教育年龄段的孩子有10%左右处在失学、辍学状态。与之形成强烈对照的是，农民工对子女受教育抱有希望，一项调查结果显示，希望自己的孩子能“和城里孩子享有同样的待遇”，占受访农民工人数的58.4%。（新华社，2004）

2. 城市旧的管理体制正在瓦解，开始将农民工纳入整个城市公共管理和服务体系

管理流动人口一直是令许多城市政府很头疼的难题。最近几年，随着城市管理体制的改进，为应对大量农民工的流入，社会治安管理成为核心。治安部门已经把对流动人群的管理放到了一个很关键的位置上，从起初的暂住证管理到暂住地管理，目前，已经发展到很多城市的警力下沉着力于社区管理，这实际上是城市治安管理模式的改进。流动人口的大量增加确实引发了大量的各种治安刑事案件，农民工在过去很长一段时期被看成是造成治安状况不稳的主要群体。这种情况也在逐渐发生变化，在一些大中城市，政府在管理上进行了必要的改进，增加了农民工的安定感，约束了可能的越轨行为。这反过来也对稳定治安形势有积极的作用。城市的教育体系也不得不应对农民工第二代就地求学的需要，大批的农民工子弟学校从非法状态变成了合法状态，尽管这些学校还没有完全被纳入城市教育体系之中，但是这样的趋势已经是不可阻挡的，城市教育资源必须重组，这已经成为定局。同样地，城市的医疗资源、文化资源等等，也面临着重组的压力，相关的体制改革也已经迫在眉睫。

3. 农村剩余劳动力在流入城市过程中，其组织形态和维

护基本权利的表现方式，也给城市的管理体制带来了新问题

最初流入城市的农民工多以个体或同乡结群方式，基本上没有组织性。只是其进入劳动岗位以后，组织性才逐渐具备。这对城市来说，就存在着管理上的双重难题：一是这些人或人群在没有进入劳动岗位之前的那段时间属于“盲流”阶段，他们的居住生活等方面有很明显的临时特征，城市管理部门无从下手来管理。一些地区对这些农民随意驱赶，也损害了他们的基本权利，因为在“盲流”阶段，他们的权益更容易受到损害。二是他们的零散活动的特点，使得一些城市为流入农民提供劳动力市场供求信息和介绍的服务机制难以到位，于是在城市里出现了大量的自发的劳动力市场，秩序比较混乱，管理难度很大。

4. 城市改造旧有管理体制，实现管理转型成为构建新型城乡关系的契机

很多城市政府在近些年开始意识到，农民工在城市里工作生活基本权利的获得和维护，与城市管理、服务方式的改革是密切相关的。相当一部分的农民工处在青壮年阶段，和滞留在农村的同龄人比较起来，他们更强烈地希望提升自己的技能、有更多的发展机会，其中很多人的意愿是能够在城市定居下来或者完成婚姻。和十多年前相比，现在的农民工对城市的需求越来越多样化，也越来越深化，比如，一些农民工举家长期居住在城市里，所以，就产生了孩子教育的需求。这在十多年前是很少见的。城市政府不得不对这种需求做出积极的安排。很多调查表明，数千万农民流入城市、数千万农民工在城市工作生活，在制造了大量的新的社会经济问题的同时也确实促进了城市管理的提升，这种提升很可能成为构建新型城乡关系的契机。

（三）城市里形成了新的“二元结构”，社会中形成了有别于农民和城市居民的第三类群体

在许多城市，由于农民工和城市原有居民经济条件和文化

观念的差异以及公共管理体制改革不到位，诸多经济社会因素把农民工与城市市民清晰地划分为两大群体，这两大群体在生活水平、消费方式、生活质量、人际交往范围、文化习惯等方面存在着明显差别，农民工的流动把我们国家特有的城乡二元结构搬到了城市中来。

1. 居住社区上的二元结构

在生活空间上农民工与原城市居民之间形成了反差比较大的居住社区。大量农民流入城市使城市的人居格局和运行方式发生了很显著的变化，特别是城市的居住格局出现了重要的变化。那些流入城市的农民多集中居住在城乡交界地带，那里的管理比较薄弱，他们比较容易以极低的成本在那里住下来。流入城市的农民集中居住地实际上成为很多城市的低收入人群、高流动性人群、行为无序特征明显人群的居住地。有些城市称之为“窝棚区”、“三无人员居住区”，有些称为外来人员居住村，比如北京的“新疆村”、“河南村”、“安徽村”，其基本含义就是居住条件差、秩序比较乱。这样的集中居住区目前在大部分城市的边缘地带依然存在，即便那里有一些稳定收入的农民工能够付得起楼房租金，他们选择的也属于城市比较偏远的地区。部分地区的调查结果是，民工能够在城市买了房子长期居住的在10%左右。正是这些农民工居住地区与城市中的市民居住区形成很大的反差，互不往来，这种“区隔”已经成为现在乃至未来很长一段时期城市人居格局的基本面貌。这是城市中二元格局的外在表现。城市政府必须寻求对这两类不同地区适用的不同的管理方法。

2. 享受公共资源和公共权利上的二元结构

农民工虽然进城就业，但这个群体仍然不被人们和他自己认可为城里人。因为农民工目前还是一个不能同城里人一样享受公共服务和公共权利的群体。在人口管理上，它们被称为流动人口或非户籍人口，表明这些农民工虽然生活在这个城市中，但还不是城市的一员，尽管在城市里工作生活很多年，却难以跨越城市户口、市民身份这两道鸿沟。在教育上他们的子女无法享受国家九年制义务教育。在公共卫生上，他们的孩子也无法享受国家规定的免疫项目。而且，许多调查揭示，这些差别还会延续下去。

3. 就业上的二元结构。农村剩余劳动力流入城市，给城市提供了丰富而廉价的劳动力，城市的就业结构由此发生了很大变化。城里人逐渐从工作条件差、社会地位低的劳动密集型产业中退出，由农民工补上，同一城市人群在就业格局上表现出明显的差异。目前进入城市的农民工主要在建筑、餐饮、环卫、物业维修、保姆、加工企业、小商品市场销售、装修、小商贩、废品回收等行业就业。而城里人即使在这些行业中，都担负着领导角色。

数千万农民从农村流入城市变成了农民工，把长久以来形成的城乡二元结构直接带到了城市。在几乎所有的大中城市，都可以目击这种二元结构。过去，很多研究集中在城市因素如何通过工业品、电视等途径渗透到农村而改变农村的面貌，但至少在现阶段，从城市里的二元结构中我们还可以看到由于制度的限制，农村因素正在向城市渗透。

（四）城市新旧群体的融合需要经历一个长期的艰难过程

目前，市民对农民流入给城市带来的各种变化的评价正在由过去的负面为主，转变为正面为主，整个社会正在形成一种道义上和法理上的共识：农民有权流入城市、留在城市，农民工进城工作的意义和贡献都是巨大的。

但是，也应当承认，农民的流入和农民工在城市的工作生活，市民与农民之间直接接触，观念冲突和行为摩擦将大量而长期存在。农民流入城市，市民从未像过去那样与农民直接发生接触，也从未向过去那样直接接受农民工的服务。目前城市服务业中的一些工种基本上由农民工所承揽，可以说，许多城市市民的日常生活已经难以离开农民工的劳作，小到保姆、垃圾清洁、废物回收，大到城市楼房道路建设。但是，市民与农民工之间的关系还仅仅处在一种服务者与被服务者之间的单纯关系上，为提供某种服务、某种服务付费是农民工与市民之间关系的基调。在观念上和行为习惯上，这两部分人群之间的区别依然很显著，而在心理上，相互的不接纳感依然明显存在，由此就引发了一些冲突和摩擦。也是因为农民工近在咫尺，那些冲突和摩擦更多地通过市民对农民工的歧视体现出来。比如，许多市民以农民工的低微来教训自己的孩子，取笑农民工的行为习惯，时时以提防的眼光审视身边的农民工，拒绝农民工孩子与自己的孩子在一个学校里上学，对农民工的无助状态不施以基本的同情，等等。一些调查表明，身边的农民工的存在，在一定程度上强化了一些市民的优越感，他们不是采取接纳的姿态来处理与农民工之间的关系，而是相反，处处表现出排斥之态。据调查，农民工进城后在城市生活中遇到的最大困难，列于首位的是“城里物价太贵”，列在第二位的困难就反映了农民工在城市里的境遇，即有24.1%的人认为是“社会关系少、感情孤独”；另外还有21.9%的人认为是“生活艰苦”，8.0%的人认为是“住房困难”，5.8%的人认为是“本地人的排挤”，只有0.8%的人认为是“找不到工作”。此外，女性比男性更容易感受到情感的孤独，男性农民工认为在城市生活最大的困难是“感情孤独”的占20.7%，而女性农民工却占到32.4%（李培林，2002）。对大部分农民工来说，无法通过正常的途径来排遣受到歧视所带来的内心伤痛，只是逐渐积累起对市民的不满。在一些城市频发的农民工针对市民的偷盗案件，除了物欲原因之外，不排除心理宣泄的原因。许多农民工把融入城市生活的希望放在第二代身上。

相对于农民工的地位，市民所形成的优越感实际上不利于市民与农民工之间的沟通，而城市的一些体制设置本身也在强化相互之间的隔阂。比如，一些城市支持举办农民工子弟学校的本意是为了排斥他们与市民子弟同校学习，一些服务场所以价格、服装歧视或其他方式排斥农民工进入。在很多城市，因为劳动监察体制实施不力，对农民工与雇主之间的摩擦与冲突缺少有效的调节手段。而农民工在劳动场所的安全、工资的按时足额发放、居住条件的改善方面的正当诉求，也缺少城市政府部门的有力支持。这些都加剧了他们在城市中的边缘化现象，强化了他们的不满情绪。

政府的主要责任就要针对存在问题的根源，进行制度创新，从根本上消除城乡隔阂，缩短农民市民化的过程，减少身份转变过程中的痛苦，使我国的工业化、城镇化和现代化进程平稳顺利推进。

三、促进农民工城市融合和城市适应的制度创新

对农民工来讲，进入城市就进入一个陌生的生活和工作环境，由一个农村人变成一个城镇人。但是他们却游离于城市正式的组织和制度以及文化圈之外，在城市社会中处于边缘状态。他们自身的素养与城市的要求有很大的距离，城市对于他们完全接纳也有一个过程，包括从最初的歧视到最终离不开。既然城市化是我国今后几十年经济社会发展的大趋势，城市化的核心是农民市民化的过程，农民工的城市适应和城市融合就将是一个长期的历史任务。必须通过制度创新，从各个方面增强农民工的城市适应和城市融合，包括农民工生存状况的改善、素质的提高、管理体制创新以及对城市人的教育。

农民工规模大，流动性强，经济社会各个方面还不适应这种新的形势。由于我国长期存在的城乡二元经济社会结构，以及一些地方政府领导对农民工在中国现代化进程中的推动作用和历史意义缺乏足够的认识，不少城市在农民工的管理、服务以及推进农民工市民化方面仍存在着诸多问题。

（一）城市政府提供的公共产品和服务没有覆盖到农民工

虽然进城农民工和市民工作生活在“同一蓝天下”，但在

享受政府提供的公共产品和服务方面，却是“两个天下”，大多数农民工得不到“市民待遇”。

1. 城市劳动力市场存在严重的二元分割

虽然大多数地方取消了针对农民工的就业行业、工种限制，但农民进城就业的渠道仍然不畅，突出表现在城市的公共就业服务、政府举办的劳动力市场，只服务于有户口的当地市民，不向外来农民工开放。

2. 进城农民工子女未能完全纳入当地义务教育体系

相当一部分农民工子女在务工城市不能像城里的孩子一样进入公办中小学，享受九年制义务教育。虽然中央三令五申，但一些地方仍然向农民工子女收取借读费。珠江三角洲一些地方向进入公办学校的农民工子女，小学每学期收取借读费 600 元至 800 元，初中每学期收借读费 1000 元。另一些地方，虽然名义上取消了借读费，但其他收费却增加了，综合算账，农民工子女交的钱一点都没有少。调查显示，由于公办学校各类费用多，不用全国统编教材等原因，不适合农民工子女的需求，一些农民工子女并不愿意到公办学校就读。即使到公办学校就读的也只是在小学阶段，因为不能在跨省市高考，初高中阶段绝大多数要回乡就读。而民办学校又得不到当地政府的支持，没有列入财政预算，无法安排专项经费，只有依靠收费维持运转，无形中加重了农民工的教育负担。

3. 进城农民工未完全纳入城市公共卫生服务体系

城市公共卫生体系建设的规模和运行方式基本上是建立在对城市居民服务的基础上的，进城农民工基本上不能享受城市公共卫生资源和服务。这里有两个问题，一方面卫生防疫免疫、妇幼保健服务特别是国家免费的卫生服务未能覆盖农民工及其子女，另一方面由于农民工及其子女流动性大，使服务工作的难度相对大一些，以居住相对稳定的城市居民为对象的现有服务方式还很不适应。目前的问题主要集中在：①在农民工对计划免疫和妇幼保健等基本公共卫生服务的可及性较低。如上海市2001年对部分区县的抽样调查结果表明，农民工孩子计划免疫的合格接种率仅为41%；福州市的抽样结果表明，农民工孩子中建儿童保健卡的比例仅为40%，远低于当地儿童85%的建卡率。②农民工的生产、生活环境较差，成为职业病、职业中毒和传染病等疾病的高发人群。③农民工的流动性大，增加了传染病控制的难度。④农民工不享受城市医疗保障。农民工虽然常年在城市工作，但不享受城市的城镇基本健康保障制度和医疗救助，这就使这部分人群在生病或面临疾病危险后，由于无法承担城市高额的医疗费用，使其首先作出的选择就是返乡。

4. 进城农民工未能完全纳入城市计划生育服务体系

流动人口是计划生育工作的一个难点，这不是农民工本身的问题，而上我们的制度设计和服务体系已经不能适应我国经济社会发展新形式的要求。目前城市计划生育服务体系，特别是发放计划生育用品等工作，主要是以机关、事业单位和国有企业等单位展开的，是以具有城镇户口的本单位在职职工为服务对象的。而农民工一般是作为临时工就业的，就业单位基本不负责承接对其计划生育服务。

5. 城市政府举办的劳动技能培训不对外地人开放

政府举办的各类职业培训都是财政“买单”，但只面向拥有本地户口的居民，进城农民工被挡在门外。造成的后果是：一方面，企业缺乏高技能的农民工，一些地方出现了“民工荒”（其实是高技能民工荒）；另一方面，大量进入城市的低素质农民工找不到工作。据调查，2003年浙江省进城农民工中，无技能的占81%，有初级技能的占10%。

（二）进城农民工融入城市社会存在制度性歧视

进城务工人员进入城市后，往往因为其农民身份而受到制度歧视。制度障碍主要来自几个方面：

1. 户籍制度壁垒

城乡两种身份是进城务工人员所面临的最大的制度性不平等，使他们无法真正融入城市社会生产力系统之中。目前，广东深圳、东莞常住人口都是六七百万人，而户籍人口仅为150万人。城市户籍制度改革缓慢的原因，主要是政府担心大量外来农民工成为城市户口后，要享受城镇居民所有的社会保障，会大大增加地方财政的开支。全国小城镇户口在政策上已经放开，但并没有真正对外来农民工放开。广东东莞市政策规定，只有在东莞投资、买房的人，只有外来大学生，才允许转为本市户口；而对外来农民工，甚至一些企业的技术骨干，在户口转入上仍然限制很严。

2. 就业壁垒

不少城市在招工程序、招工比例、务工的领域、行业工种等方面，采取各种行政、法律手段予以限制。例如，有的城市规定，用工单位招用外来劳力，必须先公开招聘本市的劳动力，招聘不足，经有关部门批准备案，方可招用外来劳动力。有的城市规定按行业工种，将行业工种分为可使用、控制使用、禁止使用外来劳动力三类进行管理。有的城市规定，市场营业员、收银员、宾馆服务员等46个工种禁止使用外来劳动力，另有42个工种限制使用外来劳动力。再加上进城务工人员整体文化知识和能力素质不高，进城后就业竞争力低，使得失业较为严重。有调查表明，进城务工人员中13.5%的人遇到过完全没有工作的情况，最长一次失业达3—5个月的占22.9%。不仅如此，他们一旦失业则生活毫无保障，往往不得不靠过去的积蓄生活，或投亲靠友。

3. 现行管理体制中的不合理因素影响进城农民工就业和生活环境的改善

20世纪90年代中期以来城市建立的对外来流动人口的管理体制，管理机构一般都设在公安部门，管理的重点是维护社会治安和稳定，实质上是把进城就业的农民工作为不安定因素，限制多于服务，防范多于保护。在这种管理体制下，经常发生侵犯农民工合法权益的事情，就不足为奇了。另外，一些地方政府管理的层级设置以及政府部门的编制、职能、经费等不适应新形势要求。在浙江和广东的一些地方，一些乡镇的外来就业人口已是本地户籍人口的几倍甚至十几倍，常住人口已经相当于一个中等城市，但目前还是按照乡镇标准确定编制、人员和经费。深圳宝安区现有各类工厂企业22500多家，外来务工人员300多万人。按国家规定，每万人应配备一名劳动专职监察员，全区需要配备300多人，而目前只有15人。工作人员和经费严重不足，致使政府管理服务出现真空地带，很难为农民工的就业、生活提供服务。

（三）城市政府对外来农民工的合法权益保护不够

一些输入地政府对农民工在城市发展中的积极作用认识不高，对发生在少数农民工身上的负面影响看得过重；为了增加地方财政税收，实现“强县”、“强市”，更多地关注投资环境的优化，企业的利益，对广大农民工的合法权益重视不够。由于政府工作不到位，一些企业侵害农民工合法利益的事情时常发生，当前突出表现在四个方面：

1. 工资低，多数达不到当地规定的最低工资标准

近年来，农民工工资提高十分缓慢。据统计，珠江三角洲一般农民工工资12年间仅提高了68元。扣除物价上涨因素，实际是负增长。企业发展了，老板发财了，农民工却没有得到相应的实惠。深圳市规定最低工资标准是每天22.3元，但大部分企业是16—18元，90%的企业达不到每月484元的最低标准。即使一些企业的农民工工资高一点，也大多数是通过加班加点实现的。不仅工资不高，还经常发生拖欠现象。一些企业以经济效益不好为由，或以职工违反企业制度为借口，经常拖欠、克扣、减发农民工工资。

2. 劳动强度大，严重损害农民工身体健康

据调查，相当多的农民工每天工作时间在10小时以上，

节假日不能休息，月加班超过100小时的约占1/3以上。

3. 环境恶劣，职业病和工伤事故时有发生

目前我国职业病危害中，受害最深的是农民工。其中工伤死亡较多的是矿山开采、建筑施工和化学危险品施工三个行业。目前，我国每年报告的职业病人数1万多例，而实际情况远远高于这个数字；因为职业病是滞后反应，很多农民工当病症出现时，并不了解与从事的工作有关。据卫生部估算，全国现有职业病人超过百万，而且还在增长。20世纪80年代以来从事有职业危害工作的农民工进入发病期，这些人大都降低了劳动能力或丧失了劳动能力，成为家庭和社会的负担。广东1989—2001年全省共报告急、慢性职业中毒1656例，死亡107例；2001年报告的职业病发病总数是1997年的2.78倍，平均每年递增69.2%。职业病发生的原因有四个方面：①超时超强度劳动；②使用缺乏防护措施的旧机器，且长时间不检修；③从事煤矿开采的农民工，在没有任何防护措施的状态下作业；④忽视作业条件的安全，工厂不向农民工提供劳保产品。

4. 缺乏基本的社会保障

工伤保险和医疗保险与农民工关联最密切，但相当多的企业为了降低成本、追求利润最大化，连这些比较便宜的险种也不愿意为农民工参保，许多农民工发生工伤事故得不到及时的治疗和经济赔偿。

（四）关于制度创新的政策建议

中央对做好进城农民工工作高度重视，提出了“公平对待、合理引导、完善管理、搞好服务”的指导方针。各地认真贯彻落实党中央和国务院有关方针政策，日益重视进城农民工的社会管理服务工作，在体制改革、制度创新方面进行很多有益的探索，逐步取消了针对民工的进城限制和不合理收费，打破了用工界限，维护了农民工合法权益，城市经济社会发展

与农村劳动力转移、农民增收呈良性互动局面。但总的看，这项工作与中央的要求还有很大差距，应采取切实措施，不断改进。

1. 树立以人为本的执政理念，实现对进城农民工管理与服务工作指导思想上的根本转变

各级政府，尤其是经济发达地区和城市政府，要充分认识新阶段做好进城农民工的管理服务的战略意义，坚持科学的发展观，以人为本，注重对农民工的尊重与爱护，努力实现指导思想的根本转变。

第一，在公共产品提供和政府服务上，实现由面向城镇户籍人口向覆盖包括进城农民工在内的所有常住人口的转变。从道理上讲和发展上看，城市政府既是具有城市户口的居民的政府，也是包括进城就业农民工在内的所有人的政府。当前，进城农民工已经成为我国产业工人的重要组成部分，为城市创造了财富、提供了税收，城市公共产品的阳光、政府的服务要惠及广大农民工。以往的城镇经济社会发展规划，都是按户籍人口来安排的，农民工与之相关的居住、医疗卫生、子女教育等需求被排除在规划之外，从“根”上影响了对进城农民工的管理与服务。目前，各地正在编制的“十一五”经济社会发展规划和城市修编规划，必须把农民工考虑在内。城市的公共设施如学校、医院、影院等的建设和规划，也要考虑农民工聚居区。城镇政府要把对进城农民工的职业培训、子女教育、劳动保障及其他服务和管理经费，纳入正常的财政预算。

第二，在管理体制上，实现由以治安为主的防范式管理向以政府主导的服务式管理转变。要完善对农民工的管理，变应急式管理为日常式管理。要强化对农民工的服务，变被动服务为主动服务。为此，需要改革目前的管理体制。在农民工进城就业较多的城市和地区，建立由政府或政府综合部门牵头、多部门参加对进城农民工管理服务的综合协调机构和工作机制，为完善管理、强化服务创造必要的组织保障，实现从治安防范

式管理向综合服务式管理的转变，把工作重点放在为进城农民工提供良好的就业和生活环境上。上海市 2003 下半年把原来以公安为主的三个外来人口非常设机构合并，成立了市人口综合调控领导小组，办公室放在发改委；各县区也成立相应机构，建立了条块结合、以块为主的管理和服务体制。北京市从 2003 年开始在朝阳区进行了以机构建设为龙头、建立健全两级政府三级管理的综合管理体系改革试点，在区乡各级建立流动人口管理办公室，吸收公安、工商、司法、教育、劳动、住房、规划、卫生等部门的主管领导参加，负责全区外来人口管理服务事宜。

第三，在城镇发展和就业上，实行由“总量控制”、限制农民进城就业向“合理引导”、促进农村劳动力向城镇转移转变。一些城市以加强进城农民工的管理为名，采用“总量控制”的办法，层层下达指标。实践证明，这种带有明显计划经济色彩的管理方法，不符合市场经济规律，不利于农村劳动力转移，侵犯了农民的择业权力，必须予以纠正。要通过制定科学的发展规划和政策，引导企业合理布局，进而带动产业和农民工的分布更加合理。上海市政府出台《关于完善本市外来人口管理体制的若干意见》，把外来人口、进城农民工与户籍人口一道作为常住人口纳入统一的管理服务。为使产业、人口向郊区布局，他们正在规划四条地铁线，每线六个聚集点，每点 20 万人，可再容纳 400 多万人。

2. 把维护农民工权益作为政府的重要职责，着重解决好几个突出问题

政府是社会公平的维护者。发展地方经济，优化投资环境，不能建立在牺牲进城农民工权益的基础上，不能仅仅依靠廉价劳动力来提升企业和产品的竞争力。要落实好中央的各项方针政策，强化对劳动法、安全生产法、职业病防治法、工伤保险条例等法律法规的执法力度，把维护农民工合法权益当作政府的重要职责，切实解决好以下突出问题：

第一，拖欠农民工工资问题。要继续抓好对拖欠农民工工资的追讨工作。在此基础上，从增强政府监管力度、订立劳动合同、强化企业管理者法制意识、规范工资发放、完善群众举报处理程序等多个环节建立农民工工资保障机制。北京市2004年制定出台了《北京市建设工程劳务管理若干规定》，要求建筑施工企业用工采用实名登记，并建立作业人员劳务档案，记录人员身份证号、职业资格证书号、劳动合同编号等；发生拖欠农民工工资问题后，劳动保障部门负责追讨。针对一些企业发给农民工的工资达不到当地政府依法规定的最低工资标准，或以计件工资、延长工时的方式将工人工资压到最低工资标准之下的问题，有关部门要抓紧研究制定农民工工资条例。浙江宁波出台了最低工资保证金制度，要求企业根据企业人数和政府规定的最低工资交纳保证金；一旦欠薪，立即启动保证金预案，从而保证农民工及时足额拿到劳动报酬。广东深圳市2003年建立了欠薪保障基金制度，将欠薪率较高的“三来一补”企业纳入欠薪保障基金的覆盖范围。如果欠薪老板逃走，政府利用保障基金，先垫资支付劳动者工资，再依法向欠薪老板追讨工资。

第二，农民工的劳动保护问题。各级政府要加强劳动安全机构建设，加大对违规企业的处罚力度，搞好对农民工的职业安全培训。当前，要针对妨碍安全生产的几个主要原因，切实采取有效措施，降低工伤事故和职业病的发生率。同时，要按照有关规定，让农民工无差别的享受到工伤及职业病的补偿。

第三，进城农民工居住问题。大多数地方进城农民工的居住条件相当差。有的住在城乡结合部当地农民搭建的临时建筑中，有的住在城区内的各类地下室里，安全和卫生隐患很多，经常发生死人事件。在清理进城农民工聚居的违章建筑前，要对农民工的居住有所安排，避免出现大规模农民工流离失所。目前，城市对解决低收入居民住房采取建设经济适用房的办法，而农民工居住问题还没有提到议事日程，还没有纳入城市住房发展规划。要注意培育发展适应农民工经济水平的房屋租赁市场，这是解决农民工居住问题的第一步。上海在解决农民工居住问题上进行了一些探索，鼓励一些镇和街道、社区修建供农民工居住的廉价公寓，采取“政府规划、社区投资、市场运作”的方式，既方便了有关部门对农民工的管理和服务，又为农民工提供了较好的居住条件，可谓一举两得，其经验值得借鉴。

第四，进城农民工子女教育问题。要进一步扩大公办学校招生规模，积极招收农民工子女就学，财政要按学校现有学生数拨付相关经费。要坚决取消针对农民工子女进入公办学校的借读费，农民工子女就近无学校可上而到别的学区就学的，不得收取择校费。鉴于农民工主要居住在城乡结合部，要调整现有学校布局，充分利用闲置的教育资源，在农民工居住区办学，把学校办到农民工的家门口，确保农民工子女有学上。义务教育阶段的公办学校是公益事业，专门招收农民工子女的各类民办学校也是公益事业。尽管一些农民工子女学校存在师资素质不高、办学条件简陋等问题，但它的办学方针符合农民工的特点，符合农民工子女的特殊需求，要在严格管理的前提下，适当放宽条件，纳入当地教育统筹管理，并在财政等方面给予扶持。广东省深圳市采取“两条腿”走路的办法解决农民工子女就学问题，一是通过财政投入，新建、改建学校，扩大公办学校招生规模。二是鼓励社会力量以国有民办、公办民助、民办公助等多种形式办学。近两年，全市新建、扩建中小学72所，增加学位8万个；未来10年，计划每年新建学校30多所，每年解决学位6万个；民办中小学249所，招收的农民工子女近10万人。上海市出台了《关于切实做好进城务工就业农民子女义务教育工作的意见》，提出确保符合就学条件的进城农民工子女在本市接受义务教育，确保已就学的农民工子女得到与本市同龄学生同等的义务教育，并通过三种渠道扩大公办学校招生规模，即：增加公办学校招生计划；有条件的公办学校开设农民工子女班；利用闲置教育资源，开设农民工子女就学的公办学校。目前，市中心4个区的农民工子女已全部进入全日制中小学就读。上海市还通过治理整顿，规范农民工子弟学校（民办学校）的办学行为，使师资、管理、卫生、安全（包括校舍、校车接送和食品安全）达标；对符合条件的给予支持，颁发办学证，纳入区县教育统筹管理，教育局派监察员，监督办学质量。

第五，进城农民的医疗卫生问题。近几年，医疗市场化医药价格虚高，医疗服务价格不断上涨；农民看不起病，重大疾病对于许多人来说可能就是灭顶之灾。流动人口中15—35岁的青壮年占70%以上，而未外出的人口多为老、幼或多病人群，即脆弱人群。流动人口常年在外，无法享受农村健康保障制度，因此对参加其原籍的健康保障制度的积极性较低，而以脆弱人群为主要对象建立的农村保障制度势必以提高筹资标准为前提，这就加大了建立农村健康保障制度的难度。在城市工作单位，正式员工可以享受公共性医疗保障，而农民工属于非正式员工，尽管也参与企业利润的创造，却不能享受相应的保障。在居住地，有当地户口的人可以享受到儿童计划免疫、妇幼保健等公共卫生服务，他们却没有被纳入服务体系。因此，解决农民工卫生保障问题已经迫在眉睫。

农民工占我国居民总数的10%左右，提高对他们卫生服务的可及性是整个公共卫生建设的重要组成部分。要建构起能够覆盖全体公民的公共保障网络，使每个人都能够通过这一网络获得最基本的生命和生活保障。首先，农民工所在的工作单位应该同等地提供包括计划免疫、妇幼保健、健康教育、基本医疗服务等在内的基本保障。其次，在农民工工作的城市，他们可以根据其工作年限，享受政府提供的相应的保障条件。由于农民工所创造的价值已有相当一部分进入当地财政，所以流入地政府应该将他们列入社会保障的“大盘子”。再次，建立公共财政体系。公共财政的收入来源于全民，支付的对象也应该是全民。最后，作为公共卫生服务的具体提供者，各地卫生部门应该尽快将解决外来工卫生服务问题纳入医疗服务体系，特别是计划免疫、基本医疗服务等问题。

第六，进城农民工的计划生育问题。农民工输入地人口和计划生育部门，要将农民工人口计划生育纳入本地经常性管理和服务范围，实行与本地人口同宣传、同服务、同管理，开展对农民工特别是农民工中已婚育龄妇女的计划生育技术服务工作，免费向她们提供国家规定的基本技术服务，减少非意愿妊娠，提高其生殖健康水平。

第七，进城农民工的就业和培训问题。政府公共就业服务组织对城乡求职者要实行无差别服务，建立城乡统一的劳动力市场。当前，进城农民工缺乏职业技能、不熟悉城市生活情况、不了解工业生产的必要规范，既制约其就业和收入，也影响企业发展和安全生产。一些地区出现的“民工荒”主要是缺少高技能农民工。这是发达地区产业升级的结果。要改变目前城市政府的培训工作只服务于本地居民的现状，把外来的进城农民工也纳入到整体培训工作的范围内。要鼓励企业加强对农民工的培训，培训经费可税前列支。要引导社会力量参与对进城农民工的培训工作。浙江省绍兴市等地方还建立了外来农民工培训基地，采用上门和定点等多种方法，开展就近培训。义乌市投入 100 多万元，依托社会培训机构，免费培训外来农民工 15000 人。

第八，进城农民工的社会救济、法律援助问题。农民工是城市的弱势群体，就业和收入不稳定。一些地区治安情况不好，少数农民工干一些小偷小摸的事情，很多是因为在城市生活完全失去着落。要认真做好进城农民工的救济工作。对失去工作的、身患重病等经济困难的农民工，要动员社会各种力量，给予适当救济。目前，各地在这方面创造了一些经验。广东深圳市劳动保障部门，对有困难的农民工提供临时援助。宝安区沙井镇劳动保障部门建立了住宿条件类似大学生宿舍的农民工接待站，主要对两类农民工提供临时援助：一是临时找不到工作的农民工，每晚住宿收费 5 块钱，2001 以来共接待 11.3 万多人。二是接待老板逃跑、发生劳务纠纷等情况下的农民工，提供免费吃住，2001 年以来已接待 6000 多人。广东还制定了《关于做好省外来员工法律援助工作的实施意见》，对人身损害赔偿或涉及 10 人以上的欠薪等维权问题，不受条件限制提供法律援助。目前全省设立法律援助站 1130 个。东莞市法律援助办公室与司法所一起办公，人员为公务员编制，政府每年拨出 200 多万元专项经费，目前每天受援农民工 20 人左右。

3. 推动有利于农民工就业、生活和转移的制度创新，从制度上解决农民工城市融合的障碍

第一，积极推进户籍制度改革，逐步取消农民工转化为城市产业工人和市民的体制障碍。一些发达地区的情况表明，放宽农民工进城定居的条件，不仅是进城农民工的迫切愿望，也是企业发展的现实要求，企业家在这方面也有强烈的呼吁；因为不解决进城农民工的户口问题，直接影响农民工享受某些应有的正当权益，农民工队伍就不稳定，就会直接影响企业生产。省会以下城市要加大户籍制度改革力度，最好一步到位，完全放开。北京等几个特大城市可有一个过渡期。上海已开始实行居住证制度的试点。颁发居住证的对象是具有稳定就业并有稳定居住地的外来从业人员。办有居住证的农民工享有参加综合保险、子女义务教育保障等权利。条件不完全具备的，实行临时居住证。实行 IC 卡，将信息网和个人证件联系在一起，可以比较准确地掌握来上海外来人员情况，便于管理和服务。实行居住证制度，在一定程度上缓解了外来人员落户难，找到了一种介于暂住证与落户之间的过渡形式。

第二，探索符合农民工特点和需求的保险方式，使社会保障逐步扩展到进城农民工。养老保险、失业保险、医疗保险、工伤保险和生育保险是我国的基本社会保险，五个险种全面推

开，会有一定困难。可分轻重缓急，先从最紧迫、费用较低、与农民工最密切的工伤保险和医疗保险着手，逐步推进。养老保险是社会保障制度中最重要的险种，也是费用最高的险种。由于农民工绝大多数是青壮年，要几十年后才能享受养老保险，加之我国养老保险制度是省级统筹，而农民工的流动性较强，养老保险转移目前在各地无法衔接。这是农民工不愿意参加养老保险的原因。上海市根据农民工特点，去年推开了外来农民工综合保险制度，主要包括三项内容：工伤保险、住院医疗和老龄补贴。综合保险参保标准以社会平均工资的60%为基数乘以12.5，然后按不同比例分配到工伤、医疗和养老三个方面，总体负担水平相当于城镇社保的1/5—1/6。这种综合保险比较适合农民工的特点，有利于做到低水平、广覆盖，其经验值得借鉴。

第三，加强新时期农民工的组织，引导进城农民工进行自我管理。当前，一些农民工为维护自己合法权益，成立“同乡会”之类组织，如果不加强引导和管理，严重的甚至可能发展到黑社会性质，由维护自己的权益演变到危害社会。要通过某种形式把农民工合法地组织起来，既要保护好他们的利益，又要维护社会稳定。上海的一些社区在这方面进行了有益探索。长宁区虹桥机场新村居住着外来农民工1000多人，分布在村内农贸市场和52家商业网点。居委会尝试让他们自己管自己，把农贸市场的农民工组织起来，成立农贸市场调解委员会、计生协会、姐妹读书会，实行农民工自治管理，自我服务。农贸市场调解委员会每月一次例会，居委会主任参加例会，分析讨论农贸市场哪些问题没解决好，哪些问题要居委会帮助解决。自治组织的委员发挥同乡人、同类人的认同优势，建立起农贸市场的良好秩序，得到区政府的表彰。居委会还组织农民工参加街区为民服务、军民联欢、法律智力竞赛、“三八”姐妹运动会等公共活动，为社区争得了荣誉。这种模式便于进城农民工融入当地社区，把自己作为社区的主人，从而大大节省社会管理成本。

第四，适应农民工进城就业的新情况，制定或修改与农民工权益保护相关的法律法规。针对拖欠和克扣农民工工资等突出问题，对欠薪等违反劳动者合法权益的行为监管难以到位、缺乏有效的制约和惩戒手段的问题，以及迫切需要解决但尚有争议的加班时间、最低工资标准执行等问题，需要尽快研究制定、修改相关法律法规。进城农民工能不能在流入地行使选举权和被选举权，是关系其合法权益维护的重要方面。一般情况是，选举权与户籍制绑在一起，农民工不能回家在户籍地参加选举，在就业地又没有选举权。这个问题也需要研究，制定相关的法规，让符合条件的农民工在流入地也能行使自己的民主权利。

4. 进城农民工承包经营地问题

要完善农村土地制度，稳定进城农民工的土地经营权。这是实现农民工在城乡间自由流动的前提条件，也是促进城市化健康发展的重要举措。正因为我们多年来坚持了这一条，虽然一些农民工在城市就业后经常面临失业，但城市没有出现类似印度等国家的“贫民窟”。在城市没有了工作，农民工就回家种地。农民是理性的。在这方面，①要保护农民工的土地承包经营权。土地承包权是农民的基本权利，农民工进城就业，并不能作为剥夺其承包经营权的理由。②对在城市里已有稳定职业和固定居所的农民工，鼓励其在依法自愿的基础上实行土地使用权有偿流转，以提高土地的使用效率。③鼓励土地换社保。土地是农民的基本生产资料，也是农民的基本社会保障。农民工进城以后，土地作为生产资料的功能弱化了，但在现有城乡差别还比较大的环境下，作为社会保障的功能并没有弱化。同时为了提高土地的利用效率，国家可以用支持其建立社会保障的办法，鼓励已进城农民工流转土地承包经营权，这样可以实现经济社会发展的双赢。

第二节

北京市、浙江省、广东省对农民工收费情况的调查报告①

一、北京市对农民工收费情况的调查报告

按照课题要求，我们在北京市选取了以通州区为主作为典型调查点，召开了主管部门、用工单位和农民工代表座谈会，并对80名农民工发放了调查问卷，回收有效问卷76份，其中女性20人，男性56人。在政府有关部门提供的数据和问卷调查的基础上，我们对在北京市通州区务工的农民工（包括本地农民工和外地农民工）收费及相关问题做出了分析研究。调查数据大致反映了北京市的农民工收费问题。

（一）北京市农民工基本情况和特点

1. 北京本地农村从业人员基本情况和特点

基本情况：按照相关部门提供的统计口径和统计数据，到2003年年末，北京本市169.6万农村从业人员中，从事第二、第三产业的约为100万人。北京市通州区约17.4万本区农村从业人员中，从事第二、第三产业的约为11.8万人。

特点（以通州区为例）：一是年龄偏大，全区20万农村劳动力中，35岁以下只占44%；二是文化水平和技术水平偏低，全区有71%的农村劳动力只具有初中及以下学历，持有各类技术证书的占55%；三是就业稳定性差、企业用工不够

① 本节选自农业部软科学课题“北京、浙江、广东对农民工收费情况的调查报告”（课题编号：200415），课题主持人：周晓东。

规范，通州区第二、第三产业农村从业人员中，没有签订用工合同的占49%，签订3年以下合同的占46%。从北京全市情况来看，有34%以上的人员就业时间不足一年，从事季节性、临时性工作的占有相当比重；四是以本地就业为主，在本区县内就业人数比重达80%以上，跨区县就业的占16%，跨省、市不足4%。

2. 外来务工人员的基本情况和特点

基本情况：据统计，2003年北京市外来人口总计为409.5万人，其中务工经商人员为318.5万人。通州区外来务工人员约13.3万人。

特点：一是文化程度较低，北京全市外来务工人员中，初中及以下文化程度的占到了57.8%；二是就业主要集中在生产运输和商业、服务业等领域，北京全市外来人口从事商业和服务业的占51%，生产运输设备操作的占37.7%，通州区从事生产、运输人员占62.1%，从事商业、服务业人员占25.6%。

（二）针对农民工的的收费项目

据通州区发展和改革委员会价格科提供的资料，区内涉及农民工的行政事业性收费项目主要有：

1. 暂住证

由公安部门收取，标准为5元/证，依据是“京价（收）字［2002］201号”文件。公安部门按照国家发展计划委员会和财政部《关于全面清理整顿外来务工人员收费的通知》［2001年（第2220号）］，取消了对外来务工经商人员收取每月15元的暂住费，同时将暂住证的成本费由原来的8元/证降低到5元/证，禁止收取除此之外的一切费用。

2. 健康证

由卫生部门收取，5元/证，依据“京价（收）字［2002］201号”文件。

3. 外地来京人员做工证

由劳动和社会保障部门收取，5 元/证，依据“京价（涉）字（90）第006号”文件。

4. 婚姻状况证明

由民政部门收取，6 元/本，依据“京价（收）字（95）107号”文件。

5. 城市生活垃圾处理费

由市政管理委员会收取，2 元/人·月，依据“京政办发［99］68号”文件。

6. 流动人员婚育证明费

由计生部门收取，5 元/证，依据“京价（收）字［2002］223号”文件。根据国务院309号令《计划生育技术服务管理条例》，北京市于2001年10月1日对农民实施计划生育手术免费，制定了2002年115号文件。2004年，国家计生委9号令规定对流动人口实施免费服务，免费服务范围与北京市原有规定相同，通州区于2004年7月23日制定了流动人口计划生育服务与管理实施意见，规定流动人口孕检在指定地点实行每年1—2次免费技术服务，手术费在用工单位报销。

另外，根据国务院《关于做好农民进城务工就业管理与服务工作的通知》，北京市取消了用人单位使用外地来京务工人员计划审批和岗位（工种）限制，并于2004年7月1日废止了北京市外来人员就业证管理制度。

（三）对调查问卷中各项收费的统计

北京市劳动与社会保障局规定从2004年7月1日起执行的北京市最低工资标准为545元/月。从调查问卷统计情况来看，农民工平均工资为780元/月左右，高于最低工资标准。几个主要的收费项目和标准为：

1. 就业证

在2004年7月1日取消就业证之前，有14名被调查者支付了办理就业证费用，其中有一人办理该证费用为 50 元/证，一人为 33 元/证，9 人为 10 元/证，有 3 人未写明办证费用。

2. 暂住证

被调查者中有 62 人办理了暂住证，约占被调查总人数的 82%。有效期为半年的暂住证办证费用约在 35 元左右（24 人），有效期为 1 年的办证费用在 65 元左右（33 人）。

3. 婚育证明

办证人数为 6 人，占女性调查者的比重为 30%，调查显示，婚育证明本身所需要费用没有超标现象。但农民工反映，办理婚育证明花费的费用偏高。在北京，办理婚育证明所需的体检费用约为 168 元。

4. 健康证

办证人数为 12 人，所需费用为 114 元/证。

5. 保险费用

调查内容包括工伤保险和失业保险两项。有 18 名被调查者缴纳了工伤保险款，金额约为 30 元，约占月工资的 5%，有 5 人缴纳了失业保险款，但数额不清。

另外，在被调查的 76 名农民工中，子女在北京上学的为 9 人，仅占 11%，且都没有填写清楚子女上学收费的项目、具体金额和有无乱收借读费等问题，所以问卷内容在这一项上没有参考价值。

（四）存在的问题

北京市在取消和规范了针对外来流动人口的不合理收费项目之后，虽然个别民工反映还存在某些搭车收费的现象，但从调查的总体情况来看，针对农民工乱收费的现象已明显减少。现有的收费项目和收费标准都不高，只是在具体收费方式上还需要规范，以杜绝不合理的搭车收费行为。从访谈中了解到，现在的主要问题是怎样规范企业用工行为，提高农民工自身法律维权意识，建立城乡统一的社会保障制度，改善农民工及其子女的生活条件，建立完善的流动人口管理和服务体系的问题。

1. 农民工权益保护的问题

一是相关法律法规不健全。在继 1994 年《中华人民共和国劳动法》颁布之后，没有再出台有关的工资法、社会保障法和农民工权益保护方面的法律。工厂、企业和建筑公司拖欠农民工工资的问题还比较严重，引发大量上访告状的情况。

二是用工不规范，合同签订率低。目前农民工权益几乎都与用工合同挂钩，一方面用人单位用工不规范，为压低用人成本不愿与农民工签订用工合同，另一方面农民工法律维权意识淡薄，与用人单位签订合同率低，据通州区劳动和社会保障局统计数字，在全区第二、第三产业从业人员中，没有签订劳动合同的人员为 58258 人，占 49%。合同签订率低导致工资拖欠等侵权现象时有发生，但农民工却无法通过合法渠道维权。如通州区同仁堂药酒厂拖欠农民工工资事件中，被拖欠工资的徐士国等 16 名民工只与“包工头”有口头协议，而从未与单位签订任何劳动合同，施工单位也没有为他们办理劳工手续，在包工头失踪后，建筑公司以徐某等人与公司没有劳务关系、不知其具体工作量为由拒绝为其结算工资。他们到市政府、市信访办等有关部门多次上访均没有结果。

2. 农民工社会保障的问题

从全国的情况看，将农民工纳入与城市居民平等的社会保障体系中来还存在许多问题，其中外地农民工的社会保障问题尤为突出。就北京市来说，2004 年外地农民工参保率仍然很低，为此，北京市劳动与社会保障部门制定下发了《北京市外地农民工参加工伤保险暂行办法》和《北京市外地农民工参加基本医疗保险暂行办法》，并于 9 月 1 日起正式施行。用人单位以本市上一年职工平均工资的 60% 为基数，工伤保险费率按《北京市实施工伤保险条例办法》执行，医疗保险费按 2% 的比例缴纳，农民工个人不缴费。目前，北京市的养老、事业、医疗、工伤等社会保险政策已基本涵盖了在城镇单位就业的农村劳动力。但是，社保福利是与就业证和用工合同挂钩的，在与通州宾馆等用工单位的座谈中了解到，农民工流动性大，随时可能换工作，有的不愿意和单位签订合同。即使签了合同，也有的农民工认为，自己拿到现在的工资都很困难，哪还能指望以后那个看不到的养老保险呢？用人单位为降低用工成本，也大多不愿意为他们购买相关保险。看来，从建立完善的社保机制到真正实现农民工应保尽保还有很长一段路要走。

3. 新旧管理体制衔接不顺的问题

在国家相继废除了“安全许可证”、“暂住费”和“收容遣送制度”等规定之后，公安机关对流动人口情况的掌握和管理难度加大。据通州区公安分局反映，目前尚未办理登记的流动人口至少还有 20%，在抓获的流动人口犯罪嫌疑人中，有 78% 未办理暂住登记。区计生部门的同志也反映，外来民工的婚育证明管理由原来的“以输出地为主”改为现在“以输入地为主”，再加上取消了对流动人口收取的计划生育服务费，计生部门工作量增加、工作经费比较紧张。由此造成了工作质量、服务积极性下降等问题。

（五）意见和建议

在与相关部门的座谈和对农民工的调查中，两者从不同的角度出发，对农民工收费、管理和权益维护问题提出了许多意见和建议。主要有以下几个方面：

第一，建立健全相关法律法规，规范企业用工和提高农民工自身法律意识，维护农民工权益。一是要出台相关的工资支付法和社会保障法等法律法规；二是要提高劳动合同的签订率，并以此作为明确责权的依据；三是建立有力的监督机制，对不签订用工合同、拖欠工资以及其他侵犯民工合法权益的行为进行有效监督和管理。

第二，规范现有的收费手段以杜绝不合理搭车收费现象，改进各级政府的服务管理工作。从调查情况来看，一些项目的实际收费要高于规定的额度，主要原因就是收费程序不规范，存在搭车收费现象。各部门应该严格依照现有的收费规定进行收费，规范收费手段和程序，不让乱收费有可乘之机。以往政府部门虽然强调要管理与服务并举，但实际工作中还是管理多、服务少。应该改变这种意识，公安、劳动、卫生等部门是涉及农民工问题的主要部门，怎样转变观念，真正设身处地地为农民工着想，而不是单纯地为收费而收费。更不要因为收费减少了，相应的管理服务职能也弱化了，农民工问题也就没有人管了。

第三，建立城乡统一的就业市场和完善的就业服务体系，为农民工提供技能培训。在调查中，有85%的农民工认为目前的困难是“没有技术，希望得到培训”。目前大部分农民工由于技术水平不高，多以从事技术含量较低的简单工种为主，工资水平较低，月工资一般为600元。要围绕城乡统筹就业的目标任务，逐步形成政府统筹、区域协调、依托社会培训资源和用人单位开展培训的格局。应该建立统一开放、竞争有序的原则，制定城乡统一的劳动力市场总体规划。充分发挥城乡公共职业介绍机构的就业服务功能，建立和完善以促进就业为目标，以城乡劳动力的就业服务为核心，以职业指导为重点，以劳动力市场信息系统为依托的公共职业介绍服务体系，使就业服务覆盖城乡，促进城乡统筹就业协调发展。

第四，改革完善农民工社会保障体制。在调查中有78%的农民工认为现在的困难是：“收入太低，没有社会保障”。在与用工单位的座谈中我们也了解到，越是技术水平高的民工，工资也越高，工作也越稳定，企业也越愿意为他们购买齐全的社保和提供相应的福利待遇。针对目前农民工普遍工资低、流动性大、季节性务工比较突出的特点，应结合各地实际，从满足农民工的需求出发，建立有效的保障体制。

二、浙江省对农民工收费情况的调查报告

按照课题要求，我们对浙江省的农民工收费及相关问题作了调查。期间，向省劳动与社会保障厅、省公安厅、省民政厅、省城乡建设厅、省计划生育委员会、省教育厅、省统计局、省工商行政管理局、省物价局等部门的有关同志了解了情况，并对乐清市、义乌市、绍兴县、杭州市江干区和下城区农民工问题进行了调研。发放问卷120份，回收有效问卷115份，其中男性81人，女性34人。

（一）全省农民工基本情况和特点

1. 基本情况

据《公安年报》统计，2002年浙江省登记的暂住人口为707万人，列广东之后居全国第二。据省公安厅2004年6月30日统计，全省登记发证的流动人口（暂住人口）总数达1101.9万人，其中农民工占80%以上。据省劳动和社会保障厅统计数据，2003年年末，全省从事第二、第三产业的农村劳动力1377万人，其中，本地农民工620万人左右，外省流入400万—500万人。农民工约占全省从业人员的36.6%。

2. 特点

从省公安厅提供的数据来看，农民工的主要特点是：①男性多于女性，1101.9万暂住人口中，男性占58.97%，女性占41.03%；②以外省流入为主，省外流入的暂住人口占总量的81.3%；③文化水平较低，农民工大多来自不发达地区的农村，文化水平普遍较低，其中大专及以上文化程度的仅占3.1%，高中文化程度的占16.1%，80.8%为初中以下文化程度；④流向较为集中，暂住人口主要集中在杭州、宁波、温州、嘉兴、绍兴、金华、台州7个市的民营、私营企业，占总量的94.41%；⑤年轻化趋势明显，总的来看，越来越多的农村劳动力在初中毕业后就涌入城市，外来人口的年龄结构呈年

轻化趋势。

（二）对农民工现有收费项目及政策依据

2001年年底，浙江省物价局、省财政厅根据《国家计委、财政部关于全面清理整顿外出或外来务工人员收费的通知》（计价格［2001］2220号）精神，明确取消了公安部门收取的暂住人口管理费、计生部门收取的流动人口计划生育管理费、劳动部门收取的外出人员就业登记卡（证）工本费及各地自行出台的针对外出、外来务工人员的各种收费。如义乌市的农村劳动力使用调节费、治安管理费等。2003年年底，省减轻农民负担办公室发出了《关于清理整顿涉农收费项目及标准的通知》（浙财政综字［2003］112号），明确取消了劳动部门收取的浙江省外来务工人员就业证工本费。

目前，浙江省对农民工进城办理的证件主要有：暂住证、健康证、就业证、婚育证明。据省财政厅、省物价局、省农民负担监督管理领导小组办公室转发财政部、国家发改委、农业部《关于农民建房收费等有关问题的通知》（浙财综［2004］22号）规定，可以向农民工收费的项目和标准为：

1. 暂住证

由公安部门收取。标准为磁条本子式工本费从2001年的每证8元/本下降到目前的5元/本，暂住人口IC卡工本费20元/张。

2. 健康证

由卫生部门收取。标准为浙江省全省各地健康证的收费标准基本上按1992省卫生厅规定的0.5元/本收取工本费。

3. 流动人口婚育证明

由计划生育部门收取。标准为工本费4元/证。

4. 子女借读费

浙江省进城务工就业农民子女在当地教育部门确定的全日制公办中小学就读的，学校按照《浙江省义务教育收费办法》

（省政府第156号令）有关规定，收取借读费。标准为小学每学期300元，初中每学期600元。

（三）调查问卷数据统计

据省统计局对120名外来务工人员的调查数据，外来务工农民的月平均工资为761元。我们在浙江省的调查共回收有效问卷115份，主要集中在义乌市、乐清市、绍兴县、杭州市江干区和下城区，问卷调查结果主要包含以下几个方面：

1. 就业证

就业证是浙江外来人员就业需要的证件之一，浙江自2003年底取消办理就业证的收费。问卷调查中，办理了就业证的人数为21人，占调查人数的18.3%，有5人办证费用为10元/证，有13人办证费用为0，还有3人未写明办证费用。

2. 暂住证

暂住证是浙江规定必须办理的一项证件，办理暂住证的为109人，占被调查者的94.8%，有效期为半年的暂住证办证费用约在45元左右（55人），有效期为1年的办证费用在78元左右（42人）。

3. 流动人口婚育证明

办理流动人口婚育证明的为12人，占女性调查者的35.3%，没有超标收费现象。

4. 健康证

办理健康证的为15人，没有填写收费额度。

5. 环境卫生清洁费

按3元/月征收保洁费。

从问卷的结果来看，办理就业证的人数为21人，仅占被调查总人数的18.2%。但浙江省规定就业证是外来务工人员必须办理的证件之一。我们分析问卷中办理比例较低的原因是，就业证一般是由用人单位直接为民工办理，也不需要交费，所以民工可能不清楚自己已经办理该证，对于填写10元费用的情况，可以认为是在2003年取消收费之前办理的。涉及子女上学收费问题中，选择了“子女在打工地上学”一项的为28人，选择“在老家上学”的为47人，剩余40人可视为没有子女或子女未到上学年龄。子女在打工地上学的占子女已上学民工总数的33%，子女在老家上学的占67%，他们认为不能在打工地上学的主要原因是城市学校的收费太高。

（四）存在的主要问题

1. 农民工权益保护问题

第一，农民工工资拖欠问题。在私营、个体经济组织中，拖欠工资的事件时有发生。企业主以各种借口拖欠员工工资，每月只发给部分工资充当生活费。有的企业甚至把拖欠工资作为限制农民工辞职或离岗的一种方法。而在农民工大量聚集的建筑行业，用工更是混乱。再加上劳动监察手段单一、处理难度大等一系列问题，该行业拖欠民工工资的现象更为严重。

第二，农民工的社会保障问题。一是农民工的参保率低。据浙江省农调队的抽样调查显示，农民工社会保险参保率仅为37%；二是农民工劳动合同的签订率低。据省劳动和社会保障厅提供的数据，农民工的劳动合同签订率仅为55.47%，而参加城镇社保需要用工手续和劳动合同一应俱全才予以办理，所以劳动合同的低签订率大大影响了农民工的参保率，并且农民工流动性大的特点也使得社保效果不理想；四是办理的险种不齐全，大部分农民工只办理了工伤保险，而养老、失业、生育保险很少，在医疗保险上也享受不到和城镇职工一样的医疗待遇。

第三，农民工子女上学难问题。在调查中了解到，涉及农民工的行政事业性收费虽然清理减少了，但是农民工子女入学难、缴纳相当数目借读费的情况还很普遍。教育资源不能满足流动人口子女入学需求，就只能靠收费调节。农民工子女要想在公立学校上学，就必须缴纳比城市孩子更多的赞助费和借读费等。

2. 农民工的管理问题

第一，农民工对社会治安管理的影响问题。浙江省流动人口与常住人口之比已达到1:4，成为影响城市社会治安和稳定的基础性因素。1999 年，流动人口案犯占全部案犯的比重为52.3%，2002 年为 54.7%，2003 年为 59.4%，2004 上半年已上升至 62.3%

第二，传统流动人口管理手段与方式方法正在经受重大变革。2001 年底以来，国家对涉及流动人口管理的一系列政策措施接连做出调整，如取消了流动人口治安管理费和租赁房屋登记核准制度，废止了收容遣送办法，出台了新的救助管理办法，颁布了新的居民身份证法等。过去一直运用的管理手段、管理制度和管理方式已不再使用，而顺应新情况、新变化的管理模式尚不成熟，新旧管理模式变革期的执法不相适应，使现阶段的流动人口管理工作经受着新的挑战和考验。

（五）建议

1. 规范用工行为，提高劳动合同签订率，维护农民工合法权益

目前，拖欠工资、乱收费等问题的根源主要是农民工没有与用人单位签订合法的用工合同，对劳务合同中规定的权利和义务不明确，权益受到侵犯以后也没有合法的维权方式。所以，要维护农民工的合法权益，首先要规范单位用工方式，对不合法的用工行为和没有履行合同义务的企业进行查处。

2. 确立农民工工伤保险和医疗保险制度

问卷调查中有 89% 的人目前最大的困难是“收入太低，没有社会保障”。对于农民工最迫切需要的工伤保险和医疗保险在浙江省应该作为最基本的社会保险项目优先建立。这种保障项目成本不高，不存在账户积累和接转问题，对事故高发的农民工，尤其是建筑行业的农民工来说尤为迫切。另外，应建

立农民工的医疗保险，防止其因病失去工作并返贫。对具有稳定职业的农民工可以纳入当地的养老、失业、生育保险体系，强制用人单位参加，这对于留住人才，促进城乡统筹发展都有重要意义。

3. 取消针对农民工子女上学的不合理收费，鼓励发展民办教育

在浙江省的调查中，子女在打工地上学需要缴纳借读费的情况还比较多，子女借读费已经成为农民工收入的主要支出部分。建议明确规定取消借读费，并对巧立名目收取其他费用的学校及负责人加以监督和查处，以保证农民工享有平等的权利。对于公立教育资源不足的问题，不应该将成本转嫁到农民工身上，可以鼓励并扶持发展民办教育，以解决农民工子女上学的问题。

三、广东省对农民工收费情况的调查

这次针对农民工收费情况的调查选择了农民工流动规模较大的广东省，重点在佛山市和东莞市。调查采取了两种方式，一是与政府部门、劳动力职介中心、街道办事处等进行座谈，二是向农民工和用工单位发放调查问卷。本文拟将调查的数据和有关信息进行分析，以获得对农民工的收费情况的全面认识。

（一）向政府部门了解的情况

根据省物价部门和东莞、佛山了解的情况，自 2002 年以来，政府重新审核了对外出或外来务工人员的行政事业性收费，确定了取消、保留的收费项目。广东省现行对农民工的收费项目和已经取消的收费项目如表 2－1。

表 2－1　　广东省现行收费项目和已取消的收费项目

收费项目	依据文件	计算单位	收费标准	备注
一、现行收费项目				
暂住证费	国家物价局、财政部［1992］价费字 240 号	证	5 元	
暂住证 IC 卡费或二维码卡	计价格［2002］633 号、省物价局粤价函［2001］506 号、省物价局和财政厅粤价［2002］162 号	张	IC 卡 20 元(广州)、二维码卡 15 元(深圳)	
外出人员就业登记卡	省物价局粤价函［1995］284 号	卡	2 元	
流动人口婚育证明费	国家计生委、国家计委、财政部国计生委［1999］66 号；省物价局粤价函［1996］235 号	证	5 元	原名为流动人口计划生育证明费
治安联防费	省物价局、财政厅粤价函［2003］41 号	人·月	2.5 元	对居住半年以上的暂住人口收取
使用流动人员调配费	省物价局粤价［2002］394 号	人·月	10 元	对用人单位收取
二、取消的收费（2002 年 3 月 1 日起取消）				
流动人口治安管理费		人·月	3—6 元	
暂住人员城市基础设施增容费	省政府粤府［1994］147 号、粤府函［1993］107 号、粤府函［1993］320 号、广州市政府穗府［1992］111 号	人·月	20—30 元	
暂住人员管理费	省物价局粤价［1998］112 号、深圳市政府深府［1990］308 号、深府［1995］74 号	人·年	240—300 元	
流动就业跟踪服务费	省物价局粤价函［2000］96 号	人·月	不超过 3 元	
外来（跨县、市）从业人员计划生育管理费	省政府办公厅粤府办［1992］67 号	人·月	1 元	
暂住人员城市配套服务费	珠府常字［1994］14 号	年	100 元	
城市增容费	珠府［1997］58 号	人	5000—20000 元	
外工综合管理费	顺府［1994］76 号	人·月	20 元	

根据表2－1，我们可以发现：

1. 外地农民工进入广东就业的行政事业性收费大大减少了

以在广州打工为例，一个农民工2000年需要缴纳的费用为584元，包括暂住证（IC卡）20元、流动人口治安管理费36元、暂住人员城市基础设施增容费240元、暂住人员管理费（按240元计）、流动就业跟踪服务费36元、外来（跨县、市）从业人员计划生育管理费12元；2003年需要缴纳的费用为50元，包括暂住证（IC卡）20元、治安联防费30元；费用降低了534元。假设农民工的工资收入水平在2000年为800元/月，2003年为1000元/月，那么，农民工交纳的行政事业性收费占收入的比重由原来的约6.08%降至约0.42%。

2. 设置收费项目的权利上移

原来的收费项目有很多是由地级市的政府部门确定的。现在，地级市确定的收费项目如珠海的暂住人员城市配套服务费、城市增容费，如顺德市的外工综合管理费都已经被取消。表2－1中保留的收费项目，都是省级有关部门批准的。权利的上收意味着收费管理进一步规范化了。

（二）调查问卷的主要情况

本次调查共发放调查问卷80份，收到有效问卷62份，有效问卷的被调查者中有22人是女性，40人是男性。发放调查问卷主要集中在佛山和东莞两市，涉及的行业主要是农民工就业比较多的建筑、餐饮、机械制造、家政服务等。在调查的过程中，我们还与用人单位的有关负责人员了解情况。

1. 农民进城务工办理的证件和涉及的收费项目

主要有：就业证、暂住证、治安联防费、流动人口婚育证明费、健康证、暂住流动人口管理费、流动人口调配费、环境卫生清洁费、出入证费、出租屋治安管理费、职业介绍中介服务费、照相费（办暂住证需要）等。各种证件和费用反映的人数如表2－2所示。

表2－2　调查显示的收费证件和项目

证件名收费项目名称	办证或缴费人数	占总调查人数的比例（%）
就业证	5	8.06
暂住证	46	74.19
治安联防费	46	74.19
流动人口婚育证明费	4	18.18（占女性调查人数的比重）
暂住流动人口管理费	2	3.23
出租屋治安管理费	1	1.61
流动人口调配费	0	0
暂住人员城市基础设施增容费	0	0
外来（跨县、市）从业人员计划生育管理费	0	0
流动就业跟踪服务费	0	0
健康证	9	14.52
职业介绍中介服务费	12	19.35
环境卫生清洁费	44	70.97

2. 对各个收费项目的调查情况

第一，就业证。从数据上看，农民工办理就业证的比例并不高。通过与政府部门和用工单位了解的情况，我们分析其原因是：农民一般先找到用工单位，然后由用工单位到劳动部门办理用工手续，包括办理就业证，其费用相应的一般也由用工单位负责。很多农民工不了解单位已经为其办理了就业证的情况，所以调查显示的比例偏低。我们认为，签订劳动合同率应当与就业证的办证率大致相当，因为签订劳动合同必须到政府部门办理手续，也相应地必须办理就业证。根据向市总工会了解的情况，在公有制企业，农民工的合同签订率可达95%以上，而在非公有制企业约在50%。5名办理了就业证的被调查者反映，办证费用都是5元/证。收费标准符合有关规定。

第二，暂住证。暂住证是广东省政府允许的一项收费。调查数据显示，暂住证的办证率较高，达到了70%以上。

调查显示，有效期为半年的暂住证的办证费用为28元，有效期为1年的暂住证的办证费用为56元。按照规定，办理暂住证只能收取不超过5元/证的工本费。但调查显示，这项收费要高于规定的标准。其原因是在办理暂住证时，存在着搭车收费的现象。

第三，治安联防费。调查显示，治安联防费与暂住证的办证情况高度相关。其原因是：治安联防费的收取与暂住证的办理一般是捆绑进行。暂住证一般是由公安部门委托给街道办事处代办，同时，公安部门收取的治安联防费也一并代取。

治安联防费对常住人口的收取标准是30元/人·年，对暂住人员的收费标准为2.5元/人·月。应当说，在收费标准上没有存在歧视暂住人口的情况。

第四，流动人口婚育证明费。根据有关规定，流动人口婚育证明可以在流出地办理，也可在流入地办理，并且限于已婚女性。由于调查女性当中多为未婚者，所以数据显示的办证比例并不高。如果仅考虑已婚女性（6人），其比率还是非常高的。取得婚育证明需要首先进行体检，为此，需要花费一笔体检费用。

第五，暂住流动人口管理费和出租屋治安管理费。这两个项目属于禁止收取的项目。但调查显示，仍有少数地方在收取这两项费用。

第六，流动人口调配费。调查数据显示，被调查者没有缴纳这项费用的。我们分析，这与这项费用的收取对象有关。按照规定，这项费用是向用人单位收取的。根据我们与用工单位交谈了解的情况，这项费用的缴纳比例还是很高的。一般来说，签订了劳动合同的农民工都要交纳流动人口调配费。据此估计，交纳这项费用的比率应当与前面提到的办理就业证的比率大体相同。

根据规定，这项费用的征收标准为每人每月 10 元。被调查的用人单位没有反映这项收费超标征收的情况。

第七，暂住人员城市基础设施增容费、外来（跨县、市）从业人员计划生育管理费、流动就业跟踪服务费。被调查农民工没有交纳这几项费用的。说明取消这几项费用的政策已经有了明显的成效。

第八，健康证。主要集中在餐饮企业（共有 9 名被调查者）。占餐饮企业被调查者的 100%。餐饮业关系到食品卫生。根据《中华人民共和国食品卫生法》第二十六条的规定："食品生产经营人员每年必须进行健康检查；新参加工作和临时参加工作的食品生产经营人员必须进行健康检查，取得健康证明后方可参加工作。"由此可认为，办理健康证是有法律依据的。

调查显示，办理健康证的费用多在 30 元左右，显示这项收费有超标的情况。另外，发放健康证需要进行健康检查，办证者还要花费一笔体检费用，约为 130 元。

第九，职业介绍中介服务费。是农民工在求职过程中，向职业介绍机构或人才交流会等交纳的费用。根据向职业介绍中介机构了解的情况，进入人才交流会的门票一般为 5 元/次，介绍工作成功之后，双方签订合同时，求职者再交纳 60 元的服务费。被调查支付了职业介绍中介服务费的农民工都是经过中介机构找到职业的。

第十，环境卫生清洁费。环境卫生部门征收的。东莞市向暂住人员征收的标准为 1 元/人·月，向常住居民的收费标准为 13 元/户·月。调查显示，这项收费没有严重的超标征收行为。

（三）以上收费项目的合法性和是否与常住人口同等的分析

表2－3　　收费项目的合法性和与常住人口的同等性分析

收费项目	合法吗	与城镇居民同等吗	有超标收费现象吗
职业介绍服务费、环境卫生清洁费	是	是	
健康证	是	是	体检收费较高
治安联防费、流动人口婚育证明费	是	是（常住人口办理计划生育服务证）	计生体检费用较高
就业证、暂住证、流动人口调配费	是	否	有
暂住流动人口管理费、出租屋治安管理费	否	否	

根据以上分析，我们可以得出以下结论：

第一，健康证是有法律依据的，它是对特殊行业管理的一个标准，对农民工和本地居民同等对待，因而其收费是合理合法的。

第二，职业介绍服务费是农民求职付出的费用，并且职业介绍机构提供了相应的服务。这项费用应当归于服务性的收费，可以认为是市场决定的合理价格，不属于行政事业性收费的范围。环境卫生清洁费是环卫部门提供环境卫生服务的收费，并且征收标准不高。这两项费用可以认为是合理合法的。

第三，暂住流动人口管理费、出租屋治安管理费已经明令禁止，有关部门应当立即停止收费。

第四，就业证、暂住证、治安联防费、流动人口婚育证明费、流动人口调配费等属于有据可依的行政事业性收费，但是存在与本地居民不同等收费和少数超标收费的现象。对这几种证件，除了要依法加强管理、制止超标准收费外，还要认真研究或取消、或保留、或进一步规范的原则和方法。下面的内容将对此做专门论述（第四部分）。

（四）对现行农民工管理制度的评析

对农民工的管理制度进行评价，首先要有一个评价的标准。这里我们通过以下几项内容的分析，来评价现行的农民工管理制度。

1. 是否有利于劳动力要素在城乡之间按照市场经济的要求自由流动

市场经济的必然要求之一就是包括劳动力在内的生产要素能够自由流动。随着改革开放进程的不断推进，我国农民工的流动也在逐步扩大。农村土地承包制度的实行，打破了农村集体经济组织对农民个人劳动力的控制和支配权，农民获得了自主支配劳动力的权利。农业生产力的提高和农业比较效益的降低，大量的剩余劳动力开始寻求外出打工就业，以获得更高的收入，从而为劳动力市场提供了大量的供给。另一方面，经济体制的改革，多种经济成分的放开，法律对企业用工自主权的确认，劳动力的需求大大增加。供求双方相互选择，市场化的就业机制初步形成。

农民工为我国经济的发展作出了巨大的贡献：①它促进了劳动密集型产业的发展。几乎无限量供给的廉价劳动力，大大降低了企业的用工成本，使机械制造、轻工业等产业迅速发展起来。②农民工的流动促进了消费，刺激了经济的发展。每年农民工的大量流动，提供了对交通运输的大量需求，促进了交通运输行业的繁荣。根据有关资料，东莞市的流动人口达到了600多万人，而常住人口约为160万人，流动人口约是常住人口的4倍。大量流动人口在打工地消费，为本地经济发展增添了活力。

但是，对于城市的管理部门来说，他们首先感觉到的不是流动的农民工对经济发展的巨大贡献，而是“民工潮”凸显出来的基础设施的不足、城市居民就业机会减少的危机感、社会治安、计划生育等方面出现的一些问题。城市管理部门不把这些问题归因于城乡分割的二元体制，而是归因于农民工的流动。于是，限制农民工的流动自然就成了各项对农民工管理制度的指导原则。

这种限制体现在各个方面：①限制农民工从事的工种，实行用工审批制度。②各种证件和收费制度。农民进城打工需要办理的证件有外出就业登记卡、就业证、暂住证等，需要交纳的费用有暂住费、暂住（流动）人口管理费、计划生育管理费、城市增容费、劳动力调节费、外地务工经商人员管理服务费等等。③对证件不齐或缴费不全的务工者的收容遣送制度。进入城市的农民，而不论是刚到达还未找到工作，还是已经找到工作，一旦检查的时候没有带齐相关证件，还是就会被遣送回老家。被遣送的农民工，要么缴纳遣送费用，要么从事诸如“筛沙子”之类的强制劳动。

从这次调查的情况看，对农民工的管理已经在按照“以人为本”和建立城乡统一的劳动力市场的要求发生转变。例如：①在就业证的办证程序上，以前是用工单位首先向主管部门报批用人指标，然后才能招用农民工，现在用工单位则不需要首先报批用人数量，用工单位招用农民工之后，才按实际的招用人数办理就业证。企业用工在程序上已经不受太多的管制。②办证费用标准降低。以前较高的行政事业性收费足以使一个普通的农民工望而却步，政府限制农民工进城的管理思路是显而易见的，而现在，仅占收入很少比重的收费，已经不足以成为限制农民工进城的主要因素。③在缴费主体上，劳动力调配费是由企业承担的，有一些企业为了吸引农民工，主动承担办理就业证的费用等。

但是，各种收费、办证制度的存在仍然在程序上制约着农民进城打工，表现在：①与招用本地工人相比，企业招用农民工仍然需要多交一笔费用。②农民工仍需要支付一定比重的行政事业性收费，就业成本比本地劳动力要高。

2. 是否有利于农民工权益的保护

党的十六大报告提出，要以人为本，要给予农民同等的国民待遇。农民工是一个特殊的群体。我国城市化进程的推进和全面建设小康社会的实现，有赖于农村人口稳定地向城市转移。农民工权益的保护直接关系到他们能否或者愿意稳定地向城市转移。农民工最关注，同时也是问题最突出的权利主要是就业机会和就业服务、获得工资、获得与劳动有关的社会保障等方面的权利。

然而，针对农民工的是各项证件和收费项目，而农民工的权益保护却没有得到足够的重视。

（1）获得就业机会和就业服务

就业证是农民工进城的证件之一。与城市居民相比，农民以此获得的就业服务却明显不足。城市居民不用凭任何证件就可以上岗就业。如果失业，凭失业证，城市失业人员可以获得免费的就业培训和就业信息服务，主动创业可以得到政府很多优惠政策。农民就业时需要办理就业证，而且在就业工种方面受到种种不合理的限制，就业机会比城市居民少得多。在就业服务方面，农民得不到任何免费的培训。

（2）获得工资的权利

农民进城打工的主要目的，就是能够多挣一些工资。然而，对农民工拖欠工资的现象非常严重。拖欠工资，有的是因为企业经营不善难以按时发工资，有的则是恶意拖欠。各项证件和收费制度，侧重于对农民就业的限制和社会治安等目标的实现，却没有注重保护农民工获得工资的权利。农民工需要凭就业证与企业签订劳动合同。但签订合同之后，企业对农民工支付工资的情况仍然得不到有效的控制，拖欠农民工工资的企业没有受到处罚。

（3）获得劳动保障和社会保险的权利

就业证是签订劳动合同的必要证件之一，而按照有关法律法规，签订劳动合同之后，用人单位就要为农民工缴纳社会保险。表面上看，就业证与各项社会保险的密切关系是保护了农民的权益。但事实并非如此，逃避缴纳各项社会保险的比重非常高。其原因有三：①企业老板逃避为农民工办理各项社会保险。现行涉及农民工的保险有工伤保险、医疗保险、失业保险、养老保险等，其中工伤保险、失业保险、医疗保险由用人单位负责，养老保险由工人和企业分别承担。在我们调查的佛山市和东莞市，四个险种一般是捆绑销售，个人出11%左右，其他由企业负担。办理社会保险会增加企业的支出，企业老板更愿意选择不为农民工办理就业证，也不签订劳动合同。而现行的管理制度对企业用人的实际状况没有很好掌握。②农民工对社会保险的要求不一。农民工欢迎工伤保险、医疗保险、失业保险，而不太愿意加入养老保险。因为按照有关规定，农民工要依法参保15年以上，达到国家法定退休年龄后，才可以领取基本养老金。进城就业一段时间后回到农村的，可以申请领取其个人账户储存额，终止养老保险关系。农民工就业不稳定，很难缴纳养老保险满15年，而且退保时，不能全部领取保险金，只能领取个人账户部分，对农民工也没有吸引力。③以上两个原因相结合，一般的做法是，老板与农民工协商，老板多付农民工一定数量的工资，而农民工不办理就业证，双方不签劳动合同。

3. 是否有利于相关社会目标的管理

社会治安、计划生育等各项社会目标是设立就业证、暂住证、流动人口婚育证明、治安联防费等各项证件和收费的出发点。

应当说，对流入人口实行一定的身份和居住场所的管理制度是必要的。①这是社会治安管理的需要。广东省实行了流动人员暂住证制度和加强对出租房屋治安管理的制度。对在广东省经商、就业的流动人员，要求持本人居民身份证或其他有效身份证件和暂住地合法居住场所证明向暂住地公安派出所申领暂住证。由机关、团体、部队、企业、事业单位、个体工商户雇用的流动人员，由雇用单位、雇主负责申领暂住证。对流动人员租赁房屋，广东省规定，出租人应当办理《房屋租赁许可证》，并负有督促承租人办理暂住户口登记或办理暂住证的责任。主管部门向出租人收取出租房屋治安管理费。②暂住证制度有助于考察农民工职业和居所的稳定性等，使其及时成为城市常住人口。例如，广东省规定，流动人员在同一市、县暂住五年以上，有合法就业或经营证明、计划生育证明的，其子女入托、入学等享受与常住人口同等待遇；连续暂住七年以上、有固定住所、合法就业或经营证明、计划生育证明、无违法犯罪记录的，可以按国家有关规定申请常住户口。现在，办理暂住证本身只需要缴纳工本费，我们认为这是合理的，因为维持社会治安是政府的责任，应当为公民提供服务。但是，现在还存在附加于暂住证上的其他的收费，如向承租人收取的治安联防费，向出租人收取的出租屋治安管理费等。对于出租人获得的出租收益，国家已经征收了相关税收，不应再收取其他费用。取消附加的收费项目，可以鼓励农民工主动办理暂住证，有利于加强管理。

计划生育是我国的一项基本国策。办理流动人口婚育证明有助于对农民工进行计划生育管理和服务。对此，《人口与计划生育法》已做了明确规定。认真落实这项法律规定是有关主管部门和每个公民的义务。

4. 办证和收费是否能够有效实施

各种证件和收费制度的目的是加强农民工的管理。但调查发现，这项制度的实施存在很大的难度。逃避办证者大量存在。其原因，一是农民工就业的短期性和不稳定性，政府很难准确把握农民工就业的情况，二是，如前面所述，一些证件和收费直接关系到企业与农民工的合同关系，企业有用人不报的现象，三是农民工不能从收费和办证中得到实实在在的好处，却要履行各种各样的义务，抑制了农民工办证的积极性。根据与工会等组织了解的情况，在公有制企业，农民工的合同签订率可达95%以上，而在非公有制企业约在50%左右。暂住证的办证率也估计仅在70%左右。这说明，在管理的方式和方法上还有需要改进的方面。

（五）建立和完善农民工管理制度的建议

合理的农民工管理制度，必须能够有利于建立城乡统一的劳动用工制度，有利于农民工合法权益的保护，有利于社会治安、计划生育等社会管理目标的实现，同时能够有效地执行。要实现以上目标，在办证、收费方面应当做到尽量减少专门针对农民工的办证、收费，以达到：①在就业方面，农民工不必考虑各种行政事业性收费的成本，企业也不必因为使用农民工而支付额外的成本，赋予企业完全的用工自主权和农民工自主选择就业的权利。②在农民工权益保护方面，农民不必因为各种收费而逃避向政府报告就业情况的信息，增强主动与企业签订合同的意识，主动维护自己的合法权益。③政府能够掌握农民工流动的情况，实现社会治安和计划生育等社会目标。针对现有的办证、收费状况提出如下建议：

1. 实行“一证式”管理，完善流动人员信息统计制度

为了实现社会治安、计划生育等管理目标，必须有一定的流动人员信息统计制度。“一证式”管理就是将流动人员就业、居住、婚育等方面的情况集中于一个证件上，并在此基础上建立流动人员信息统计制度。“一证式”管理可以在现行暂住证的基础上完善。但是，需要指出的是，暂住证的性质应当如同临时身份证的性质，仅仅是一个劳动力流动情况的证件，严格防止任何借暂住证限制农民工流动的做法，禁止任何搭车收费现象。搭车收费现象不但加重了农民工的负担，而且也成为逃避办证的原因。要使流动人员办理暂住证没有各种不合理负担，增加办证的积极性。

2. 取消其他任何针对农民工的收费

就业证、使用流动人员调配费等专门针对农民工就业设计的收费是不合理的收费，不利于城乡统一的劳动就业制度的建立，应当取消。就业证制度背后隐藏的是对农民工就业数量、行业、工种等方面的审批限制。办理就业证的费用、使用流动人员调配费和其他种种针对农民工就业的收费（如已经取消的外工综合管理费等），增加了农民工就业的成本，也增加了企业使用农民工的成本，使农民工面临不利的就业条件。事实上，现在政府对于私营、个体企业的用工制度已经很难控制，逃避办证、收费的现象大量存在，就业证已经不能达到控制劳动力流动的目的，使用流动人员调配费也很难按实际用工人数收取。北京已经于2004年取消了就业证制度，并没有引起管理方面的太大问题。

维持社会治安是政府的责任，其费用应当由财政负担。农民工和所在的企业都通过缴纳税收等为财政作出了贡献，不应再缴纳其他费用。

3. 完善针对农民工的社会保障制度

劳动合同是农民工权益保护的重要内容。但现行农民工保险制度成为农民不签订劳动合同的因素之一。其原因是现行保险是4个险种捆绑参保，而农民工对保险的需求较多的是工伤保险、医疗保险，而不愿意考虑养老保险、失业保险等险种。建议除了工伤保险、医疗保险应当强制企业为农民工参保之外，其他两个险种应当由农民工自愿选择是否参保。这样减少了企业不必要的开支，又使农民工不会因为考虑参保费用而不与企业签订合同，有利于保护农民工的权益。

4. 加强企业用工和工资发放管理制度

现在农民工权益受到侵犯的主要是拖欠工资。这个问题的实质是企业管理制度不完善和政府对企业工资发放情况监管不到位。解决这个问题的关键不是办理各种证件，而是要完善对企业用人情况和工资发放情况的监察制度。①要通过建立信息化的网络，掌握企业的用人情况和工资发放情况。在广东省佛山市南海区自 1999 年起实施了《南海工资监控办法》，建立了区、镇、村三级信息化网络，加强对企业工资的监控，使企业按时足额支付工资的意识明显增强，劳动关系逐步和谐，企业的信用度提高，投资环境得到了改善。②对违法的企业，要加大惩罚力度。对于用工情况报告不实的企业要给予经济上的处罚；对于长时间没有按时足额发放工资的企业，要给予封存财产等方面的处罚；对于拖欠工资后携款逃跑的企业老板，要给予行政拘留和一定时间内不得再次开办企业等方面的处罚。

第三节

农民工子女教育情况及存在的主要问题①

随着农民工成家庭外出比例上升，流入城镇的农民工子女增多，农民工子女无法享受平等教育权利问题凸显为农民工社会管理的最显著问题之一，并不断扩大而上升为政策问题，进入政府政策议程。关于农民工子女教育的管理问题，近年来，各级党委、政府给予了高度的重视，并制定了相关的政策措施，但是，由于我国实施的义务教育是属地负责，分级管理的体制，目前还存在职责不明确、管理不到位，尚未形成有关部门分工合作、共同解决这一问题的机制。同时公办学校的资源条件不能满足需求，私立学校的办学条件和教育质量差；加上农民工经济状况较低，有一定的流动性，目前对农民工子女数

① 本节选自农业部软科学课题“农民工子女教育管理制度问题研究”（课题编号：200725），课题主持人：李岩。

量和流动情况没有完善的统计制度，使得从根本上解决农民工子女教育问题仍处于攻坚破难的关键阶段。虽然少数大城市已经基本实现以公办学校为主接收进城就业农民工子女就学，取得了一定的成效，但是有证据表明政策执行得并不到位。国务院妇女儿童工作委员会2006年的调查数据显示，仍有6.85%未上学者，2.45%失学者。国务院2006年关于中国农民工调研报告中的数据也阐述了一些地方公立学校仍向农民工子女收取每学期600—800元的借读费。国家统计局2006年8月组织的调查表明，农民工权益被侵害的问题仍然严重，子女就学难的方面近年来改进不大，半数义务教育阶段的农民工子女上学要交借读费、赞助费，平均一人交1226元。[①] 由此可见，农民工子女的教育问题依然没有从根本上得到解决，农民工适龄子女入学依旧困难，失学率仍然高，体制的障碍和缺陷依然存在，学习环境仍缺乏稳定性等。这不仅违背了教育公平的原则，也与我国建设和谐社会目标背道而驰。

一、农民工子女的概念及规模

（一）关于农民工子女的概念界定

农民工的平等权益问题引起了政府、社会、各界学者的广泛关注和研究。对于这一群体有许多种的称谓，如“打工仔”、“打工妹”、“外来流动人口”、“外来暂住人口”、“外来民工”、“亦工亦农人员”、“农民工”、“进城务工人员”、“农村迁移者”、“新移民”等。1984年，中国社会科学院《社会学通讯》首次出现“农民工”一词，随后这一称谓逐渐被广泛使用。“农民工”则反映出了农村流入城市的群体既不是农民也不是工人，同时在一些市民的意识中还带有明显的歧视定义和有色标签。从目前比较通用的观点来看，农民工范畴有广义和狭义之分。广义的农民工是指保留农民身份，即依旧是农

① 崔传义：“进入新阶段的农村劳动力转移”，《中国农村经济》，2007年第6期。

业人口户籍性质，在异地或原籍企业事业从事第二、第三产业劳务。狭义的农民工是在异地城市务工的具有农民身份的劳动者。“农民工”的称谓在政府文件、研究报告、传播媒介和大众口语中使用普遍，更加约定俗成。

“农民工子女”是指农民工的未成年子女，农民工对其有抚养和监护的责任和义务。从户籍的角度看，他们具有农村户籍的身份。从居住的角度看，一类是留在农村，由父母以外的其他家庭成员和亲属抚养和照看，如爷爷、奶奶或叔叔、阿姨，通常被称为“留守儿童”；一类是随父母到城市居住，并随父母在城市之间流动或往返于城市和农村，通常被称为“流动儿童”。从教育的角度来看，他们是义务教育年龄段的儿童，即6—14岁未完成义务教育的儿童。由于他们就学的地点是他们的居住地点，从就学的情况来看，事实上也存在两种形态，一种是“流动儿童”随父母在城市里生活和在城市里的学校上学，另一种是“留守儿童”，即没有随父母到城市居住生活，而是留在家乡上学。由于“留守儿童”的教育属于地方义务教育的管理范畴，所以本研究中的“农民工子女”指的是有农村户籍、年龄在6—15岁、随身份为农民工的父母在城市或其郊区居住的有学习能力的少年儿童。考虑到这些流动儿童在流动中耽搁学业或留级等因素，所以本研究将年龄标准由义务教育规定的6—14岁延长一岁。

（二）农民工子女义务教育的规模与结构

根据2000年我国第五次全国人口普查数据，我国的流动人口为1.21亿，其中18岁以下的流动儿童、少年占19.37%。在全国1982万流动儿童中，其中属“农业户口”的占74%，即1470万农民工子女。[①] 根据“中国九城市流动儿童状况调查”的数据进一步发现，流动儿童中，男女各占50.8%和

① 国家统计局：“全国流动人口超过1.2亿”，《中国信息报》，2002年9月9日。

49.2%，6—14 岁义务教育阶段流动儿童占全部流动儿童的 43.8%，15—18 周岁流动儿童占 28.8%，义务教育年龄段流动儿童达到 868.12 万多人，义务教育年龄段进城农民工子女 642.41 万人。①

随着农民工进城的数量呈现增长趋势，家庭化的比例已达到相当程度。根据国家统计局农调总队抽样调查显示，2004 年农村外出劳动力已达到 1.2 亿人左右，随着每年城市化的发展，农村居民向城镇迁移的人数为 900 万—1000 万人。有数据显示，农民工趋向在城市里长期就业。据农业部对安徽和四川农村劳动力的外出和回流情况做的专项调查显示，外出的劳动力超过农村总数的 23.2%，其中 76% 留在城市，回流的有 50% 以上可能再外出务工。2003 年举家在外务工的农村劳动力为 2340 万人，占所有外出务工农村劳动力的 21.3%。由此，据中央教科所测算，今后每年增加的农民工接受义务教育的随迁子女有 150 万人左右。随着农民工数量的逐年增加，城市农民工子女的数量也在不断增加。

农民工子女随其父母流动的地域特征比较明显，流入地以经济发展较快的发达东南沿海地区和特大城市为主，主要有北京、上海、广东、浙江、江苏和福建等。由于农民工具有流动性强的特点，对于农民工及进城农民工子女在不同地域的规模和结构很难有一个准确的统计，只能根据各地的相关比较权威的数字来大致的说明。据有关部门 2003 年调查统计，广东省外来流动人口接近 4000 万人，占全国流动人口总数 1/3，流动儿童约有 130 万人，并且呈逐年上升的趋势，其中广州市农民工子女约有 10 万人，东莞市在中小学就读的农民工子女达到 15 万人，深圳市多达 33 万人。② 北京市流动适龄儿童数量

① 陈晓落："共沐阳光雨露：中国九城市流动儿童状况调查"，《中国青年报》，2003 年 12 月 19 日。

② 冒浩文、青志伟："外来学龄儿童就学何时不难"，《人民日报》，2003 年 9 月 18 日。

增长很快。2001年为15万人，2002年为18万人，2003年达到24万人，2004年已有近28.8万人。① 另据北京市人民政府公布的数据显示，截至2006年7月，北京市有农民工子女36.6万。2003—2004年度统计，天津市处于义务教育年龄的农民工子女约为5万人，约占全市义务教育在校生的5%。据不完全统计，在石家庄市务工的流动人口有30万人，其中流动儿童近6万人。② 从湖北省武汉市的统计数据看，武汉市目前有外来流动人口120万，农民工子女13万人。③ 从上海市来看，目前在上海就读的进城农民工子女已超过30万人。④

（三）农民工子女义务教育的现状

随着农民工子女数量的不断增加，解决这一庞大群体的教育问题刻不容缓。根据国务院妇女儿童工作委员会的抽样调查显示，流动儿童中的在校者占全部流动儿童的90.7%，失学率高达9.3%。调查结果还表明，在流动儿童中，达到学龄却不能及时入学的比重非常高，流动儿童不能适龄入学的问题表现得十分突出。⑤

由于城市中的公立学校是以户籍人口的规模为依据建设的。由于经费和规模的问题，公立学校的数量不足，师资缺编而无法接纳大量的农民工子女。因此，农民工子女不得不选择到民办学校和农民工子弟学校。民办学校的教学条件、师资力量、教学质量等方面都高于农民工子弟学校，但是只有一部分家庭经济状况较好的农民工家庭才能有能力就学。除了经济能力的原因，农民工在城市具有较强的聚居性，高度集中在城乡

---

① 北京市教育委员会："北京市来京务工就业农民子女接受义务教育工作基本情况"，2004年教育部进城务工就业农民子女义务教育问题研讨会。

② "教育：为流动儿童圆梦"，《河北日报》，2004年6月15日。

③ 俞俭、朱文瑜："武汉民工市民待遇：共享医疗教育公平"，新华网，2004年3月3日。

④ 苏婷："上海市改善农民工子女学习生活条件"，《中国教育报》，2004年6月18日。

⑤ 国务院妇女儿童工作委员会办公室："让我们共享阳光——中国九城市流动儿童状况调查研究报告"，2003年。

结合部，农民工子女很难解决上学和放学的交通问题到公立学校和民办学校学习。农民工子弟学校就是在这种供需矛盾的情况下产生的。农民工子弟学校又被称为“打工子弟学校”、“简易学校”、“流动学校”、“仓库学校”、“棚户学校”、“菜地学校”等。据相关数据显示，2005 年，北京市流动人口中适龄儿童约有 34.5 万，其中在公办中小学借读的占 63%，在民办中小学借读的占 8.4%，在打工子弟学校就读的占 28.6%，基本解决了流动人口中适龄儿童的义务教育问题[①]。农民工学校逐渐成为了除公办学校之外接收进城农民工子女入学的重要途径，在北京、上海、广州、武汉、南京等进城农民工子女较多的城市，这类学校在事实上已经成为当地基础教育的一个组成部分。2006 年初，北京市已有 300 多所农民工子弟学校，在校就读的超过 4 万人。由于农民工子弟学校是属于自筹经费，不享受当地政府教育事业的经费投入，其在教学设施、资金投入、师资配备等方面都达不到当地政府和教育行政部门的标准。虽然大部分农民工子弟学校是非法经营的，有随时被取缔的危险，但是这类学校收费低，就学方便，对于难于上学的农民工子女来说，这类学校的存在，可以让更多的孩子接受基本的教育。

二、对农民工子女教育情况的问卷调查

（一）农民工子女及其家庭的基本状况

1. 性别和年龄

在 446 名调查对象中，男生有 246 名，占 55.2%，女生有 200 名，占 44.8%。他们的年龄分布（如表 2-4 所示）主要集中在 10、11、12 岁，占总数的 74.8%，因为问卷是发给学生本人由他们自己填写，因此调查采样集中在高年级的学生，

① 北京市调研组：“北京市认真做好农民工子女义务教育工作”，载国务院研究室课题组编：《中国农民工调研报告》，中国言实出版社 2006 年版。

他们的阅读能力和思维能力较强，可以确保问卷的有效性。因此，他们的年级集中在四年级、五年级、六年级，占总数的95.7%。（见表2－5所示）

表2－4　　调查对象的年龄分布

年龄	频数	百分比（%）	年龄	频数	百分比（%）
7	2	0.4	13	47	10.5
8	9	2.0	14	4	0.9
9	48	10.8	15	1	0.2
10	109	24.4	16	1	0.2
11	113	25.3	合计	446	100
12	112	25.1			

表2－5　　调查对象的年级分布

年级	三年级	四年级	五年级	六年级	合计
频数	19	123	187	117	446
百分比（%）	4.3	27.6	41.9	26.2	100

2. 居住时间和家庭成员

在调查的对象中，除有个别是出生在北京，大部分都是随父母从外地迁入北京的，从居住时间来看，有84.9%多于两年，居住四年以上的占到了总比的53.8%，基本上印证了农民工呈家庭式流入城市的趋势。（见表2－6）

表2－6　　农民工子女在城市居住的时间

时间	一年	二年	三年	四年	四年以上	合计
频数	67	64	75	50	190	446
百分比（%）	15.1	14.4	16.7	11.2	42.6	100

从家庭在城市的总人数来看，3人和4人的居多，分别占到了总比的23.7%和43.4%（如图2－1所示）。图2－2

则显示了农民工子女的在城市中共同生活的兄弟姐妹的数量。有1个兄弟姐妹的占到总比的48.5%，2个兄弟姐妹的占29.2%，3个及以上的占15.7%，没有兄弟姐妹的只有6.6%。虽然没有兄弟姐妹的仅占6.6%，但是我们在采访中有的老师也提到，农民工虽然逐渐开始把孩子带到城市中，但是由于经济的原因，只能带部分子女来城市，而且多为男孩。总体来看，每个家庭中农民工子女数量要成倍超于城市中家庭1个子女的数量，这也是农民工子女数量庞大的原因之一。农民工家庭平均子女的数量大使这个贫困的经济阶层更加难以摆脱贫困，同时也给我国计划生育政策的落实带来了挑战。

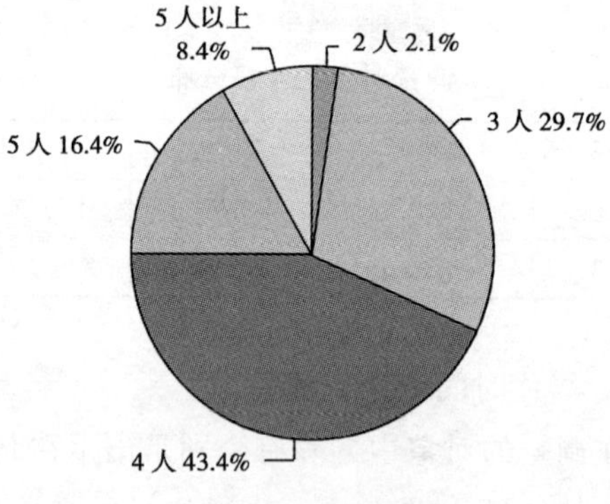

图2-1　家庭在城市居住的总人数

3. 父母的职业和教育程度

调查结果显示，农民工子女父母的教育文化程度都相对比较低。表2-6显示，父亲有小学及小学以下文化程度的合计77人，占总比17.2%，初中文化程度的占50.2%，高中文化程度的占28.5%，大专和大学以上的只占4.1%。母亲有小学及小学以下文化程度的合计180人，占总比40.3%，初中文化程度的占40.8%，高中文化程度的占16.7%，大专和大学以上的只占2.2%。这表明，父亲接受教育的程度要高于母亲。尽管在问卷搜集数据过程中我们发现有部分孩子的父母没有2人都在城市工作，但是有父

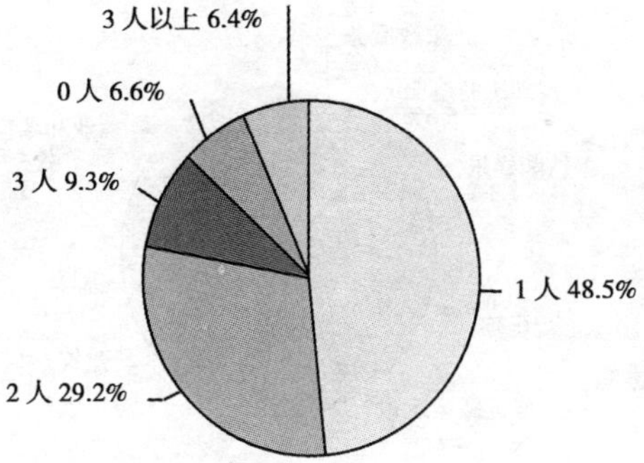

图 2－2　在城市中共同生活的兄弟姐妹的数量

母 2 人都在城市工作的占 73.7%，因此并不影响我们采用此数据来进行后续的分析。（见表 2－6）

表 2－6　　父母的教育程度

父母		小学以下	小学	初中	高中	大专和大学	合计
父亲	频数	37	40	224	127	18	446
	百分比（%）	8.2	9	50.2	28.5	4.1	100
母亲	频数	68	112	182	74	10	446
	百分比（%）	15.2	25.1	40.8	16.7	2.2	100

农民工的教育程度直接影响他们在城市中的就业，他们在城市中基本上从事体力劳动强度大的工作行业。图 2－3 中的数据显示，有 26.6% 的父母从事个体商业和零售，18.8% 的父母从事建筑和装修，17.1% 的父母从事修理、搬运和运输，7.3% 的父母从事餐饮和娱乐业，5.6% 的父母从事加工和制造业，5.6% 的父母从事家政和服务，2.2% 的父母从事物业和保安，还有 16.8% 的父母从事其他行业。

4. 家庭月收入与居住环境

农民工子女的家庭经济状况同他们父母的教育程度和就业情况密不可分。虽然由于农民工子女年龄小，有相当一部分是未成

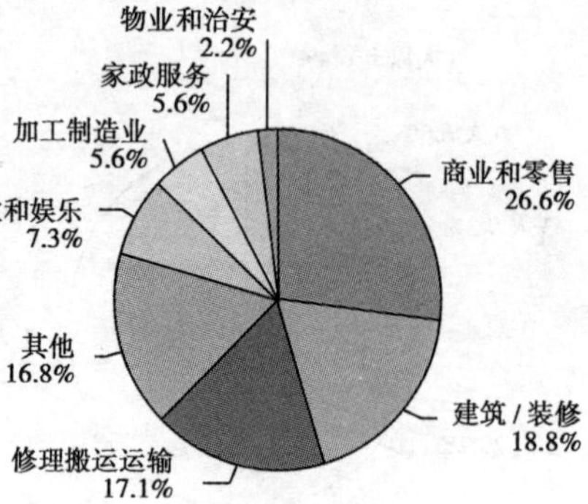

图2－3　父母从事的职业

年人，对家庭的收入并不知道，但是表2－7的数据能在一定程度上说明农民工子女家庭在城市社会中属于经济状况比较差的。家庭收入比较集中的是501—1000元和1001—1500元，分别占20.4%和35%，2001元以上的一共占到了6.1%。（见表2－7）

表2－7　　家庭月收入统计

月收入	频数	百分比（%）	月收入	频数	百分比（%）
500元以下	20	4.5	2501—3000元	8	1.8
501—1000元	91	20.4	3000元以上	4	0.9
1001—1500元	156	35.0	不清楚	102	22.9
1501—2000元	50	11.2	合计	446	100
2001—2500元	15	3.4			

关于农民工子女的居住环境的调查，并没有体现在问卷中。主要是因为从问卷的测试和对学生、老师的访谈发现，农民工子女多随父母住在城郊的村镇中，有的甚至住在菜地旁的棚里，居住条件差，房屋比较简陋，有的一家人挤在10平方米的房子里，但是租金相对来说要低很多，1年下来也只有上千元钱。在同孩子们交谈时，有一个孩子说他们家住楼房，孩子们都投来羡慕的眼光。再进一步了解，她家里只有一个孩子。

5. 城市的适应度和融合度

农民工子女适应城市生活和融入城市的环境将对他们接受教育的基本能力有直接的作用。农民工子女作为受教育者，他们健康的心理成长将会给他们受教育的质量带来一定的影响。同他们的父辈们不一样，他们的人生观和价值观还没有形成。统计数据显示，有 58.6% 的孩子认为他们同城市里的孩子是没有区别的，有 41.4% 孩子认为是有区别的。同时大部分孩子喜欢和适应在城市里的生活和学习，有 27.8% 的孩子很喜欢，有 39.2% 的孩子喜欢，27.5% 的孩子感觉一般，只有 5.5% 的孩子不喜欢（如图 2－4）。在采访中，我们也深刻感受到他们作为孩子对美好生活的向往。当被问到“北京好不好?”大家异口同声地说“好!”，被问到“喜不喜欢在北京生活?”回答“喜欢!”

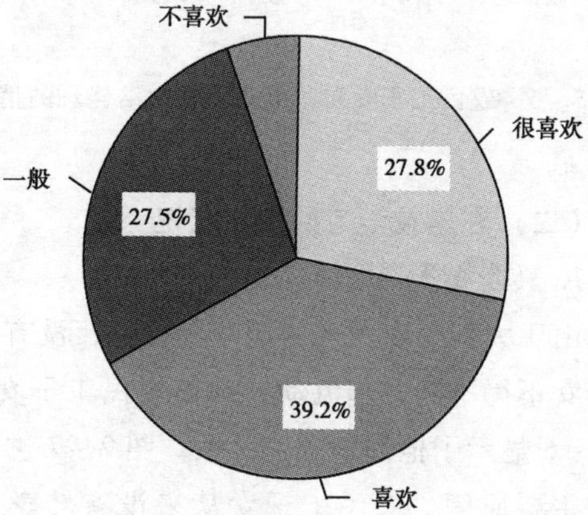

图 2－4　是否习惯和喜欢在城市生活学习的调查结果

图 2－5 表明了城市里的孩子和农民工子女有很好的融合度，双方不喜欢在一起玩的比重仅占 14.6%，城市里的孩子喜欢同农民工子女在一起玩的程度还要平均略高于对方。但由于被访农民工子弟学校中极少有城市的儿童，而且农民工子女居中的地点比较集中，农民工子女和城市儿童接触的

范围和机会不是很多，所以这组数据只在一定程度上有参考意义。

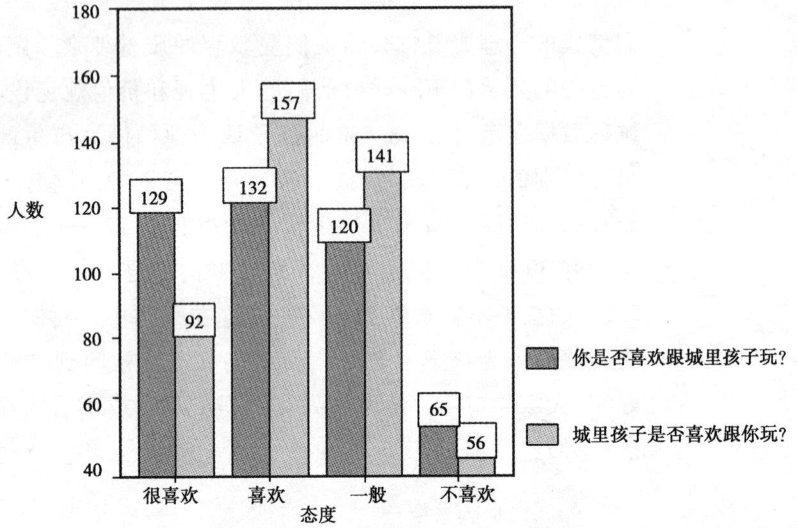

图 2－5　农民工子女和城市儿童喜欢结伴玩的情况

（二）在学校学习的基本状况

1. 转学情况

由于大部分农民工的职业不稳定，没有固定的居所，农民工子女不得不随父母流动，因而农民工子女的就学有流动性。图 2－6 显示了他们转学的次数，图 2－7 进一步说明了他们转学的主要原因。农民工子女从来没有转学经历的占 42.6%，有过 1 次转学经历的占 26.9%，有 2 次转学经历的占 16.8%，有 3 次及以上的占 13.7%。转学的原因中原来学校关闭的占 36%，因为父母工作变动的占 19.2%，现在的学校离家近的占 18.4%，不适应原来学校的占 15.2%，现在的学校学费低的占 3.6%，其他原因占 7.6%。

2. 学习费用

关于农民工子女学习费用的回答是可以同时选择几项

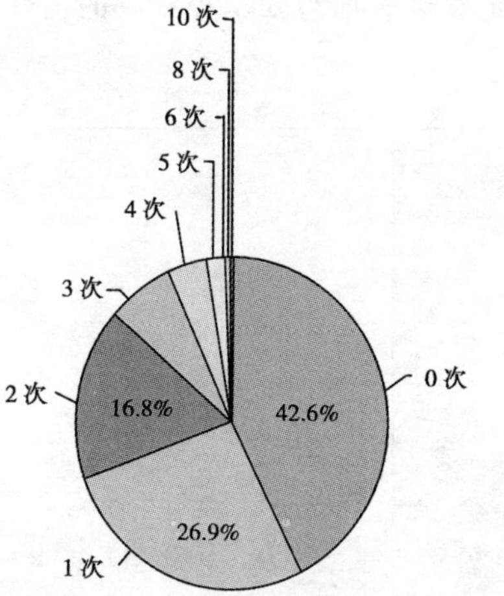

图2－6　转学次数

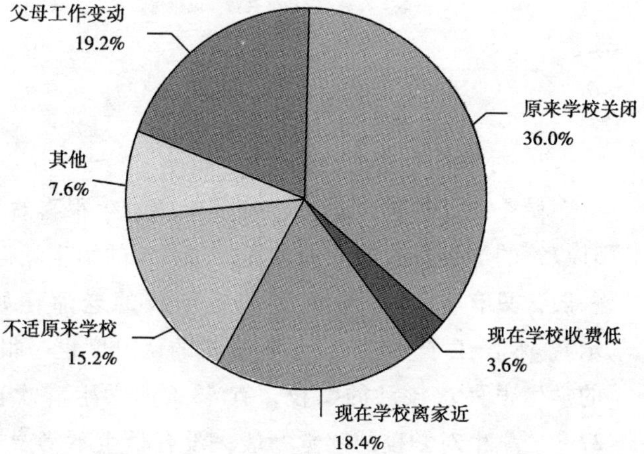

图2－7　转学原因

的。从总体比较来看，费用比重占第一位的是学费，占38%，第二位的是书本文具费，占21%，第三位的是学校的伙食费，占18%，还有占16%的健康保险费和7%的其他费用（如图2－8）。在同学校的管理人员访谈中，有的学校有自己的食堂，如京豫陈学校是卫生A级单位；有的从外面给学生定盒饭，如行知学校；有的由学生自己解决，如东方红学校。

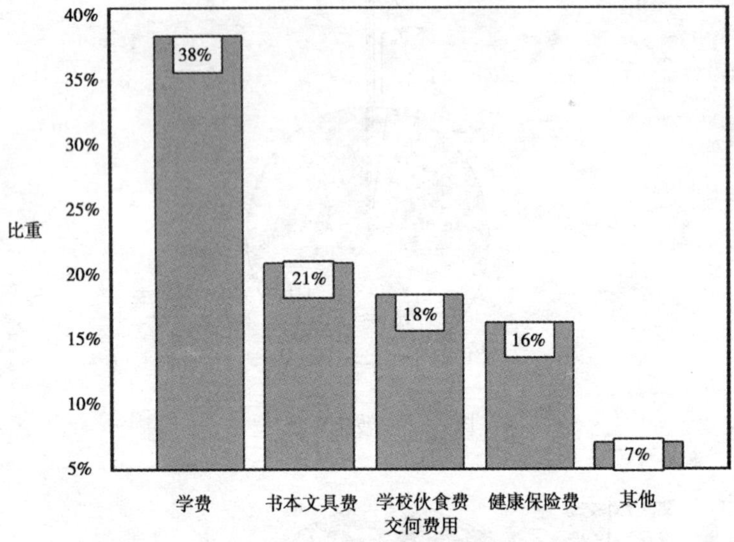

图 2－8　主要的学习费用

3. 对学校和老师的认可

调查统计数据显示，有 49.8% 的学生很喜欢学校的老师，31.7% 的学生喜欢学校的老师，15.1% 的学生觉得学校的老师一般，只有 3.4% 的学生不喜欢学校的老师（如图 2－9 所示）。农民工子女对自己所在学校的认可度也是很高。有 40% 的学生很喜欢自己的学校，有 43% 的学生喜欢自己的学校，27% 的学生对学校的感觉一般，没有学生不喜欢自己的学校，占比为 0%（如图 2－10 所示）。

4. 对未来教育和职业的期望

在访谈中发现，有的学校的老师对学生的学习目标和未来的发展非常担心。他们发现，有的学生有严重的厌学心理，父母由于家庭经济条件所限，对子女的未来教育没有太高的期望。问卷调查结果显示，农民工子女对未来的教育和个人的发

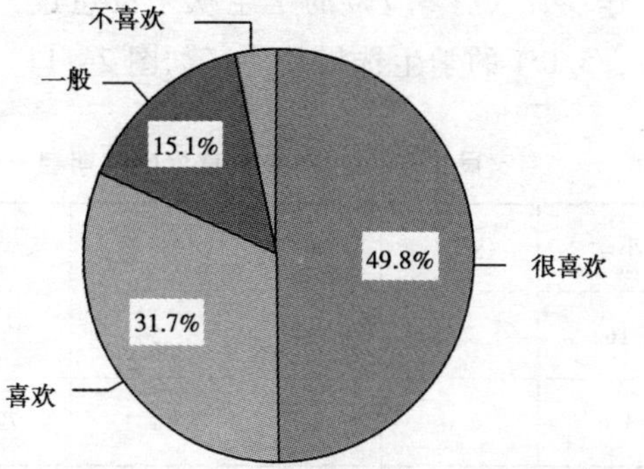

图 2－9　是否喜欢老师

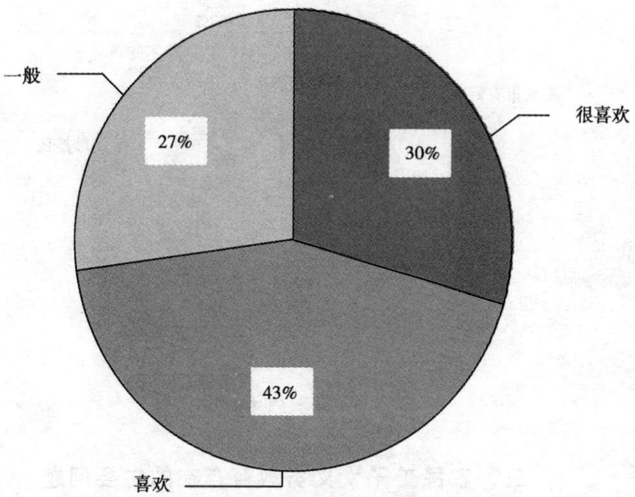

图 2－10　是否喜欢学校

展是有想法的，有自己的远大目标。如表 2－8 中数据所示，有 72.9% 的学生有将来上大学以上的期望，有 12.1% 的学生想上大学，5.4% 的想上高中，仅有 6.0% 和 3.6% 的学生想上到初中和小学。对于未来的工作愿望，有 40.6% 的学生是想上大学，进一步证实了他们对美好未来的想法和积极上进的态度。另有 30.1% 的学生想在城市中有好的工作，10.7% 帮父母挣钱，仅有9.7%的学生从来没想过，3.9%的学生是不知道，5.0%的学生选择其他（如图2－11）。

表2－8　　农民工子女对未来教育程度的期望

	小学	初中	高中	大学	大学以上	合计
频数	16	27	24	54	325	446
百分比（%）	3.6	6.0	5.4	12.1	72.9	100

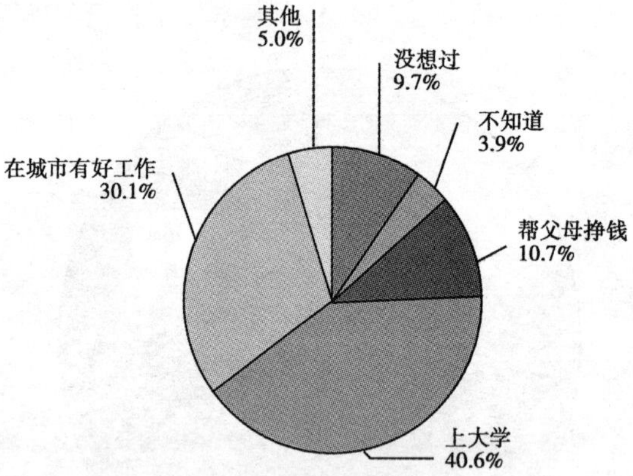

图2－11　将来想干什么工作

三、农民工子女义务教育存在的主要问题

本研究在分析问卷和个案调查的结果基础上，总结了目前农民工子女义务教育主要存在入学的机会和条件不平等、不能适龄入学和失学的问题、中途转学的问题和农民工子弟学校缺乏规范和扶持的问题。

（一）入学机会和条件不平等

第一，虽然政府2006年已经明确规定免收义务教育补偿金、借读费等，有的学校仍然要求农民工子女交纳借读费、赞助费等教育补偿费用，一般平均在600—800元，有的甚至上千元。有的学校以额满为由拒收，这样可以避免接受农民工子女带来的财政压力和农民工子女流动性大所带来的管理上的麻烦。

第二，尽管有些城市已经执行了公办学校招收农民工子女的政策，但在制定入学程序时比较繁琐，需要到流入地街道办事处出示“六证”方可提出申请（“六证”即家乡镇政府开具的家乡没有监护人同意外出借读的证明，父母身份证，暂住证，务工证，计划生育证明，学生的计划免疫卡），得到批准后才能到公办学校报名。这种程序虽然合理合法，但对背井离乡的农民工子女的父母来说，要办齐这些手续可不容易，除了要花时间，早做准备，甚至还要托人花钱。使农民工不得不放弃子女在城市的公立学校上学。

第三，虽然有的地方政府采取指定的方式由部分学校接收农民工子女入学，但部分进入公办学校就学的农民工子女都被单独编班，与城市里的孩子分开学习，被称为农民工子弟班级。农民工子女与城市学生在经济上、生活上及观念上存在不少差别，进城就学的农民工子女存在一定心理落差和压力，但是，这并不应成为一些地方实行城乡学生分班的理由。这种人为“分班”实质是对农民工子女的“隔离”和歧视，不利于农民工子女的成长。

（二）不能适龄入学或失学

按照我国的《义务教育法》，一般6（或7）岁至11（或12）岁儿童应在小学接受教育，12（或13）至14（或15）岁少年应在初中接受教育，否则被视为未在正常年龄接受义务教育。“中国九城市流动儿童状况调查”的抽样结果显示，农民工的流动性不同程度地延误了儿童的学业，近半数流动儿童不能适龄入学，在学流动儿童超龄现象存在，有46.9%的6周岁儿童不能适时入学，9周岁、10周岁读小学一年级的占

19.7%和4.6%；13周岁、14周岁还在小学就读的占适龄流动儿童的31%和10%。义务教育阶段流动儿童失学率为9.3%，其中未上学的占6.9%，辍学的占2.5%。[①] 本调查发现，有近30%的学生的年龄高于适学年龄，不能适龄入学的现象比较严重。

根据“五普”的有关数据，全国适龄儿童的在学比率为96.1%，其中“未上过学”的所占比例为4.0%，上过学后又辍学的比例为0.8%。另据2003年国务院妇女儿童工作委员会和全国妇联的调查，流动人口中，6岁未入学的比例高达46.9%，另有9.3%的孩子处于失学辍学状态。在失学的12—14岁的流动儿童中有60%的人已经开始工作。[②] 本调查显示，近9%的农民工子女有过辍学的经历，有的甚至已经失学。图2-12显示了由于课业的原因、家庭条件的原因和其他原因使他们辍学。农民工家庭来到一个新的城市，首先需要解决的是生活问题、居住问题、工作问题，然后才有能力考虑子女的教育问题，熟悉陌生的环境、了解当地政府对农民工子女的教育政策、寻找合适的学校等都需要花费一定的时间，尤其是公办学校对农民工子女的费用和入学要求高，指定的公办学校路途遥远，都有可能导致进城农民工子女失学、辍学。

（三）中途转学的问题

调查发现，农民工子女有明显中途转学的现象（如前面图2-6和图2-7所示）。一方面，农民工子女的家长工作不稳定，农民工子女的频繁流动是随着父母更换工作和住处，或是由于支付不起学费，很多学生在六年级上学期转回老家上学。对学生的学习心理造成负担。另一方面，由于户籍、学籍的限

① 陈晓蓓：“共沐阳光雨露：中国九城市流动儿童状况调查”，新华网，2003年12月19日。
② 段成荣、梁宏：“我国流动儿童状况”，《人口研究》，2004年第1期。

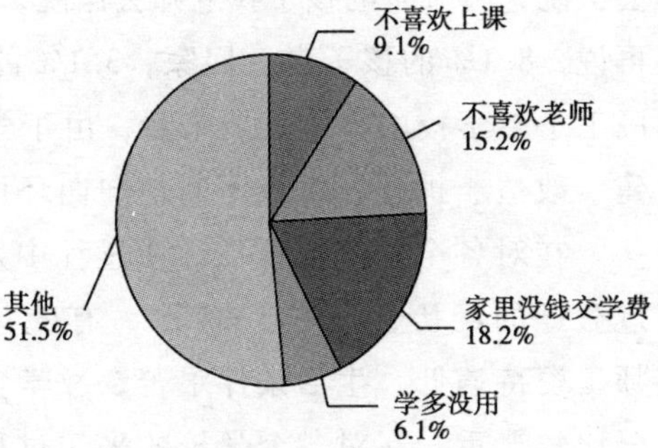

图 2－12　农民工子女辍学的原因

制，农民工子女必须要回到原籍进行升学考试。不同的省份和地区采用不同的教材，教学的进度也不一样，难易程度也不一样。同北京相比，我国其他省份，尤其是人口众多的中西部省份，升学机会少，竞争激烈，考卷的难度也要高出北京。不管农民工在北京学校学习的成绩如何，回到老家的学校要重新适应教学内容和教学方式，加大了学习的难度，很难保证能有好的成绩，考上好的学校。

（四）农民工子弟学校缺乏规范和扶持

从被访的学校基本设施和师资情况看，差别非常大，尤其是已被许可办学和未经许可办学的学校之间的差异度非常高。“非法”经营的打工子弟学校条件十分的简陋，安全隐患较大，学生的人身安全、身心健康没有保证。有许可经营的学校大都校舍资源齐备，硬件条件较好。

由于打工子弟学校不享受公办学校的政府教育事业经费投入，大多数属于自筹资金，教师资源和硬件维护很难保障，课程设置、课外活动无法保障。如图 2－13 所示，有的没有和偶尔有课外活动和评比活动的比例和近 50%。图 2－14 则从另外一面反映了孩子们在的健康和医疗保健也是同学校的管理和控制脱离的。孩子们如果在学校生病，有 32.9% 的孩子找父母去医院，32.7%的孩子找老师去医院，20.2%的孩子忍着回家再说，8.1%的孩子自己回家，3.1%的孩子去学校医务室。从民工子弟学校的整体发展来看，由于学生人数扩增和城市扩建、改造、拆迁，学校不断地向四环以外地区甚至郊区县迁移。在对各个学校的校长访谈过程中发现，所有的学校都有过搬迁的经历，平均3—4次，有的甚至达到10次以上。教师工资待遇低，生活条件艰苦，教学负担重，教师的流动状况比较严重。在对各个学校的采访过程中发现，老师的平均工资在800—1000元，没有一所学校给老师上各类规定的保险。对学生的学习与心理适应、教学与课堂管理造成了一定的负面影响。教学质量很难保障。另外，合法的打工子弟学校的合法性是有时限的，调查结果显示，在北京一般是在5年左右，到期后还要重新审批。有被调查者还很隐晦地提到了民工子弟学校之间的竞争和办学者办学指导思想的重要性，含蓄地支出有些办学者是为了经济利益而办学，并不重视教学质量。

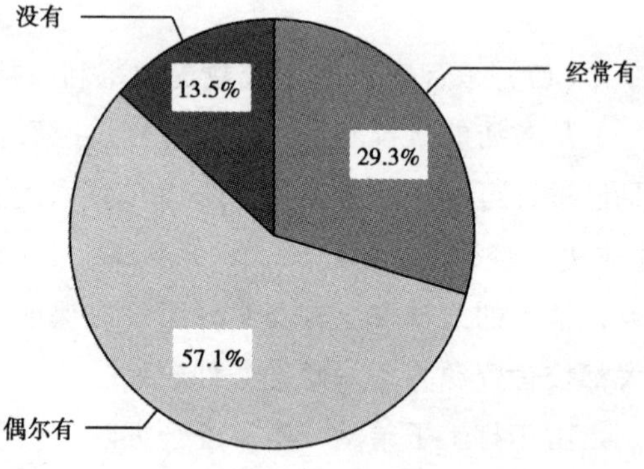

图2－13　学校是否有各项评比活动

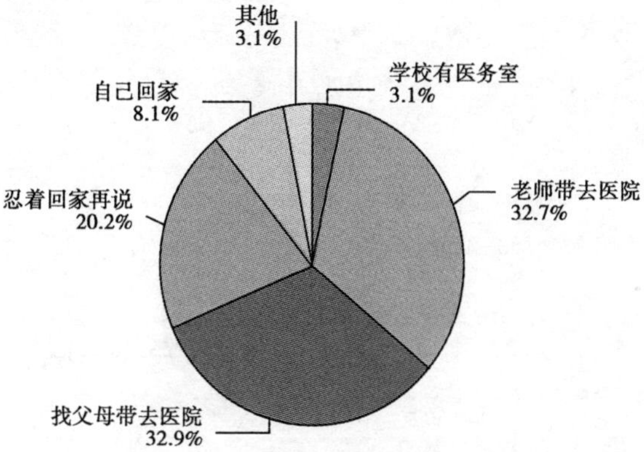

图 2-14　在学校生病的处置方法

第四节

加强农村进城务工人员社会管理和服务[①]

一、农村进城务工人员社会管理和服务中存在的主要问题

（一）从被调查群体分析其社会管理和服务的问题

1. 被访者的样本基本身份特征

（1）性别和年龄

从273份问卷的被访者的性别比率来看，男性占63.1%，女性占36.9%。19—25岁年龄段的比例占45.9%，26—30岁年龄段的占17.3%，31—35岁年龄段的占10.7%（见图2-15）。由此可见，务工人员为适应现代工业生产的要求，

① 本节选自农业部软科学课题“农村进城务工人员社会管理与服务问题研究”（课题编号：200632），课题主持人：冯伟哲。

以男性青壮年为主，适应城市和企业对具有旺盛劳动力人群的需求。

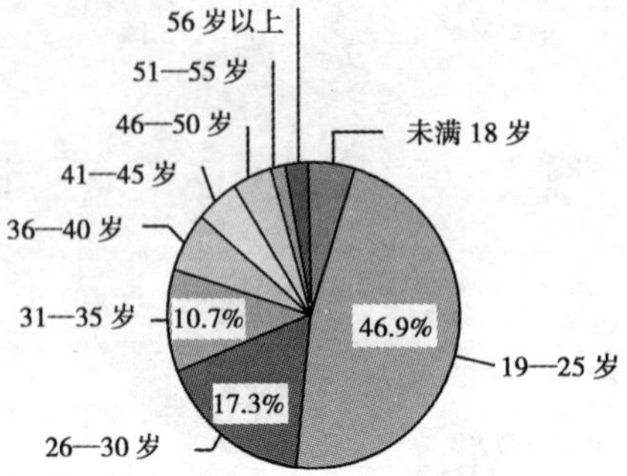

图2－15　务工人员的年龄分布

（2）婚姻和子女

虽然务工人员以青壮年为主，但受到农村传统的婚姻生育观念和文化的影响，他们中已婚者接近一半，占48.1%，在已婚者中有子女并携带子女进城的占到了44.1%。这体现了举家长期迁移的务工人员已经在全体务工人员中占有一定的比例和越来越重视子女的成长和教育问题。

（3）户籍地和教育程度

务工人员的户籍身份以外省属地农业户口为主，占到了83%，而本市和本省所属地区农业户口只占了一小部分，分别是6.3%和10.7%。由于本次调查主要集中在以北京市为主的河北省地区，务工人员的户籍状况也证实了在第一部分所提到的务工人员的主要流向是大型城市及其辐射地区，以寻找更多的就业机会、就业环境和空间。如图2－16所示，务工人员的教育程度集中在初中、中专或职业技术学校和小学，分别占50.2%、15.6%和14.1%。务工人员的教育程度平均低于城市职工的教育程度体现了我国农村基础教育的薄弱。务工人员的低受教育程度制约了他们在城市的就业范围和生存空间。

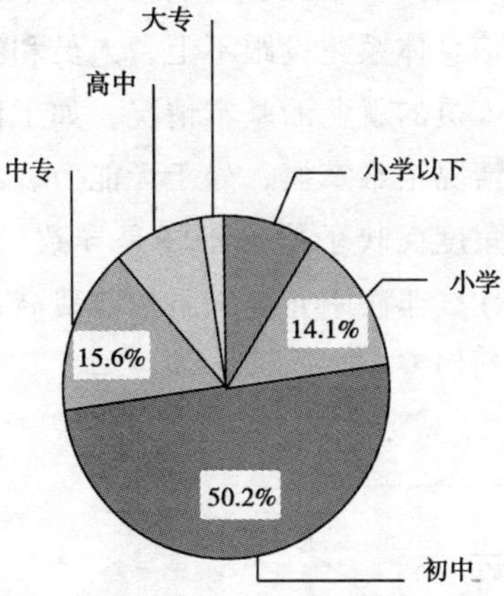

图 2-16　务工人员的教育程度

2. 从群体进城后工作生活状况分析对其社会管理和服务的问题

虽然从政府政策演变中可以看到国家和政府对务工人员问题给予了高度的重视，对城市务工人员的管理已经从计划管制式向人本管理和服务式过渡，但是根据调查的结果分析，务工人员的就业、培训、社会保障和公共服务等问题仍普遍存在，要从根本上解决还需一个长期渐进的过程。

（1）就业问题

如图 2-17 显示，务工人员的外出就业多以自发式的方式，占 69.9%，由政府组织和通过劳动力就业市场调节的只占 20.1% 和 8.1%。通过图 2-18 的综合分析数据可以看出，务工人员的通过政府组织渠道实现城市就业的稳定性和收入高于自发的通过亲戚朋友而实现的就业。我国劳动力市场管理与服务仍然严重不适应务工人员大规模的流动就业的形式和需要。务工人员的就业与城市本身富余劳动力的管理和服务出现了安置上的矛盾，城乡的劳动力市场还没有实现一体化，城市的劳动力市场的管理和服务主要是针对城市居民，特别是下岗和失业人员的。[1] 因此，对务工人员的管理和服务劳动力市场的基础信息体系建设跟不上，人员和经费严重不足，许多地方对务工人员的就业的基本情况，如工作单位、劳动合同、工资待遇等情况很难掌握，处于无能力、无人管理的境地。这也从另一个角度反映了信息不畅是导致“民工荒”的原因，也反映了为什么非法中介组织虽然收费高，但仍有务工人员上当受骗，受到伤害。

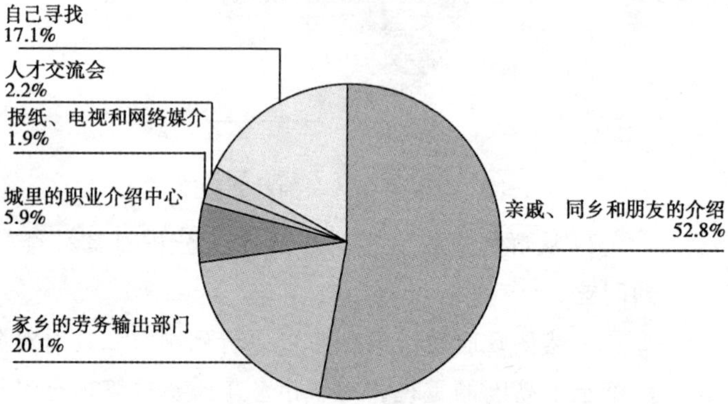

图 2－17　务工人员的就业渠道

从务工人员所从事的行业分析（如图 2－19 所示），他们所从事行业的比例依此是餐饮和娱乐（38.6%）建筑业（12.4%）、物业和治安（11.6%）、家政和服务（9.7%）、修理搬运和运输（8.2%）、商业和零售（5.2%）和加工制造业（3.4%）。这一数据与第一部分介绍的务工人员主要从事第二产业和第三产业的行业吻合，并有逐渐向第三产业倾斜的趋势。务工人员在城市中主要从事脏、累、苦、差的体力要求较高的工种。调查结果如图 2－20 所示，从事体力工和技术工的务工人员分别占 47.9% 和 24%。务工人员的就业行业和就业岗位本身具有变化快、不固定、工资低、劳动强度大、劳动安

① 简新华：“当前我国城市流动人口管理”，《长江论坛》，1997 年第 3 期。

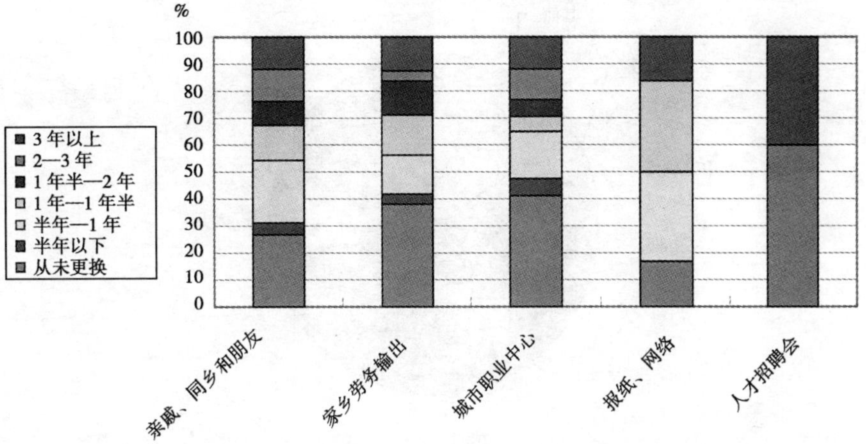

图 2－18　不同渠道就业的就业稳定性

全卫生程度差等劣势特点。有些地区企业把本地最低工资标准作为指标，没有考虑社会平均工资和消费水平的上涨，有调查数据显示，务工人员的月平均工资不到城市职工的60%，实际劳动小时工资相当于城市职工的25%。“民工荒”现象也是工资低、待遇差和用工歧视这一系列就业问题的具体体现。

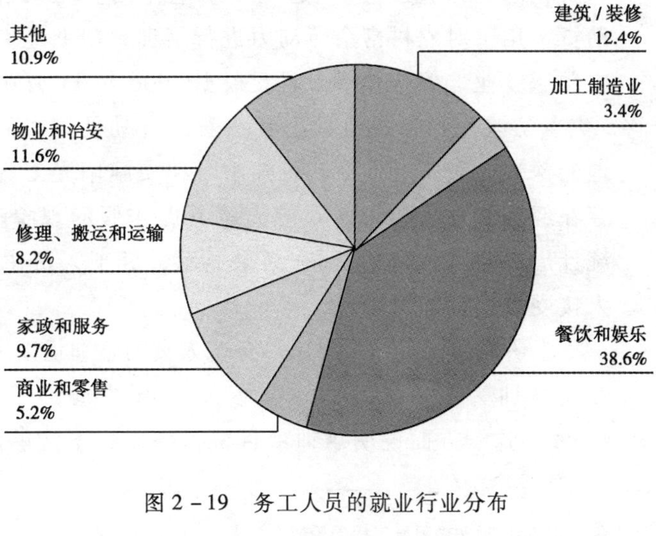

图 2－19　务工人员的就业行业分布

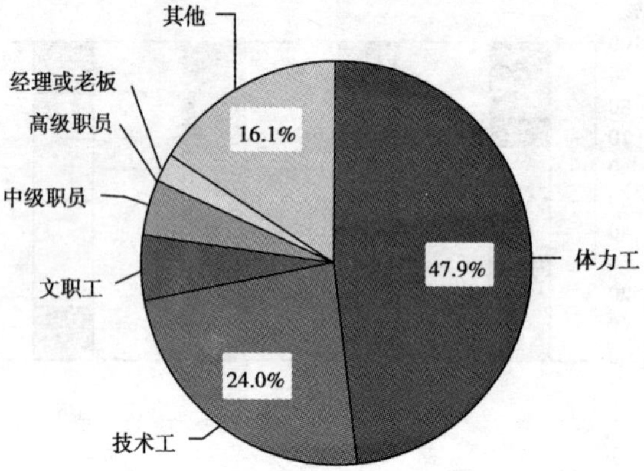

图 2－20　务工人员的工种分布

（2）培训问题

如图 2－21 所示，务工人员的教育程度同就业职业有着密切的关系。政府对农村劳动力转移推出了大规模的培训计划，为务工人员提供各种培训的机构越来越多。2003 年国家推出了《全国农民工培训规划 2003—2010》。作为实现培训计划目标的一部分，2004 年农业部、财政部等六部委共同组织实施了“阳光工程”，起到了示范作用。国家给予专项补助资金用于对农村富余劳动力进行培训，帮助他们转移到非农领域就业。但从效果来看，根据 2006 年 11 月中央电视台“焦点访谈”栏目报道了记者在安徽省歙县调查的结果，当地的深渡高级职业中学和行知中学在实施阳光工程的过程中存在经费管理和培训学员冒充等弄虚作假的现象。[①] 据国家统计局 2004 年的抽样调查结果显示，务工人员中有 28% 的人接受过培训。

本研究的调查结果显示，务工人员的培训仍以用人单位的在岗培训为主，占 37.9%，参加政府的培训工程的只占 4.6%。这一方面说明培训项目覆盖率还远不能够解决问题，

① 中央电视台“焦点访谈”：“阳光工程的阴影”，CCTV. com，2006 年 11 月 15 日。

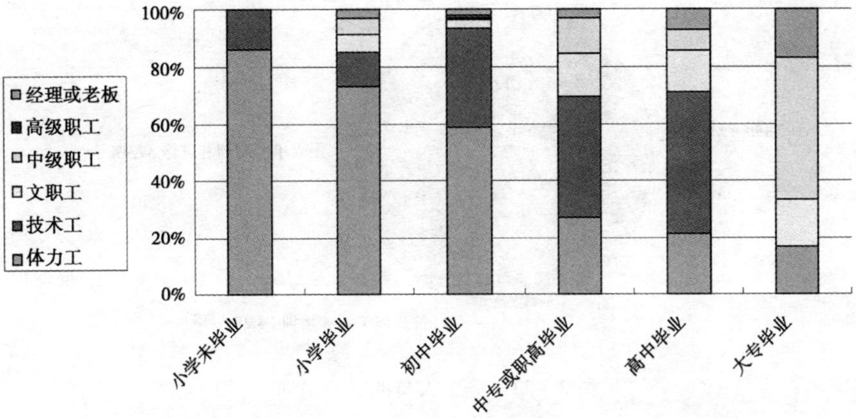

图 2－21　教育程度同职业的关系

另一方面说明培训项目与生产和服务实际有脱节，虽然培训的人数相对增多，但务工人员的整体素质并没有明显改善，企业急需技术工人的突出矛盾并未缓解。从 2005 年全国 114 个城市劳动力市场一季度的供求分析数据看，初级工和中级工招牌岗位与求职人数的比达到 1.6∶1，高级工和技师的比超过 2∶1。[①]虽然要从根本上解决问题还要从输出地的农村基础教育和培训上抓起，但是对已进入城市的大量务工人员，采取相应的培训是必要的，但这部分目前还处于缺失状态，主要以用人单位的在岗培训为主。由于城市务工人员从事的职业多为体力工，普遍有工作强度大，用工时间长等特点，很大程度上制约了他们参加培训的机会和时间（如图 2－22 所示）。

（3）社会保障问题

我国《劳动法》实施以后，务工人员原则上享有法定的同城市职工一样的养老、医疗、失业、工伤、生育、住房工基金等基本社会保障，务工人员的参保渠道是敞开的。实际的调查结果如

① 劳动与社会保障调研组：“农民工就业服务和培训问题研究报告”，载《中国农民工调研报告》，中国言实出版社 2006 年版。

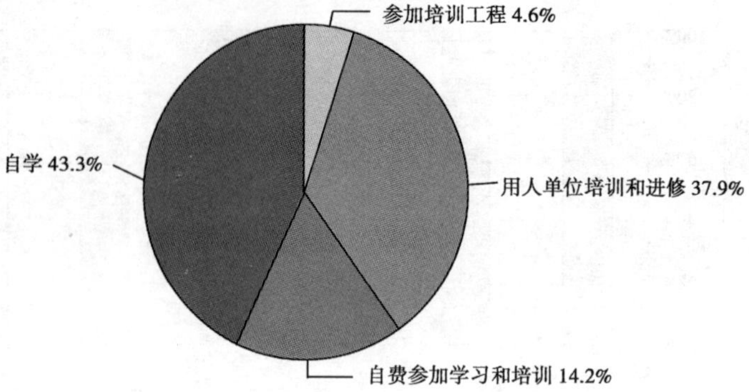

图 2－22　务工人员的就业培训

图 2－23 所示，52.8% 的务工人员没有任何的社会保险，务工人员群体给出的主要原因是收入低，没有足够的钱来支付（见图 2－24）。调查结果同时显示，工伤保险的参保率和医疗保险的参保率占有一定的比例，分别为 23.8% 和 18.2%。这说明对城市职工普遍采用的捆绑式的同时参加几项保险的做法目前不适用于务工人员，用人单位、务工人员对在城市就业和生活最需要的工伤和医疗保障逐渐给予了重视。因此，建立符合务工人员就业特点的社会保障制度是一项重要而紧迫的任务。

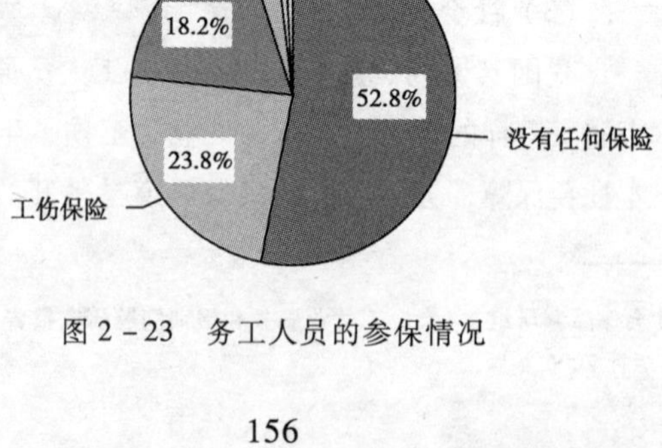

图 2－23　务工人员的参保情况

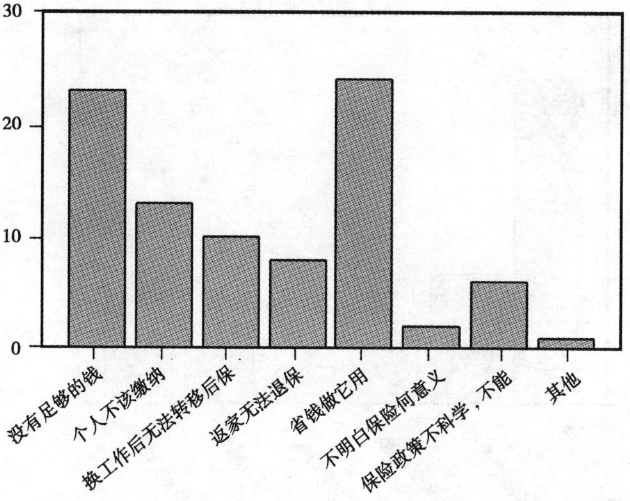

图 2-24　务工人员不愿参保的原因

（4）公共服务问题

第一，关于子女入学教育问题。在前面关于务工人员的基本情况的介绍中数据已经显示，已婚的务工人员已经有 44.1% 携带子女进城，由于务工人员的年龄特征，他们的子女大都是义务教育年龄阶段的儿童。调查显示，务工人员子女只有 45.5% 享受同城市儿童同等的义务教育，这个数字包含着巨大的教育需求。由于我国实施的义务教育是属地负责，分级管理的体制。虽然近年来各地政府出台了政策，允许务工人员子女在公立的学校借读，但图 2-25 显示，支付不起基本的学费和借读费仍然是务工人员子女无法享受义务教育的主要问题。学校的拒收、在城市没有资格参加升学考试、学习跟不上和同学的歧视也分别占有一定的比例，这也说明了为什么务工人员子弟学校虽然得不到政府的支持，但仍然受到务工人员的普遍欢迎。由此可见，务工人员子女的教育问题不是由城市政府负责用允许借读的方式解决的一个简单问题。

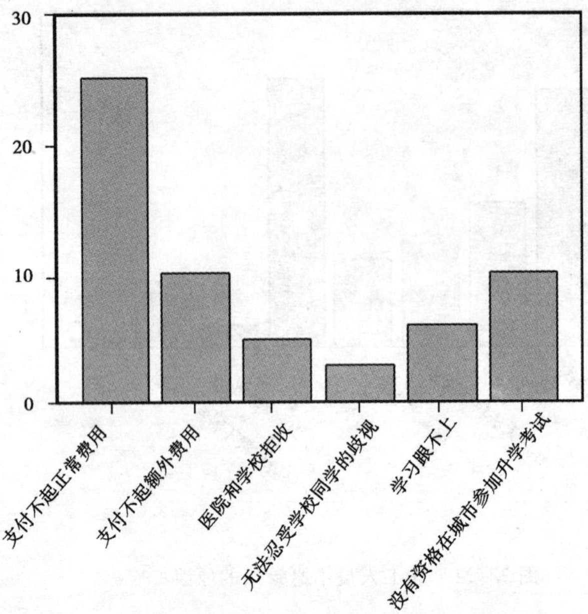

图 2－25　子女无法接受教育的原因

第二，住房和文化生活问题。从图 2－26 的数据显示来看，务工人员的居住方式以单位提供住房和自租房为主，其中单位提供的无偿住房占 39.3%，有偿租房 11.6%，工棚和工作场所占 12.7%，自租房占 25.5%。在调研过程中了解到，虽然他们住在单位提供的住房中，但住所不稳定，居住条件恶劣，面积狭窄，生活设施不配套。对于自租房的务工人员，由于支付不起费用，多自发聚集在城乡结合部地区和“城中村”，那里的违章建筑多，居住环境差，给他们的安全带来了隐患。

务工人员的居住环境使他们的生活状况处于弱势孤立化状态。他们缺乏同城市居民的沟通渠道，还因吃、穿、住、用的劣势地位遭到城市居民的歧视。业余文化生活单调而匮乏，主要以看电视、聊天、打牌为主（如图 2－27 所示）。他们的这种生活状况不仅使他们很难融入城市生活，也给他们的心理带来了没有归属和缺乏认同的阴影。

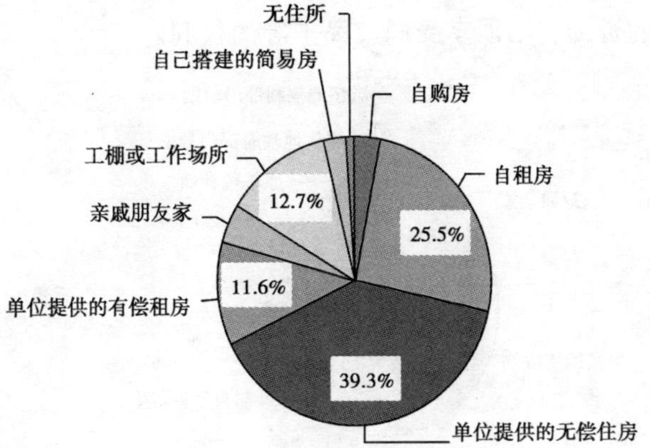

图 2－26　务工人员的居住状况

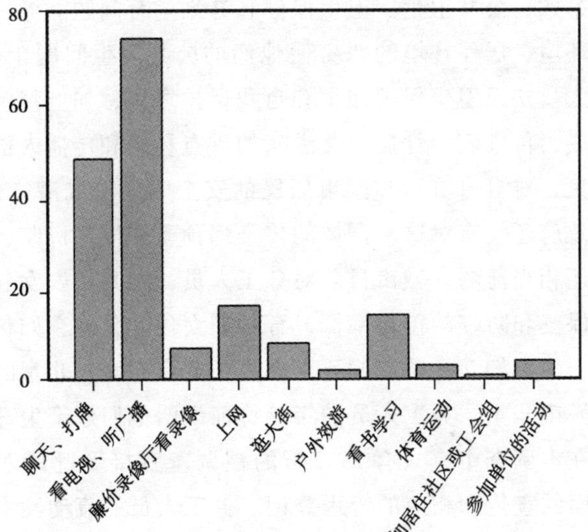

图 2－27　务工人员的文化生活

第三，社会救助问题。本调查的结果显示，有 48.1% 的务工人员在城市中有过失业的经历。他们的工作稳定性差，在失业期间基本的生存方式是 53.3% 靠自己的积蓄生活，19.7% 同亲友、同事借钱生活，19.7% 则返回老家（如图

2－28所示）。由此可见务工人员基本享受不到城市的救助体系的资助，不能享受同市民平等的权利。

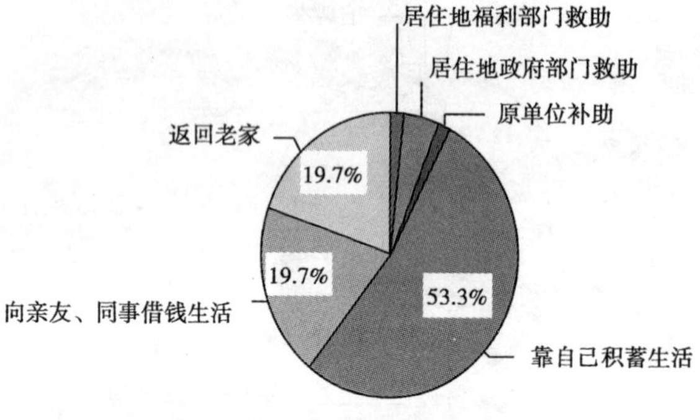

图2－28　务工人员失业状况下的生活来源

第四，公共卫生、卫生保健和计划生育问题。务工人员的就业环境、居住环境的恶劣使他们的公共卫生问题十分突出。务工人员缺乏卫生保健知识和自我保护意识，加上经济基础薄弱，成为传染病、性病、艾滋病的重点易感和传播人群的可能性加大，对自身群体和城市居民的安全问题构成潜在的威胁。目前政府还没有对这一群体的传染病预警和应急机制，管理和服务还相当薄弱。城市目前对务工人员，尤其是妇女和儿童的必要保健和防疫的覆盖率低，育龄妇女住院分娩、妇科病普查率低于城市妇女，孕产妇死亡率高于城市妇女，儿童的防疫率低于城市儿童。务工人员的年龄特征说明他们处于生育的旺盛期。在本调查中，只有29.3%的被调查者接受过计划生育政策方面的宣传和相应的管理登记。务工人员的流动性大，现有的“一证先行、无证否办”、以居住地为主进行管理的办法并不能适应务工人员的实际情况，在各地的违法生育统计数据中，务工人员所占的比重为50%—80%。[①]

第五，权益维护问题。从调查的结果来看，务工人员在权

① 符坚、吴红宇：“流动人口的特征、现存问题和公共政策思考”，《广东经济》，2006年第3期。

益保障方面虽然没有受到任何权益侵害的比重较高，欠薪方面的比重相对较低，但形势仍不容乐观。务工人员的平均日工作时间超过8小时，没有节假日的现象比较普遍（见图2－29）。本调查显示，务工人员对政策法规非常了解的占4.6%，有一定了解的占64.2%，不了解的占31.2%。在解决侵权问题的途径上，找上级领导和选择沉默占了相当大的比重（见图2－30）。务工人员对法律有一定的了解，但为什么不选择用法律的武器来维护自己的权利呢？一方面，司法途径解决的成本高，据专家推算，严格按照法律规定来维权的话，为讨回1000元以下的工资，个人需要支出的时间成本是33天，社会的成本至少是要18天，个人的经济成本是3327天，需要直接支出的费用是1677元。[①] 此外，社会还需要支付法官与仲裁员的工资及印刷费、交通费等一系列社会经济成本。另一方面，法律的权威没有真正地确立，生效的法院判决无法执行，往往牵扯到地方保护主义和司法属地化的阻碍。

（二）从被访企业的视角分析务工人员的社会管理和服务问题

20世纪90年代以来，私营企业、股份制企业以及多种所有制成分的各种企业有了突飞猛进的发展，一跃成为务工人员的主要用人单位。本研究通过对被访企业的采访，从务工人员所在的企业角度，分析发现了对务工人员进行的管理和提供服务的用人单位也存在一些问题。

第一，本研究通过对被访企业的采访，发现务工人员所在的企业，尤其是中小型私营企业，并没有建立起规范的劳动用工管理制度，在劳动管理和职工奖惩上由雇主或者个别高级管理人员决策，标准不统一，管理混乱，难以形成和谐稳定的劳

① 肖卫东："1000元的代价——以法律个案看农民工的维权成本"，载《流动与融合》，团结出版社2005年版。

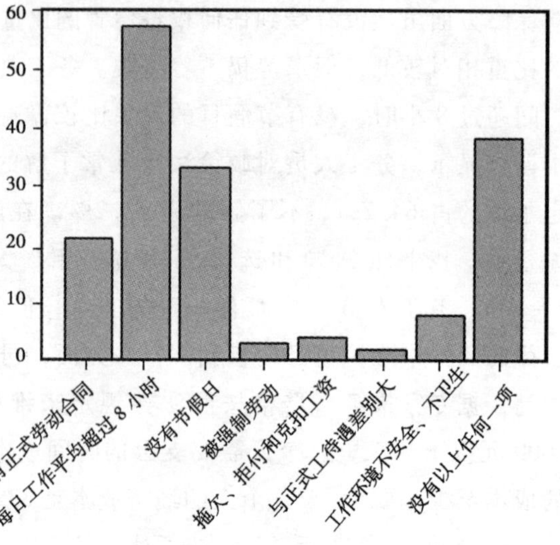

图 2－29　务工人员的主要权益侵害情况

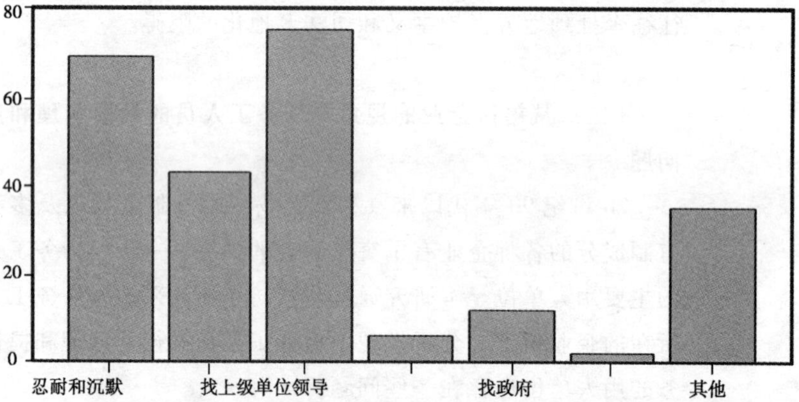

图 2－30　务工人员解决权益侵害的途径图

动关系。在此次调查的企业中，大部分都没有具体的管理制度，如加班管理制度，奖惩制度。制度往往是由企业单方面制定，职工参与率很低。根据我国《宪法》第五十三条、《劳动法》第三条规定，劳动者遵守规章制度是法定义务，通常也是劳动合同约定的义务。在司法实践中，用人单位的规章制度可以作为处理劳动争议的依据。一般只要企业能证明其劳动规章制度已向职工公示，且内容不违法，司法机关就认定有效，而不对其是否经过民主程序制定进行审查。

第二，和国有企业的工人不同，务工人员自身缺乏集体意识的传统。务工人员缺乏组织和集体行动的文化传统，形成了对传统的血缘、地缘关系的路径依赖。与城市居民相比，务工人员有着强烈的家族观念，他们对自身素质状况不能正确认识，缺乏忧患意识，相当一部分务工人员为了眼前的利益而放弃对文化知识和科学技术的学习，这种短视思想限制了他们的思想道德素质的提高。[①] 求职的务工人员本身的技能和综合素质低，但对工资和福利要求高。调查结果显示，有些务工人员不了解也不认真分析劳动力市场的供求状况和相关工种的薪酬情况，也不管自己是否具有相当的竞争能力，一味地漫天叫价，提出附加条件，如食宿，有电视等。有些务工人员缺乏对企业的责任感，抱着“做一天和尚撞一天钟，干一天挣一天的钱”的心态，有的签了正式的合同遇到更好的机会或个人原因，随意地违约辞工。有的在接受了技能培训后，就马上对工资和待遇提出更高要求，或到待遇更好的用人单位。这不仅给企业带来了损失和伤害，也增加了企业同务工人员两个阶层的矛盾。

第三，政府对雇用务工人员的用人单位的政策支持还不够。务工人员所在的就业行业主要集中在建筑、餐饮、服装等技术含量较低的劳动密集型行业。因此，由于企业的技术含量低，产品附加值不高，只能维持低成本的竞争，如果按照城镇企业社会保险办法为务工人员缴纳社会保险费，对本身生存都在激烈市场竞争环境下的企业，尤其是中小企业，很难负担这部分费用。同时，务工人员以体力劳动为主，这也导致企业认

① 纪韶：“中国农民工流动就业现状的实证研究”，《经济与管理研究》，2006 年第 3 期。

为没有必要出资金培养雇佣务工人员的技能，甚至有些企业钻政策的空子，在劳动合同的期限上做文章，不断地轮换务工人员。

第四，通过调查发现，政府对雇用务工人员的用人单位的政策宣传不到位。有些企业管理者对政策的实际意义和实践操作过程并不理解，有些甚至对一些政府近期对务工人员的管理政策从没听说过。在具体实践环节，有的用人单位为图省事，把保险费用直接发给务工人员个人。用人单位缺少对政策法规的了解使得它们很难配合政府来执行，有些是在无意识的情况下侵害务工人员的权益的。

二、农村进城务工人员社会管理和服务存在问题的原因

对务工人员的社会管理和服务所存在的问题，为了提出科学的解决方案和政策建议，本研究认为应在调查分析的基础上，找出产生这些问题的深层次原因。

（一）社会结构性和体制性的制约

从本研究第一部分的务工人员的发展趋势和第二部分的管理制度的转变分析，可以得出，务工人员是我国城乡二元经济结构转换、实现城乡统筹协调发展过程中的特殊产物。随着务工人员跨地区流动，以户籍制度为根基的城乡隔离制度正在开始发生变化。但目前我国户籍改革的重点与人口流动的方向脱节。我国尽管放开了在小城镇的落户限制，但是我国目前城镇化的水平较低，发展明显滞后，2002 年我国城镇化的水平低于同等人均收入水平国家的 21%。[①] 城镇经济规模和就业岗位有限，对农民的吸引力不够，导致农村大量剩余劳动力滞留农村，大量转移出来的农村富余劳动力实际上主要流向了大中城

① 张忠法等："我国走出二元结构难点分析"，载《走出二元结构》，中国发展出版社 2005 年版。

市及东部地区城市圈内的小城镇。政府出于财政负担能力的考虑以及对城市规模过度膨胀和城市病的担心，对城市户籍管理十分严格，特别是大中城市的户籍管理特别严格，对外来人口限制最多，农民落户大中城市的制度性成本一级比一级高。大中城市则只对有较高层次的人才和具有投资能力的人放开落户限制，而大量在城市工作多年、有稳定收入的进城农民，尽管同样为所在城市的发展提供服务，仍不能成为稳定的城市居民。

我国劳动力市场的发育随着改革的进程呈现出变化迅速的动态特征。政府在不断清除阻碍劳动力流动的制度性障碍，市场配置劳动力资源的程度加深，范围扩大。但是由于长期的二元经济结构造成的城乡劳动力市场的分割扭曲还没能彻底地解决。城市用户口制度限制农村劳动力进入正规部门就业，农民只能进入收入低、工作环境较差的产业和行业。城乡劳动力市场很不规范，农村劳动力和城市居民在劳动力市场上仍然被分割开。虽然有些城市的政府机构建立了一些相对规范的务工人员劳务市场，但就全国而言，比较规范的劳动力市场基本上还没有建立起来。这也是务工人员主要的就业信息来源是从亲朋好友那里得来的。这就造成了就业竞争不平等，就业限制多。

大多数进城务工人员不能享受城镇基本社会保障和公共服务。虽然从制度改革的角度看，务工人员应具备同等权利享有社会保障和公共服务，但长期以来同户籍制度相配套的就业、教育、医疗、住房以及社会保障制度，从根本实现完善改革还需要更多地了解务工人员的迫切需求，用工企业的实际困难和城市建设和管理的财力、人力问题。目前，许多城市将进城务工人员的工商保险和医疗保险纳入社会保障的工作刚刚起步，进城农民的养老保险尚未纳入统一的城镇职工的养老保险。从现有启动务工人员的社会保障制度的效果来看，如北京市出台的《北京市农民工社会保障制度暂行办法》，同预期的初衷还相差甚远。[①] 务工人员的工资收入低，如果有老人子女需要支出，很难使他们树立参保意识。务工人员的流动性大，由于大多数务工人员难以成为当地市民，社会保障集体账户不能随个人流动，务工人员的集体账户的社会保障积累实际上留给了打工所在地，不能尽享社会保障积累的好处。务工人员的不同年龄、不同就业有不同的亚群体特征；务工人员的用人单位有国企、私企、外资企业，为社会保障体系的统一和健全完善设置了障碍，发展很不平衡，制度很难统一。[②]

由于城市务工人员的数量不断增加，又程家庭式流动的趋势，务工人员子女的就学问题越来越突出。我国的城乡二元结构，造成了城乡之间教育设施享有不公平，虽然政府部门出台了务工人员子女应享有平等的受教育的权利，但有些学校却无力接收或收取一部分赞助费，相当一部分的务工人员子女无法享有同城市居民子女同样的接受义务教育的权利。

由此看来，我国长期的“二元结构”制度和政策的惯性使社会管理制度的改革滞后于经济体制、就业机制，对务工人员的管理和服务产生了巨大的障碍和负面影响。

（二）政出多门与城乡一体化的统筹管理

根据目前我国务工人员的转移过程和具体情况来看，大部分是“离乡不离土”的候鸟式特征，务工人员的土地保障、基础教育和文化素质培养在农村，进城的就业和提高职业技能的途径可以在农村，也可以在城市，在城市的就业和生活环境保障在城市，返乡过程涉及农村和城市。因此，务工人员的管理和服务需要城乡统筹管理，是一项系统的工程，涉及农业、劳动、公安、城建、交通、财政等许多政府部门共同管理。针对这一系统工程的复杂性，目前我国城乡一体化的政策协调还

① 麻丽珍：“农民工社会保障问题”，《山西青年管理干部学院学报》，2006 年第 2 期。
② 华迎放：“农民工社会保障模式选择”，《中国劳动》，2005 年第 5 期。

不够，政策本身的制定还存在一些问题。

首先，由于地方行政管理格局和较强的政府力量，我国城乡经济一体化进程中，主要是城乡区域发展，经济一体化进程缓慢，大大落后于经济发展本身的客观要求。中央和地方政府机构职能不健全，未能全面涉及对城乡区域发展至关重要的领域。地方政府出于对自身利益最大化的追求，在促进本地经济增长的同时，地方保护主义抬头，地方政府对经济进行不合理的干预，使行政区成为阻隔经济一体化进程的严重障碍，阻碍了统一市场的形成，行政区内经济的发展往往以阻碍城乡区域发展为代价。由于缺乏具有法律效应的强制力，同时尚未形成有利于经济合作的双赢机制，许多深层的问题很难协调，仍然不易解决。例如，土地是农民仅有的最珍贵生产资料，我国人均占有的耕地仅为世界平均水平的1/3。目前一些城镇在土地利用上具有用地增长的快速性、用途变更的随意性、土地权属的交叉性、利益主体的多元性等特征，加剧了耕地短缺和更多农民丧失土地。土地离开农民后，即成倍或成十倍地增值，而这些增值已不属于农民。而这些失去土地的农民有的得不到任何补偿，被迫四处流转，打工为生，成为城市和农村的双重边缘人。

其次，就我国目前涉及务工人员管理政策的分析来看，有以下特点和问题：

第一，这些政策按照功能和政府部门分割，缺乏整体性、系统性，政策之间难于协调，甚至互相掣肘。政出多门的特点在第三部分的政策演变的阐述和分析中可以得到证实。例如，针对务工人员的群体特征和经济状况，养老保障并非是大多数务工人员最紧迫的需要。子女教育、疾病治疗等项目支出均位于养老保险之前位，导致多数地区的务工人员有参加社会养老保险的积极性。再如，最低生活保障制度由各地政府自定标准和出资，结果，越是需要最低保障的地区越是因缺乏资金而得不到保障。可见，脱离务工人员的实际经济情况和需求，很容易出现保障能力不足的问题。

第二，各类社会政策大都因问题严重而被迫出台，具有被动应对的性质，缺乏预防性。例如，解决务工人员权益受损、子女教育等问题。

第三，务工人员在制定社会政策中缺少话语权。政策制定与执行搞本本主义，且常常被政府官员和专家垄断，农民难以参与，这导致主观臆断盛行，对上负责对下压制。因此，社会自主式管理的失效和社会诚信的降低就不可避免，导致大部分务工人员承受风险的能力不但没有提高反而降低了。

第四，各类政策规定的题目和主要内容都明显标有“管理”一词，而只有少数的提及“服务”，可见政府制定政策的主导思想还存在重管理、轻服务的惯性。

（三）政府职能、政策监管、法律规范以及社会协商

根据第三部分关于务工人员管理和服务政策演变的阐述中可以发现，目前所有涉及务工人员的政策大都采取自上而下分层细化制定，即自中央到各个部委，再到地方各级政府直至村委会的行政系统。目前所有涉及务工人员的政策的贯彻都依靠一个体系，即自中央到各个部委，再到地方各级政府直至村委会的行政系统自上而下的执行。政策按部门划界，各部门实施自己的政策功能。政策执行程序、方式和机构一统，地方行政体系是唯一载体。

近些年来，各地方政府都做出了很大的努力，出台了一些关于外来劳动力管理、建筑场所管理、私房租赁管理、外来人口计划生育管理方面的法规制度，建立起多项与之配套的政策，取得了巨大的成效。但是尽管目前各级政府都建立了流动人口管理和服务的综合协调机构，但由于现有的法律法规中对各部门的管理和服务职责缺少明确的规定，职责不明确，监督考核机制不完善，各个主要职能部门对务工人员的管理基本处于各自为政的状态，不仅弱化了务工人员综合管理和服务的工作力度，也导致了务工人员的应有权益得不到保障。从根本上讲，与市场相适应的管理制度和管理机制尚未建立起来。没有哪条制度规定管理部门必须为务工人员提供任何服务，现行管理办法的指导思想和主要思路还存在计划式和防范式的惯性制约。从管理机构上来看，外来人口的管理部门多为临时性的事业单位，没有行政权力。从管理方式来看，存在管理人员素质低，管理不规范，管理的随意性强，滥用职权、暴力管理的现象大量存在。管理的效果基本上以短期冲击性为主，没有明确的目标，更不用说提高服务意识了。对管理执行的群众监督机制基本上处于空白。

这样的管理的效果在本次调查中务工人员对城市管理部门工作的满意度中也有所体现。务工人员大都接受过登记、制证、收费和许可证为特征的外来务工人员的管理。查验、罚款；非法、打击，超标准收费和巧立名目进行罚款也是常见的管理方法，对务工人员的服务甚少考虑。在 2004 年，国家发布《关于进一步清理和取消针对农民跨地区就业和进城务工歧视性规定和不合理收费的通知》，但在许多地区和城市，不合理的就业证卡收费仍在变相地执行①。管理规定执行和监督机制不健全，缺失相应的法律法规，有些管理行为缺乏制度的制约，将造成务工人员同管理机构的对立。

政府管理部门职能的滞后和服务意识的缺乏使它很难成为务工人员和用人单位种种利益矛盾和冲突的协调者。针对务工人员受到用人单位权益侵害的问题，城市管理部门是否能充当应有的角色，负有一定的责任，而不是单纯地把解决问题推给司法部门。城市管理部门要一方面保护务工人员，另一方面要站在用人单位的角度分析问题的根源，是用人单位不懂法，还是用人单位运营出现问题还是用人单位故意的行为。要真正找到问题的根源、使类似问题不再出现，创建一个法律约束以外

① 王力：“中国‘农民荒’产生的原因及其对策”，《农村经济与科技》，2005 年第 7 期。

的良好的协商机制才是解决大量频繁重复出现问题的有效途径。

从法律保护的角度，尽管我国《劳动法》从规定劳动者合法利益的角度出发制定了一系列劳动者的权利和利益，可是这些权益常常受到不法侵犯，有时甚至是来自执法机关和司法机关的侵犯。重要原因之一是现行劳动法规定和制裁处罚力度较低。《劳动法》颁布以来，劳动部相继发布了《违反〈中华人民共和国劳动法〉行政处罚办法》、《违反〈劳动法〉有关劳动合同规定的赔偿办法》等规章，但这些规章对违法行为的态度比较温和。如《劳动法》第三十一条规定："用人单位由于生产经营需要，经与工会和劳动者协商后可以延长工作时间，每日不超过 3 小时，每月不超过 36 小时。"第十七条规定："用人单位根据本单位的生产经营特点和经济效益，依法自主确定本单位的工资分配方式和工资水平。"又如，《处罚办法》的罚款规定都是并处以多少元以下的罚款，没有一处是应当处以多少元以上的罚款。许多侵害劳动者合法权益的行为，比如用人单位收取押金、扣押职工身份证暂住证、不近情理的罚款与克扣工资、辱骂、搜身、体罚、殴打职工等，至今没有相应的处罚规定。甚至对比较多见的拒绝送工伤者去医院治疗或拒付工伤职工医疗费之类的行为也没有明确的制裁与处罚规定。因此，劳动者在面对司法解决成本高、周期长，许多的情况下只能被动地接受雇主的安排。这也是为什么相当一部分农民工在权益受到侵害时选择沉默的态度。可见，完善劳动立法势在必行。

（四）务工人员自身组织与社会非政府组织的作用

对于来源分散、流动性强、数量日益增长的务工人员，政府的管理和服务存在着诸多不足，而务工人员缺乏组织化的力量保障，很难有效地保障他们自身的合法权益。从务工人员的角度看，他们需要除政府管理和服务以外的社会组织来维护他们的权益。虽然经济因素是影响务工人员迁移城市的首要原因，但是随着务工人员群体特征的变化，社会、文化、心理因素也逐渐成为他们融入城市社会的决定性因素。他们要经历城市社会、城市文明、社会心理层面的适应过程，而非简单的空间上的转移。如果他们遭受到城市制度和文化的排挤，甚至是平等权益的侵害，将会使他们的心理扭曲，产生社会矛盾。从政府社会管理职能的角度看，非赢利性的民间组织是政府行政权能向社会延伸、细化的关键，也是缩减执行公共政策的契约和交易成本的重要因素。西方社会的发展历史表明，试图构筑以政府为单一主体的社会福利网和"安全阀"，不仅在经济上无力承担重负，也不可能真正动员社会资源来满足庞大而多变的公共需求。在当今世界，"政府—企业"的两维格局已经发生重大的变化，市民社会组织的崛起已经成为现代社会的一个重要特征。

目前我国对务工人员权益保护的组织有两类：一类是自上而下组建的务工人员工会，它主要起源于北京的建筑业。但目前务工人员进入工会组织的很少，工会经费收缴困难，有些工会组织没能发挥维护工人合法权益的作用。在一些非公有制企业中，工会很容易受控于资方，即使建立了工会，也难以维护职工利益。据有关数据显示，目前全国仍有 1 亿多务工人员游离与工会组织之外。[①] 因此，要借参加工会来维护务工人员权益，需要解决工会本身的体制和机制问题。

另一类是自下而上的务工人员服务与维权组织。具体的类型为以社会精英组织起来的为务工人员提供法律援助、技能培训的组织；境外 NGO 的分支机构；务工人员自发组织起来的组织。自下而上的组织更具有活力，但是也存在许多问题。①资金来源问题，资金在相当程度上决定了组织发展的可持续

① 邓国胜："农民工维权的组织创新与政策选择"，载《流动与融合》，团结出版社 2005 年版。

性。我国的精英所在的中产阶级人群比重小，从发展历程看，国外的资助机构不会长期资助一个国家和地区。②现行政治体制的制约。当前我国流动人口政治参与和自治管理方面制度安排缺失，登记注册务工人员自发成立的民间组织还不具备宽松的法律环境。如果这类组织能够健康发展，对务工人员和社会来说是福音，如果这类组织陷入混乱和无序，将会是灾难。③由于务工人员的文化素质偏低，法治意识比较淡薄。他们的来源分散，不仅流动性大而且异质性强，在短期内很难大范围推广这类组织。

三、加强农村进城务工人员社会管理和服务的思路

城市对外来务工人员的管理，因为只发生在特定的地区，只针对特定的人群，看起来是一个局部的、微观的问题。但是，从更高层面看，是一个政府与社会，或者说国家与社会的关系问题，是一个政府如何管理社会的问题。这种管理不仅涉及管理部门和直接管理对象，而且涉及不同利益集团，不仅涉及经济问题，也涉及若干非经济问题。尤其是在我国城乡二元体制下，这种管理显然涉及的公共领域更宽。影响的制度内容更深。

（一）城乡统筹管理

目前我国已经进入了工业化的中期阶段，也是处于由城乡分割走向城乡协调发展的关键阶段。务工人员的问题逐渐成为了经济、社会结构性矛盾的一个焦点，成为在“三农”问题基础上的“第四农”问题。从宏观的角度看，要解决好这一问题，就必须坚持城乡一体化的政策导向，统筹城乡发展、改革和就业，必须建立经济、公共服务和社会保障合围的政策体系。统筹的主体是政府，目的是有利于各方面的协调发展，建立平等和谐的城乡与社会关系。包括城乡协调发展、区域经济协调发展、经济社会协调发展、人与自然协调发展、国内与国

外协调发展。在统筹的具体思路上要坚持分地区、分层次、分阶段的原则。在制定解决务工人员管理与服务问题的具体对策时，要考虑不同地区的经济发展水平、地域文化、务工人员群体特征的分化程度、城市的基本建设和管理水平以及地区用人单位的发展情况。

（二）社会管理制度的继续改革

社会管理和服务的政策必须适应时代要求而演变。信息全球化时代，生态、政治、经济、社会等多样的不确定性风险增大，人类发展遇到前所未有的复杂局面。以“非典”危机为代表的一系列突发事件短时间内集中暴露了我国各级政府社会管理能力的制度性欠缺。温家宝总理提出了强化政府社会管理能力的总思路，为政府管理制度改革提出了方向。[①] 党的十六大提出了构建社会主义制度改革，而推进社会管理体制改革是其重要的组成部分。对务工人员的社会管理的诸多问题强化了我国社会管理制度改革的必要性和紧迫性。社会管理体制改革是一项复杂的系统工程，涉及政府、社会、市场三者之间的良性互动，要建立党委领导、政府负责、社会协同、公众参与的法治型、民主型、社会化、学习型和人本型的社会管理。在社会管理制度改革的大的前提和环境下，对进城农民工的管理，要树立科学管理的观念，实事求是，按照机会平等、权利平等，制度一致，身份统一的方向，纠正社会管理和服务的偏差，以人为本，实现制度上的创新。

（三）地方政府的管理与服务

政府行政管理改革和职能的转变，对社会管理体制有统领和决定的作用。各级政府应改变计划经济体制下的管理模式转

① 陈振明等：“‘政府社会管理’课题的研究报告之二：‘西方政府社会管理的理论与实践评析’”，《东南学术》，2005 年第 4 期。

变到管宏观、定具体政策、做规划、做监督上来。在我国现代化和城市化的进程中，社会结构等都发生了深刻的变迁，对于解决务工人员的管理和服务，要首先从务工人员的利益出发，而不是单纯地讨论是输出地管还是输入地管，政府应该注重履行其社会管理职责，调整和平衡多方利益关系，实现管理和信息一体化，集中人财物去做必须由政府承担的社会管理、公共服务事项，建设一个法制的、开放的、服务型政府。城市政府要顺应工业化、城市化发展的要求，改变将进城务工人员拒于城市社会之外的局面，实行主动接纳务工人员融入城市社会的方针和政策。让务工人员参与社会管理，实现管制式管理转变为服务式管理。各级政府要充分代表务工人员的利益，科学地判断他们的需求，对现有的管理和公共服务做出科学的判断，担负起处理社会冲突、协调社会利益、维护社会公正、保持社会稳定的职责。

四、提高农村进城务工人员社会管理和服务的政策建议

（一）城乡统筹管理、推进市场化的就业和建立一体化的信息服务体系

务工人员的流动特点是向城市和发达地区流动，具有流动地相对不固定的特点，同时具有季节性很强的特点，最多以年为单位在原住地和迁入地之间往返，呈现出“钟摆式”的流动模式。务工人员流动的特性本身具有复杂性，同时对务工人员的管理和服务又涉及很多政府部门。因此，要彻底改变过去城乡二元经济社会结构对务工人员歧视性政策的惯性所带来的一系列问题和解决多头管理和分散负责的局面，应成立全国务工人员工作领导小组，总揽全局，统筹规划，组织重大政策的制定和实施，并协调解决各地区、各部门等方面的利益矛盾。“统筹”主要有三方面的含义：统筹城乡规划与宏观政策，让务工人员也能和城镇职工一样拥有平等的机会和待遇；统筹城乡管理与服务，让务工人员也能和城镇职工一样享有社会保障

和公共服务；统筹政府的职能和责任。

就业是民生之本，是解决务工人员一系列问题的基础。但针对目前相当一部分务工人员盲目外出的情况，要改善农民工的就业状况，可以从统筹城乡就业入手，实现城乡统筹管理，建立城乡统一的劳动力市场，完善劳动力市场管理的各项制度。要实现劳动力转移和城乡一体化就业，政府应通过实行合理的产业政策，促进非农产业的发展，以扩大就业、促进农村劳动力转移。在“出口”问题上，要继续深化劳动制度改革，培育和健全就业服务体系，通过教育培训事业的发展，提升劳动力素质和技能，以适应产业的发展和结构的提升。在“进口”问题上，要取消歧视性的制度障碍，政府还应加强监管和执法，使转移后的劳动者权益能够得到保障，使劳动力的配置具有相对的稳定性和较高的效应。

事实上，政府一直想为务工人员的就业做些服务工作，但因为信息少、不灵活、运作成本相对较高，有的地方政府的劳动服务组织尚未转到为务工人员市场化就业服务的轨道上来。政府部门对农村劳动力转移情况难以及时全面掌握，转移过程中薄弱环节和存在的问题难以及时协调解决。因此，建设一体化务工人员信息服务系统势在必行。务工人员管理的信息化将促进政府业务流程的规范化，可以充分解决信息采集不足，流通不畅，利用不充分等问题，实现各个分管部门和地方政府之间的信息资源共享管理和服务的整合。由此可见，建立一个一体化的务工人员信息服务系统不仅可以给市场化就业提供一个信息平台，同时也会给解决务工人员的其他问题提供帮助。要实现这个信息服务系统将是一个比较复杂的、需要各方协调的、巨大的系统工程。

【实践经验】至2006年12月，江苏省13个省辖市都已建立了农民工工作领导小组，成为国内首个建立起农民工工作服务网络的省份。领导小组的工作方针是做到“五个坚持”，即坚持公平对待，一视同仁；坚持强化服务、完善管理；坚持统筹规划、合理引导；坚持因地制宜、分类指导；坚持立足当前、着眼长。（资料来源：农业部中国农业信息网，“江苏省在全国率先建立农民工工作网络”，载农业部中国农业信息网2006年12月14日，http：//www. agri. gov. cn/llzy/t20061214_ 739998. htm）

【实践经验】2001年，山东省威海市被联合国开发署定为小城镇就业促进试点城市，开始施行城乡统筹就业，在就业政策上突破了二元结构的限制，建立了统一的就业准入的平等竞争就业制度，在部分行业建立工资保障机制，建立城乡统一的劳动登记、就业和失业统计制度。经过几年的试点，全市有十几多万农村富余劳动力实现了转移。（资料来源：孙波：“农民工进城务工待解决的问题”，《中国劳动保障》，2006年第3期，第23页）

（二）政府制度性改革应逐步深化

1. 改革户籍制度

在第一部分关于务工人员在城市就业现象产生的原因中可以发现，尽管户籍制度继续阻碍着农村劳动力向城市迁移，但市场化改革使得城乡劳动力市场开始融合，城市就业环境变化必然对农村劳动力向城市流动带来影响。户籍制度本身并不是务工人员问题产生的最主要的根源，而是附加在户籍上的就业、保障、住房、教育等权利。因此，户籍制度的改革涉及人口的流动和迁移、社会保障和福利、公共服务等全局性的问题，错综复杂，必须循序渐进、分步骤实施，整体推进，不能一蹴而就。户籍制度改革不时取消户籍登记制度，而是逐步剥离附着在户口上的社会保障和公共服务等权益，未来的趋向应该是各地应结合本地的实际情况，改进务工人员的登记办法，逐步实行居住地户口登记制，给予务工人员与市民的平等待遇，是那些具备条件、对城市建设有突出贡献者并愿意稳定转入城市的务工人员实现稳定转移。

【实践经验】重庆市公安局2006年出台的《关于解决进城农民工户籍问题的意见》提出，具有高中以上文化程度的农民工，且符合其他相关条件者均可申请转为城镇居民，从而进一步放宽了文化程度对农民工"农转非"的限制。《意见》规定：凡具有高中以上文化程度的农民工，在主城区务工经商且购买了成套商品住房并实际居住，或者在务工就业单位分配有住房、承租房管部门公房并实际居住三年以上，本人及其共同居住生活的配偶、子女均可申请迁入登记为城镇居民。对被评为省部级以上劳模、先进工作者，具有高级技工、技师技术职称及其他有突出贡献的农民工，只要实际居住即可申请迁入登记为城镇居民，不受文化程度和居住年限的限制。同时，《意见》还规定，在主城区以外的建制镇（乡）务工经商的农民工，只要有合法固定的住所（如购房、自建房等），本人及配偶、共同居住的直系亲属不受居住时间限制，均可申请迁入登记为城镇居民。（资料来源："重庆：公安机关出台解决进城农民工户籍问题的意见 降低农民工农转非门槛"，载公安部信息网2006年7月31日，http：//www.mps.gov.cn/cenweb/brjlCenweb/jsp/common/article.jsp？infoid=ABC00000000000033997）

【实践经验】浙江省政府2006年9月发出《关于解决农民工问题的实施意见》，要求建立公平、规范、统一的省内户口迁移制度，逐步和有条件地解决长期在城市就业和居住农民工的户籍问题。对农民工中的劳动模范、先进工作者和高级技工、技师以及其他有突出贡献者，应优先准予落户。改革农民工登记管理办法，加快相关立法修改，逐步在全省范围内取消暂住证制度，实行居住证制度。浙江省委、省政府的计划在2007年底前取消农业户口、非农业户口的户口性质划分，实行统一登记为浙江居民户口的新型户籍管理制度。在改革户籍登记制度的同时，改进对暂住人口登记和暂住证的申领发放和管理，逐步实行临时居住证（登记簿）和居住证（登记簿）制度。从2003年7月起，浙江省德清县已经率先取消了对外来人口办理暂住证，改为免费申报暂住登记制度。（资料来源：“浙江：居住证帮农民工户口‘进城’”，载新华网 2006 年 9 月 13 日，http：//www. ln. xinhuanet. com/xnc/2006 - 09/12/content_ 8020216. htm）

2. 土地产权的保护

保持土地的制度的稳定性。我国农业剩余人口的转移的一个主要原因是因人均耕地太少而导致的农业人口绝对过剩。虽然务工人员程家庭式迁移的趋势，但主要的务工人员都是以家庭式分工，一部分从事农业，一部分外出打工。因此，在相当长的时期内，应保护务工人员的土地产权，确保他们有序化并以不同方式的迁移和流动。

同时，因为现行的法律无法有效保护农民的土地财产权利，为保护土地财产权利，需要有新的立法和政策。一方面要彻底清理和修订现有有关征地方面的法律条款，将土地征用权严格限定在以公共目的征地的范围。二是对以公共目的的征地要给予公正的补偿。在逐步取消对务工人员就业限制同时，即使务工人员在城镇落户，在社会保障没有同城市居民有同样待遇前，可以继续保留土地承包权，并可享受原集体资产的收益分配，继续保留农村的宅基地使用权。

【实践经验】2006 年 10 月 24 日，辽宁省人民政府出台了《关于解决农民工问题的实施意见》。为了保障农民工的切身利益，该《实施意见》特别指出，要依法维护农民工的土地承包经营权。根据规定，在承包期内除非承包方全家转为非农业户口的，否则不得收回其土地承包经营权。外出农民回乡务农，只要在土地二轮延包中获得土地承包经营权，就要将承包地还给原承包农户继续耕种。对少数没有参加二轮延包，现在返乡要求承包土地的，如户口仍在农村，原则上视为具有土地承包经营权的新增人口，按照《辽宁省实施农村土地承包办法》办理。另外，农民外出务工期间，在平等协商自愿有偿的原则下，可采取委托、代耕，或通过转包、出租、转让等形式，流转土地承包经营权，但不能撂荒。任何组织和个人不得强制、限制，也不得截留、扣缴，或以任何方式侵占农民土地流转的收益。（资料来源：“辽宁省农民工享有土地承包权”，载农业部中国农业信息网 2006 年 12 月 20 日，http：//www. agri. gov. cn/llzy/t20061220_ 743507. htm）

3. 建立多层次的社会保障制度和失业救助

由于农民工的群体特征正在逐渐的分化，要妥善解决他们的社会保障问题，应当根据他们的实际需求与目前我国社会保障的衔接，积极探索多种保障形式，分步骤地把农民工纳入社会保障体系来。分类分层建立农民工的社会保障体系。首先，从农民工对社会保障的需求来看，可以把农民工分成三类：一类是已经市民化的有稳定住所和职业的农民工；一类是流动性质的介于城市和农村之间的农民工；一类是季节性的往返于城市和农村的农民工。社会保障应根据每一类的农民工的需求来制定多种保障形式。其次，应分层优先解决突出的基本的保障问题。农民工在劳动强度大、风险高、工作环境恶劣的行业中工作，很容易发生工伤事故，也可能患上各种职业病，应按《工伤保险条例》尽快推进农民工的工伤保险。农民工的医疗保障应逐步纳入城镇职工的医疗保险体系，增强农民工负担医疗费用开支的能力，防止农民工因病致贫而使生活陷入困顿。养老保险制度要进一步完善，尽早实现养老保险基础部分的全国统筹，改进养老保险关系转移接续办法，实行个人账户为主、社会统筹为辅的储蓄积累制，提升对农民工的社会保障水平。再次，针对目前城镇企业职工基本社会保险制度费率过高，超出许多中小企业用人单位的承受能力的问题，各级政府要负起责任，应建立国家、企业、务工人员三方负担的社会保险制度，在全国建立针对农民工的社会保障网络，并在经济发达地区推进城乡一体化的社会保险制度，实现社会保障网络在全国范围内的对接和联通。

最低生活保障制度是国家基于保障人权对特困居民实施的

一种无偿救助制度。因此，当农民工的基本生活难以维持时，国家有义务实施救助。但我国目前的实际情况把农民工完全纳入城市最低社会保障短期内还无法实现。对农民工的失业救助政府可以采用自农民工提供的公共劳动的机会、社区组织、农民工组织、社会民间组织的多种渠道解决。城市政府可以采取直接购买公益性就业岗位的方式，减轻农民工因长期失业而造成的生活困境。

【实践经验】为了扩大农民工参加社会保险的覆盖面，从2006年12月起，山西省推进农民工参加工伤保险的“平安计划”和参加医疗保险的专项扩面行动，以省会城市和大中城市农民工比较集中的行业为重点，全面推进农民工参加医疗保险工作，争取用3年时间，将城镇用人单位建立劳动关系的农民工基本纳入医疗保险。山西省要在做好煤矿企业参保的同时，把非煤矿山、建筑施工等高风险企业作为工伤保险扩面的重点。在及时沟通用人单位参保情况的同时，落实用人单位参加工伤保险作为领取《安全生产许可证》和《施工许可证》必要条件的政策规定，依法为农民工办理工伤认定、劳动能力鉴定，为工伤农民工提供方便快捷的服务，帮助落实各项工伤保险待遇。（资料来源：“山西：城市里的农民工参保一个也不能少”，载山西农业信息网2006年12月22日，http：//www. agri. gov. cn/llzy/t20061222_ 745184. htm)

【实践经验】上海市开办家政工意外伤害险，费用由中介机构在收取的管理费中支一部分、用户一部分、家政工一部分。使家政工在工作中遭遇意外伤害时的医疗救助有所保障。（资料来源：李长英：“农村女家政工的维权难点及对策”，载《流动与融合》，团结出版社2006年版）

【实践经验】上海从2002年9月施行的《外来从业人员综合保险暂行办法》（简称“综保”），在全国首创了农民工社会保障制度。由上海市人民政府强制实施的外来从业人员综合保险，着力解决外来从业人员最关切的工伤、看病、养老三大难题。上海市劳动和社会保障局有关专家用“3+1”概括了“综保”的模式：用人单位为其缴纳综合保险费后，外来从业人员可以享受工伤保险、住院医疗、老年补贴三项基本待遇和日常医药费补贴待遇。截至2006年2月，已有超过80%的外来劳动者得到了保障网的覆盖。上海为外来从业人员累计发放综合保险卡240多万张，卡内累计充值3.12亿元，外来从业人员在市内药店累计刷卡消费金额已达1.17亿元。“综保”作为上海的社会保障体系之一，其缴费主体是用人单位而非劳动者个人。缴费基数为当地上年职工月社会平均工资（上海2009年为2235元）的60%，除建筑施工企业的缴费费率为5.5%（包含工伤及医疗保险）之外，其余行业的缴费费率为12.5%，其中老年补贴占7%。按后一标准计算，每月应缴社保费为2235元×60%×12.5%，约168元。按月缴付这笔费用，只需在三年内缴满12个月，劳动者到退休年龄时，就能以“每12个月大约1万元”的比例领取老年补贴。同时，有关部门考虑到外来劳动者的流动性，还允许根据实际缴纳社保费的月份数一次性提取全部老年补贴。（资料来源：“上海首创农民工社会保障制度为外来工解三大难题”载中央政府门户网2006年4月4日，http://www.gov.cn/jrzg/2006-04/04/content_244794.htm）

（三）进一步提高公共服务能力

城市政府应逐步向农民工开放公共服务，特别要进一步完善农民工子女教育政策和农民工的个人素质教育职业教育与培训政策，调整长期以来以城市人为出发点的城市规划和建设思路，要探索解决农民工的住房、公共卫生、公共设施配套服务和文化生活等问题。

1. 解决农民工子女的教育问题

在我国尚未建立起完善的适宜社会人口流动的接纳性教育体系的背景下，日益增长的农民工子女教育需求对先行的教育体制提出了严峻的挑战。目前正是城市中、小学入学的高峰期，城市的公办中、小学普遍人满为患，无力招收更多的学生。基于二元结构的限制、教育财政制度的制约，城市也很难拿出钱来开办新的中、小学，以接收农民工的子女入学。因此，打破教育二元结构是要彻底解决农民工子女教育的长期目标。但目前来看，要解决子女教育问题，应该两条腿走路，一是坚持公办为主，各级政府有责任和义务解决农民工子女教育问题，取消公办学校的额外收费。二是靠社会办学，把民办学校纳入城市教育的规划、管理和服务之中，作为公办学校一种有益的补充。鼓励农民工在居住区自己创办学校，对这类学校在创办开始应给予扶持，适当放宽办学条件，在办学的过程中不断积累经验和资金，不断完善和提高。保证无法到公办学校就读的农民工的子女能够享受最基本的教育。

2. 加强农民工整体素质和技能教育

第四部分的调查结果表明，只有拥有较高的人力资本的农村劳动力才能符合城镇就业岗位的需要。从现代化的需要和城市综合发展的需求来看，加强农民工的职业培训，提高他们的基本素质是刻不容缓的工作。在当前农民工不断进入非农产业的趋势下，加强农民工培训，提高农民工的劳动技能，不但关乎农民的收入水平，也在一定程度上关系到工业产业等非农产业的进步。党和国家十分重视农民工培训，安排专项资金用于这项工作，目的在于提高农民工的劳动技能、增加就业机会，最终提高农民的收入。但目前来看，这项工作在一些地方政府并没有落到实处，名义上是上岗培训，实际上确是集中收费，来不来上课没人管，上课的内容基本没有价值，甚至一些管理部门还存在作假使用专项资金的情况。绝大多数农民工没有接受任何的职业技能培训，有的接受培训对就业也没有任何帮助。

要做好进城农民工的培训工作，一是要加大培训资金的投入，将培训纳入各级公共财政的支持范围，由政府主导，多方筹集。重点要加大农村培训基地建设投入，把发展中等职业学校的重点放到农村，改善培训条件，提高培训能力。二是把满足市场需求作为出发点。根基市场和企业的实际需求，按照不同的行业，不同的工种对从业人员的基本要求，安排培训内容，实行定向培训，提高培训的针对性和适用性。所以，农民工培训科学有序就显得尤为重要。目前存在的缺乏市场需求调研和规划、盲目跟风、重复培训现象严重，如不及时调整，将影响农村剩余劳动力的有序转移。三是整合社会各类教育培训资源，探索新的培训方式，提高培训的能力。要充分调动分布在农村、县城、大中城市的各类教育资源与农村劳动力转移培训工作，调动用人单位参与的积极性，鼓励他们在自愿的基础上进行联合。四是在对农民工进行技能培训的同时，还应注重对农民工心理素养、心理承受能力的培训，增强他们的自信心，提高他们的竞争参与意识，是他们尽快实现从农民到市民的角色转换。

3. 解决农民工住房、公共卫生和文化生活的办法

农民工属于城市中低收入人群，城市的住房紧张与农民工群体的扩大使他们的居住问题成为难点。根据目前居住的不同方式，应根据农民工的实际需求，发挥市场调节机制，调动社会各方的力量，多形式、多渠道解决。一是对于用工多，稳定的大企业，鼓励建设职工宿舍，对建筑企业可以在工地周边建设临时性宿舍，但安全和公共卫生要合乎要求。这样，也可以加强企业对农民工的全方位的管理和服务。二是在用工人员就业密集的地区，改造“棚户区”，在已有“棚户区”规划一定的范围，由房地产公司、用人单位集资盖房，出租给农民工居住，提倡有能力的农民工购买或投资建房。农民工的集中居住，有利于解决社会治安、环境卫生、计划生育管理、子女入学和文化生活等问题，也有利于社区组织的建设。三是对于农民工就业分散的地区，要禁止乱搭乱盖，可以考虑由用人单位或个人分散解决。四是对“城中村”要加强规划和管理，规

范租赁管理和加强公共设施的建设。

地方政府和用人单位要对保护农民工政策有充分的认识，加强公共卫生的管理，形成政府、社区、用人单位责任明确、协调配合的管理和服务机制。进一步明确用人单位的责任，政府应给予有能力和条件的大企业优惠政策，建立卫生室，为农民工提供基本的医疗、公共卫生、计划生育等方面的服务。用人单位应当承担对农民工进行公共卫生、计划生育等方面的宣传教育、协助政府和社区进行管理和服务的责任。对用人单位承担的农民工公共卫生和计划生育责任所发生的费用，政府应给予适当的补偿；对不承担责任和没有尽到责任的，应当规定奖惩措施。

【实践经验】 1994 年，曾是河南息县民办教师的李素梅来到北京务工，后应打工亲友们的恳求，她在五棵松附近菜地边的窝棚里办起“私塾”，给九个孩子上课，周边的打工者把孩子送来上学，形成最初的打工子弟学校。李素梅的丈夫易本耀也来京协助妻子办学，担任校长。但学校当时并不合法，经常被执法人员驱赶，租赁来的校舍也时常被拆迁，学校四处漂泊，几度濒临关闭。然而，他们的学校逐渐引起有识之士的关注，并得到地方政府、企业、高校师生、海内外人士的支持及资金、物质捐助。为了秉承著名教育家陶行知的平民教育思想，经海淀区教委批准，学校正式冠名为北京市海淀区行知实验学校，现已有 136 位老师，3236 名在校学生，3 个小学部、1 个初中部。易校长还和石景山区玉泉路小学合作，招收更多的打工子弟到这所公立学校就学。现在，海淀区教委又鼓励他办职业高中。行知学校的孩子们受到了国务院总理温家宝的直接关怀。2004 年 5 月 29 日，行知实验学校的师生代表应邀参加了国务院机关事务管理局举办的“六一”儿童节文艺演出。温家宝总理特意要一男一女两名打工子弟学生紧挨在他身边，他询问孩子们的家庭和学习、生活情况，还亲手将书包和文具等送给他们，与他们合影，并深情地说：“我们同在蓝天下，孩子们在党的阳光普照下共同成长。每个孩子都有一个梦，都能通过自己的努力实现自己的梦想。”（资料来源：“京城农民工子弟学校：总理关怀令弱势群体逢甘露”，载新华网，2005年11月12日，http：//news. xinhuanet. com/politics/2005 - 11/22/content_ 3815755. htm）

【实践经验】2006陕西省通过职业技能培训、改善就业环境等五大措施，有力地推动了农民工就业。目前，全省约有农民工500万人，其中出省就业约300万人，省内就业约100万人，外省来陕务工约100万人。在农民工职业培训方面，今年前三季度，全省有77.6万农村劳动力接受了职业技能培训，有47.7万名农民工取得了职业资格证书。同时，劳动部门还在全省建立了52个农民工培训示范基地，新设职业技能鉴定机构10家，方便了农民工培训和鉴定。（资料来源：“陕西通过职业技能培训等举措推动农民工就业”，载中国教育新闻网，2006年12月18日，http：//www. jyb. com. cn/xwzx/crjy/nmjy/t20061218_ 55405. htm）

【实践经验】武汉市洪山区和平乡东方红村紧邻武钢，务工经商的外来人多，通过建“暂住村”集中流动人口，近五年来未发生一起刑事案件。（资料来源：简新华：（2006）“当前我国城市流动人口管理”，《社会经济研究》）

【实践经验】2006年3月安徽省立医院将拿出1000个免费体检名额给农民工兄弟，并帮助他们建立健康档案。检查包括内科、外科、血常规、心电图等10多个项目，可以反映农民工的全面健康状况。（资料来源：“安徽省立医院将为千名农民工免费体检”，载新华网2006年3月24日，http：//politics. people. com. cn/GB/14562/4199116. html）

【实践经验】渝中区是重庆市金融、商贸、文化中心，现有进城农民工10.75万人，40岁以下务工青年6.88万人，团员4625人。务工青年住房简陋、分散，为切实改变农民工居住环境，渝中区建立了8个“棒棒公寓”、“农友经济公寓”、

"农民工公寓"等集中居住地，共计6000余平方米，可容纳1700名农民工居住。为了建设好农民工公寓，当地利用起各种渠道：一是利用劳务市场闲置房改建；二是利用中小企业闲置车间库房改建；三是将破产小企业厂房改建成农民工公寓；四是鼓励个体经营和一些简易招待所改建，盘活了城市闲置房和老旧房屋。因地制宜建设农民工公寓，首先改善了农民工的生活条件，月租低廉甚至免费，经济实用；其次，集体居住便于集中管理和开展活动；最关键的是，相对减少了农民工与城市居民混住造成的摩擦，减少农民工在城市漂泊时产生的心理自卑感。团组织在各种公寓建立农民工团支部，由所在街道社区团委管理，使务工团员青年有了自己的"家"。同时建立"社区报到"制度，开展了"团员找社区、社区找团员"的"双找"活动，努力使公寓外流动零散的务工青年找到家。现在，渝中区109个社区团支部把务工青年纳入了日常管理工作和团员意识教育对象，与城市社区团员共同参加城市青年中心和社区团的活动；此外，还在务工青年集中的民营企业、建筑餐饮公司、商业农贸市场、南纪门劳务市场等单位成立了18个农工团支部。（资料来源："重庆渝中区建8个农民工公寓 农民工城里有家了"，《中国青年报》，2006年8月21日）

（四）建立管理监测体系，提高政府和企业的科学管理手段和服务意识

基于全国农民工工作领导小组的建立，要实现中央政府对农民工的"公平对待、合理引导、完善管理、搞好服务"的要求，完善的管理监测体系的建立则是落实各项政策的必要的保障。各级政府必须要坚持以人为本的科学发展观，了解农民工的问题所在和需求，统一认识、协调一致，根据地方的实际情况制定具体的实施政策。要更新管理理念，改革管理方式，寓管理于服务之中，维护农民工的权益。改革城市的社会管理体制，将农民工的管理全面纳入城市和流入地政府的管理体系和政绩考核体系，将农民工的满意度作为考核城市政府工作是否合格的重要标准使农民工能够参与城市的政治和社会生活。要从办事程序上简化，减少相关手续，取消不合理的、不必要的收费。坚决清理和制止向农民工的收费和变相收费，清理和废止对农民工的歧视和限制政策。对工作不负责任、态度恶劣、玩忽职守等管理人员要有惩罚机制。同时，地方政府可以通过借助信息化管理的手段，时时监测农民工的就业和生活状况，发挥大众媒介的监督和宣传的作用和影响，对农民工的成功事迹和管理者的优秀工作业绩进行广泛的宣传，提高社会各界人士对农民工问题的认识和关爱，借助社会力量更好更快地解决问题，为农民工服务。

对用人单位来讲，从表面上看，农民工的劳动权益保障和社会保障与用人单位的利润收入是对立的。但实际上，保障劳动者的劳动权益和保障有助于劳资双赢。劳动者的积极性、主动性回进一步迸发，为企业的发展提供巨大的动力。成熟的市场经济国家的实践表明，现代“劳资”关系不再是“主仆”关系，而是一种战略伙伴关系，劳工成为企业发展的利害相关者。政府要不仅要加强对用人单位的监督，而且要扶持用人单位，提高管理者对法律法规的学习，树立科学的管理观念。首先，用人单位是农民工劳动的场所，是能够接受服务的最直接场所，同时也是权益受侵害最直接的环节。对用人单位动机不纯，有意侵害农民工的权益或有意钻政策空子的，要加大监督检查的力度，规范用人管理，对农民工造成的损害，要严肃处理。其次，政府对一部分企业，如刚刚起步的中小型企业，它们的经济基础薄弱，企业的法律意识淡薄，对农民工的培训费和社会保险的费率无力支付，政府要多给予政策法规方面的宣传，还要给予一定的扶持政策来帮助它们保障农民工应享有的基本权益，如部分从所得税和营业税中扣除，变相减免。再次，对一些用人单位在对农民工管理和服务方面做出突出成绩的，如组织培训、公共卫生、基本保障等方面，要制定激励政策，如表彰活动、媒体报道、物质奖励、优惠政策等。政府应借助多样化的管理工具规范和扶持用人单位管理和服务。

【实践经验】“只要你的生命充满热情，拥抱改变，农民工照样可以成功！”9月19日晚7时，中央电视台在“新闻联播”迎接国庆57周年系列报道《经典中国我和我的祖国》中，报道了深圳市一名极具传奇色彩的青年企业家代表——安子的打工、求学、创业的成长故事，安子被央视誉为中国改革开放以来“全国农民工进城的优秀典范”。随着新闻的播出，安子的传奇故事再一次成为深圳市民乃至全国人民关注的焦点。（资料来源：“CCTV—《新闻联播》：深圳安子入选全国农民工进城的优秀典范”，载中国家政网，2006年9月20日，www. azxjz. com）

【实践经验】无锡市政府在对农民工的管理和服务上有新的举措。（1）市政府开通“12333”劳动保障电话咨询服务。（2）政府规定企业只要用工一个月以上都必须与劳动者签订合同。（3）在建筑业全面推行农民工工资支付保证金制度。（4）政府对农民工的基本权益保障情况进行频繁抽查，每年对违规的企业给予经济制裁和行政处罚。（资料来源：邹文鹃、胡连生：“论农民工的劳动权益及其保障——以无锡市为个案”，《市场周刊（理论研究）》，2006年2期）

（五）尊重农民工的社会管理参与权，实现多层次的社会自主管理

第一，按照法律规定，农民工应同城市职工一样，享有政治平等权利。但在实际操作上，由于受到户籍的限制，他们必须取得远选区的选民资格的证明后，才可以在现居住地行使选举权和被选举权。但实际操作导致的农民工无法办理繁琐手续和相应的成本而无法行使他们的政治权利。政府应该考虑如何消除制约因素，使农民工享有参与政治和管理国家的权利。

第二，资强劳弱是市场经济中一种普遍的现象。由于农民

工的社会资源少，他们尽管人数在城市中占有了一定的比例，但在涉及利益侵害的时候，大都选择沉默。他们不仅仅要考虑在城市中的就业和生活，更要考虑如何参与到经济活动中来，通过工作或市场来满足自己的需要。政府在保证公民社会权利的同时也强调他们的责任，对农民工的政策，要从单纯的贫困群体经济生活保护转向为个人赋权增能，使其自行承担责任而扩展能力。在政府的指导和帮助下，建立“农民工工会组织”或“农民工协会”可以维护他们最基本的利益，创建劳动关系三方协商机制，自我管理、自我服务、自我约束，使农民工更好地融入城市生活。

第三，充分发挥社区组织的作用。以社区为切入点解决农民工城市融入问题，是解决正式社会支持的一个行之有效的重要手段。在本研究第四部分的数据分析中发现，农民工的城市融入形式遵循着聚居区到社区的演变。原有的封闭的排斥性的社区管理和服务必然要被打破，建立新的社区运行模式以适应城市化的需要社社会结构转型的合理性要求。社区是正式制度与非正式制度之间演变的区域，是农民工城市融入的社会化组织载体。农民工融入了城市社区就是融入了城市，这种再社会化过程可以超越户籍的外在屏障而融入于生活方式之中，通过改变农民工对生活地域的自我认同，可以在角色、身份、生活模式、归属感和认同感方面对二元结构性制度规定实现渐进性的超越。

【实践经验】2004年杭州下城区规定农民工居住1年以上而户籍在外地的流动人口，可在下城区登记参加选举。深圳是今年推荐优秀农民工参选各级人大代表。在基层社区，上海市探索出政府管理与群众参与管理结合的协作机制。在农民工集中居住的社区，成立民兵组织、党群组织、自助组织，农民工和当地居民互相参与对方的组织，协同管理。社区组织为农民工服务，组织农民工参加社区公益活动。浙江省宁波市江东区明楼街道为减轻外来人员就医负担建立了“健康绿卡”，可在街道医疗站、社区卫生服务站就医，可以提供免注射费、挂号费、检查、治疗优惠等服务。绍兴通过举办派对、歌咏大赛和免费红娘等活动，帮助婚嫁年龄的农民工解决个人婚姻问题。(资料来源：崔传义："中国农民进城就业社会管理的重大转变"，《重庆工学院学报》，2005 年第 12 期)

（六）健全法律制度，提供法律援助，加大执法力度，保护农民工的合法利益

第一，随着我国社会主义市场经济体制逐步走向成熟，我国将步入一个法治的社会。目前，我国的法治建设还不完善，针对农民工，本研究认为，首先应当完善劳动立法，首要的是保证农民工作为劳动法上的一部分，其享有劳动者的权利。应该加重对侵害劳动者合法利益的用人单位和直接责任人员制裁处罚的力度，明确规定对各种侵害行为适用的处罚标准，建立惩罚性的赔偿制度，对无故拖欠工资、拒付工伤医疗费的用人单位设定支付双倍或数倍于拒付额的赔偿责任，加重对漠视劳动者生命健康的恶劣行为的制裁处罚力度。

第二，要抓紧完善、出台劳动保障监察机制，加强管理劳动执法、完善劳动监察体制，加大维护农民工权益的执法力度。加强劳动保障监察队伍建设，解决部分地区人员配备和经费不足的问题，建立省市县三级监察机构，有条件的可以向街道、乡镇和社区延伸，对违反《劳动法》的雇主或用人单位，应依法严肃处理，确保农民工能享受现代社会给他们带来的社会保障等基本权益。健全农民工维权举报投诉制度，有关部门要认真受理农民工举报投诉并及时调查处理。加强和改进劳动争议调解、仲裁工作。对农民工申诉的劳动争议案件，要简化程序、加快审理，涉及劳动报酬、工伤待遇的要优先审理。

另外，要做好对农民工的法律宣传、服务和法律援助工作。健全工作网络，畅通群众申请法律援助的渠道。根据需要设立农民工法律援助工作站，在农民工工作和生活集聚地、大型企业等设立法律援助联系点、咨询点，开通农民工法律援助热线，方便农民工就近快捷地申请和获得法律援助。政府要根据实际情况安排一定的法律援助资金，帮助解决农民工打官司所需法律援助经费困难的问题，提供必要的经费支持。要把农民工列为法律援助的重点对象。对农民工申请法律援助，要简化程序，快速办理。对申请支付劳动报酬和工伤赔偿法律援助的，不再审查其经济困难条件。鼓励和支持律师和相关法律从业人员接受农民工委托，并对经济确有困难而又达不到法律援助条件的农民工适当减少或者免除律师费。律师一般具有处理劳动纠纷案件的专长，其法律服务更加贴近农民工的需求，保证了农民工法律援助案件的质量。

【实践经验】全国各地加紧为农民工追讨工资，北京市各级人民法院加强了对拖欠工资案件的审理力度，黑龙江省则实施了农民工工资保障金制度。（资料来源：“各地部门加大农民工工资追讨力度”，中央电视台“新闻联播”，2006年12月13日报道。）

【实践经验】通过各级政府和劳动保障部门的努力，河南省共有10.4万名农民工拿到了被拖欠的工资1.38亿元。到明年2月底前，剩余拖欠工资将清欠完毕。（资料来源：“河南：1.38亿元拖欠工钱发给农民工明年2月底前剩余拖欠工资清欠完毕”，中央电视台“新闻联播”，2006年12月11日报道。）

【实践经验】2006年9月27日，武汉市总工会成立农民工维权服务中心，各区维权中心同时成立。农民工维权服务中心职责包括：帮助农民工组建工会或加入工会组织；为农民工提供法律咨询，指导农民工与用人单位签订劳动合同；为农民工提供职业介绍等服务；参与查处拖欠工资、违规收费、组建工会、拒签劳动合同、拒办社会保险等侵犯农民工合法权益的案件；为身陷困境的农民工提供物质帮助；开展农民工职业道德、技能等方面的教育培训，提高他们的综合素质和就业能力。(资料来源:“武汉建立农民工维权服务中心”,载新华网,2006 年 9 月 28 日,http://local.xinhuanet.com/fwxx/2006-09/28/content_9159.htm)

【实践经验】陕西省律师协会及陕西省法律援助中心日前公开招募农民工法律援助志愿者,得到众多律师的积极响应。目前全省共有 600 名律师应募为农民工提供免费法律维权服务。据了解,陕西省现有农民工 500 多万人,由于缺乏必要的帮助,农民工在维护他们的合法权益时面临诸多困难。为了帮助农民工处理、应对各种法律纠纷,陕西省律师协会、陕西省法律援助中心号召广大律师积极参与农民工法律援助工作。陕西省律师协会与陕西省法律援助中心还计划在全省各市设立农民工工作站,开辟农民工法律援助“绿色通道”。各地农民工工作站将开通热线电话,接待农民工维权投诉、法律咨询,对符合法律援助条件的农民工案件,指派当地律师志愿者免费为农民工服务。(资料来源:“陕西 600 名律师应募帮助农民工维权”,载中国人权网,2006 年 10 月 30 日,http://www.humanrights-china.org/cn/wqfw/lswq/t20061030_172961.htm)

第三章

农村劳动力转移对农业生产的影响[①]

农业劳动力向农业外转移是社会经济发展的必然趋势和客观要求。长久以来的城乡分割以及迁移的流动收益，使得农村劳动力不断流入城市（李实，2007），使农村劳动力供求关系和结构都正在发生变化，并对农民、农业、农村产生深刻影响。目前，部分学者认为农村大约还有 1 亿—1.5 亿人（简新华，2005；马晓河，2007；韩俊，2007 等），很快进入刘易斯转折点，应该未雨绸缪；另一部分则认为已所剩无几（蔡昉等，2007），甚至已面临短缺的困扰（王俊祥，2006；刘根荣，2006），刘易斯转折点已经到来，劳动成本将上升，结构转型面临压力。与此同时，农村老年辅助劳动力转变为主要劳

① 本章选自农业部软科学课题“农村劳动力转移对农业生产的影响情况调查”（课题编号：200836），课题主持人：胡刚。

动力；妇女家务型劳动力转变为生产型劳动力；青壮年为主体的劳动力结构被老年和妇女为主体的结构所替代；受教育程度低的劳动替代了受教育程度高的劳动力。这些变化及其结果被概括为：农业劳动老龄化、女性化，农业生产兼业化，农村社会空心化。然而，大多研究着眼于如何促进农村劳动力转移及农村劳动力转移的正面效应，较少关注农村劳动力数量及结构变化以及这些变化的负面效应。

一些迹象表明，劳动力供求及结构变化可能影响粮食安全，而且可能影响包括粮食安全在内的整个农业安全。农业劳动力短缺、人力资本下降、农业产业衰退、农村凋敝在世界历史上曾发生（例如20世纪60年代的韩国），如果不未雨绸缪，在我国农村也有可能发生。因此，研究农业劳动力总量与结构的变化、农业劳动力的老龄化与女性化、刘易斯转折到来时如何促进农业农村发展，这既需要理论思考，也需要政策探讨。

如何处理好农村劳动力出去、留下和返乡的关系，正确把握农业兼业化、农民老龄化和农村空心化趋势，课题组选择安徽省南、中、北部具有代表性的繁昌、肥西、颍上三个县，每个县随机选择三个村进行专题调研。在查阅有关部门统计资料的基础上，分析了农村劳动力转移现状，着重研究了农村劳动力转移对农业生产的影响，提出了一些对策措施。

一、农村劳动力转移的基本特点

调查显示，安徽省农村劳动力转移以“候鸟式”和“兼业型”为主，但随着城镇化发展进程加快，农村举家外出打工的农户明显增多，农村劳动力转移开始向“迁徙式”和“全职型”方面转化，农村劳动力转移呈现出多元化的新特点。

（一）转移规模扩大，结构趋向多样化

2006年安徽省农村转移劳动力为1090万人，比2000年

增长39%。繁昌县转移农村劳动力10.2万人，占劳动力总数的66%；肥西县外出打工劳动力25万人，占60%；颍上县转移农村劳动力43万人，占50%以上。经济越发达、离城市越近的村，转移的农村劳动力数量越多，同时对农民增收贡献越大，2006年全省农民人均收入2969元，其中工资性收入1184元，占农民人均收入的39.9%，且当年增长17.2%，繁昌县农民工资性收入3196元，占农民人均收入的61.6%。外出打工人员结构进一步优化：①年龄结构趋于年轻化，全省农村转移劳动力中，年龄45岁以下人数占34.2%，比2003年高出4.1个百分点。肥西县16—35岁的青壮年劳动力占到74%。②文化结构趋于知识化，具备初中文化的占全省农村转移劳动力的26.8%，高中以上文化占5.6%，均比2004年高出1个百分点，接受过专业技能培训的占15.4%，比2004年高出3.5个百分点。颍上县初中以上文化程度比重高达84%。③区域结构趋于集中化，分布在长三角等东部地区的农村转移劳动力比重达到83%，其他地区只占17%，呈现出“一江春水向东流”的发展态势。肥西县外出打工人员主要集中在北京、上海、江苏、浙江、广东等省市，约占外出人数的80%。④职业结构趋于稳定化，从事制造业、建筑业和服务业的劳动力所占比重达到67.2%，比2004年提高近2个百分点，其中从事制造业的占26.7%、从事建筑业的占17.3%、从事服务业的占23.2%。肥西县外出打工人员从事工业和建筑业的占46%，从事商业和服务业的占22%。

（二）转移形式多样，举家外出开始增多

农村转移劳动力由于受农村土地制度、劳动力市场环境、农民工自身素质等因素的制约，外出从业呈“候鸟式”流动为主，即平时在外务工，农忙时则回到农村务农。近几年“迁徙式”流动就业有所增加，常年外出就业的已占相当比重，农民外出从业形式，已由过去的个体流动为主，逐渐演变

成现今的家庭（族）式流动和个体流动并存，根据安徽省统计局对 310 个村的调查，2003 年安徽省农村举家外出农户数增加较多，已由 2003 年的 4.9%，提高到 2005 年的 6.6%，提升了 1.7 个百分点，同时在外从业滞留时间明显延长，2004 年外出就业 6 个月以上的劳动力比重为 81.3%，比上年提高了 3.7 个百分点，比 2002 年提高了 6.4 个百分点。

（三）打工务农两不误，农业兼业化加剧

第二、第三产业发展快的乡镇和城郊区，农村中的农业兼业化日显突出。如繁昌县的孙村镇，全镇具有法人资格的企业 270 家，纺织服装企业有 150 余家，就业人数过万人。这些地区的农民把种田当作副业，农忙时回家突击几天，全年的主要时间是从事非农产业上。孙村镇犁山村、繁阳镇茶山村务农劳动力中的兼业劳动力分别占 89.9%、56.2%。农机化水平的提高，农业产业需要劳动力减少，产生劳动力过剩。现在以水稻种植为主的地方，由于采用直播、抛秧等栽培技术，耕作、收割实行机械化，除草使用除草剂，农业生产所需的劳动量在锐减，一般一个男劳动力加一个辅助劳动力可种田 10 亩左右。如繁昌县平铺村上街组村民马测高，今年 55 岁，种田 13 亩，全靠他和老伴俩人。如果农村劳动力不转移，就会有大量的劳动力无活可做，大量的时间空闲。农业新技术和手段的推广运用，促使农村劳动力要大量转移并兼营农业。同时农民人均占有耕地量小，土地产出的收益微薄也是兼营农业的重要原因。从繁昌县三个村的调查数据反映，人均耕地 0.88 亩，户均 3.1 亩，按一稻一油种植方式计算，一亩地的年纯收益在 700—800 元，每户来自土地的年收益也就在 2200—2500 元。这种低收入远远不能满足一家人的生活及其他开支。因此，农村劳力必然要离开土地，在其他产业寻求更多的收入来满足日益增长的物质与文化等消费需要。

（四）“恋土”情结较浓，农民老龄化突出

繁昌县平铺镇平铺村是个传统的农业生产区，由于距城区较远，交通不便，第二、第三产业欠发达，青壮劳动力都外出打工，剩下一部分年龄较大和一些不便离家的妇女在务农，该村务农劳动力中45岁以上的占89.8%。孙村镇犁山村的金石村民组有耕地180亩，全组劳动力95人，常年在家务农的男劳动力11人，除1人53岁外，其余都是60岁以上；繁阳镇茶山村的官东村民组有28户106人，常年有劳动力在家种田的10户，种田劳动力年龄最小的55岁，最大的74岁。主要原因是农村中部分50年代出生的人，经历了三年自然灾害，对种田还有感情，这部分人年龄较大，外出也很难找到合适的事。农村种田主要以这部分人为主，随着农业生产条件不断改善和先进生产技术运用，劳动强度下降，劳动量也减少了很多，这部分人也还能承受。但他们也感到种田后继无人，茶山村民丁金海，现年57岁，种了15.3亩田，其中为别户代耕10亩，农忙时，儿子、媳妇都不下田，花钱请人帮忙，将来年老体衰做不动时，不知谁来种田。

（五）渴望城市生活，农村空心化凸显

农村的生产生活条件与环境仍较落后，城乡之间差距较大。所以农村中的青壮年尤其是20世纪80年代后有文化的青年人，不愿留在农村务农。还有部分在外务工经商的农民，取得丰厚的收入后，为了改变子女上学环境和享受城镇文明，也要离开农村，到城镇安新家。农村剩下一些老年人在守着房产和土地，农村空心化正在加剧。

二、农村劳动力转移对农业生产的影响

实践证明，农村劳动力转移无疑是农民增收的重要途径，随着工业化和城镇化加快发展，农村劳动力转移必然呈

加剧之势，同时大量农村劳动力转移，特别是青壮年劳动力的流出，也给农业和农村持续发展带来很多新的情况和问题。

（一）农村劳动力转移使农业生产缺乏青壮劳力，导致耕作方式粗放

颍上县六十铺镇小麦连作玉米，以前播种玉米是在麦茬中点或人力耩播，待玉米三叶后把麦茬锄入土中作为有机肥料。现在为适应机械快速收割播种，群众采取火烧麦茬秸秆，然后旋耕播种，既浪费了资源又污染了环境。无论是小麦玉米连作还是麦稻连作，秸秆多是采取就地焚烧，使用有机肥的农户越来越少。投入田间管理的力量不足。由于留守农村的多是一些老弱病残等中老年劳动力，心有余而力不足，直接影响田间管理质量，土地产出率降低。调查中了解到，有一高老汉，今年72岁，四个儿子、媳妇全部在广东打工，家里留有5个未成年孩子和10多亩耕地给老人看管，老人光看孩子就很吃力了，根本没时间管农田里的事，眼睁睁地看着田里长满荒草。青壮年劳力外出还导致农民退出一些投劳大的传统生产领域，六十铺镇六十铺村吴庄原是蔬菜专业队，现在由于劳动力紧缺，全改为种粮食，现在农村菜价比城市还贵。据调查，有无青壮年劳动力在家从事农业生产，每亩土地生产成本差额在50元左右。农村养殖业萎缩，除养殖大户外，很少有散养户，现在农村出现生猪散养户不断减少的现象。

（二）农业新技术推广应用越来越难

留守农村的劳动力多是老人和妇女，这些劳动力年龄偏大，文化程度低，接受新技术能力有限，各项技术措施难以落实到位，许多人看不懂技术“明白纸”，看不懂种子、农药、肥料的使用说明书。种子、肥料、病虫防治、养殖信息多是自农资经销户处听取，很难按照自家的实际情况选择适用种养技术，实施科学管理。当地政府引导农民开展农业结构调整受劳动力限制，推动十分困难，农业面临“后继乏人”的窘状。

（三）农田水利投劳投资越来越少

大量农村劳动力外出后，兴修小型水利工程等农村公益事业的投劳不足，以致小型水利设施多年失修，排灌沟渠淤塞，水系不畅，抵御自然灾害的能力脆弱。有的农田属丘陵地貌，地块高低不平且分散，不便于机械化耕作和实行规模化经营，制约了农业生产水平的提升。土地第二轮承包是按动地时的人口平均承包，且是远近好坏搭配的，过于分散。如谢桥镇龚集村路丙新承包 3 亩地，分散在 5 处。外出者将土地委托给亲戚朋友，由于成不了规模和委托的临时性，受委托户没有投资的积极性，农田照样受涝受旱，只能靠天收。农村田间水利设施、田间道路维修等难以实施，道路上土工程实施时，留守劳动力全部到位，工地上还是人影稀少，大大延长了工期。一些水利基础设施、道路都需要随时维护，青壮年劳动力不足，严重影响农田排水沟渠清淤治理，造成农田受灾。同时随着城镇化发展和工业园区及道路等一些重点工程项目建设加快，也成为影响小型水利工程投资的一个重要因素。

（四）农村留守儿童教育和老人赡养问题越来越突出

在这些“留守儿童”中，多数亲情失落，生活失助、学业失教。“留守老人”在农业生产、生活起居方面造成一定困难，他们既要看管在家儿童，还要肩负种田持家、教育后代的重任，精神负担和生活负担不断加重。在众多的“留守老人”中，由于赡养生活保障问题没有从根本上得到解决，普遍存在着生活条件差、生活方式单调、生活水平低的状况。“留守儿童”和“留守老人”不仅成为一个家庭现实问题，而且成为事关和谐社会和新农村建设的突出问题。

三、应对劳动力转移的生产经营方式创新实践

在各产业中，农业的比较效益低，劳动力从非农产业所获得的收入要大于农业，土地对农民的吸引力越来越小，产业之间的这种收入差异，成为劳动力转移的直接动力。从调研看，外出务工所得收入在农民家庭收入中占较大的比重。转移劳动力带回的资金为加大农业投入提供了保障，提高了种子、种苗、化肥、农药、农机具等农业生产资料的购买力。因此劳动力转移是农民增收的重要来源，不可逆转，但劳动力转移和留守农村必须有度，同时必须创新农业生产经营方式，保持农业稳定发展。

（一）加快土地流转，促进农业规模经营

积极推进农村土地规模化经营，创新农业经营方式。近几年，繁昌县将加快农村土地流转，促进规模经营，作为新形势下发展农业生产的一项重要举措来抓。到2007年年底，全县通过转包、出租、转让等方式，流转土地总量达19226亩，涉及农户7499户，其中耕地流转8428亩，山场流转4951亩，水面流转5847亩。水稻种植100亩以上的规模经营户有32户，承包面积7117亩。我们的主要做法是：①坚持平等协商、依法有偿、互惠互利的原则，由当地村级组织牵线搭桥，通过流转，为一些种田能手、养殖能人解决所需土地问题。②鼓励农业科技人员到农村承包土地。繁昌县出台了“财政供给不变，收益归承包者”等一系列优惠政策，鼓励农技人员下乡承包耕地、山场和水面。这样，既能起到农业科技推广示范、引导的作用，又促进了规模经营。荻港镇农技员王绘仪就承包了100余亩耕地，种植优质稻并兼养螃蟹等特种水产品。③打破界限，允许跨地区、跨行业的人员到农村承包土地。该县孙村镇感定村、平铺镇龙岗村，就有巢湖市、淮南市和芜湖市三山区的17位农民到这两个村租赁耕地1002亩进行水稻、西

瓜、蔬菜等农产品的规模化生产。还有本县改制后的粮食购销企业职工谢有才，在新港镇白象村承包了720亩因易涝已被农民撂荒的耕地，进行水稻规模种植。④结合农业项目实施推进土地规模经营。该县在实施农业综合开发和土地整理项目的同时，就谋划好治理后的耕地返还农户开展规模化经营的问题。在尊重农民意愿的基础上，做到各户的承包地不再分散，力求整块连片，将愿意转出户的土地相对集中，为规模经营创造有利条件。新港镇白象村的土地整理项目实施后，就有三惠公司和卫岗乳业到该村租地620亩，作为蔬菜及奶牛青饲料的生产基地。当地农民不仅有每年每亩350元的租金收入，还可在生产基地做工，每个工日可获得33元的报酬。⑤制定奖励激励政策，促进规模化经营。在2005年繁昌县县委、县政府的一号文件就明确规定：对经营大户当年新增耕地面积100亩以上、山场面积200亩以上，且流转手续完备的，分别按流转面积，每亩50元和20元的标准，奖励给组织土地集中流转的单位和个人。同时，对土地规模经营户，市、县政府每年都要通过评选，对一些成效突出的大户给予表彰和奖励，鼓励和促进土地规模经营发展。

大批的农民外出务工，提供了大量的耕地转包，催生了大批种植大户。颍上县谢桥镇龚集村郝学陆一家5口人，2003年年底开始以每亩200元的租金转包了外出者的300亩土地，现在已发展到1000多亩。由于规模种植，迫使该户采用省工省力的栽培技术，2007年在县农技人员指导下，种植的1000多亩水稻采用机器插秧300亩、直播稻700亩，并自购了10部动力喷雾机进行病虫害统一防治，农忙时按每人每天30—50元雇工，由于有了规模，一些种子企业主动与他合作进行良种繁育，按种子标准进行生产，产品按高于商品市场价的15%出售给种子企业，年销售收入达30多万元，扣除租地等费用，纯收入达10多万元。六十铺村卢东村民组耕地330亩，已集中到20亩以上的户就有180多亩，其中卢文军一户就种了80亩。土地流转集中，加快了农业机械化进程，该组现有多功能播种机12部，过去收种要拖上10多天，而现在只需3—5天。

（二）积极发展民营经济

农村劳动力转移，不仅增加了农民收入，而且促进了农民思想观念的转变。在外出务工者中，一部分人员完成了资金的原始积累，同时开阔了视野，增长了才干，带回了先进的管理理念、技术及市场信息，为返乡创业发展“回流型”经济打下了坚实的基础。颍上县五十铺乡五十铺村王茂生就是利用外出打工学到的技术回乡发展香草种植和精加工，目前转租农民300多亩土地种植香草，每年可供各种不同类型的香草种植苗和盆苗总计300万株，年销售收入100多万元，纯利润40万元。今年，他培植的香草盆景被北京奥运会主体公园定购1.2万盆。

（三）促进农业产业化经营

颍上县六十铺镇党委政府积极应对农村劳动力转移情况，引导工商企业和种养大户投资建设农业循环经济产业园区，探索规模化、专业化、农场化生产模式。在镇政府协调下，该镇经纬面粉厂转包了附近300亩土地，由原先的单一加工面粉拓展到养猪、建沼气池、种大棚蔬菜等多种经营项目，大力推广“粮—猪—沼—菜”生态循环模式，走出了一条“协会+基地+农户”的新路子。目前该循环经济园已崭露雏型，2007年实现面粉加工收入6800万元，产品已获国家绿色食品认证；投资280元，占地58亩的养猪场，使生猪存栏能力达6000头；投资80万元的60亩大棚蔬菜和食用菌已投入生产。由于充足的沼渣沼液做底肥，秋季番茄、黄瓜每亩收入达8000元左右。同时与养猪场配套的500立方米沼气发电厂已经竣工，将为企业提供200千瓦的供电能力。园区的发展，带动了农民增收，同时又造就了一支勇于创新、善于管理的农村实用人才队伍。六十铺镇桃花店村是民族村，具有牛羊加工的传统。2007年镇政府出资2万元请专家对该村产业进行规划。通过招商引资，南京一客商投资400万元建设存栏300头良种奶牛繁养基地。通过筹资，存栏500头的养殖小区（包括牛舍、青贮氨化池、沼气池、晒粪场）已经建成，投资50万元建200亩无公害蔬菜、300亩以桃树为主的经果林、20亩高标准双孢菇大棚已初见效益。六十铺镇六十铺村牛永红，以每亩500元的租金，租赁了200多亩土地，用来发展无公害蔬菜，同时养猪600头，承包鱼塘39亩，做到了集约化利用土地，不仅使原承包人获得经济收益，还就地转移了劳动力，带动了周边农户共同致富。

四、应对农村劳动力大量转移的措施建议

在农村劳动力大量转移后，如何保持农业生产持续稳定发展，保障主要农产品有效供给，根据安徽省农业发展实践，我们认为应采取以下措施：

（一）引导农村土地流转，促进农业规模化

据农民反映，种植规模达到30亩，就能抵上外出务工收入。认真做好外出务工劳动力承包地流转工作，采取转包、出租、转让、入股等形式使分散承包地流转到种植大户手中，让“不想种的田有人种，会种田的人有田种”，这样既能促进土地集约规模经营，又能提高农业生产水平。调研发现，土地流转到大户手中，但国家的各种惠农补贴实际上仍由原承包户享受，而生产风险却由种地大户承担，建议做好政策调整，提高大户种粮积极性。充分发挥种植大户在农村经济活动中的作用，促使大户与周边农户的经济互动，通过大户聚集和扩散作用，辐射周边农民形成乡—村—大户—普通农户的互动网络。要还土地以正常生产要素的实质，为土地流转创造前提条件。

积极探索建立农村土地流转市场，可依托乡镇农经站、村集体经济组织，分别成立土地流转中介服务中心，让部分已实现了非农就业且有稳定工作岗位和收入来源的农民能顺利流出承包土地使用权，也让规模经营者能较容易地取得土地，使双方的需求都能满足，避免周折。条件成熟的村可以成立农村土地承包经营权流转合作社，负责接受辖区内承包方的委托，登记需转出的土地面积、方位、等级、意向价格，调查、收集、对外发布土地流转供求信息，为土地流转双方提供信息引导、政策咨询、法律服务，在承包方授权范围内参与土地流转谈判，对土地流转合同的订立、变更进行鉴证，建立土地流转档案等。乡镇土地流转中介服务中心还应负责对所辖村土地流转中心或村土地流转合作社进行业务指导，协调跨村土地流转工作。要建立健全土地流转制度和纠纷调处机制，保障土地依法有序流转。土地流转双方当事人应签订书面土地流转合同，并报送乡镇农经管理机构和发包方备案。镇村组织和干部不得以任何名义强迫农民流转土地，也不得阻挠农民自愿合理地流转土地，更不得从中谋利、侵害承包农户的利益。对土地流转中出现的纠纷，政府及相关部门要依法及时进行调解和处理，公平公正地维护双方当事人的合法权益，保障土地规模经营有序进行。要调整农村土地政策，对已变为城市固定居民的农民，鼓励其放弃在家乡的土地承包权。对农村一些年龄较大，又无体力、能力种田的，且自愿转让土地经营权的，可给予一定补偿，并让他们优先享受失地农民生活保障补贴待遇。同时，结合新农村建设和土地复垦整理，有计划、有步骤地搬迁偏僻村，撤并空心村，集约利用土地。

（二）加强职业技能培训，提高农村劳动力素质

要真正解决目前农村劳动力转移中存在亦工亦农的不稳定问题，使其顺利实现转移，就应当鼓励各类培训机构、用人单位开展对农民的职业技能培训，根据市场和企业的需求，按照不同行业、不同工种对从业人员的基本技能要求，安排培训内容，实行定向培训，提高培训的针对性和适用性。加强农村留守劳动力培训，因地制宜，有针对性地举办农业科技培训班，加强农村职业技术教育，扩大阳光工程覆盖面，培育有技术、会经营、懂管理的新型农民，使每个留守劳动力真正掌握1—2门适用技术，提高农村劳动力知识技能素质，实现农村留守劳动力由体力型向技能型转变。要加强农村基础教育，普及农村九年义务教育，打牢农村文化基础，适当延长农村中学适龄青年的在读时间，增加农业基础知识培训，进行必要的法律知识培训，增强农民自我保护的法律意识，造就一大批新型农民。

（三）加强农业基础建设，提高农业设施支撑能力

各级政府要进一步加大对农业综合开发、农村土地整治和小型农田水利设施建设及标准农田、优势农产品特色基地建设力度，增加农业基础设施建设项目资金投入。对已形成规模经营的地方，要优先立项，不断改善和优化基础设施条件，为创新农村土地经营方式，实现农业生产的专业化、区域化、标准化和规模化打下良好基础。充分发挥农村专业合作经济组织、龙头企业在推进土地规模化经营中的作用，大力发展农村合作经济组织和农民专业合作社，支持农民专业合作社承接和连片开发经营农民自愿转出的土地。鼓励和支持农业龙头企业和城镇工商企业到农村承包土地，成规模地建立初级产品生产和原料供给生产基地。对利用流转土地依法兴办的农业企业，可按照促进民营企业、中小企业和农业产业化龙头企业发展的有关政策予以支持。

（四）加快发展农村第二、第三产业，提升农业产业化水平

农村青壮年劳动力大量外出，与农村第一、第二、第三产业发展不协调关系很大，农村第二、第三产业发展落后，农业产业化经营机制不畅，严重制约农村发展。目前城市化和工业化程度还不高，对农村劳动力的吸收能力有限，并且城市本身就业形势比较紧张，同时农民工的素质还不能完全适应城市的需要，这些都与农村劳动力转移相矛盾。解决这些矛盾最好的办法就是发展农业产业化，既有利于农村社会的稳定，又可实现农村剩余劳动力的就地转移，同时也可缓解城市的就业压力。加快农业产业化发展，要妥善解决土地流转机制和规模经营之间的矛盾，要在不改变承包权的基础上，按照依法自愿有偿的原则实现经营权的过渡，通过经营权的集中使土地规模经营，发挥规模化效应。扶持农业龙头企业加快发展，在税收政策、金融支持等方面对重点农业龙头企业加以扶持，加大招商引资工作力度，积极开拓市场，扩大内需，大力发展农产品加工业，促进农村个体私营等非公有制经济发展，提高农产品附加值，让农业龙头企业做大做强，带动更多的农民致富。在农村创建农业产业化生产基地，引导农民发展有本地特色和竞争力的产品，通过推广新技术、新品种，对传统农业进行技术改造和创新，提高农业企业的竞争力。加快小城镇建设。小城镇在吸纳农村剩余劳动力方面有巨大优势，首先是投资少，大中城市每吸纳一个劳动力就业要投资12000元，而小城镇只要4000元。其次是小城镇更接近于农村，农民离土不离乡，使转移成本和风险大大降低，这种方式的转移更符合省情。小城镇是今后农村剩余劳动力转移的重要场所，应加快小城镇建设，要统筹规划，合理布局，加快构建“县城—中心镇—集镇—中心村”相衔接的县域城镇体系，大力发展县域经济，鼓励更多的农村劳动力向城镇转移，就近就业。鼓励农民工返乡创业，造就一批离土不离乡、就地办工商的农民企业家，带动小城镇和农村第二、第三产业大发展，拓展农村劳动力就业空间。

（五）加大改革创新力度，提高农民组织化程度

目前粮油生产比较效益仍然较低，但粮食安全关系国计民生，应当改革完善粮油种植补贴办法，扩大品种，提高标准，尤其要增加对规模种植大户的补贴。同时，政府要对农资价格实行干预措施，确保粮油生产大户有利可图，保障粮油产量稳定增长。国家应设立农技推广专项资金，大力研发和推广轻简化栽培技术，尤其是玉米从种到秸秆利用的全程机械化技术，水稻免耕、抛秧等技术。改革和建设新型农技推广体系，大力发展社会化服务，大力培育农民专业合作社，扶持建立施肥、病虫害防治、农机专业队伍，为农民提供代耕代种、病虫害防治、科学施肥等服务，提高现代农业服务水平。要加快破除城乡二元体制，清除制度障碍，建立统一的城乡劳动力市场，实现城乡平等就业，让进城农民工成为真正的城市产业工人，享受同等待遇，这样农村劳动力就能彻底放心地离开土地，离开农村。实施农村劳动力转移制度创新，加强城乡一体劳动力市场硬件、软件建设，构造政府和社会多方为农村劳动力提供就业信息、技术培训、中介咨询和合法权益保护的服务网，发展合法的中介服务组织，弄清楚本地可输出劳动力情况，包括年龄、文化程度、技能等信息，建立劳动力资源库，掌握劳动力需求地区情况，及时向农民提供劳务信息和就业指导，组织农民工有目的、有组织的向劳动力缺乏地区转移，避免转移的盲目性，促进农民外出务工有序流转。同时充分发挥乡村组织和农民自治组织的作用，加强与本地外出务工人员交流，通过提高组织化方式，带动更多农民向经济发达地区有序转移。

（六）维护农民合法权益，加快建立农村社会保障机制

随着农业产业化、农村城镇化和增加农民收入的需要，农村劳动力转移已经成为必然趋势。要积极探索取消农业和非农业户口划分，逐步形成以居住证管理为核心、以居住地登记户

口为基本形式、以合法固定住所或稳定职业为准入条件、城乡统一流动的户籍管理制度。积极探索建立农村养老、医疗等社会保障机制。要关注农村留守儿童的成长，大批农民工外出，留守儿童数量庞大、亲情缺失、教育缺失，他们的健康成长以及教育问题牵动着外出农民工的心，只有妥善解决好留守儿童的教育和生活问题，农村整体素质才能得以提高，农民工才没有后顾之忧，方可安心在外务工。

第四章

农民工返乡创业[1]

农民工返乡创业是新形势下农村劳动力转移就业出现的新趋势，在新的历史条件下，促进农民工返乡创业具有重大的意义。

首先，促进返乡农民工创业是我国应对金融危机、确保经济平稳较快增长的一项重大举措。国际金融危机使我国出口大受影响，扩大内需成为拉动我国经济增长的关键。返乡农民工创业能够解决农民工就业问题、增加农民收入，进而激活农村市场、扩大内需、拉动经济增长。做好返乡农民工就业、创业工作，是我国当前保增长、保民生、保稳定的一项重大任务。

其次，农民工返乡创业是拓宽农村劳动力转移就业和农民增收的途径。主要表现在：一是创业者自身收入大幅提高。有

① 本章选自农业部软科学课题“扶持农民工返乡创业问题研究”（课题编号：200925）课题主持人：李春根。

关调查显示，创业农民工2006年个人年平均收入为71987元。二是拓展了返乡农民工的就业途径。农民工返乡创办企业所雇用的工人，有相当一部分甚至半数以上是从沿海地区打工回来的农民工。这就延续了返乡农民工作为产业工人的“生命”，满足了他们随着年龄增长所产生的家庭团聚、照顾老小的实际需要。三是扩大了社会就业。调查显示，平均每名返乡创业者带动就业3.8人，其中很大一部分是当地不能外出打工的中年以上农民。①

再次，农民工返乡创业有利于现代农业的发展和优势资源回流，从而促进农村和欠发达地区发展。农民工返乡创业，推动了农业的商品化、规模化、特色化和结构调整。调查显示，有16.5%的农民工返乡后从事农业综合开发，成为农业生产的带头人，他们创办的企业平均每个可带动54户农户参与生产。农民工返乡创业，也推动了农业产业化龙头企业和专业合作经济实体的发展。调查表明，农业产业化经营龙头是企业的，带头人曾外出务工的占75.7%；是协会和专业合作社的，带头人曾外出务工的占80%；是批发市场的，带头人曾外出务工的占72.2%。在高效农业开发中，一半以上的项目是由外出返乡的人先搞起来的。

优势资源向城市和发达地区集聚的战略，是造成城乡和区域差距扩大的一个重要原因。农民工返乡创业，把资金和发达地区的市场观念、技术、管理带回家乡，这就把城乡、发达地区与不发达地区的发展联系起来，有利于促进形成发达地区带动不发达地区、“以城带乡”的发展格局。目前，虽然多数地方农民工返乡创业对县域经济发展的作用还不算大，但小企业在贫困农区像雨后春笋般地生长起来，成为推动民营经济发展、发展工商服务业的有生力量，强化着工业化的基础，对于

① “把握劳动力转移新变化 开创农村发展新局面——‘扶持农民工返乡创业’对话录”，《人民日报》，2008年12月16日。

优势资源回流从而促进农村和欠发达地区发展，大有裨益。

最后，促进返乡农民工创业是兴起全民创业、实现经济崛起战略的一项重大举措。坚持以发展的方式和积极的政策，切实解决好返乡农民工就业问题，大力支持返乡农民工创业，有利于努力形成新一轮全民创业热潮。不少地方已经提出了全民创业的口号，虽然也取得了一定的成效，但并未完全达到预期的效果，近年来带动我国经济高速增长的主要还是招商引资。因此，做好扶持返乡农民工创业工作，能够变挑战为机遇，真正兴起全民创业的新高潮，从而促进经济快速增长，实现经济崛起战略目标。

鉴此，深入研究农民工返乡创业问题具有重要的现实意义。

第一节 农民工返乡的原因、规模及特点

一、农民工返乡的主要原因

受国际金融危机的影响，从2008年第四季度开始，我国的部分企业生产经营面临困难，使部分职工失去工作岗位，形成一股有别于往常的“返乡民工潮”，其中，影响面最大的区域为外向型经济和劳动密集型产业集中的长三角、珠三角、闽三角地区。“返乡民工潮”的到来，且来势凶猛，具有多方面原因：

（一）金融危机造成企业停产或开工不足，这是最主要、最根本的原因

随着世界金融危机不断蔓延，我国一大批外向型企业产品

出口受阻、订单减少，一些劳动密集型企业效益下滑，出现停产或开工不足、工资水平下降，由于突然的外部压力造成大量农民工返乡。根据有关调查资料，在湖南省返乡人员中，因企业停产返乡的人员达到45.9%，因企业裁员或开工不足，收入下降返乡的占31.9%。也就是说，湖南省返乡人员中近八成人员因企业原因返乡。在河南省的180位返乡农民工中，因企业关、停或开工不足裁员返乡的有52人，占28.9%，居各类返乡人员之首。四川、湖北两省返乡农民工中这一比例分别达到47.6%和41.5%。安徽省返乡人员中，因企业停工、倒闭或企业裁员返乡的人数也占到24.3%。

（二）工程完工或歇业引起的农民工返乡

从事建筑业的外出农民工，受工期影响缺乏稳定性。2008年以来，部分建筑项目特别是房地产项目受到控制，建筑项目工程相对减少。当一项工程结束，又没有新的工程可以承接，外出农民工只能选择返乡。我国北方冬季天冷，不利水泥凝固，部分从事建筑业生产的单位停工歇业，也造成农民工提前回家。在河南省被调查的180个返乡农民工中，有14人（占7.8%）就属于因“工程完工”或者“季节性停工”而返乡。

（三）过节或家庭原因引致农民工返乡

一是提前回家过年。春节将至，由于每年都出现农民工返乡难现象，使得一些从事劳动强度大、收入低农民工提前返乡。如安徽省调查中，因提前过年而返乡的农民工占16.3%。二是因为家庭生活问题引起的返乡。如河南省调查中，在180个返乡农民工中，13.9%的人是出于“回家过年、婚丧嫁娶、照顾病人、老人等家庭原因而返乡。在安徽省的调查中，也有30.3%的农民工是因为“家中有事必须处理”而返乡。湖南省调查中，有7.7%人是为了探亲、休假等原因返乡。三是一些特定区域的特殊原因，如在四川省的调查中，有20%的人因灾后重建而返乡。

（四）国家的强农惠农政策吸引农民工回流

近几年来，我国扶持农业的相关政策陆续出台，免农业税、粮食直补、良种补贴、畜禽补贴、大型弄机具补贴、综合直补等一系列强农惠农政策得到全面落实，农民务农和外出打工收入的差距缩小，农民发展农业生产的积极性不断提高，“回乡从事农业生产”成为农民工返乡的又一就业选择。河南、四川两省的调查显示，因此类原因返乡的农民工均占返乡农民工总数的10%左右。

二、农民工返乡的规模

农业部组织了一次抽样调查，一共调查了农民工输出数量比较多的15个省、150个村。抽样调查显示，到2009年春节前，返乡农民工占到38.5%。其中，有60.4%的农民工是正常的春节回家探亲，也就是说，他在城市的工作仍然是保留着的，节后他会回去正常上班。其他39.6%的人是属于失去了工作或者还没有找到工作就返乡了。

为了摸清农民工底数及外出返乡情况，国家统计局利用农民工返乡过节的时机，在全国31个省、857个县、7100个村和68000个农村住户中开展了一次大规模的抽样调查[①]。根据国家统计局农民工统计监测调查，截至2008年12月31日，全国农民工总量为22542万人。其中本乡镇以外就业的外出农民工数量为14041万人，占农民工总量的62.3%；本乡镇以内的本地农民工数量为8501万人，占农民工总量的37.7%。在外出务工的14041万农民工中，按输出地分，来自中部、西部和东部地区外出农民工数量比例分别为37.6%、32.7%、

① “08年末全国农民工人数22542万　返乡农民工4特点”，http：//ch.chinagate.cn//hotissues/2009-03/25/content_17499940.htm，2009年3月25日。

29.7%。按输入地分，东部地区吸纳外出农民工占外出农民工总数的71%，中部占13.2%、西部占15.4%。在本地就业的8510万农民工主要集中在东部地区，占62.1%，中部地区占22.8%，西部地区占15.1%。

截至2009年春节前，返乡农民工为7000万人左右，约占外出农民工总量（14041万人）的50%。春节后，在返乡的7000万农民工中，大约80%以上已经进城务工，其中，有4500万人已经找到工作，1100万人仍处于寻找工作状态；近20%就地就业或创业或寻找工作。

三、农民工返乡的特点

我国农民工返乡潮的主要特点可概括为：

1. 返乡时间主要集中在2008年第四季度

根据国家统计局农民工统计监测调查，在2008年第一、第二、第三和第四季度，返乡农民工的人数占返乡总数的比例分别为1.44%、8.46%、19.44%和70.65%。在2008年第四季度，10月份、11月份和12月份返乡的农民工占返乡总数的比例分别为18.2%、27.3%和25.1%①。

2. 从东部地区返回的农民工较多

从东部地区、中部地区、西部地区返回的农民工的比例分别为62.4%、16.1%和21.3%。其中，从广东省返回的农民工占24.6%；从长江三角洲返回的农民工占17.2%。

3. 制造业和建筑业受金融危机的冲击较为严重

分行业看，从外出农民工从业比例最高的两个行业即制造业和建筑业返回的农民工人数占返乡总人数的比例分别为36.1%、28.2%。在制造业和建筑业中，返乡农民工占外出农民工的比例分别为46.2%和73.3%，高于全国的平均水平。

① "截至08年末全国农民工总量为22542万人" http://news.qq.com/a/20090325/000810.htm，2009年3月25日。

4. 返乡农民工文化程度总体偏低

在返乡农民工中，文化程度为不识字或识字很少、小学、初中、高中、中专、大专及以上的返乡农民工分别占2.4%、14.8%、65.8%、11.1%、4%和2%，其中初中及以下的农民工占到82.9%。这说明文化程度越低的农民工越容易回流，加强培训有利于提高农民工就业的稳定性。

第二节

农民工返乡创业的有利条件、困难及特点

根据有关统计，2007年全国乡镇企业新增个体工商户65万个，安排110多万人就业。农村能人和农民工回乡创办的小型乡镇企业达85万家，当年全部乡镇企业增加值达到69620亿元，上缴税收达到7366亿元。

根据国务院发展研究中心课题组2007年的百县调查，2007年全国回乡创业农民工总数约为800万人，他们创造了约3000万个就业机会。据对3026名回乡创业农民工的调查，1990年以前回乡创业农民工只占4%，1990—1999年回乡创业的占30.6%，2000年之后回乡创业占65.4%。农民工回乡创业的热潮正在兴起，农村劳动力双向流动与双向就业的新局面正在形成[①]。

一、农民工返乡创业的主要优势

农民工返乡创业是劳务经济发展的高级阶段，作为特有的

① “返乡农民工纷纷创业　新乡企有望再成繁荣经济发动机”，http：//www.022net.com/2009/6－5/475471152720463.html，2009年6月5日。

经济和社会现象，我国的“民工潮”和劳务经济已经大体经过了三个阶段：第一阶段农民工跳出农门到大中城市、发达地区去务工或经商，解决温饱问题；第二阶段在务工或经商的过程中，一些农民工变成了管理者或者老板；第三阶段越来越多的农民工开始返乡创业，大量地从“打工者”嬗变为“创业者”。农民工返乡创业的主要优势可简要概括为以下六个方面，这些优势也成为农民工返乡创业的主要原因。

（一）中央高度重视农民工返乡创业

2008 年 12 月 28 日召开的中央农村工作会议高度关注农民工就业困难加剧、部分农民工返乡回流问题，会议要求最大限度拓展就业增收空间，落实好解决农民工问题的政策措施，扩大农业产业链，农村基础设施建设以及农村第二、三产业的就业容量，并决定从贷款发放、税费减免、工商登记、信息咨询四个方面开辟“绿色通道”，积极支持农民工返乡创业。

（二）国家支持农民工返乡创业的系列政策、支持措施密集出台

一是国务院办公厅发出了《关于切实做好当前农民工工作的通知》（国办发［2008］130 号），要求各地抓紧制定扶持农民工返乡创业的具体政策措施，并鼓励农民工发展农产品加工业农村第二、第三产业，生态农业和县域中小企业。二是人力资源与社会保障部向各地发出稳定就业形势的通知，要求劳动力输入省份将已在用工地稳定就业半年以上失去工作的农民工纳入失业登记。

（三）新一轮宏观经济政策给农民工就业带来新的契机

中央应对国际金融危机扩大内需的十项政策中，涉及的领域包括基建、水利、民生、文化教育、灾后重建等。农民工是工程建设的主力军，从安居工程、医疗文教、农村基础设施建设，到铁路、公路等交通工程建设，灾后重建等，都将为暂时失业的农民工提供再就业和返乡后的创业机会。

（四）地方政府积极支持农民工返乡创业

各地方政府也出台一系列政策，化解从沿海地区返回农民工的就业压力，这些政策包括鼓励创业，减免招收农民工企业的部分税费，放宽准入条件，落实创业用地，支持从事个体经营，建立返乡创业基地，建立返乡创业服务体系等等。

江西省南康市农民工回乡创业起步较早，市政府 1997 年就提出要建设“江西的温州”，把回乡创业与“个私兴康”战略结合起来，支持农民工回乡发展个私经济，把招商引资的重点放在回乡农民工上。截至 2006 年，南康市回乡办企业的有 9821 人，创办个体经济、私营企业 6000 多户。南康市六大支柱产业的形成，回乡创业者起了主要作用。家具、服装六成到七成的企业是由回乡农民工创办的。油漆、涂料为主的化工企业是由从事建筑业的回乡农民工创办的。

河南省固始县从 2004 年起把招商引资的重点转向回乡创业人员。这些回乡创业者成为承接沿海劳动密集型产业转移的主要力量，回乡创业者带来的资金成为创办民营企业的主要初始资本。截至 2006 年，固始县回乡创业人数为 1.6 万人，回乡创业企业投入在 100 万元以上的有 423 家；全县工商业经济总量的 2/3 是由回乡农民工创办的企业支撑的。农民工回乡创业一方面移植沿海有市场需要的劳动密集型产业，发展与城市企业配套的产品，另一方面结合当地资源，开发特色产品，提升传统产业。

二、农民工返乡创业面临的实际困难

（一）创业机会不足

返乡农民工获取创业机会的途径主要有：一是自己在打工时获得的知识、经验和认识；二是外界的信息与他人的推介。

通过第一种途径获取创业机会的人属于先知先觉者，比较容易成功，但并不占多数。除了这部分人外，大多数返乡农民工要依靠第二种途径获取创业机会。由于返乡农民工的居住地主要集中在农村地区，经济并不发达、机遇条件差、信息渠道和市场范围都很有限，发现和识别创业机会的可能性较小。在有关调查中，返乡创业者大多从事非农产业，企业形式以个体和私营为主，企业规模较小，有50%左右的人选择了服务行业，比如开小餐馆，开小店等。在选择加工制造业的返乡创业农民工中，大多主要集中在劳动密集型行业，规模较小、结构单一、产品科技含量低。许多返乡创业企业缺乏竞争力，转而走简单模仿、恶性竞争的粗放发展道路。并且随着竞争的越发激烈，加上经营不善，很多人只能艰难地维持生计。

（二）创业能力缺乏

创业能力包括发现和识别创业机会的能力、创办实业的能力、经营管理企业的能力①、与政府官员和各种人员沟通的能力，以及克服困难和处理突发事件的能力等等。很多返乡创业者文化程度低，办企业存在盲目性，自身经营管理知识也比较薄弱，又很难吸引人才，迫切需要指导。另外由于内陆欠发达地区生活与人文环境较差，服务业不发达，即使是在同等的工资待遇下，很多年轻劳动力也更趋向于外出到沿海经济发达地区打工。农民工在外打工虽然也学到不少的技术和管理能力，但毕竟不全面，也没有亲自实践过，现在要真的创业，负责一项业务或企业的全过程，当然会遇到不少的难题。农民工返乡创业普遍存在经营理念、企业管理、产品研发、技术创新、市场开拓和制度建设等方面的不适应问题。另外，大部分企业实行家族式管理，管理粗放、责权不明、活力不足，难以适应市场的变化。因此，返乡农民工缺乏创业能力是较为普遍的现

① 主要包括：生产管理、产品营销、员工管理、成本控制、财务管理等能力。

象，提高他们的创业能力刻不容缓。

（三）创业环境不佳

1. 政策体系不完备

许多地方政府对农民工返乡创业的重要意义认识不足，缺乏有针对性的优惠政策。如对创办企业税费减免优惠不明显，甚至当前一些内陆地区还没有对农民工返乡创业实施税费减免政策。

2. 政策执行不到位

一些政策操作程序较为复杂，涉及单位部门众多，加上少数政府部门及其工作人员存在服务意识不强、工作作风不正、工作效率不高的现象，使农民工返乡创业办事难，“三乱”现象时有发生，政策效果难以显现。

3. 服务体系不配套

创业的农民工在创办企业时缺乏相关的中介机构为他们提供信息服务，指导服务的针对性不强，办企业存在着盲目性。

4. 基础设施不完善

我国内陆欠发达地区普遍存在基础设施建设差的问题，尤其是县、乡（镇）两级，基本上都存在路、水、电、通信、交通和能源等城镇基础设施建设跟不上企业发展需求的问题。个别地方政府甚至在企业用地、用水、用电和证件办理等方面设置障碍，使有的投资项目迟迟难以落实，直接导致农民工返乡创业额外投资成本增加、交通运输成本升高和产品交易周期拉长等问题，制约了企业的发展。随着这几年农民工返乡创业的增多，有些地方供地指标也开始“捉襟见肘”，对很多想进一步扩大规模的企业而言用地成了一大制约。

5. 融资环境不健全

农民工返乡创业的融资困难主要体现为以下四点：一是农村资金回流城市，供给农户和中小企业的资金短缺；二是贷款利息高；三是信贷担保体系发育迟缓，担保机制不健全；四是政策性贷款和财政扶持贷款极少。

6. 人才短缺

返乡农民工创业的地点与沿海地区在经济、社会和文化方面存在巨大的差距。再加上返乡创业农民工办的实体大多属微利项目，产品科技含量偏低，难以提高工资待遇，导致外地人才和劳动力不愿来，本地人才和优质劳动力大量流向发达地区。青年农民，特别是有一技之长的青年农民，大都愿意到发达地区、到大中城市去就业，余下的很多是老、弱、妇女和儿童。普通员工多，技能型员工少，急需的专业人才熟练工人招不到、留不住，这是农民工返乡创业面临的突出问题。

三、农民工返乡创业的主要特点

农民工回乡创业把优势资源由城市引向农村、由经济发达地区引向不发达地区，这样的流动把城乡、发达地区与不发达地区的发展联系起来，形成沿海发达地区带动内陆见发达地区农村发展的格局，已经成为欠发达地区发展乡镇企业、民营经济、县域经济的重要推动力。农民工返乡创业主要有以下几个特点：

（一）投资方向主要以工商经济为主

目前返乡创业的农民以第一、二代农民工为主，这些农民工大多在制造业和服务业务工。因此，他们回到家乡后在政府的支持下，同时利用打工期间获得的知识、本领、资金、信息、社会资本等，发展工商服务业，投资商品性的农业经营，主要是兴办规模种植业、养殖业、农产品加工业，兴办第二、第三产业等。

（二）大多数人选择在小城镇创业和居住

农民工回乡创业不是单纯的回农村原户籍所在地创业，大多数创业者把企业办在了家乡的集镇和县城，近 70% 是在小城镇居住。带动资本、劳动力等经济要素向小城镇集聚，扩大了小城镇人口和经济规模。回乡农民工向小城镇集聚，为中西部地区发展小城镇化提供了推动力。

（三）部分农民工被充实到农村基层组织，成为重要的后备力量

返乡创业的农民工利用亦工亦农亦商的特点，积极参加合作组织和中介组织，成为经纪人或创办农民合作经济组织的带头人，也有部分人担任村干部或参加村民议事会及村民理财小组。一部分回乡创业农民工带头为家乡捐资修路、修水利、办教育和福利事业，反哺家乡从事新农村建设。陕西省礼泉县西张堡镇白村农民李朝鲜，白手起家，进城打工18年，做成了“好望角”、“昭陵”品牌酒店4个，以及装饰公司、农业示范基地等经济实体，年利税达1000万元。1998年回村担任支部书记，经过9年奋斗，先后从自己的企业拿出900多万元支持白村的基础设施建设和产业发展，使本村改变了贫穷落后面貌。2006年，全村农民人均纯收入5900元，是10年前的8倍①。

部分农民工回乡创业的典型事例足以说明，农民工是农村带头致富和带动群众致富的领头人，是新的生产方式、生活方式的推动者、开拓者，也是农村基层干部的后备力量。

第三节

各地支持农民工返乡创业的政策措施实施效果及评价

针对部分外出农民工因金融危机等原因返乡问题，各地根

① 韩俊、崔传义：“从战略高度看待农民工回乡创业”，《中国经济时报》，2007年12月27日。

据中央有关文件精神，积极采取措施做好返乡农民工工作，摸清基本情况，及时了解返乡农民工的年龄结构、行业地域分布、返乡原因、培训需求和就业或创业意愿，分析农民工返乡对农民增收、当地经济建设的影响，确保返乡农民工工作能顺利开展。各地各部门相继出台了一些政策，下面对相关省市的做法做一个简介。

一、各地促进农民工返乡创业的相关政策

（一）河南省扶持农民工返乡创业的政策措施①

1. 登记进行调查摸底

各级乡镇政府成立调查工作组，村支部书记为组长，村干部、村两委班子成员、计划生育管理员和远程教育管理员为成员，对外出务工返乡的农民工逐户走访，进行调查摸底，准确掌握外出务工返乡农民工的年龄、从事的工作、掌握的技能及返乡后的现实需要等情况，并进行分类汇总。

2. 审批：开通“绿色通道”

对农民工返乡创业，除国家法律法规明令禁止和限制的行业或领域外，均允许进入，各级政府和有关部门不得自行设置限制条件。鼓励、支持返乡创业农民工平等参与国有（集体）企业改制改组和公用设施、基础设施、社会公益性项目建设等。降低工商登记门槛，允许返乡创业农民工的家庭住所、租借房、临时商业用房在符合安全、环保、消防等要求的前提下，作为创业经营场所。同时，推行联合审批、一站式服务、限时办结和承诺服务等制度，简化审批程序，为农民工返乡创业开通“绿色通道”。

3. 资金：推出贷款贴息制度

对农民工创办的符合农业产业化贴息条件的企业，适当降低贴息审批条件，优先给予贴息；对农民工在贫困地区创办的

① 徐冲：“外省鼓励农民工返乡创业的政策和做法”《新重庆》，2008 年第 7 期。

企业，符合扶贫贷款贴息条件的，优先给予扶贫项目贷款贴息。同时，农村金融服务机构要推进农村信用工程建设，拓宽农户小额信贷和联保贷款覆盖面，放宽小额担保贷款条件，积极给返乡农民工发放小额担保贷款，扶持期内由财政按规定予以贴息。

4. 待遇：与外地客商相同

对农民工返乡创业者，在登记注册后给予 3 年扶持期，扶持期内参照就业再就业政策的规定实行税费和小额担保贷款优惠。对从事个体经营的，适当提高营业税起征点，对不征营业税、增值税的返乡创业农民工不再征收个人所得税。符合有关条件的，要按规定享受国家和当地扶持发展中小企业、非公有制经济、现代服务业、高新技术企业、农产品加工业以及农业产业化龙头企业的优惠政策。

5. 场地：可用集体建设用地

允许把集体建设用地用于农民工返乡创业。引导和鼓励返乡创业者利用闲置土地、厂房、镇村边角地、农村撤并的中小学校舍、荒山、荒滩等进行创业。通过建立农民工返乡创业基地，发展创业园区、各类专业批发市场、商业街、商贸城等，解决农民工返乡创业的经营场地。鼓励各类开发区、工业集聚区和中小企业创业基地为农民工返乡创业提供创业服务，引导返乡创业者集中经营、聚集发展。返乡创业农民工创办符合环保、安全、消防条件的小型加工项目时，允许在宅基地范围内建设生产用房。

6. 提供信息和技术

要求各级政府和有关部门特别是县、乡（镇）政府为农民工返乡创业提供公共服务，通过建立创业信息发布平台，公布各项行政审批、核准、备案事项和办事指南，传送法律、法规、政策和各类市场信息，加强对返乡创业者的信息服务；依托当地科研机构或高等院校，帮助创业者同有关专家和技术人员建立经常性联系，为农民工返乡创业提供必要的技术支持。

7. 提供免费创业培训

对返乡创业农民工免费开展创业培训，依托现有机构成立返乡创业农民工指导（服务）中心，免费为创业农民工提供项目信息、开业指导、小额贷款、政策咨询等服务，提高其创业能力和经营管理水平。组织有资金、懂技术、会管理、立志返乡创业的优秀农民工到省内外重点企业、龙头企业、大型企业学习锻炼，帮助他们拓展创业思路。

（二）江西省扶持农民工返乡创业的政策措施

2008 年 12 月份以来，江西省先后出台了许多相关政策，为农民工创业提供了有力的政策保障。主要有以下几个方面：

1. 开展培训

2009 年，江西省由省财政整合（从就业资金中安排）安排 2 亿元资金用于工业园区企业新招收员工的免费培训和技能提升培训，重点是对招用的返乡农民工的培训。除此以外，江西省还继续安排专项资金，实施好农村劳动力转移培训的"阳光工程"①。

江西省农村致富技术函授大学（以下简称农函大）开展了返乡农民工培训总动员，要求各农函大分校进一步创新返乡农民工培训模式，让他们真正把实用技术学到手。江西省农函大围绕返乡农民工的需求和当地经济发展实际，实施"121 工程"②，至 2009 年 4 月底，省农函大已在湖口、吉安等十几个县（市、区）举办 10 多期培训班，共培训学员 3000 多名，

---

① "阳光工程"是指由政府公共财政支持，主要在粮食主产区、劳动力主要输出地区、贫困地区和革命老区开展的农村劳动力转移到非农领域就业前的职业技能培训示范项目。阳光工程从 2004 年启动实施，在国务院领导下，由农业部、财政部、劳动和社会保障部、教育部、科技部和建设部共同组织实施。

② "121 工程"即：省校在各地办班 100 个；各设区市校帮助每个县（市、区）办班至少达到 2 个，力争全省办班达到 1000 个。

其中已经就业或在家乡创业的约1500人。[①]

2. 对返乡农民工自主创业提供各种政策支持

(1) 金融政策

一是拓展各类小额贷款。江西省积极拓展和全面提升小额农贷，满足农民工创业较小金额资金信贷需求，扶持一人创业，带动多人就业。加大小额担保贷款扶持力度，重点实施返乡农民工自主创业“十百千万”工程[②]。

二是加大信贷支持力度。2009年一季度对县域内所有符合贷款条件的中小企业进行授信，对“四有三不”（即有市场、有订单合同、有信誉、有效益，不是高污染、不是高耗能、不是高危产业）企业予以全面支持，确保中小企业贷款增幅不低于贷款的平均增幅。

三是加强对规模化种养、加工的信贷支持，推进农业专业化生产。加强与各级党政部门、各类中介服务组织、农村专业合作社等互动合作，全面推进信用共同体贷款，把信贷项目各利益相关者组织起来，一方面结成利益共享、风险共担的信用共同体；另一方面构建适合农村经济组织特点的新型信贷模式和风险分散机制，解决农村分散经济主体难贷款和农村信用社贷款难的矛盾，满足农村专业化生产经营较大规模的资金需求。

四是采取各种有效的抵（质）押方式，促进农业资源开发。积极开办各类资源抵押贷款，加大林业开发、水面养殖等资源开发类贷款发放力度。

(2) 税收优惠政策

一是开展免费创业培训，对符合规定的创业人减免税费；对在创业孵化基地创业的，自创办之日起，一年内减半缴纳房

① 林晓、宋茜：“省农函大创新返乡农民工培训模式”，http://jxnews.jxcn.cn/525/2009-5-11/30093@513817.htm，2009年5月11日。

② “十百千万”工程就是在全省建立10个返乡农民工创业园，打造100个返乡农民工产业化特色乡镇，重点扶持1000个返乡农民工创办的经济实体，为10000名返乡农民工实现自主创业提供小额贷款支持。

租费和水电费，三年内免缴物管费、卫生费。

二是对返乡农民工新创办小型企业给予税费减免。返乡农民工新创办的小型企业，按规定缴纳房产税、城镇土地使用税确有困难的，实行减半征收，并下放到县级地税部门审批，其中：城镇土地使用税委托县级地税部门审批，由年度审批一次改为半年审批一次。对在生产经营中发生永久或实质性损害造成的财产损失，可抵扣当期的应纳税所得额，实行即报即批。

三是提高返乡农民工自主创业纳税起征点。对返乡农民工新创办的小型企业（即工商注册资本 3 万元以下），按期缴纳税款确有困难的，可依法延期缴纳。对从事个体工商户月营业额在 5000 元以下的，免征营业税；销售货物月营业额在 5000 元以下的或销售增值税应税劳务月营业额在 3000 元以下的，免征增值税。

为更好发挥地税职能作用，江西省地税局在 2009 年年初出台了《支持返乡农民工创业就业的税收优惠政策和服务措施》，近期又专门下发了《关于进一步贯彻落实支持返乡农民工创业就业税收优惠政策的通知》。一是全面实施支持返乡农民工创业就业“百千万”工程；二是采取措施，创优服务，促进支持返乡农民工创业就业税收优惠政策落实到位。拓宽宣传渠道，营造浓厚氛围。将支持返乡农民工创业就业税收优惠政策列入 2009 年全系统税收宣传重点，开展多形式、全方位宣传，确保政策家喻户晓，深入人心；三是督促检查，狠抓落实，确保服务返乡农民工创业就业工作取得明显成效。

（3）其他政策支持

一是为自主创业的返乡农民工减免行政事业性收费。在全面落实该省取消 125 项行政事业性收费政策的基础上，暂缓一年缴纳所有行政事业性收费，缓缴期满后仍有困难的，可再延期一年。认真清理规范好 15 项涉农收费，切实降低返乡农民工创业成本。

二是规范中介机构收费行为。对返乡农民工新创办的小型企业和个体工商户涉及的中介机构收费，两年内按以下标准收取：凡是由政府定价的中介机构服务性收费按收费低限减半收取，银行部门收取的抵押物贷款评估费也减半收取；不是政府定价的其他中介机构服务性收费均按最低价收取。

三是对符合条件的工业企业和个体工商户给予社保补贴和岗位补贴。对工业企业招用返乡的40岁以上农村劳动力、贫困户劳动力和被征地农民，并签订一年以上期限劳动合同、交纳社会保险费的，按实际招用人数和有关规定，给予工业企业一定额度的社会保险补贴和岗位补贴；对返乡农民工从事个体经营的，给予一定额度的社会保险补贴。

四是鼓励返乡农民工从事种养业。支持返乡农民工从事规模化种植养殖，并重点提供技术、信息服务。开展“助农兴粮151活动”，省级技术人员为千亩以上种粮大户提供一对一的服务。为创办茶场及在省级茶叶市场开设江西绿茶销售门面的农产提供良种、茶机、租赁费补贴。

五是扶持返乡农民工发展规模型经营主体。鼓励和扶持返乡农民工发展专业大户、农民专业合作社、农产品流通中介组织等规模型经营主体，优先安排资金扶持返乡农民工创办的合作社开展设施建设、技术培训、品牌创建、标准化生产。

二、政策效果及评价

各地认真贯彻中央有关精神，高度重视农民工返乡创业问题，在摸清情况、加强培训、激发创业热情、提供各种优惠政策、融资支持、创业平台建设等方面采取了一系列措施，取得了明显的成效。

一是农民工返乡创业带动了就业。湖南省作为劳务输出的大省，30万人返乡创业，带动了110万人就业。2009年1—4月份，江西省新增转移农村劳动力30.1万人，其中省内转移15.9万人。截至2009年4月底，全省304万返乡农民工中已有277万人实现就业创业，就业和创业人数占全省返乡农民工总数的91.1%[①]。

二是在全社会营造了创业文化的浓厚氛围。以江西省为例，该省2005年就提出了“全民创业，富民兴赣”的口号，号召“能人创企业、干部创事业、百姓创家业”，明确“创造财富的主体是人民群众，营造环境的主体是党委、政府”。要求各级党委、政府要明确自己在推动全民创业中的使命和责任，把工作着力点放在大力培育创业文化、营造创业氛围上，放在进一步深化改革、放开搞活，形成平等竞争、充满活力的创业机制上，放在加大政策、信息、技术、市场、资金、人才等方面的支持力度，建立健全全方位、多层次创业支撑体系上，放在进一步提升和创优政务环境、法制环境和用人环境上。充分调动各方面干事创业的积极性和创造性，让更多的创业者放心创业、舒心创业、创成大业。同时，利用各种新闻媒体，采取多种形式，集中宣传返乡农民工创业典型，宣传他们创业过程中的观念转变、曲折道路、成功经验和切身体会，在全社会营造积极向上的创业文化。

三是农民工返乡创业政策还需要更契合其实际，加大政策的执行力度，形成政策支持体系和有利于农民工返乡创业的长效机制。从外部环境来看，农民工培训模式有待改善与创新，在机构设置及管理方面目前关系还没有理顺，农民工培训机构目前尚未明确资金来源，培训积极性不高，培训质量不高。农民工返乡创业就业的政策环境仍然不够宽松。尽管国家和地方政府都为鼓励农民工创业就业出台了系列优惠政策，有的却缺乏操作性和可行性；而且宣传力度不够，农民工并未及时了解到创业就业所能够享受的优惠政策和服务；有的地方政府仍然习惯于“政府本位”，缺乏服务意识，没有切实保护农民工的生存和发展权利，在农民工创业就业的税费制度、土地制度、

① “江西逾九成返乡农民工实现就业创业”，http：//jiangxi.jxnews.con.cn/system/2009/05/22/011119594.shtml，2009年5月22日。

金融制度和培训制度等方面的政策尚不健全，未形成合力。

从农民工自身能力看，一方面，自身技术本领不够过硬，文化程度不是很高；另一方面，创业启动资金不足，企业管理能力不强，而且在经营理念、产品研发、技术创新、企业制度建设和市场开拓等方面缺乏系统的培训与指导。此外，农民工返乡为农村社会的稳定和谐发展、农业经济的持续增长带来了一定的影响与挑战，突出表现为：农民工就业压力大、农业增效压力大、农村和谐稳定压力大。如何审时度势、有序组织、正确引导、大力扶持，将农民工返乡对农村稳定、农业发展的消极影响降到最低是地方政府面临的紧迫任务。

第四节

返乡农民工创业情况问卷调查报告

为了解返乡农民工的真实情况，提出有针对性的政策建议，课题组于 2009 年 4 至 6 月向南昌、抚州、宜春、赣州、九江等地市发放问卷 650 份，与此同时，课题组深入到南昌县、新建县、湾里、南丰县、信丰县、上高县、武宁县等劳务大县（区），通过座谈和走访等方式，对农民工返乡创业和就业情况进行调查。旨在调查了解返乡农民工针对自主创业的所需、所想，以及在创业过程中遇到的问题。

调查问卷就返乡地、返乡原因、受教育程度、返乡前从事行业、政府服务等方面设置了 22 个问题，共 650 名返乡农民工接受了调查，有效问卷 600 份，有效率为 92.3%。

一、问卷所调查的返乡农民工的基本情况

被调查对象中，男性占 55%，女性占 45%。

出生年份：全部集中在1969—1989年间。

婚姻状况：未婚17%，已婚80%，离婚2%，丧偶1%。

从返乡前的工作地来看，大部分从省外返乡，且主要集中在珠三角地区、长三角地区、闽三角地区，占总数的81%。其中，珠三角地区占45%，长三角地区占25%，闽三角地区占11%。返乡前工作地在京津晋地区的占了10%，在本省的占总数的9%。

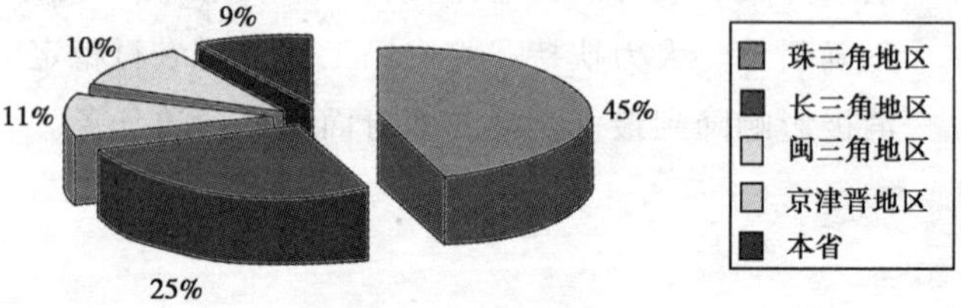

图4－1　返乡前务工所在地分布对比

从返乡农民工的受教育程度来看，返乡农民工普遍受教育程度较低。受访者中，初中以下文化程度的占总数的占59%，高中文化程度的占34%，大专文化程度的占5%，本科及以上文化程度的仅占2%。

从返乡前从事的职业来看，返乡农民工大多集中在劳动密集型产业和外向型产业。从事制造业的占53%，建筑业占20%，运输业占6%，采掘业占4%，住宿餐饮业占7%，其他占10%。

二、返乡农民工就业与收入状况

关于外出务工通过什么方式找工作，调查结果为，周边朋友推荐占51%，自己找占31%，通过劳务市场占15%，政府组织招聘占3%。调查发现，大多数人还是主要通过朋友介绍和自己找等方式来捕获务工信息，可见许多农民工获取工作信息的渠道比较闭塞，局限于自身生活的小圈子内，对于政府组织的招聘会场参与较少，参与相对较多的也只是各种劳务市场。从这点反映出，针对农民工务工的信息环境建设没有及时跟进，不能做到为广大务工人群所接纳。

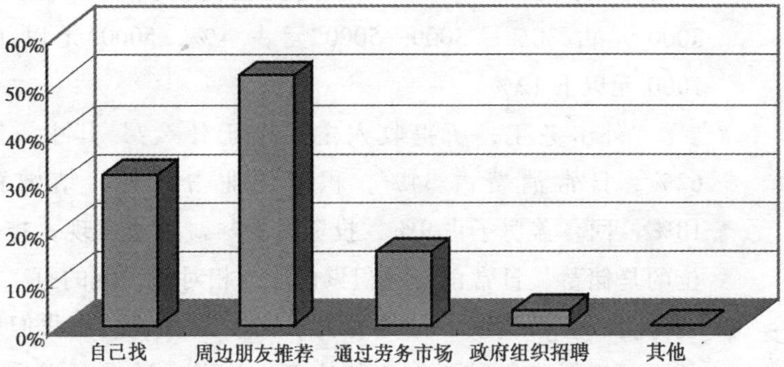

图 4－2　外出务工途径获取调查对比

在被问及“如果可以，您准备在外务工多长时间?”时，回答 3 年以下占 15%；3—5 年占 30%；5—10 年占 10%；10 年以上占 10% ；说不定，不好说占 35%。这说明，大多数农民外出务工都至少有 3 年以上的打算。受经济危机的影响，35% 的人选择了说不定，不好说，这表明农民外出务工对外部危机和压力的一种担忧。

从在外务工时间来看，截至目前在外务工时间为：1 年以下占 7%，1—3 年占 19% ，3—5 年占 37% ，5 年以上占 37%。从具体调查问卷结果来看，返乡农民工的务工工资是和外出年数关系不大，调查发现，有不少农民工在外务工时间为 5 年以上的，其收入与在外务工时间 1—3 年的农民工一样，在 1000—2000 元之间。

关于返乡的主要原因，被调查者选择的依次排序为：经济环境不好，找不到工作占 65%；权益得不到有效保障，不想干了占 38%；竞争性太强，压力大，无法负荷占 31%；地方政府实行创业优惠政策，引导鼓励农民工回乡创业占 28%；响应国家实施的强农惠农政策，回乡重新务农占 15%；劳资关系紧张占 11% 。由此可见，返乡的主因是外部压力，前三个选项充分反映了这一点。

从外出务工月收入情况来看，经调查发现，农民工在外务工时月收入在1000—2000元间的比例占到了54%，2000—3000元占30%，3000—5000元占4%，5000元以上0%，1000元以下12%。

“外出务工，所得收入主要用于什么?”其中，储蓄占62%，日常消费占34%，积累创业占21%，结婚育儿占18%，回乡盖房子占9%，投资占1%。调查发现，排序前三位的是储蓄、日常消费和积累创业。相对于传统的打工挣钱为了储蓄、日常消费、结婚育儿、回乡盖房子，让我们欣慰的是，积累创业占到了21%的比例。从以上数据可以看出，大多数的农民工传统消费意识还是比较根深蒂固，所得的收入开支还是更倾向于生活改善，因为是血汗钱，很难一次性开支很大，相对于投资由于经验知识等所限，他们并不愿意打没有把握的仗。

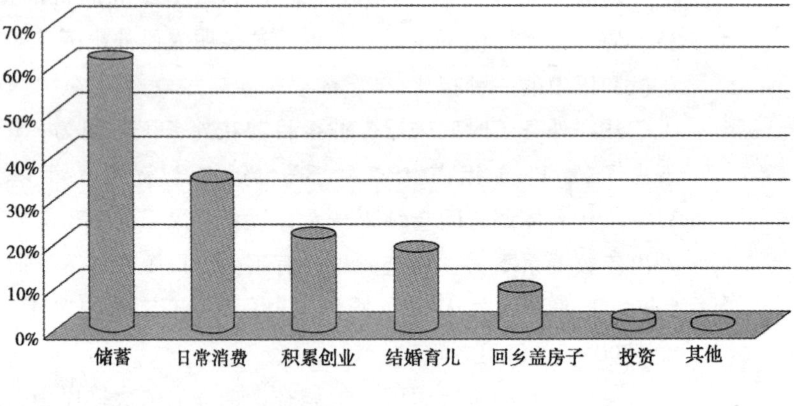

图4－3　收入用途对比

三、返乡农民工创业意愿与能力

关于返乡农民工目前是否有创业的想法，结果为：有，属于经济所迫占24%；有，条件成熟，很想创业占40%；没有，条件不成熟占25%；没有，有条件也不愿意创业占5%，无所谓占6%。通过这些数据可以看出，不少农民工还是有创业的想法的，这种创业热情还是值得肯定的。而在创业经历方面，有经历的占25%，无经历的占75%。这说明多数农民工还是延续传统的打工形式，缺乏创业的经验，也说明创业环境和创业支持政策不到位。

在被问及“如果还可以继续打工，您会愿意‘返乡创业’吗?”时，结果为：不会，还是继续在外打工赚钱占52%；会，想摆脱“打工族”，给自己做老板占33%；没想过，无所谓占15%。这些数据反映出，农民工务工的首要目标就是“赚钱”，只要能取得满意的收入，他们并不在乎务工的形式是什么，换句话说，若外面大环境没有发生变化，他们更喜欢安于现状。这有两种可能，一是他们创业的条件还不成熟，面对可能的风险，他们还在等待机会；二是他们头脑中并没有创业的理念，根本没有想到，也就是说没有“创业意愿”中的“意”或者是有“意”无“愿”。

关于创业的最大优势，调查结果为：有一定资金占9%，具有一定的经验技术占38%，政府的有利政策支持占8%，无优势占42%，其他占3%。可以看出，38%的人是有一定的经验技术，这类人群若创业很可能沿袭自己的技术，这是比较容易成功的创业形式。而9%的人有一定资金，农民工创业需要资金支持和信贷帮助。政府有利政策支持仅占8%，说明各级政府尽管已经出台不少鼓励性政策，但并不为农民工创业所认可。42%的人选择了无优势，这确实是一种现实的选择，说明大多数农民工对创业还是“一抹黑”，“创业意愿”要转化为“创业能力”、“创业实践”谈何容易。

关于创业的最大困难，调查结果为：缺乏创业资金占40%；缺乏经验技术占23%；创业风险太大占18%；缺少获取创业信息的渠道占7%；地方对创业项目的吸纳和承载力有限占7%；经济发展环境不理想，例如相关手续的办理、土地问题、企业周边治安环境问题等占4%；其他占1%。

从创业困难的调查可以看出，缺乏创业资金、缺乏经验技术、创业风险太大，这三项是选择比较多的项目，这些都是农民工心里第一时间想到的，也最能反映农民工的真实想法，如果这些方面能够最大程度的达到农民工心理的标准线，那么他们创业的动能将明显加大。所以，实行资金扶持、担保、信贷等措施，减轻税费负担，组织技能培训非常具有必要性。此外，遇到经济发展环境不理想，例如相关手续的办理、土地问题、企业周边治安环境问题等的占4%，这些可能是在已经作出创业动作之后会遇到的问题，由于大多数农民工还没有走到这步，所以该项选择比例会相对较少。

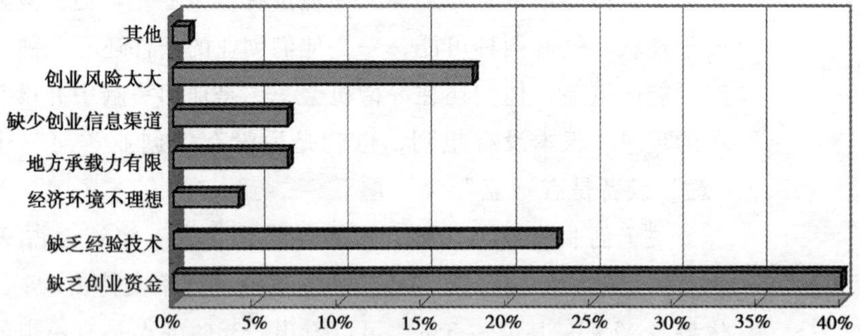

图4－4　创业困难调查对比

在被问及“您身边的农民工朋友有自己创业的吗?”时，结果是：很多占6%，比较多占14%，比较少占72%，没有占8%。可以看出，大多数农民工身边创业的人比较少，而且通过前面对工作信息获取途径的调查可知，农民工在选择工作方面受身边朋友影响较多，因此这题也间接反映出农民工创业不多的原因。

关于返乡后的就业意向：等经济复苏了，重返企业打工，继续做“打工族”占39%；自己或合伙创业占18%；在农村从事种植、养殖等工作，继续务农占10%；还没打算占31%；

其他占2%。通过调查可以看出，目前大多数农民工处于“观望”状态，一部分是等待着经济复苏继续“出征”，一部分还没有着落，这两部分人占了大多数，想转而务农的并不多，所以，在这段休整期可以开发返乡农民工的创业潜力，并方便各种利于创业的政策的出台。

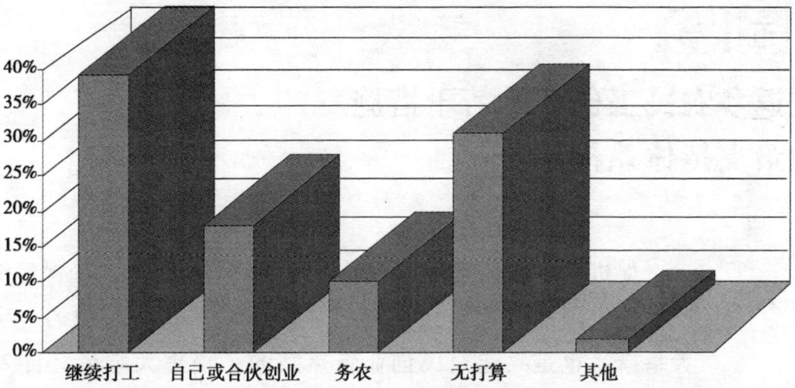

图4－5　返乡就业意向调查对比

在被问及“您是否掌握一定的生产或其他技术?”时，是的，怀计在身25%；正在学习技术70%；没有，靠卖苦力31%；其他4%。

四、返乡农民工对政府创业政策的评价与建议

在被问及“您认为当地政府有没有采取好的措施?”时，回答没有，政府不作为占11%；有，为创业者提供了一些便利占28%；不清楚情况占61%。这反映出，大多数政府政策和措施具有一定的作用，但并没有完全落实到每一个农民工个人，政策宣传存在不足。

关于“您希望政府提供什么样的创业支持政策?”，结果为：增加资金投入，建立创业基金，解决创业资金来源问题占85%；提供一些税费、信贷、土地等政策优惠，减轻创业负担占67%；降低创业门槛占38%；提供创业指导及各种信息服

务和政策咨询，进行技能、法规、管理等知识培训占32%；划定专门区域，放开地摊管理占25%。从农民工对政府创业政策的期望来看，还是主要集中在资金、信贷优惠、降低创业门槛上，同时多数农民工对于技能培训也是比较渴望的。

第五节 促进返乡农民工创业的若干措施与政策支持体系构建

促进返乡农民工创业，是应对国际金融危机、确保经济平稳较快发展的一项重大举措，是破解“三农”问题的一项重大举措，也是兴起全民创业新热潮的一项重大举措。自2008年10月以来，从中央到地方各级党委、政府对返乡农民工创业、以创业带动就业给予高度重视，制定了一系列针对性很强的政策措施，通过降低准入门槛、提供免费创业培训、减免行政收费、增加小额贷款等措施，进一步加大扶持力度，对促进返乡农民工创业发挥了积极作用。但由于种种原因，返乡农民工创业目前仍面临创业机会不足、创业能力缺乏、创业环境不佳等问题，存在不少实际困难。我们认为，我们还需进一步完善政策措施，构建政策支持体系，进一步促进返乡农民工创业。

一、促进返乡农民工创业的若干措施

（一）激发返乡农民工的创业热情

通过大量的宣传引导，帮助返乡农民工认识当前有利于创业的形势，让返乡农民工了解政府已出台的鼓励创业政策，帮助他们打消对创业的顾虑，克服害怕创业失败的恐惧心理；主动发现返乡创业的好典型，及时表彰优秀创业者，广泛宣传他们的创业事迹、创业精神，增强返乡创业农民工的光荣感、责

任感和自信心；引导全社会尊重、关爱和扶持农民工返乡创业，吸引更多农民工返乡创业。总之，要尊重返乡农民工的创业意愿，进一步激发他们的创业热情，营造人人想创业、个个敢创业的浓厚氛围。

（二）优选返乡农民工的创业项目

有了创业机会，还得设计好具体的创业项目，比如，项目的技术选择、投资规模、融资方式、创业团队、组织形式（包括产权结构、内部机构设置等）、场地需要、商业模式、创业计划，等等。返乡农民工由于自身的能力所限，难以完全依靠一己之力做好这些事，这在一定程度上会影响他们的创业积极性和成功率。为此，需要设立专门的机构、配备专门的人员、提供专门的服务和帮助，这也是扶持返乡农民工创业的重要内容。返乡农民工一旦发现了创业机会、有了创业意愿，各级干部和专业人员就要帮助他们设计创业项目，并根据他们的实际资源情况优化项目，包括选择最合适的技术、确定最合适的投资规模与融资方式、组成较理想的创业团队、设计最合适的组织形式等。

（三）提升返乡农民工的创业能力

缺乏创业能力是影响返乡农民工创业的重要因素，为此，必须加强对返乡农民工创业的培训，努力提高他们的创业能力。培训的重点应放在如何识别创业机会，如何开办创业项目，如何与客户、银行等打交道，如何搞好经营管理（包括生产管理、产品营销、员工管理、成本控制与财务管理）上。各级政府的劳动部门要针对有创业意愿的返乡农民工开展创业培训，培训不能只讲大道理，要结合实际，让农民工有亲身实践的机会；动员当地成功的企业家和经营能手参与培训，用他们自己的经验来教育农民工创业者，同时让他们组成相关的咨询、培训教导队伍，在正式培训之外为农民工创业者提供有益的指导和帮助；调动大专院校、职业学校、咨询培训机构、行业协会、社会团体等各种社会组织和中介机构的积极性，让他们都来参与农民工创业的培训与咨询工作。

（四）改善返乡农民工创业的硬件条件

返乡农民工创业主要在县城和乡镇所在地等中小城镇，这些地方往往并不完全具备创业所需的各种硬件条件，因此，为返乡农民工创业提供有利的硬件条件十分重要。如果返乡农民工创业从事的是加工制造业，那就应当提供厂房、交通、水、电、气等基础设施，同时解决工业污染的集中排放和处理问题。一方面，可以利用现有工业园的空地新建相应设施，也可以利用园区内已有的闲置设施；另一方面，应以城镇为中心，搞好小城镇发展规划，建立专门的农民工创业园，为返乡农民工创业创造良好的条件。如果返乡农民工创业从事的是商贸服务业，那就应当提供场地、店面，统筹规划城市街面、道路设施，在城市管理方面可以适当放宽管制，在不对市容市貌产生较大影响的前提下尽量为创业的摊贩和个体户提供生存和发展条件。有条件的地方可在中小城镇建设商品流通、专业批发市场等创业所需的公共基础设施。如果返乡农民工创业从事的是种植、养殖等农业生产，那就应当为他们提供必要的土地、山林、水面等生产资料和配套设施。总之，要加速新型城镇化步伐，改善投资硬环境，营造农民工创业乐园。

（五）解决返乡农民工在创办企业中遇到的经营管理问题

扶持返乡农民工创业，不能仅限于帮助他们把企业创办起来，还必须帮助这些企业生存、发展、壮大。企业要生存发展，就得保证产品销得出去、货款收得回来、成本降得下去、资金融得进来、员工留得下来。当前要着力从以下三个方面解决返乡农民工在创办企业中遇到的经营管理问题，即产品销售、低成本融资和引进人才。产品销售问题是创业者面临的第一个问题。在国际金融危机背景下，由于市场不旺、本地的需求有限等，使产品销售难度更大，这也是许多农民工不敢创业的重要原因。为此，除企业自身要加大产品销售力度、采取各种有效的促销措施外，各级政府特别是当地政府要为企业的产品销售提供帮助和服务。比如，建立各种机构和平台，为产品销售提供信息、寻找市场；成立专门的促销队伍，推销本地企业产品；引进外地销售组织和人员，帮助推销本地产品；充分利用互联网，开展网上销售和电子商务，等等。解决创业融资问题早已成为社会广泛关注的问题，各级政府和有关部门也制定了许多政策措施，现在的关键问题是要进一步加大落实和执行政策的力度。缺少优秀员工是农民工创业面临的另一个问题。为此，创业者要高度重视人才问题，做到用事业留人、用待遇留人、用感情留人；地方政府要加快城镇建设步伐，提高居住生活、文化教育、娱乐休闲等方面的社会综合功能，让人才在小城镇也能享受到城市化服务，缩短他们的心理差距，从而不但留住当地的技能型人才，还能吸引外地的人才来打工。

（六）构建返乡农民工创业的服务平台

创业是一个持久的过程，是一项复杂的工作。成功创业需要全方位、全过程的服务，农民工创业由于各种主、客观条件所限，更需要周到、细致、长久、有效的服务。因此，应当成立专门的指导服务机构，提供创业辅导、培训和信息技术服务；整合与农民工返乡创业有关的金融机构、科研机构、咨询机构、策划机构、行业组织和其他社会中介机构，使之相互协调，形成多方参与的农民工返乡创业服务网络；有条件的地区可依托现有机构成立农民工返乡创业者指导服务中心和中小企业情报中心，为返乡创业农民工提供创业培训、市场信息、开业指导、管理咨询、融资指导、企业诊断等服务。

二、构建促进返乡农民工创业的政策支持体系

构建促进返乡农民工创业的政策支持体系主要包括：财

政、税收、金融、产业、土地、市场、环境优化等政策，以此形成促进返乡农民工创业的长效机制。

（一）财政政策

在公共财政支出方面，根据公共财政支出的基本原则，国家财政要注重国民经济基础产业，从国民经济全局的协调、稳定和可持续发展的角度加大对弱质产业及其他市场经济主体的财政投资与补贴力度，促进这些产业与市场主体的成长[①]。农民工返乡创业是整个经济体系的新生力量，是解决金融危机下我国农民工就业压力问题的重要途径。返乡创业搞活一方经济，实现了从“输出一人、致富一家”的加法向“一人创业、致富一方”的乘法转变，对我国经济的复苏和再发展具有可持续性的建设意义。因此，在财政扶持方面政策建议如下：

1. 加大财政投入，创建良好硬件环境

国家要加大对于各省市地区基础设施建设的财政投入力度，突出抓好交通运输设施建设，小城镇道路、水、电、通信等基础设施及其配套设施建设，积极创建“工业园”、“返乡创业园”和“返乡创业一条街”等创业基地，不断增强危机重创后各城镇创业项目的承载能力，减轻返乡创业者的额外投资压力；要降低准入创业的门槛，对返乡创业农民工开“绿灯”，允许其“先上车，后补票”，并成立返乡农民工创业管理单位，实时、统一地向业主提供最新政策和信息指导，代理业主办理相关的证件和手续等。

2. 加大财政补贴，提供优惠政策

根据我国目前的实际情况，加强针对返乡农民工创业的补贴，帮助解决实际问题。对于返乡创业，特别是创办了一些环境友好型、资源节约型的经济实体，能够解决当地就业以及留守人员问题的，政府要在日常必需公共品的使用上给予一定的

① 李含琳：“构建扶持农民工返乡创业的政策体系”，《柴达木开发研究》，2008 年第 6 期。

政策倾斜。例如，可以降低土地资源和用水、用电的费用，专门提供给返乡创业的农民工，这部分由国家财政予以补贴其差价。此外，中央和地方可以共同拨款设立“扶持农民工返乡创业基金”来支持创业，这部分资金可用于农民工返乡创业的贷款贴息、技能培训和创业担保等。

3. 实行预算优先，推行义务培训

建议政府在整体财政预算中优先安排资金用于返乡创业项目，同时将所涉及的培训、开发、扩张的费用收归其下，由当地劳动与社会保障部门负责策划、组织，开展创业人员技能培训活动。首先，要加强对返乡创业农民工的培训，指导他们如何创办和改善企业，如何要致力于品牌建设，严抓规范，促进延伸。同时，要积极创建培训基地，拓宽培训领域，打造充实、一流的培训师资队伍。还可以邀请著名企业家、高校学者教授、成功创业人士不定期开展专题讲座，向返乡创业业主宣传国家引导与扶持返乡农民工创业的优惠政策，帮助他们分析宏观经济运行形势，了解市场发展动态和消费需求，传授先进的生产技术和现代经营管理理念，进行全方位的项目论证和企业发展诊断，解决他们生产经营过程中遇到的实质性困难和问题。其次，还要加大针对开展农民工职业技术技能培训工作的财政投入。鼓励专业技术人员用技术与农民工创业“联姻”，引导农民就近转移，通过提高劳动者的素质促进创业取得成效。还可以根据返乡创业所需技术、工种等，引用“量贩专项培训”的方法，市场、自主创业者需要什么样的人才就培养什么样的人才，为返乡创业提供熟练工人，降低企业的生产运营成本，提高生产效率。其中涉及的费用财政均要有所预算和拨款。

（二）税收政策

农民工创办的经济实体一般规模较小，竞争力较弱，抗风险能力差。所以，政府应该提供一些例如税费减免、优惠税率和延期纳税等优惠政策，加以扶持。

1. 在农民工返乡创业初期，实施税收减免政策

根据税收公平原则，在农民工返乡创业处于起步阶段时，实施一定期限的税收减免政策。例如，可以出台“关于鼓励和引导农民工返乡创业的若干意见”，规定对农民工返乡创业兴办的经济实体，3年（或月营业额达到一定数额）内免征企业所得税，并在用地、用水、用电上优先保障。立足现实、着眼长远，尽可能多地扶持农民工创办的运作可行的经济实体，鼓励帮助其发展壮大，提供“最惠政策”扶持其发展。本着“做小做多”、“做大做强”的“质、量双优”原则看待返乡创业事业，待这些经济实体发展到成熟阶段有承担税负的能力时，再按国家标准对其进行税收征缴，吸纳其进入正规纳税企业团队。江西省地方税务局出台了12条税收新政支持返乡农民工创业，为返乡农民工创业就业提供及时有力的税收支持和优质的纳税服务，切实支持返乡农民工安居乐业，更好地促进全省经济社会和谐健康发展，取得很好的效果。①

2. 税收优惠政策要有针对性

根据农民工创业的不同性质和行业的不同特征，规定不同程度的税费减免期限。而且，要保证农民工所创产业和其他发展非公有制企业、农产品加工业等具有同等的优惠政策。

---

① 12条税收新政的内容为：1. 在全省范围内营业税起征点不再划分区域，月营业额统一调高至5000元。2. 对农民工符合残疾人税收优惠政策条件的，按规定享受残疾人税收优惠政策。3. 对返乡农民工创办的企业在生产经营中因发生永久或实质性损害的财产损失，实行即报即批政策，可抵扣当期的应纳税所得额。4. 对企业安置残疾农民工的，在按照支付给残疾农民工工资据实扣除的基础上，再按照支付给残疾农民工工资的100%加计扣除。5. 对返乡农民工创办的企业，按规定缴纳房产税确有困难的，实行减半征收，并下放到县级地税局审批，由一个年度审批一次改为半年审批一次。6. 对返乡农民工创办的企业，按规定缴纳城镇土地使用税确有困难的，实行减半征收，并下放到县级地税局审批，由一个年度审批一次改为半年审批一次。7. 对从事个体经营的返乡农民工，从开业起两年内，免收地税发票工本费。8. 对返乡农民工创办企业或从事个体经营，一律免收税务登记证工本费。9. 返乡农民工创办的企业符合企业所得税法及其条例中优惠政策的，一律下放到县级地方税务局审批。10. 返乡农民工创办企业或从事个体经营，按期纳税申报确有困难的，可以延期申报，延长的期限由县级地方税务局审批。11. 返乡农民工创办企业或从事个体经营，按期缴纳税款确有困难的，可延期三个月缴纳，缓缴期内免收滞纳金。12. 对需要办理涉税事项的返乡农民工，一律享受绿色通道服务，预约服务、节假日服务和上门服务，并以最短时间办结。

3. 返乡创业农民工可享受与招商引资同等条件的税收优惠政策

在我国，招商引资往往会有一些优惠政策，要保证返乡创业的农民工可以享受同等条件的优惠政策。目前处于金融危机压力下，与往年的农民工创业不同，现在的数量更多，规模更大，优惠政策能更多程度上吸引返乡农民工走向自主创业的道路，而不至于造成大量劳动力的闲置，同时又能为时下的就业压力“降降火”。现在正是农民工返乡创业的起步阶段，可以在三五年内暂不收税，稳定后再补。

4. 对于为城乡低收入群体就业、再就业作出贡献的企业，比照城市相关政策要给予一定的鼓励优惠政策

所创企业凡吸纳下岗失业人员或农村富裕劳动力、失地农民并与其签订 1 年以上劳动合同的，按实际安置人数定额依次减免其当年缴纳的营业税、城市维护建设税、教育费附加和企业所得税等。

（三）金融政策

金融属于信贷政策，受金融资产规模的限制；而投资属于产业政策，受国家宏观政策的引导。不论是从国家金融和投资政策调整的角度来看，还是从扶持新生经济形式的角度来看，国家都应该重视并出台农民工返乡创业金融扶持政策。因此，建议如下：

1. 加大金融宣传力度，创新金融产品

此次金融危机是对全球金融体系的一次重创，也为市场中广大的经济实体敲了一次警钟，建议各金融机构首先充分利用这段金融“休整期”，深入农村慰问返乡的农民工，有针对性地开展金融政策、金融知识竞赛宣传活动；可以进一步地改进宣传方式，尽量采用一些农民工易于接受的方式，例如：家庭访问、文艺会演、知识竞赛、评选先进创业户等方式，借助广播、电视、杂志报纸等媒介，将金融知识、最新的金融政策传

递给农民工，帮助其分析当前的市场经济形势，观察再就业动态，监测事态发展，提高农民工的金融知识水平，并满足农民工多样化的金融服务需求。其次，要加大金融设施投入力度，努力提高金融服务，建议各金融机构可以尝试建立农村“金融加油站”、“法律讲堂”，第一时间提供金融信息、政策和咨询指导服务，同时为农民工专门解决与金融政策相关的法律法规问题。

2. 引导“金融下乡”，推行贷款贴息制度

由于大部分农民工外出务工，收入不高，资金积累有限，缺少创业资本，因此信贷机构要在法律允许范围内，对返乡创业的农民工提供最大限度的支持。一方面要加快信贷改革，勇于创新。其一，鼓励将金融机构“做细化”，可以在乡村和城镇社区中“撒下种子”，建立中小金融机构，把主要目标客户转向农村的中小企业。其二，鼓励其他商业银行到农村地区设立营业厅，重点是对小企业发展较好的县域要实现经营网点稳中有升，继续加大农民工银行卡特色服务推广力度。其三，加强担保机制，拓宽联保贷款覆盖面，可以考虑设立行业协会基金担保公司。建立行业协会，政府做东，要求成员企业根据企业的发展规模，按企业利润的一定百分比提取费用组成行业协会基金，再用协会基金做担保，为符合要求、有发展前景的新企业和进行规模扩张时遇到融资困难的企业向银行贷款做担保。另一方面，政府要为农民工设立农民工返乡创业专项扶助基金，同时协同金融机构为返乡创业提供低息或无息贷款，利息差额由国家财政予以补贴。对农民工在贫困地区创办的企业，符合扶贫贷款贴息条件的，优先给予扶贫项目贷款贴息。

3. 加大政策性金融扶持力度，对农民工返乡创业进行特殊融资扶持

金融危机导致全球受创，我国无论城市还是农村，表现出大范围经济不景气现象，为缓解不发达地区有限资金过多流入城市，造成的农民工返乡创业融资难、资金供给短缺、贷款利

息高等问题。各金融机构应该努力为返乡创业农民工提供“额小期长”、“息低面广”的贷款，优先给予小额担保贷款支持，降低贷款抵（质）押标准，规定创业人员的房屋产权、土地使用权、机器设备、大件耐用消费品和有价证券以及注册商标、发明专利等均可作为抵（质）押品。还要逐步建立和完善农民工返乡创业的服务体系，从创业辅导、融资担保、产权交易、技术创新、信息咨询、人才培训、市场开拓、法律援助、纠纷处理等方面，为农民工返乡创业提供全方位、多层次、人性化的服务。此外，还可以创办发展针对中小企业和农村社区服务性强的金融组织，鼓励商业化程度较高的农村信用社坚定不移地走商业化改革、市场化经营的道路，充分发挥农村信用社为农业、中小企业服务的作用。加大对返乡创业者的信贷支持，可以引入“村镇银行、社区银行”并进行试点工作，扶植民间融资，推进新型农村金融化。同时，要明确统一贷款口径，严格规范，建立新型信贷激励和考核制度，调动信贷人员工作的积极性。

4. 创新金融产品形式

由于农民工返乡创业具有起点低、起步迟、业务分散、经营灵活等特点，需要金融机构提供富有特色的金融产品。加强金融产品创新，就要多多进行实地调研，依据农民工实际情况和需求，开发适合农民工返乡创业的金融产品，加大对返乡创业的信贷支持，特别在贷款产品上要以建立科学的定价机制和风险控制机制为基础，为返乡农民工量身订制金融产品，切实解决农民工贷款难问题。

要建立小额贷款绩效评价机制，对创业成功率、贷款发放额度、带动就业的倍增效益、贷款回收率等指标进行科学评价；积极探索农村小企业联保贷款、小额信用贷款、仓单质押贷款、法人与自然人联名等有效形式；还可以开办固定资产抵押贷款、动产质压贷款、个人委托贷款、自然人担保贷款和同一区域、行业、优质民营企业联保互保贷款等。对具有经济发展潜力、存在技术创新的采用信用贷款与抵押贷款组合、整贷整还等方式，对贷款额度和还贷时间进行解限。研究放宽农村地区抵押物的范围，如允许小城镇的企业地产包括集体所有土地的使用权，以及农村宅基地的使用权、自留山的使用权、房屋产权做抵押。建立中小企业发展和返乡创业的信贷扶持担保机制，实行财政和金融结合，给予贴息等优惠政策。返乡创业农民工创办的小型企业，吸收农村青壮年上富余劳动力、城镇下岗失业人员和失地农民等扶持对象的可按规定享受小额担保贷款，并给予贴息。建立对金融机构的风险补偿机制，即由地方财政、农民工创办的企业按一定比例出资建立农民工返乡创业风险基金，金融机构可以将一定的贷款收益注入该基金，在出现贷款损失时按顺序，以一定比例从补偿基金中对金融机构的损失予以弥补。同时建立直接奖励制度，由政府出资对支持农民工返乡创业中作出突出贡献的金融机构予以直接奖励。

（四）产业政策

返乡农民工创业不仅可以一定程度上带动当地经济的发展，还可以吸纳一些盈余劳动力，解决当地民生问题，因此，对应该把返乡农民工创业整体纳入国家产业发展格局，进行高效率配置。

1. 将农民工返乡创业列入地方发展规划

各级政府要把农民工返乡创业规划到当地经济发展的规划蓝图中，通过鼓励、扶持和管理等手段，提升返乡创业农民工的创业素养，使之成为“有后盾、有准备、有计划、有能力”的“四有群体”，并逐渐可培养为带动区域经济发展的骨干力量。

2. 营造良好的农民工返乡创业环境

返乡创业可以为当地引进先进技术和产业资源，各级政府和金融机构要大力优化投资环境，制定优惠政策，吸引和扶持农民工返乡创业。同时，要建立“档案信息库”，对外出务工和返乡创业的优秀人员进行信息登记，并定期走访，及时发现问题及时予以帮助。同时，可以将外出务工、外地创业和返乡创业三者联合起来发展，三者之间可以实现信息共享、人才共享、协作培训等，建立一个“三角循环链”，保持动态平衡。此外，农民工返乡创业应适当向小城镇集聚，将生产经营场地纳入城乡发展的日程规划，根据实际情况，开发园区建设。努力实现生产管理统一，共同治理、集约用地、孕育产业集群。可在现有的各类园区中，建设一定比例的廉租厂房，支持农民工返乡创业。

3. 加强产业指导，注重生态可持续发展

将农民工返乡创办的生产经营场地应纳入城乡发展规划，力求实现基础设施共享、集中污染治理、集约利用土地、培育发展产业集群，走可持续发展创业道路。

（五）土地政策

当前和今后一个时期，既要保证农业用地，还要为发展和创业提供足够的土地资源，这是我国经济社会发展面临的一大矛盾。为缓解这一矛盾，必须改革创新土地政策。

1. 加强法律建设，规范土地政策

建议国家可以制定试行“关于扶持返乡农民工创业的土地政策意见”，对于金融危机下农民工返乡创业用地问题，还是应该以保护资源为前提，坚持走可持续发展道路。开发土地过程中，要根据当地返乡创业农民和创业环境的实际情况，充分利用小城镇和乡村的存量非农建设用地，包括闲置土地、厂房，调整合并的机构、学校用地，村镇边角地等，主要围绕开发农村存在的荒芜土地，做到“垦荒优先，节约使用，有占有还”。

2. 创业场地要纳入城乡发展规划

创业场地应尽可能的被吸纳到城乡发展总体规划中，接受统一筹划管理。政府可依法采取划拨、廉价租赁等方式出让土地使用权，因地制宜，妥善解决农民工返乡创业用地问题；更应该鼓励和支持返乡创业的企业进入工业园区、集中区聚集发展；有条件的地方可建设专门的创业园、创业基地，根据需求划定一部分土地建设经济实用的生产厂房、车间等。针对返乡农民工创业所需用地，提供土地租用优惠政策。在法律允许的范围内，根据创业项目的不同确定土地的合理使用年限，对新办企业采取几年内免除征税，所得税要等到项目赢利、企业运转良好后方可征收，并可适当延长开征时间。对经济效益不佳的企业实行合法范围内的降低税率或免征，对仍有发展潜力的企业应给予补贴，并且允许在施工、经营期间（合同期内）依法转让、出租、抵押，而且可以以依法获取的土地使用权作价入股，兴办股份制和股份合作制经济实体。在符合城乡规划、安全、环保等要求的前提下，返乡创业者家庭住宿租借房、临时商业用房也可视为经营场所。

3. 给予适当的土地优惠政策

返乡创业者兴办符合无污染、安全、干扰因素少的小型加工项目，经乡镇政府同意，允许其在自身住宅一定范围内搭建简易生产、经营用房，水电供应部门应给予支持。同时，要严把身份审核机制，防止一部分人假借返乡创业之名，乱圈地、乱占地。若返乡创业人员开发乡镇内的荒芜土地用于创业，或从事生态环境建设和发展林牧渔业的，土地使用权应无偿划拨；若创办工业性生产、农业产业化、城市基础设施建设等带动区域经济发展的具有发展潜力的项目，要适当推行相应的土地使用优惠政策。

（六）市场政策

由于大多数农民工经验不足，创业条件不充分，因此，在市场政策方面要予以照顾。

1. 规范收费项目，推行一站式服务

对于公共服务性的收费，可以按最低限额收费。返乡创业者申请办理各种手续，应该在最短时间内帮助解决，可以开设返乡农民工创业专属窗口，优先办理返乡创业者的证件手续。同时，设立绩效考核、监督管理机制，严格管理政府行为，禁止一切乱检查、乱摊派、乱收费、乱罚款的行为。监察机构和部门要建立百姓投诉系统，对于侵犯企业合法权益、干扰正常经营的违法违规行为第一时间查办处理。依法维护返乡创业者的人身财产安全，创造良好的创业经营环境。

2. 开辟绿色通道，实行市场主体准入“零收费”

开辟农民专业合作社注册登记“绿色通道”，对返乡农民工从事个体私营经济和登记注册为农民专业合作社开展预约服务、延时服务和上门服务，农民工返乡从事农村个体经济活动，办理个体工商户营业执照时，并免收登记费、工本费等费用，并不再进行年度检验，扶持其发展。

3. 降低准入门槛

创业准入范围可以扩大到凡是国家法律法规允许开设的所有行业和领域，只要创业者有意愿的都应该予以准入。若返乡农民工开创的企业属当地重点发展行业，且建立后会对当地经济和民生问题带来正效益的，对于其创办资金准许分期付款。在符合城乡规划、环保等要求的前提下，返乡创业者的家庭住所、租借房、临时商业用房，可视为创业经营场所。

第五章

农村劳动力培训

农民文化素质不高，劳动技能缺乏是影响农村剩余劳动力转移数量和层次的一个重要因素，逐步提高农民文化素质和技能水平是实现农村剩余劳动力顺利转移的基本前提。近年来，有关部门在不同的领域内开展了对农村劳动力的培训工作，这些培训对提高农村劳动力的素质、推动农业结构的调整和促进农村劳动力转移起到了一定的积极作用，并积累了经验。但从总体上讲，我国农村劳动力整体素质低下的状况并没有得到根本改变，农村职业培训工作还缺乏体制、政策和经费上的有力支持，远远不能适应经济社会发展的要求。因此，加强对农村劳动力的培训，建立农民工培训的长效机制迫在眉睫。

第一节

加强农村劳动力职业技能培训[①]

一、职业技能素质是制约农村劳动力转移的重要因素

（一）农村劳动力素质现状

从文化素质来看，2003年农村劳动力中初中及初中以下文化程度的占到87.6%，平均受教育年限仅为5.6年（表5-1），转移出去的农村劳动力中初中及以下文化程度的也占到87.5%（表5-2），平均受教育年限为5.9年。从中可以看出，外出劳动力的文化素质略高于农村劳动力平均水平，但平均受教育年限尚未达到6年。

表5-1　农村劳动力的文化素质状况　单位：%

文化程度	2003年	2000年	1999年	1998年	1997年
文盲、半文盲	7.39	7.05	8.21	8.64	9.37
小学	29.94	32.82	33.45	34.63	35.43
初中	50.24	48.54	46.68	45.67	44.75
高中	9.68	9.37	9.65	9.26	8.96
中专	2.11	1.78	1.63	1.47	1.19
大专及以上	0.64	0.44	0.39	0.33	0.29

数据来源：劳动保障部、国家统计局《中国农村劳动力就业及流动状况2000》，其中2003年数据来自于《中国农村统计年鉴2004》。

① 本节选自农业部软科学课题“加强农村劳动力职业技能培训的方式和方法研究”（课题编号：200424），课题主持人：林德明。

表 5-2　　农村转移劳动力的文化素质状况　　单位:%

	2003 年	2000 年	1999 年	1998 年	1997 年
文盲、半文盲	26.2①	1.20	1.50	1.57	1.87
小学		18.14	18.61	19.88	21.32
初中	61.3	61.24	59.74	58.66	58.50
高中	12.5②	13.38	14.23	14.30	13.77
中专		4.65	4.62	4.33	3.51
大专以上		1.40	1.30	1.26	1.03

说明：①包括小学文化程度以下的比例，②包括高中文化程度以上比例。

数据来源：劳动保障部、国家统计局《中国农村劳动力就业及流动状况 2000》，其中 2003 年数据来自于农业部农村固定观察点办公室发布的数据。

掌握专业技能方面：2003 年，在农村劳动力中有专业技术职称的比例仅为 0.5%，受过职业教育或培训并获得证书的农村劳动力的比例为 3.8%，受过专业技能培训的比例为 9.1%，外出劳动力中有专业技术职称的比例为 2.4%，受过培训并获得证书的比例为 18.5%[①]，据我们在浙江省的调查数据，外出劳动力中，受过职业技能培训的也仅占 29.7%。上述统计数据表明：我国农村劳动力和农村转移劳动力无论是文化素质还是职业技能素质都很低下，这就是我国农村劳动力的人力资本现状。

（二）农村劳动力素质低下 = 就业面狭窄 + 工资待遇低

素质低下使得劳动者在劳动力市场上处于非常不利地位，大部分农村劳动者进镇或进城只能进入小零售、小批发、小餐馆和一些劳动强度大、报酬低的行业。据统计，2003 年农村劳动力外出就业，从事建筑业、餐饮业、运输业、商业的分别占外出劳动力的 26.1%、9.3%、7.0% 和 7.7%。[②] 企业方面

① 资料来源：农业部农村固定观察点办公室公布的 2003 年农村劳动力外出就业情况。

② 资料来源：同注释①。

普遍认为，这些劳动力学习能力差、观念陈旧、缺乏技能，雇佣他们要花费一笔培训费用，因此他们的工资较受过职业培训的劳动者要低，当企业裁员时，首先被裁掉的也是这批劳动者。

（三）低素质劳动者的买方市场：权益保障大打折扣

由于悬殊的城乡比较收益，狭小的城镇就业空间也给亿万农村劳动力以极大的吸引力。毕竟外出务工的收入是看得见的，总比一年到头呆在家里吃老本要好，农村劳动力进镇进城的收入要求是很低的，只要能够就业，挣到一点收入，什么条件都可以答应，什么权益都可以不要。

我们的调查表明，大部分劳动者没有和企业签订劳动合同，也很少能与城市职工一样参加社会保险。在江苏省太仓市璜泾镇，已就业的8000名农村劳动者中，只有30%的劳动力与业主签订劳动合同，20%的劳动者参加社会养老保险①。其他很多城镇，如山东省临朐市冶源镇、江苏省扬州市西湖镇等，绝大多数进镇农村劳动力既没有签订劳动合同也没有参加任何社会保险。

当自己的利益受到损害时，这些劳动者中很少有人会通过法律手段来维护自己的利益，即使能够想到法律手段，但往往因为没有书面合同而使自己处于不利地位，只好自认倒霉。在山东省郓城县郓城镇，1999年该镇的一家石料粉碎厂里，一位进镇农村劳动者被粉碎机轧断了一只手，最后只得到了1000元的医疗费；另外一家小砖厂，砖窑塌方，一个农村劳动者被砸死，私营业主携款逃跑，那位惨死的农村劳动者家属竟没有得到任何赔偿②。

低素质劳动力市场供求的巨大反差，使这些劳动者成为劳动力市场弱者中的弱者，他们可能为了就业暂时还没有想到权

① 资料来源：本课题调研资料。

② 资料来源：百镇小城镇发展与农村劳动力转移调查分析课题组调查资料。

益的保护，或者为了就业不能坚持权益保护，恶劣的工作环境、难以预期的收入甚至人身安全都难以保障，相当一部分在外务工的农村劳动者在用健康甚至生命维系着我国经济腾飞的低成本优势。在我们一直津津乐道我国劳动密集型就业的潜力和农村劳动力转移的重大贡献时，严肃地考虑并实现他们的劳动权益保障问题已是刻不容缓。

综上所述，我们可以推断，如果能全面提高农村劳动力的文化技能素质，不仅能促进他们向非农产业和城镇地区转移，提高转移务工的收入，而且能使其转移更加稳定和可持续。而提高农村劳动力的技能素质最有效的措施在于培训。

二、农村劳动力的培训需求及其制约因素

（一）农村劳动力对培训的潜在需求

2004年，安徽省“阳光工程”办公室对农村固定观察点18个村、1336户农村劳动力开展了调查。在回答“是否愿意接受培训”这一问题时，调查户中希望接受培训的农村劳动力占87.2%；在愿意接受培训的农村劳动力中，有56.9%的人希望接受进城务工实用技能和进城务工公共知识培训，有38.4%的人希望接受农业实用技术培训[①]。农业部固定观察点31个省的20089户、83536人的调查数据也表明：农村劳动力对参加职业技能培训表现出了较强的动机。上述调查结果表明，农村劳动力普遍希望接受培训，对培训有较强的潜在需求。

（二）制约农村劳动力培训的因素分析

同样的调查数据也表明，目前我国农村劳动力中，受过专业技能培训的仅占9.1%，在新转移的农村劳动力中受过专业技能培训的仅占18.6%。与超过80%的农村劳动力希望接受

① 安徽省阳光工程办公室：“农村劳动力普遍接受培训，要求政府提供培训帮助”，http：//www.nmpx.gov.cn。

技能培训形成鲜明反差。那么，制约农村劳动力技能培训的因素是什么呢？解决这个问题是我们探讨改善和加强农村劳动力培训方式和方法的基本前提。

1. 培训费用是制约农村劳动力培训的主要原因之一

以车工培训为例，在我们调查的各个技工学校的学期和收费标准不尽相同，以平均值计算，一般初级车工需要学习两个月，学费800元左右（不包括鉴定费300元），再加上生活费用、教材等总共约需1200元左右。从绝对值上来看，这的确不是个大数，但是对农村居民（尤其是贫困地区的农村劳动力）而言，拿出这笔钱还是比较困难的。农业部和安徽省农村固定观察点的调查数据也表明了这一点：在影响接受培训的因素中，资金列第二位占31.6%（表5－3）；调查对象选择可接受的培训费用在500元以内的占91.7%（其中选择培训费用在100元以内的占54.3%，100—500元的占37.4%），500—1000元的占6.7%，1000—2000元的占1.6%（表5－4）。

表5－3　制约农村劳动力接受培训的主要因素　单位：%

制约因素	没有合适的培训班	资金	没有时间	培训中学不到东西
比例①	39.6%	31.6%	19.7%	9.1%
比例②	42.8%	32.5%	17.2%	7.5%

资料来源：①农业部农村固定观察点办公室的调查数据，http：/www. nmpx. gov. cn。
②安徽省阳光工程办公室的调查数据，http：/www. nmpx. gov. cn。

表3－8　农村劳动力能承受的培训费用　单位：%

金额	100元以下	100—500元	500—1000元	1000—2000元
比例①	54.3%	37.4%	6.6%	1.6%
比例②	56.2%	35.　%	6.7%	1.3%

资料来源：①农业部农村固定观察点办公室的调查数据，http：/www. nmpx. gov. cn。
②安徽省阳光工程办公室的调查数据，http：/www. nmpx. gov. cn。

【案例】　培训费够俺们家一年的收入了

“美容美发专业：学费1780元，学期3个月”；“中式烹调专业：学费1360元，学期两个月”；“保健按摩专业：学费1200元，学期1个月”。

这是记者在北京的几家职业技术培训学校了解到的培训价格，这其中还不包括食宿费、职业资格考试费。据一位业内人士估计，全套下来至少要花费2000元至3000元。

“这个费用还是高了点儿。”打算学习美容美发专业的农村姑娘刘美凤说，“这够俺们家一年的收入了。”

有专家分析认为，大多数农村劳动力目前在城市里干的都是城里人不愿干的活儿，他们的文化程度低，收入也十分微薄。记者询问过几位农村劳动者为什么不去接受培训，然后可能找一份更好的工作，他们有的回答“没时间”，有的则说“太难了”，但更多的却是因为“掏不起钱”。“这反映了农村劳动者们的普遍生存状态。”一位专家说，“他们的工作报酬还不够用来维持整个家庭在城市的基本生活，又如何谈得上培训？”（资料来源：“谁为农民工培训买单”，中国农业网，http：//www.zgny.com.cn，2004年5月11日）

2. 观念是制约农村劳动力培训的主观因素

在我们调研时，基层工作的同志把观念的问题精辟地归结为“四怕”，即部分农村劳动力怕花钱、怕吃苦、怕做无用工、怕上当受骗。有的农村劳动力宁愿跟着师傅白干一年也不愿参加技能培训。

在调研中，我们还发现农村劳动力（尤其是青年农村劳动力）还普遍存在另一种不正确的观念（或者说态度），那就是培训后就要找一份报酬高、地位高、工作环境好的工作。学员没有摆正自己的位置，端正自己培训的目标，导致提出一些不合理的要求。

【案例】 我是你们请来的

海南省农村劳动力培训的示范试点班一期91名学员结束

培训，第二批82名农村青年学员已进校开学，但承担培训的省农业干部学校校长王朝弼说，他有很多问题没想到。

他最没想到的是就业率只有30%，原来，培训采取订单式培训，即先确定工作岗位再进行培训。作为培训示范班，他们计划就业率至少在80%以上。但结果出乎意料，91个学员中，中途3个退学，有38个表示要自己找工作，只有33人愿意推荐就业，这样下来就业率就只有三分之一，与办班的初衷相差甚大。

记者在采访中发现，就业率只有30%的现象暴露了一些值得我们思考的问题。

在省农业干部学校，一位从农村来的学员对学校招待所的服务员说："我是你们请来的。"说此话者明显没有摆正自己的位置，因而对培训班也有一些不切实际的要求。有的尽管家庭困难，在家乡也没有什么生财之路，获得这个学习机会后，部分人不但没有好好珍惜，反而提出一些过高要求。

此前，省教育部门也培训了600名农村青年。当时也有类似的情况出现：一批学员被分配到文昌市某四星级酒店，但他们嫌文昌距海口远，要求在海口谋职；有的学员被介绍到深圳当保姆，却认为当保姆低人一等，不去；也有的学员被介绍到广东的东莞去工作，因嫌远而放弃。（资料来源："农村劳动力转移培训有隐患"，《海南日报》，2004年9月2日）

3. 学无所用是制约农村劳动力培训的又一重要因素

农民是天生的经济学家。在选择是否接受培训时，必然会考虑投入与产出、成本与收益的比较问题。如果培训不能给他带来收益，他当然不会选择参加培训。保证劳动力价值的顺利实现是劳动力参与教育培训的原动力。在农业部和安徽省农村固定观察点的调查中，认为培训学不到东西而不愿接受培训的比例分别占9.1%和7.5%。事实上导致“学无所用”除了培训质量差、学不到东西以外，还有一个很重的原因那就是即使学到了东西，仍不一定能顺利转移就业，就像一个优秀的大学毕业生，不一定就能找到工作。制约农村劳动力转移的因素除了农村劳动力的自身素质外，还有许多制度和政策因素。客观地讲，户籍制度、就业政策、社会保障制度和土地流转制度等仍是目前制约农村劳动力转移的重要因素。因此，即使农村劳动力参加培训并且真正掌握了一些职业技能，但上述这些制度和政策因素降低了其转移就业的预期，降低了其参训的预期受益。培训是一项人力资本投资，如果投资不能回收或者风险很大，不参加培训是正常的理性反应。劳动与社会保障部曾做过一项调查，认为培训对找工作影响不大的人占10%，位居未参加培训原因的第三位①。

4. 没有适合于农村劳动力的培训资源是制约农村劳动力培训的另一重要因素

在农业部和安徽省对“没有参加培训原因”的调查中，选项“没有找到合适的培训班”位居首位，分别占39.6%和42.8%。“没有合适的培训班”有多种含义，一是培训时间、培训方式不符合农村劳动力的要求。例如，82.7%的农村劳动力选择两周到三周的培训，仅有17.7%的人选择脱产培训（农业部固定观察点的调查数据），而现有培训机构（尤其是公办学校）主要提供学制较长的全日制教育。二是培训内容不符合自己的需要，培训质量差。三是培训机构离居住地很远，目前的培训学校主要集中在县（市）级以上城镇，真正在乡村的培训机构很少，农村劳动力外出培训很不方便。

① 原劳动部农村劳动力就业与流动研究课题组：《中国农村劳动力就业推动研究报告》，中国劳动出版社1999年版。

第二节

国外农村劳动力培训的实践、经验及启示①

一、国外农村劳动力培训的主要做法及政策措施

由于各国国情不同，各国农村劳动力培训的具体做法、政策措施不尽相同，但大多认识到农村劳动力培训的重要性，并通过多种措施加强农村劳动力的培训。现将部分国家（加拿大、澳大利亚、法国、日本、韩国）开展农村劳动力培训的主要做法、政策措施归纳如下（表5－5）：

表5－5　　部分国家农村劳动力培训主要做法及政策措施

	加拿大（绿证培训）	澳大利亚	法国	日本	韩国
培训目标	培养能够适应现代化农业生产的技能型农业后继者	提高农村劳动力整体素质，以适应农业现代化及整个社会工业化的要求	提高农民素质，培养农业后继者	①总目标：培养经营现代农业、献身社区农业振兴的农业后继者； ②具体目标：（农林水产省下属的农业者大学校）培养振兴社区农业的中坚人才；（各都道府县下属的中等农业技术学校）培养优秀的农业后继者	培养农业后继者和专业农户

① 本节选自农业部软科学课题“加强农村劳动力职业技能培训的方式和方法研究”（课题编号200424），课题主持人：林德明。

续表

	加拿大（绿证培训）	澳大利亚	法国	日本	韩国
培训机构体系	培训基地主要是农场，同时积极发挥农业院校、科研院所、推广机构的作用	技术学院（共233所，其中，135所设在中小城市或农村）、农学院、非公立培训机构	925所公立、私立农业技术学校	60多所农业者大学校、600多所中等农业技术学校（构成从事中等农业职业技术教育、高等农业教育和农民职业培训体系）	16所农民教育研究所、农业院校
政府主管部门及其职责	农业主管部门（指挥、协调、组织农村劳动力培训工作）	①全国就业、教育和培训委员会（制订全国职业培训方针和战略，统一全国教学规范标准，协调行动和计划）；②农业培训理事会（由农业主管部门、教育主管部门、农民代表组成，对农民职业培训的发展方向、管理政策和技术措施提供咨询）	农业主管部门（中高等农业学校校长的任命、教育经费的拨放、专业和课程的设置、人员管理均由农业部管理）	农业部（教育经费的发放、课程设置、人员管理均由农业部统一归口管理）	
培训方式	“师傅带徒弟”，培训方式灵活多样，体现以人为本，受训者不受时间限制，可长可短	①针对不同的服务对象，有侧重点地结合多种培训方式；②课程设置严格按照市场调查和分析确定，因人施教，实用价值较高	选拔符合标准的农民接受培训，对不同学历、经验的培训者实行差异化教学	教学过程注重学生合作互助精神，采取多种方式培养学生对农业的热情	采取先报名，后选拔的程序，选拔符合标准的农民接受有针对性的培训，跟踪反馈对培训效果，从农业后继者中培植专业农户

续表

	加拿大（绿证培训）	澳大利亚	法国	日本	韩国
相关政策	①把绿证教育引入高中教育，规定绿证培训可抵作高中必须修满学分的基数； ②获得绿色证书是上岗从业的必要条件	①成立由专设机构管理的全国培训网； ②制订与总体全民教育目标相符的长期发展战略，推行全民教育计划（如改进农村教育计划、全国土地保护计划等）	规定农民必须接受职业教育，取得合格证书，才能享受国家补贴和优惠贷款，获得经营农业的资格	①颁布《基本教育法和学校教育法》、《农业改良组合法》推动农村教育； ②创办“绿色学园”，对将要从事农业的高中生讲授农业经营知识	①颁布《农渔民发展特别措施法》，建立农渔村发展基金为农业后继者提供无偿资金或低息贷款资金； ②提供技术诊断、海外学习等途径，重视对农业后继者精神、技术的教育
经费投入	①受训对象免费参加培训； ②政府提供经费，培训部门根据经费安排培训人数； ③努力拓宽经费投入渠道	非公立培训机构由生产部门和公司经营管理，收取培训费	①培训费用由农业部、地方政府共同负担； ②学员在训期间由政府向学生支付一定报酬。		援助资金由国库、地方政府、农协、个人共同负担
培训内容	以技能为中心，突出岗位技能培训	注重实际能力的培养，强调实践	突出实践性教学环节，充分利用农场或生产车间进行实践操作，定期安排学生去企业实习	重视实践教育，要求入学前需接受一年农业生产实践，再回学校有针对性地学习技术、经营、管理等知识	与职业教育、农业技术、农业机械、农业政策、农业经营管理等相关的课程

续表

	加拿大（绿证培训）	澳大利亚	法国	日本	韩国
特色	采取“培考分离”的方式保证培训质量	政府职能部门、咨询部门、产业部门、教学部门密切配合，协调工作	培训不具有义务性和广泛性（培训对象经过选拔，并在培训期间接受报酬）	采取先实践再培训的方式，提高学习的针对性	对培训效果跟踪反馈，选拔专业农户（中坚农户）

二、国外农村劳动力培训的经验

“他山之石，可以攻玉。”总结分析国外农村劳动力培训的经验对我国开展农村劳动力培训具有一定的借鉴意义。分析以上五个有代表性的国家在农村劳动力培训上的主要做法，可以得出它们在农村劳动力培训方面的一些共同特点：

（一）目标明确，加大投入

目标明确是任何事业获取成功的前提保证。国外在农民培训上都十分明确地制定了各自的具体目标，并为保证目标的实现，建立了相应的经费投入机制，确保有固定的经费来源。根据各国做法，经费上通常以政府投入为主，同时制定相关政策，拓宽经费投入渠道，学员一般不交或仅交纳很低的费用，有些国家（如法国）政府还向学员支付一定的报酬。

（二）法律保障，政策支持

大部分成功地开展农村劳动力培训的国家均认识到提高农民素质的重要性，将农村劳动力培训作为一项基本国策并通过成文法的形式加以确立，如日本的《农业改良组合法》和韩国的《农渔民发展特别措施法》。这一法律地位的确立为顺利开展农民培训工作奠定了基础。此外，各国政府还通过制定相关的配套政策，保障农村劳动力培训的顺利实施，如法国制定了享受补助金的相关条件和标准；加拿大职能部门出台一系列法规性文件明确绿证工程的指导思想、实施原则、目标职责等。

（三）培训体系健全，兼顾差异

农业发达国家都非常重视农业教育培训体系的完善。通过鼓励社会各种力量参与培训，调动现有教育机构参与农民培训的积极性，形成多层次办学体系。学员可根据自己的需要和特点选择不同的层次参加培训，并取得相应的证书。

（四）课程设置科学，注重实践

根据培训目标科学地设置课程，建立实践基地或联系企业，实施交替式教学是这些国家农民培训工作中的一个共同特点。培训内容强调实践性，突出技能培养，淡化学科、淡化教材、淡化教育过程；知识围绕技能学习，以必须、够用为准，强化实际操作技能培训。

（五）培训方式灵活，贴近农民

培训方式是实现培训目标的重要手段。为更好地服务于培训者，这些国家坚持以人为本原则，能够真正从农民培训者角度出发，来安排培训时间、地点，选择教学方式、方法。澳大利亚就是一个典型的例子，其培训针对不同服务对象和侧重点，在培训时间上将全日制、半工半读式、短期课程相结合；在培训地点上，利用各种媒介将校内学习和校外学习相结合，由学校定期组织教师实地辅导，边远地区的培训者甚至可以享受教师上门授课的服务，从而把“人性化教学”真正落到了实处。

（六）政府引导，部门协作

“政府引导，部门协作，市场化运作”几乎是每一国家成功培训经验的重要构成部分。政府在农村劳动力培训中并不作为“家长”出现，事事亲力亲为，而更侧重于实现“引导”这一服务性职能，指导各部门紧密配合，促进培训的市场化良性运作。如加拿大的绿证培训就是以项目的形式实施的，政府只对辖区内的项目进行指导和协调；澳大利亚政府职能部门、咨询部门和产业部门的密切合作与协调更是培训事业良性发展的重要保证。

（七）培训标准化，保证质量

尽管各国具体承担农村劳动力培训任务的机构有所不同，但各国政府大都制定了相应的培训标准，统一全国的教学规范，同时，以一定的措施保证培训质量，如加拿大绿证培训采取“培考分离”的方式，获取证书须通过专门机构的测试；韩国对培训效果进行跟踪反馈，从优秀培训者中选拔培植专业农户。

三、对我国开展农村劳动力培训的启示

（一）明确培训目标

明确的培训目标是实现理想培训效果的先导，具体的培训政策、内容及方法措施均围绕培训目标进行。我国是一个传统的农业大国，农业人口比例高，城乡发展、东西部发展的差距日趋加大。在这样一个复杂的社会环境下，如何确立农村劳动力培训目标，在历史和国际上均没有先例可以借鉴。应考虑我国特殊国情，确定具有先进理念的有中国特色的培训目标，并在总目标下分设具体目标。总目标是全面提高农村劳动力素质，即以素质提高作为农村劳动力培训的终极目标。具体目标包括针对农村劳动力内部转移的农业技能培训和针对农村劳动力外部转移的职业技能培训。这样，既兼顾了内部需求，注重培养农业后继者，又充分认识了农村劳动力转移和职业培训的重要性和必要性。

（二）确立培训保障

1. 法律支持

“三农”问题一直是我国政府部门常抓不懈的一项重头任务，受到全国上下的一致重视。有关部门先后制定了《2003—2010年全国新型农民科技培训规划》、《2003—2010年全国农民工培训规划》，但至今尚未出台与农村劳动力培训相关的专门法律法规。一般而言，政策的强制性、严肃性等明显差于法规，因此，应借鉴国外经验，为农村劳动力培训赋予国策地位并以立法形式加以保障。

2. 政策支持

各国政府为提高农村劳动力文化技能素质，制定了许多优惠政策调动农村劳动力参与培训的积极性。我国政府对农民教育历来高度重视，也制定了一系列支持农村劳动力培训的政策措施。但在政策的实施上，由于多种原因（如经费限制，观念态度等），往往走样和出现偏差。因此，现在的关键在于狠抓各项政策的落实。

3. 资金支持

国外成功地开展农村劳动力培训的一个重要经验是培训经费的充分保障，在经费投入机制上，以政府投入为主，同时，多渠道筹措。我国由于历史原因，农民一直处于社会的底层，农业比较效益低下，农民自身无法承担培训费用，不利于调动农民参加培训的积极性。因此，一方面应借鉴国外经验，加大各级政府尤其是中央政府和省级政府对农村劳动力培训的投入力度。另一方面，完全依靠政府投入在中国目前经济情况下也是不可取的，应建立政府、社会、用人单位、个人合理分担的多元投入机制。

（三）完善培训体系

与国外相比，我国目前农村劳动力培训在培训内容和方式上显得更雷同、单一。要改变这一局面，首先，应合理安排培训方式，将长、中、短期定点培训与现代远程教育相结合，学员可根据自身条件选择差异化的培训课程和方式；其次，学习国外经验，注重职业技能培训，抓好实践性教学环节，使培训者在培训期间就可以通过实际生产劳动接触生产和经济领域，从而使我国农村劳动力培训由“知识型”向“实用技能型”培训转化；第三，应做到培训渠道的差异化。整合社会各种办学渠道，鼓励社会力量参与农村劳动力培训，借助企业的资金和先进的仪器设备，多途并举地开展教育培训工作，实现培训机构、培训者、企业“三赢”的局面。此外，还应注意对市场化的教育培训服务机构进行规范和管理，促进培训市场良性发展。

第三节

农村劳动力职业技能培训现状、问题及对策①

一、农村劳动力职业技能培训的现状

近年来，在各级政府统筹领导下，教育、农业、劳动等部门认真落实党中央、国务院关于加强农村劳动力培训工作的要求，积极采取有效的措施大力推进农村劳动力培训工程，在开展农村劳动力培训方面做了大量工作。

（一）组织实施培训工程，广泛开展转移培训

近年来，江苏省由教育、劳动、农业等部门联合实施了

① 本节选自农业部软科学课题“加强农村劳动力职业技能培训的方式和方法研究”（课题编号 200424），课题主持人：林德明。

"5112 教育富民工程"，计划转移 500 万农村劳动力。工程实施成效显著，全省建成了 200 个农村劳动力转移培训基地，经教育培训转移农村劳动力 178 万人次，境外劳务输出 5.5 万人①。江苏省教育厅组织实施的"现代农村劳动力培训工程"，其中包括农村劳动力转移培训子工程，教育部门重点抓好每年没有升入高中阶段教育的 25—30 万初中毕业生的转移培训，推广对农村初高中毕业后未升学学生的百分之百的培训、百分之百的转移和就业的做法。

浙江省委农村工作办公室、省教育厅自 2001 年以来，组织实施了"百万农村劳动力素质培训工程"和"百万职工培训工程"，加强对转移前和转移后农村劳动力的教育培训工作，仅 2003 年，就开展农村劳动力转移前培训 119 万人次。2004 年起又组织实施了"千万农村劳动力素质培训工程"，决定从 2004 年到 2010 年，全省培训农村劳动力 1000 万人，其中种养专业户 100 万人，失地农村劳动力、转产渔民、下山移民和农村富余劳动力 400 万人。②

陕西省实施职业教育的"一网两工程"。"一网"即建立一个网络，建成以西北农林科技大学和杨凌职业技术学院为龙头，以农业类普通中专学校为骨干，以县级职教中心和职业高中为基础，以乡镇农村劳动力文化技术学校为辐射点，以项目引进、人员培训、生产示范和成果推广为基本任务的为县域经济发展服务的网络体系。"两工程"一是职教强县富民工程，充分发挥职业教育在项目引进、人员培训、生产示范和成果推广等方面的作用，把农村优势产业做大做强，引进新项目和调整产业结构，促进农业增效和农村劳动力增收。二是职教促进农村劳动力转移培训工程，加强引导性培训和职业技能培训，

① 资料来源：根据本课题组江苏省委农村工作办公室的调研资料整理。

② 张昭文："关于农村劳动力转移培训工作的现状和推进措施"，《中国职业技术教育》，2004 年第 26 期。

使农村劳动力的素质普遍提高，每人能够掌握1—2项专业技能，提高其竞争能力，促进有序转移。通过“一网两工程”的实施，达到引进一个项目、形成一个产业、培训一批人才、致富一方百姓的目的。

（二）多方筹措培训经费，增加培训投入

在许多地方已经形成了政府扶持、学校和培训机构减收、农村劳动力支付一部分的经费解决方式。也有一些民办学校和劳务中介机构完全采用市场机制，农村劳动力缴费参加培训，学校和中介机构提供培训与就业服务的方式解决培训经费。在经济发达的地方，比较多的是采取政府购买培训成果的方式，如浙江省宁波、绍兴、衢州市和上海市、广东省的一些地方；在经济中等发达的地方比较多的是采取政府补贴一部分、学校减免一部分、学员支付一部分经费的办法；在其他一些地方，学校也有采取先免费培训，就业后再收取培训经费的做法，如河南省开封电子中等职业技术学校。江苏省政府安排4000万元用于农村劳动力转移培训，省教育厅也拿出300万专款用于转移培训工作，教育培训机构可以申请培训任务，经过培训并实现转移就业，可补助100元/人；经过培训未实现转移就业，补助80元/人；未经过培训但推荐农村劳动力实现转移就业的，补助20元/人[①]。

（三）培训体系逐步健全完善

按照“先培训后输出”、“先培训后就业”的要求，农村劳动力就地或异地的转移前培训，主要有三条线在进行：

1. 教育系统开展的培训

教育系统利用成人文化技术学校和各类中等专业学校的师

① 张昭文：“关于农村劳动力转移培训工作的现状和推进措施”，《中国职业技术教育》，2004年第26期。

资、场地、设施、设备开展的非农产业转移前的培训，主要包括三个层次：一是以农村劳动力文化技术学校为阵地开展的低层次扫盲和扫盲后教育。出于对处境不利人群的关怀，满足他们接受基本教育、提高生产生活质量、融入主流社会的强烈愿望，扫盲和扫盲后教育在向学员传授文化基础知识的同时，也教给他们必要的实用知识、技能和社会生活常识，为他们外出务工提供必要的知识储备。二是农村劳动力文化技术学校及各类中等农业学校，对农村劳动力和初中毕业生进行的非农产业转移培训一般是按照非农产业的工种要求和培训对象的求职需求，本着学以致用、教学内容少而精的原则，确定培训内容和时间，培训形式有短期脱产培训，也有较长时间脱产或不脱产的学历教育。这是非农产业转移培训的重点和主要组成部分。三是成人文化技术学校，各类中等专业学校组织的劳务输出培训，即学校一方面与用人单位建立长期联系，形成毕业生就业网络，同时面向社会独立或联合办学，招收初、高中毕业生举办 3—5 个月的专业培训或联合大、中专学校举办学历教育，学生培训结业或毕业后，学校有偿推荐就业。

2. 劳动就业部门组织开展的培训

地区劳动就业部门利用所辖的技工学校、就业培训中心或依托教育部门的各类职业学校，建立劳务输出培训基地和培训网络，实行培训、技能鉴定和劳务输出“一条龙”服务。这是目前农村劳动力转移前职业技能培训的主要渠道。劳动就业部门所属的培训中心，除了开展短、平、快的实用技能培训外，还根据“无长不稳，无短不活”的办学原则，联合大、中专学校，举办各种函授、电大等学历教育，拓展自身发展空间。

3. 社会力量开展的培训

这是对政府部门培训工作的有益补充，也是培训市场化、社会化、产业化的必然选择。一是通过广播、电视、展板、橱窗，以会代训，印发资料、传单、小册子等多样化的社会教育方式，向农村劳动力广泛宣传或宣讲招工信息和外出打工常识等。这种社会性的普及教育方式，成本低、影响面广，但传递的信息数量有限，对专业工种的针对性不强，接受效果的可检性不高。二是部分文化程度较高的农村青壮年劳动力，根据用工需求和自己的兴趣爱好，自费参加社会力量举办的烹调、家电维修、汽车驾驶、计算机应用等专业培训班，经考试合格拿到结业证、技术等级证书后，向非农产业转移就业。这种方式有利于挖掘社会的培训资源，推动培训教育的产业化，增强人们培训的成本意识和学习的自觉性、积极性，但必须加大管理力度，严格审查培训主体的培训资格，国家也应制定和完善不同工种、不同技术等级的应知、应会和实际操作标准，实行教、考分离，严把培训发证关。

二、农村劳动力职业技能培训存在的主要问题

近年来，在政府强力的行政推动下，农村劳动力培训取得了明显成效，但目前农村劳动力培训尚存在诸多问题，主要表现在以下几个方面：

（一）政府宏观管理方面存在的问题

1. 培训目标模糊不清

农村劳动力职业技能培训是一项内容层次多、牵涉面广的社会系统工程。其根本目标是通过职业技能培训提高农村劳动力素质，促进农村劳动力转移和收入增加，这对于我国加快城镇化进程，实现现代化有着决定性意义。但在某些地方对农业劳动力职业技能培训的根本目标认识不足，把职业技能培训作为一种上级下达的政治任务来完成，把“阳光工程”作为“政绩工程”来实施，而没有把职业技能培训作为提高农村劳动力素质、开发农村人力资源的有效手段，纳入社会系统工程中。因此造成的后果，一是政府各部门之间“各拉各的弦，

各唱各的调”，缺乏统一协调和长远发展；二是盲目照搬城市职工职业培训模式，片面追求短期效果，电脑、文秘，什么流行办什么，为培训而培训，使培训流于形式。

2. 统筹协调不力，管理体制不顺

(1) 从培训体系内部来看，部门之间各自为政，条块分割

现行的培训管理体制属于部门办学、部门管理，条块分割、各自为政的情况较为突出。教育行政部门依托下属的各类学校，主要抓农村劳动力扫盲和扫盲后教育以及农村实用文化技术培训，乡镇企业职工的培训，初中、高中毕业生的职业技能培训；农村劳动力的转移培训，城市下岗职工的再就业培训，职业技术等级的考核、鉴定、发证等工作，主要由各级政府的劳动就业部门管理，并依托下属的技工学校或者新建各级就业培训中心开展就业培训；农业、工业、建筑业、服务业等行业主管部门，也大多有自己的技术推广或职工培训管理机构和培训基地；社会力量办培训的审批和业务管理，一般由教育行政部门负责，而技术等级的考核认定则主要由劳动就业部门管理。这种条块分割的管理体制和办学体制，对调动部门、行业培训的积极性，充分挖掘社会的培训资源确实发挥了重要的作用，但由于缺乏强有力的统筹协调机制，还是出现了一些问题。一方面，有的地方为追逐部门利益，出现了培训机构、培训设施、培训队伍低水平的重复设置现象；出现了培训任务不饱和带来的培训资源浪费现象；出现了争培训任务、争生源，也就是争利益的部门、行业垄断培训行为；有些培训主管部门办培训，考、教不分，职业技能鉴定工作很难做到客观、公正。另一方面，有的地方部门之间相互扯皮、推诿责任，导致农村劳动力的转移培训工作至今还没有真正开展起来。在调查中我们发现，一些地方的成人文化技术学校还没有完全参与到劳动力的培训中来，以至于在这些地方的教育部门还了解不到劳动力培训的有关情况。一些地方的劳动就业主管部门甚至以

无钱建立独立的培训基地为由，对农村劳动力转移培训工作不抓、不管。

（2）从培训与外部关系来看，形成了“单打一”的局面

在农村劳动力职业培训工作中普遍存在的一个问题：培训工作没有纳入当地国民经济和社会发展的总体规划中，没有与调整农业结构、推进农业产业化经营、发展乡镇企业，以及农村劳动力的转移和开发就业进行统筹规划；培训工作往往由政府的各职能部门单独实施，造成就培训搞培训的“单打一”状况，使职业培训与经济发展相脱节，培训与农村劳动力和农村的实际需要和就业相脱离。其结果一是培训效果不佳；二是各部门不能有效地协调和配合，优势不能互补，难以形成合力，有限的教育资源也得不到有效利用。

（3）市县两级财权和事权不对称

按现行政策，农村劳动力培训中的主要工作都是由县乡政府来承担的。而在现行的财政体系中，市带县中的县财政是直接对省财政的，走市财政不过是走一个计划，但工作又要靠市里面去指导它，市里把工作布置到县里，却不带钱下去，缺乏资金的保障。工作安排和资金配套不是一个渠道，这对农村劳动力的有序流动和培训是很不利的。

3. 组织领导体制不健全

大多数的省、市、县都建立了农村劳动力培训领导小组和相应的工作机构（如阳光工程办公室），但仍有部分市、县还未建立相应的领导小组和工作机构。有的尽管成立了相应的领导小组和工作机构，但职责不明。此外基层工作队伍普遍存在着力量薄弱和不到位的现象。主要表现在：第一，基层工作人员的素质较差，对农村劳动力培训的认识不够，对政策理解认识不够，导致政策执行上的偏差；第二，有些职能部门尤其是劳动与社会保障部门的网络还没有覆盖到乡镇村落，其职能尚未延伸到农村，导致农村劳动力培训工作无法做实、做细。

4. 政府投入不足，经费紧张

目前，中央和地方政府对农村劳动力参加职业技能培训有专项补贴，但政府的补贴仅仅是一小部分，大部分还要农村劳动力自己解决。眼下，针对城镇下岗失业人员，已经形成了较完善的由政府提供的免费培训体系，政府每年对此有巨大的投入。以南京市为例，每年政府以接近2000万的资金购买培训成果，培训人次在10万人以上。而根据现有的农村劳动力培训补贴标准，每个农村劳动力最多享受100—200元补贴（失地农村劳动力一般免费）[①]，这造成了培训机会实质上的不平等，也严重制约了农村劳动力参与培训的积极性。而且，农村培训网络的建立，实训基地、培训场所、有线电视的建设，培训机构的日常开支（包括专职人员的工资、培训资料费等）都需要经费。属于培训基础设施建设的经费，不可能通过向农村劳动力收费的办法来解决，需要政府进行必要的资金投入。目前大多数地方的农村培训事业没有固定的资金来源渠道，筹措资金十分困难。不少地方连最起码的资料印刷费都没有。资金困难成为制约农村职业技能培训事业发展的最大障碍之一，也是我们在调研中各地反映最普遍、最强烈的问题之一。

5. 政府服务不够

农村劳动力职业技能培训要求政府提供包括信息服务在内的各种服务体系，然而政府在这方面的工作远远不能满足需要。

据农业部农村固定观察点调查结果，2003年在农村劳动力外出的方式中，由用人企业招聘外出的占15.4%，经过中介组织外出的占8.1%，由亲友熟人介绍的占57.6%，靠自己碰运气外出的占18.7%，其他占0.3%[②]。由此可见，绝大多

① 资料来源：本课题组在南京市的调研资料。

② 农业部农村固定观察点办公室：“2003年农村劳动力外出就业情况分析”，http://www.nmpx.gov.cn。

数农村劳动力外出是自发的，主要是通过“亲友熟人介绍”和“自己碰运气”寻找工作的。这表明，政府在农村劳动力外出就业的规划、管理和信息服务等方面发挥的作用是极其微弱的，农村劳动力基本上处于劳动力市场服务体系之外。面向农村劳动力的转移前培训必须以城市用工信息为依据。而这种劳动力市场信息服务的滞后是造成农村劳动力培训市场发育不好、培训质量不高以及农村劳动力向城市盲目流动的重要原因。除此之外，在师资队伍建设、教材建设等方面提供的服务也很不足。

6. 培训进展不平衡

由于地区间经济文化教育发展水平的差异，由于不同行业、不同产业、不同岗位的技术含量差异对从业者的素质要求不同，由于领导者、受训者、用人者对劳动力转移培训的认识不同，目前，农村劳动力的转移培训工作，在地区、行业、部门、个人之间还很不平衡。从调查的情况看，经济发达地区的转移培训，总体上好于经济欠发达地区；有组织的劳务输出相比无组织的劳务输出，转移培训工作要抓得紧、抓得实些；劳务输入地（主要是用工单位）的培训一般要好于劳务输出地的培训；农业内部转移的培训由于有常设的成人教育管理机构和各级成人学校网络，其培训的组织化、经常化、制度化总体上要好于非农产业转移的培训；大、中型企业，技术密集性程度较高的企业，培训工作一般要好于小型企业和劳动力密集型企业；劳动力自主选择、自费参加的转移培训，培训的质量、效果一般要好于强迫参加、免费受训的转移培训；针对特定产业、特定岗位开展的培训，培训效果一般也好于泛泛的职业技能和社会知识培训；文化程度高的农村劳动者比文化程度低的参加培训的效果要好。

7. 制度障碍依然存在

近年来，虽然原有的户籍制度有较大的改革，但总的来说，城乡分割的户籍制度没有从根本上被打破，农村劳动力进入城市就业，不能取得城市人的身份，不能实现身份上的转变。在此情况下，外出农村劳动力的“过客”心理十分严重，缺乏进行人力资本投资的动力。这也是外出农村劳动力较多关注眼前利益而不重视提高自身的职业技能、缺乏职业培训积极性的根本原因之一。同时，从雇用农村劳动力的企业来讲，农村劳动力的频繁流动和“跳槽”，使这些企业因担心培训投资收益“外溢”不愿对农村劳动力进行长远性的培训投资。

（二）培训市场运行机制方面的问题

1. 培训有效需求不足，市场化程度低

一方面，尽管农村劳动力有较强烈的潜在的培训需求，但由于经费、观念、制度、培训内容、培训方式等因素制约了农村劳动力对正规培训的有效需求。而另一方面，大多数农村劳动力通过传统的师徒传带方式这一主渠道学习和掌握职业技能。这种方式不仅在城市自谋职业的民工中颇为流行，也是企业对民工培训中所广泛采用的方式。师徒传带作为一种传统的职业技能培训方式，尽管至今仍然是一种学习和掌握职业技能有效方式，但与现代专业化的培训方式相比，毕竟显得比较落后。师徒传带方式在农村劳动力培训中占主导地位的格局意味着，农村劳动力培训的专业化和市场化程度都较低，这反映了目前我国农村劳动力培训市场仍处于初级阶段，其发展水平是比较落后的。

2. 培训资源总体上较丰裕，但培训有效供给不足

从总体上看，我国的培训资源丰裕，既有教育部门主办的中专院校、职业学校等，也有劳动部门主办的技校、就业训练中心等，还有各行各业主办的培训机构，如农业部门主办的农广校、农村成人学校，此外还有大量的近年发展起来的民办培训机构等。但就农村劳动力而言，符合其要求的、质量有保证的有效培训供给不足。第一，传统上，主要为农村劳动力服务的农广校、农村各类成人学校，由于历史的原因大多投入小、

资金短缺、设施简陋，加上工作条件差，教师待遇低，高水平的教师留不住、养不起、雇不来，低水平的师资又扶不起、赶不走、用不上，师资设备上的“拉夫凑数”、应付差事的现象并不少见，培训质量也因此不能不受影响。尽管近年来，政府加大了对这些机构的投入力度，但由于部门所有、条块分割等原因，且农村劳动力职业技能培训的摊子大、战线长，培训投入的社会总量大，但具体落实到每个培训机构，人力、物力和财力的投入又显得严重不足。此外，这类学校（或机构）传统的功能定位在推广农业技术服务，因而，在开展第二、三产业的职业技能培训方面，其师资、设施往往不能满足要求或不适应。第二，城镇各类职校、技校和就业培训中心，受管理体制的影响，其服务对象主要是城镇居民，其培训网络也大多没有延伸到农村，对农村劳动力培训基本上是封闭的。即便是开放的，其教学内容、教学方式也脱离农村劳动力的实际需求。第三，民办培训机构受投入的限制，设施通常极其简陋，很多学校只是租一间房子，挂一块牌子而已，没有师资，没有实训基地，而且校长来自于各行各业，大多不具有教学管理的实践和经验。因此，这类培训机构的培训质量和培训效果通常得不到保障。第四，各部门、各行业主办的培训机构条块分割、各自为政，资源未得到有效整合。第五，地区间的培训资源配置不均衡，剩余劳动力越多的地区，其培训资源通常越少；而农村剩余劳动力越少的地区，其培训资源通常越丰富，由此导致人均培训资源保有量差异很大。

3. 城镇劳动力培训市场和农村劳动力培训市场相互分割

劳动力培训市场大致上分割为以城镇居民作为主要服务对象、公办培训机构作为主要供给主体的城镇劳动力培训市场和以农村居民作为主要服务对象、以民办培训机构作为主要供给主体的农村劳动力培训市场。导致市场分割的根本原因在于由于城乡二元经济结构尚未根本改变，城乡劳动力在户籍与就业上的身份界限并没有打破，因而以城市经济为服务目标的城镇培训体制尚未将农村劳动力纳入其统筹规划与管理之中。城镇下岗失业人员由政府提供免费培训，培训承担主体则是政府主办的各类培训机构，其经费主要来自于政府补贴，而地方政府在向其所属培训机构提供经费补贴时至今仍以培训机构培训的城镇劳动力人数为拨款数额的依据，而将所培训的农村劳动力排除在外（自从阳光工程实施以来，这种情况有所转变，但对农村学员政府仅补贴每人 100 元左右），由此直接导致城镇培训机构把服务对象定位于城镇居民上，对农村学员兴趣不大。另外这类培训机构基本上属于事业单位性质，其利益主体是上级主管部门，其行为目标是“主管部门满意度最大化”。因而，该类培训机构也就没有市场意识、竞争意识和效益意识，既然如此，该类培训机构也就不会想方设法转变办学模式、办学机制，以吸引农村学员参加培训。例如在空间布局上不会在乡镇、村落布设培训点，把培训功能延伸到农村来方便农村学员，也不会改变教学方式、教学内容来满足农村劳动力的需求。

城镇和农村培训市场的分割会造成如下不利后果：第一，农村劳动力被甩在城市就业培训体系之外，导致城乡教育培训机会不平等。公平竞争、自由平等是市场经济最基本的原则，西方经济理论认为：在市场经济中“应保护自然的不平等，消除人为的不平等”。长期以来，城乡分割已使教育资源分配严重不均，而如今在农村劳动力培训这一同样与教育有关的问题上，有关政策仍在路径依赖的惯性之下保护着“人为的不平等”，这有悖于市场经济基本原则。机会不平等则直接导致农村劳动力缺乏分享现代化知识、信息和技术的机会，无法融入先进的生产力系统中。第二，市场分割直接导致资源配置不能实现帕累托最优。城镇优质培训资源大量闲置，而农村培训供给不足，缺乏优质（甚至是必要）的资源。

4. 培训市场竞争的无序性

自从政府对农村劳动力实行培训补贴政策以来，各地农民培训机构、学校（大多是民办培训机构）如雨后春笋遍地开花，一哄而上。这些培训机构在利润最大化的推动下，偷工减料，办学设施简陋，很多学校只是租一间房子，挂一块牌子，没有教师，没有实习设备，根本不具备办学基本条件。同时为了争抢生源，一方面在各种媒体上大打广告，在偏远的乡村，校名则被醒目地刷到农户简陋的房屋的墙壁上，有的学校还雇佣当地高中学生派送广告到农民手中，面对各种各样的让农民兄弟眼花缭乱的广告，农民兄弟大多只能“凭感觉”选择学校。另一方面，一哄而上的培训学校大打学费战，利用大多数农民舍不得投资培训的心理，以较低的价格把农民骗来，学费战的必然后果便是培训质量的降低。在江苏苏北调研中，我们了解到许多培训机构收取学费后却不培训，直接送到苏南，农民在这些学校所花的几百块培训费实际上成了中介费。因为没有学到技术，这部分农民有不少很快被企业退了回来，来来回回花了不少冤枉钱。

5. 缺乏必要的市场监管

培训市场的显著特征之一是信息不对称。在作出是否参与培训之前，培训需求者实际上几乎无法了解到培训机构的办学条件（如师资）和培训质量、培训效果，大多数情况下培训需求者只能凭感觉选择学校，而培训机构在信息不对称的条件下亦会导致道德风险，培训市场经常出现的欺诈现象便是佐证。这就要求政府对培训市场加强监管。而至今为止政府在对培训市场的监管方面存在诸多问题。第一，无法可依，如至今尚未出台一部有关培训质量、培训规范、培训评价的指导性文件；第二，执法不严，对经营许可、办学条件、收费标准等虽已制订了相应的法律法规，但执法部门（劳动、教育、物价管理部门等）在执法时往往把关不严，并且似乎疏忽了这块市场（通常情况下，只有接到举报或投诉后才会去处理一下）。这些问题的存在，直接导致培训市场出现了功能薄弱、发展滞后、秩序混乱的状况。

第四节 构建我国农村劳动力培训长效机制①

一、构建我国农村劳动力培训长效机制的基本思路

从我国农村劳动力转移就业培训存在的障碍和问题出发，构建培训长效机制主要应该包括动力机制、激励机制、可持续发展机制、梯次培训体系、政策支持以及保障措施等六个方面的内容。通过构建农村劳动力转移就业培训的动力机制，调动农村劳动力主动参与培训的积极性，从而提高内生需求，即变“要我培训”为“我要培训”；通过在培训过程中建立激励机制，采取不同的激励手段，改变当前普遍存在的培训内容雷同、培训质量不高的问题；通过构建可持续发展机制，提高农村不断增加的后备劳动力劳动技能和综合发展能力；通过完善梯次培训体系，建立适合不同劳动层次需求的培训体系，满足不同劳动者的培训要求；同时，在政策尤其是资金信贷方面的支持上，需要建立较为完善的政策支持体系，为培训机构软硬件设施建设以及劳动者培训的前期、中期、后期投入提供有效的资金支持，提高培训效率；通过保障措施的建立，完善农村劳动力就业服务体系，解决农村劳动力在城市所面临的如子女教育、社会保障等一系列问题，加快城乡统筹发展。

① 本节选自农业部软科学课题“农民工培训长效机制研究”（课题编号：Z200528），课题主持人：徐微。

（一）构建培训动力机制，有效提高农村劳动力的主动参与度

现实情况表明，农村劳动力对职业培训的需求远没有理论所设想的那样旺盛。导致对职业培训“需求不旺”的因素很多，但职业培训的“经济门槛”过高是重要原因。无论是职前还是在职的培训，价格不菲的培训费对于众多进城农村劳动力尤其是尚未就业的新增劳动力都是一笔不小的负担，他们不具备这样的支付能力。更为重要的是，职业培训的“预期收益”不明朗，由于劳动力市场状况及外在的制度因素，农村劳动力接受职业培训必须要支出一定的时间成本和经济成本，但并不一定能带来近期收入的提高。例如，主要在非正规的次级劳动力市场卖“苦力”，劳动数量强度是工资的决定因素，技术并不能带来明显的增收；另外，受目前户籍等制度的限制，农村劳动力在城里打工也只是暂时行为，身份依然是农民，其工作、居住都有相当大的不确定性，种种不明朗、不确定性限制了他们投资培训的积极性。

在这种现实情况下，如何让农民主动走进培训学校，如何使农民积极投入到自身能力建设上来？建立农村劳动力转移就业培训的动力机制就显得至关重要。

动力机制的构建应当包括两个方面的内容：

一是建立农民教育培训专项基金，对接受教育的农民给予培训补助，“诱发”农民主动接受培训的积极性。各地应以农民平均收入水平为基础，结合职业培训市场收费标准，合理确定对农民的财政补助和培训机构的奖励标准。对培训补助资金的管理和使用，要制定一系列的办法和措施，并实行全过程的管理和监督，切实保证培训补助落实到参加培训的农民头上。

二是打造优势品牌，增强被培训农村劳动力的市场竞争优势。农村劳动力转移就业培训应当围绕不同区域范围的支柱产业需要来展开，以实现产业开发与人才开发的有机结合，确立优势，打造品牌。一方面使参与培训的农村劳动力能有稳定的就业空间；另一方面保证区域性支柱产业发展中的人才需求得到有效满足。从政府层面来看，立足本地已经形成的优势项目，开展品牌建设，形成一批具有较强市场认知度的优势品牌，以此为延伸加速品牌劳务开发工作。从培训机构层面来看，在培训过程中，力求培训质量和形象并重，内抓质量，外树形象。结合培训机构自身优势，形成特色专业，创出品牌，同时抓好学员的综合素质培养，使培训输出的农村劳动力无论在综合才能还是专业技能方面均有较强的就业竞争力。通过学习和培训，切实让农民尝到甜头，从而不断增强技能培训工作对农民的吸引力和凝聚力。

（二）构建培训激励机制，加强培训体系建设

1. 降低农村劳动力培训和技能鉴定成本

各类承担农村劳动力培训的职业教育机构，要严格执行物价部门确定的收费标准，不得加收培训费用。对经过培训的农村劳动力，按照自愿的原则参加职业技能鉴定，由国家职业鉴定机构按照规定及时给予职业技能鉴定并颁发相应的职业资格证书。建议职业鉴定部门由财政提供必要的工作经费，改变其事业管理、企业运作所导致的普遍的高收费现象。为从根本上降低农村劳动力技能鉴定成本提供必要的制度基础。安监、卫生、公安、建筑等办证部门要按照方便农村劳动力的原则，搞好服务，降低收费标准，应当积极创造条件探索一证式管理模式。

2. 建立合理的市场准入机制

逐步建立两个方面的市场准入机制是构建农村劳动力转移就业培训长效机制必不可少的一环。

一是有选择地建立农村劳动力就业准入制。应当区分产业类型，主要对加工制造业等技术需求相对较高的第二产业制定必要的就业准入制，规定进入此类就业岗位必备的技能要求，以此形成促使农村劳动力为获得较高收入而自觉参与技能培训或自我学习的倒逼机制。应逐步建立“先培训后就业”的就业制度，重点对农村初、高中毕业生进行就业培训，使其掌握一定的职业技能并取得相应的培训合格证书和职业资格证书。对于需要实行就业准入制的行业，用人企业应从取得相应职业资格证书的人员中录取，对尚未参加培训的人员，须经劳动部门批准后先招收后培训，取得相应的职业资格证书后上岗。

二是有选择地建立培训机构的培训准入制。主要针对竞争承担政府引导性培训项目和品牌性培训项目的培训机构，从政策上明确规定基本设施、教学设备、实训基地、师资力量的必备条件，以保证能够高质量地完成相应的农村劳动力培训任务。从制度上杜绝农村劳动力培训市场的无效或低效竞争现象。

（三）构建培训可持续发展机制，提高农村后备劳动力职业技能

从发展的角度看，农村劳动力转移就业培训应以农村新增劳动力为重点，以此形成良性的农村后备人才梯队。因此，必须改革农村现行的教育体制，对新生和尚未实现就业的农村劳动力，采取在职业教育学校、各类职业技能培训机构集中学习，系统安排培训内容。

一是在农村中学的布局上进行结构优化调整，适当增加职业中学的数量。采取政府部门和社会力量办学相结合的方式，依法举办各种类型的实用技术培训学校或培训班，依托有关职能部门如劳动就业、农业、教育等部门建立常年性的、专业性的职业学校、培训中心等，形成农村劳动力转移就业培训体系。

二是加大对农村职业中学的投入，改善办学条件，提升教育质量，使其真正成为培训新增劳动力的主体。政府在对农业基础设施建设投资的同时，创新农业投入机制，安排一部分农村职业学校、农广校等职业培训机构的建设经费，且此类财政性经费应逐步增长。此外，在城市教育附加中按照一定比例提取用于农村职业教育的投入，用于农村职业中学的实验、实习设备的更新和办学条件的改善。逐步建立起以政府为主导的多元化资金投入体系，引导和支持社会力量进行农村职业教育投入，使农村职业教育进入到可持续的健康发展轨道。

三是实行普通高中向职业中学分流的机制。根据我国农村劳动力普通教育的现状特点，在初中阶段开展不同类型的职业培训课程，加强农村后备劳动力对就业的认知度，提高社会适应能力。同时，在高中阶段实行“2+1”模式，即基础教育加职业教育的模式，对于那些潜在的（高中阶段教育结束后就进入社会）农村劳动力提供操作性强、经济效益显著的职业培训，创建普通高中向职业中学分流的运作机制。

（四）构建梯次培训机制，满足不同劳动者培训需求

在确定新增劳动力为重点的基础上，根据不同市场需求，培训不同层次的农村后备劳动力人才资源，形成短期和长期培训结合，初级、中级、高级配套的完善的农村劳动力技能型人才培训体系。

具体而言，坚持以短训为主，长短结合的培训方式。短期培训具有短、平、快和实际、实用、实效的特点，培训讲究信息广、时间短、技术新、针对性强，即劳动力市场需要什么就培训什么。针对农村劳动力的素质差异，文化补习和学历提高以长期培训为主；实用技术辅导培训则以短期为主。

因时、因地制宜安排培训时间，对已经就业的农村劳动力，培训机构可以利用市民学校、夜校等形式集中地进行引导性培训或技能培训。针对不同行业、不同工种、不同岗位的基本技术操作规程，在采取传统教育教学方式的同时，充分利用广播、电视、报纸、图书等现代媒体进行专题讲座，培养农村劳动力的基本技能，尽力使培训图文结合，增强直观性、生动性，达到易学性。同时要利用示范操作与个别辅导的传、帮、带型学习方式，理论联系实际，增加农村劳动力的实践机会，以扫除基础差、底子薄的非农化人员面对技术学习的茫然性，增强他们的实际操作能力。

（五）构建政策支持机制，增强培训可操作性

1. 进一步全面落实支持职业教育发展政策

职业教育尤其是民办教育，可以享受有关社会公益事业的优惠政策。各地、各有关部门可以采取出租或出让闲置的国有、集体资产等措施，对职业学校予以扶持。民办职业学校师生享有与公办职业学校师生同等的权利和义务。对新办的民办职业学校，各级政府要在办证、用地、税费、资金等方面给予关心和扶持。各类职业教育机构应享有与其他教育机构同等的待遇，对其提供教育劳务所得收入、学生勤工俭学收入、举办培训班所得收入等，应免征营业税，对其教育用地应给予减免税优惠。

2. 实施必要的信贷支持政策

农村劳动力转移就业培训涉及政府、用人单位、培训机构和农村劳动力等多个方面，培训成本过高是当前培训质量不高、培训效率偏低的重要制约因素，因此多元化筹集资金是至关重要的一环。从长远出发，农村劳动力技能培训的投入应当以政府投入为导向，农民投入为主体，同时鼓励社会资金进入培训过程。但是这种理想的投入机制受到诸多现实挑战，一方面培训机构面临着严重的资金短缺，软、硬件设施大多数老化，新的产业技术和设备难以具备，从而影响培训质量和培训效率；另一方面，培训费用如果以农民为主体，较高的培训费用势必增加农民负担，成为农民接受培训的“经济门槛”，使本不富裕的农村劳动力面对培训的大门望而却步。在此背景下，应当出台政策从资金方面对教育培训机构以及参加培训的农村劳动力进行支持。

针对当前培训机构普遍实力较弱，亟待改善办学条件的现实问题，应当根据国家农村劳动力培训发展规划，在每年的教育信贷计划中，专门安排一定规模的信贷资金，作为“农村劳动力转移就业培训专项贷款”，用于支持国家鼓励的重点培训机构的重点项目，“农村劳动力转移就业培训专项贷款”可以享受银行教育信贷优惠利率。此外，对于不属于重点支持的培训机构开设农村劳动力培训项目，可以考虑开辟信贷“绿色通道”，减少贷款环节，鼓励信用贷款，为培训机构广开商业贷款通道，鼓励培训机构建立培训基地、完善培训设施、提高培训师资力量。

特别需要提出的是，在当前条件下，相当一部分贫困农户无力支付参加技能培训的各种费用，或者不能承担完成技能培训后外出务工的就业成本，因此应当建立针对这部分贫困农户参加培训和完成培训寻找就业机会的活动的小额信贷支持制度，使其能够有条件平等地参加培训并争取自己的就业机会。面对普遍存在的农村劳动力亟须提高劳动技能，但缺乏前期投入资金的矛盾，应当为接受培训的农村劳动力提供有效的信贷支持。培训费用可以通过教育贷款或政府贷款解决，接受培训的农村劳动力可以在找到工作后通过收入增加来偿还。此外，鼓励信用社等农村合作金融组织提供贷款给参加培训的农民，由政府提供贷款利息补贴，使农民享受“先学习再付费”的优惠。通过政府信贷支持政策，使许多希望得到技能培训但缺乏前期资金投入的农户，尤其是农村新增劳动力得以如愿。

（六）构建培训就业保障机制，加快统筹城乡就业进程

1. 制定有关农民教育培训的法律法规和政策措施

虽然党和政府一直重视“三农”问题，农民教育培训工作得到了一定的发展，但在其规范程度和执行力度上，还完全取决于执行者的责任心和积极性。因此，有必要制订一部保障农民教育和培训的专门法规，比如制定农民技能培训促进法，规定和鼓励农民接受职业教育培训，规范有关部门、涉农单位和农民自身的权利与义务，确保农业、劳动保障、教育、科技和财政等相关部门在职责范围内切实做好农民的教育培训工

作。

2. 加快建立多层次农民工权益保障体系

农村劳动力为我国城市经济的发展作出了重要贡献，按照传统户籍制度继续将其排除在现行城镇社会保障体系之外，显然有违公平的原则，同时也严重挫伤农村劳动力进城务工的积极性。但如果将其全部纳入现行城镇社会保障体系，又欠缺财政、技术及相关政策条件。基于目前的现实状况，我们认为，将一元化的制度安排作为我国社会保障制度的长期发展目标，将多层次制度安排作为必要的过渡，这一手段具有现实意义。应该根据农村劳动力的需求与目前的条件，加快建立多层次的社会保障体系，积极探索适用于进城务工的农村劳动力的社会保障制度，使其成为我国社会保障体系的有机组成部分。当务之急是确保工伤保险制度的贯彻落实，建立大病或疾病住院保障机制，以及相应的社会援助制度，并着力探索解决其在医疗、养老、最低生活保障等方面的权益保护。在这一过程中，应当遵循一些原则，包括保障水平要适度、保障范围要不断扩大、保障制度要多层次、管理服务要灵活等。

3. 为进城农民工子女接受教育创造条件

保障农民工子女受教育的权利是一个十分重要的问题，它关系到全民教育水平是否能够整体提高，关系到城乡差距是否会进一步扩大，关系到进城农民工的下一代是否能够在城市里健康生存，也关系到我国“小康社会”的建设目标是否能够真正实现。因此流入地的有关部门应该积极采取措施，取消对进城农民工子女入学的各项限制，禁止收取额外费用，为其子女接受教育创造良好条件。

二、保障我国农村劳动力长效培训机制有效运转的政策建议

目前我国劳务经济发展已经到了一个重要的转折点。一方面，越来越多的农村劳动力需要掌握一定的知识和技能才能有

较强的就业能力；另一方面，劳务经济必须不断提高产业化程度，才能适应市场化发展的需要。因此，必须进一步完善相应的政策措施，建立并完善培训的长效机制。

（一）深刻认识农村劳动力培训的战略意义

农村劳动力培训是事关我国国民经济发展全局的大事，各级政府应当将其提高到强化人力资源开发、统筹城乡发展和构建和谐社会的战略高度加以充分认识，必须把农村劳动力培训工作作为政府自身的基本职责，真正做到“不缺位、不错位”。通过整合各部门资源优势，通力协作、密切配合，确保农村劳动力培训工作能够不断实现新的突破。

一是必须进一步完善农村劳动力培训的目标责任制，通过强化认识到位，实现目标任务到位、工作责任到位、政策措施到位，将农村劳动力培训工作纳入各级政府年度目标考核内容。

二是应当制定农村劳动力培训的中长期发展规划，理清发展思路，明确目标任务，突出战略重点，以此导向农村劳动力培训的基本发展路径和运行模式，进而不断提高劳务开发的整体质量。

（二）统筹城乡，多渠道筹措农村劳动力培训资金

一方面，我国农村劳动力整体素质相对较差是过去不合理的城乡差别发展战略的产物；另一方面，不发达地区在农村劳动力培训过程中有很强的外部溢出效应。因此，各级政府应当在解决农村劳动力培训资金问题上处于主导地位，特别是要重视合理建立财政转移支付制度，让沿海地区对劳务输出重点省区在培训农村劳动力过程中的利益外部化进行有效弥补，以此解决农村劳动力在培训就业、社会保障、子女入学等方面资金严重短缺的矛盾。从宏观角度考虑，当务之急是应当立足城乡统筹发展的角度，在中央一级多渠道筹集农村劳动力培训资金，然后根据农村劳动力培训规模的差异转移支付各省，由各省统筹安排，专项用于农村劳动力培训。

具体建议主要通过下述渠道筹集农村劳动力培训专项资金：①现有城市再就业基金中提取20%；②现有土地出让金中提取2%；③中央财政扶贫资金中提取20%；④落实城市教育附加提取20%用于发展职业教育政策，将这一政策覆盖面扩大至农村劳动力培训领域；⑤使用农村劳动力的企业按照农村劳动力工资总额的1.5%提取培训经费，计入成本在税前列支，按企业属地原则由政府统筹使用。

（三）创新财政资金管理使用方式

第一，正确定位财政资金在农村劳动力培训中的使用范围和重点。政府财政性资金的投入在农村劳动力培训中占有至关重要的地位，但认为农村劳动力培训的所有成本都应由政府包揽却有偏颇，一般而言，生产技能的培训是农民为获取更高预期收益而进行的个人投资，其成本理应主要由农民个人承担，而政府的财政性资金则应主要用于农村劳动力培训的下述公共领域：一是承担农村劳动力“引导性”培训的资金投入；二是承担为农村劳动力提供信息服务和维权服务等公共产品的投入；三是承担引导培训机构做大做强，打造劳务品牌的导向性资金投入；四是承担培训机构在师资培训方面的资金投入。

第二，整合财政性资金。将从属于各个部门的培训资金集中统一使用，形成合力，防止资出多门，降低组织运行成本。同时统一培训补助标准，调动农村劳动力和培训机构的积极性，提高财政资金使用效率。

第三，对重点品牌和具有特色专业的培训机构进行导向性投入，重点支持其教学设施建设和建立实习实训基地等；同时，引导培训机构加大自身投入，聚集和整合社会资金进入培训领域，促使培训做出特色和品牌。

第四，建立财政资金约束机制。一是进一步探索和完善招投标等农村劳动力培训专项资金使用办法，更充分地发挥市场机制配置资源的效率，防止财政资金的中间流失。二是建立由非政府组织或专门研究机构独立参与的财政性资金项目评估体系，科学评审培训项目绩效，保障最大限度地提高财政资金使用效率。

（四）整合职业教育和基础教育资源

应当充分利用现有的教育资源，通过整合，盘活存量，构建基础教育和职业教育相互融合、相互发展的新体制。

第一，深化教育资源开发工作，促进农村基础教育与职业教育相互沟通，利用已有的基础教育资源为职业培训和农村劳动力培训服务。在农村基础教育中广泛开展和推广“初三分流”和“高中2+1”培训模式，使职业教育融入农村基础教育。

第二，支持大、中专学校利用自身资源和师资优势参与职业培训，主动承担农村劳动力培训工作，使之成为在较高层次上提高农村劳动力技能的重要培训阵地。

第三，职业教育应该充分利用基础教育的资源，围绕就业开展多层次的培训工作。职业教育应当和就业相结合，职业教育专业和课程的设置必须紧密与市场需求相结合，围绕市场大力开展订单培训、定向培训和委托培训，高度重视培训机构的师资培训，以培训的就业率作为衡量职业学校办校的主要标准，整合各部门兴办的各类培训学校或培训中心，对于有规模、有特色、有优势的，财政予以导向性投入，鼓励相互之间进行联合和重组，构建区域性优势品牌培训基地。

第四，推动职业技术学校与大、中专学校相互联合，在不同区域组建各具特色和优势的教育培训集团或中心，占领技能型人才高地，重点开发和培训高、中级技能人才。

第六章

积极促进农村劳动力转移就业[①]

就业是增收之源。促进农民就业，既是保障和改善民生的头等大事，也是扩内需、保增长的当务之急，必须高度重视、妥善解决。而农民就业，其地域范围既有农村又有城镇；能否就业，与就业的制度环境、本身的就业能力和提供的就业岗位密切相关。农民就业的特殊性和关联性，也决定了必须内外联动、多措并举。

一、突出宏观政策的就业目标，选择有助于扩大就业的经济发展方式和结构调整方向

扩大就业的原动力在于经济增长。能否实现经济增长与就

① 本书选自农业部软科学课题“有利于农民增收的就业促进政策研究”（课题编号：Z200916），课题主持人：孙梅君。

业增长良性互动，取决于国家对经济发展方式和结构调整方向的选择。劳动力资源丰富，既是我国发展中面临的最大压力，也是最大优势。经济发展方式由粗放向集约转变是必然选择，但这并不意味着一定要用技术和资本密集取代劳动密集经济。因此，技术进步、科技创新、产业升级等技术路线的选择都应有助于发挥我国劳动力资源比较优势，争取把全球有限的就业岗位更多地配置到中国来。建议把就业效应作为经济发展质量的重要评价标准，选择有助于拓展就业空间的经济结构调整方向，着力培育就业增长点，发展战略性新兴产业，创造新的就业岗位。

二、支持劳动密集型产业发展，发挥中小企业和乡镇企业吸纳就业的新优势

（一）保持制造业、建筑业吸纳就业的能力

制造业在今后相当长一段时期内仍是我国经济支柱产业，也是农村劳动力就业的重要领域。尽管制造业技术在升级，但其特有的大量熟练工种岗位仍具有广泛吸纳就业的能力，且技术进步并不必然导致就业弹性下降，反而会催生新的就业增长源。要用高新技术改造和提升传统制造业，增强其竞争力，拓展新的就业空间。建筑业产业链条长，是典型的资金密集和劳动密集型兼备的行业。加强基础设施和住房建设也是当前扩内需、保增长的重要投资方向，为建筑业发展和农村劳动力就业增长提供了机遇。

（二）把服务业作为扩大就业的主渠道，全面开发第三产业就业空间

要进一步放宽市场准入，引入竞争机制，坚持市场化、产业化、社会化方向，促进服务业拓宽领域、增强功能、优化结构，提高服务供给能力和水平。大力发展面向生产、面向民生和面向农村的服务，特别是社区服务、家政服务、社会化养老

服务以及快递配送、大众餐饮等便民服务，吸纳更多的农民工就业。

（三）大力扶持劳动密集型中小企业发展

落实国家促进中小企业发展金融和税收优惠等各项政策，着力缓解中小企业特别是小企业“融资难”问题。扩大中央财政扶持中小企业发展专项资金规模，改善政府服务，减少、合并行政审批事项。支持企业技术进步、开拓市场、品牌建设和人员培训，鼓励中小企业采用新技术、新工艺、新设备、新材料，推进创新发展，节约集约利用资源。

（四）继续强化乡镇企业的“蓄水池”作用

关键是支持乡镇企业调整产业结构，加快技术改造。引导企业积极承接大中城市和沿海发达地区产业转移，大力发展劳动密集型的轻工产业特别是农产品精深加工业，发展直接为农业农村提供生产投入品和生活消费品的产业。重点支持成长性强、就业容量大的企业做大做强，增强其市场竞争能力。改变乡镇企业等于乡镇工业等于乡镇制造业的不合理产业结构，使之与城市工业形成优势互补的“双赢”格局，拉动乡镇企业新一轮的经济增长。

三、推进有就业需求的城镇化进程，构建农民转移就业的新载体

20 世纪 90 年代以来，中国城镇化水平与就业弹性水平同向变动的事实说明，中国已经进入以城镇化为就业增长主动力的阶段。加快推进城镇化，不仅是解决农村剩余劳动力问题的根本出路，也是当前扩大内需的重要举措。

（一）以加快小城镇建设创造新的就业需求

小城镇是连接城市和农村的纽带和桥梁。在大中城市难以

大规模接纳农民转移就业的情况下，小城镇劳动力需求量大面广，兼具就业、创业的便利和心理归属、文化认同上的优势，将成为农村劳动力尤其是农民工转移就业、置业、居住的重要选择。同时，小城镇基础设施、公用事业等建设投资需求巨大，特别是房地产业前景广阔，发展小城镇既可以释放出强大的投资需求，又具有较好的地区普惠性，有利于缩小城乡、区域发展差距。因此，要充分发挥小城镇在增加就业、扩大内需方面的重要作用，积极寻找和启动小城镇经济发展的增长点。首先，以产业发展带动农村人口和劳动力聚集。抓住国际国内产业升级和结构调整的机遇，积极引导劳动密集型、资源加工型，特别是农产品加工业向小城镇转移，加快发展类型多样的农村服务业以及为城乡居民提供各种生活服务的第三产业。大力发展小城镇房地产业。支持个体私营经济发展，鼓励农民工返乡创业，并在土地利用、税收等方面给予优惠，实现以创业带动就业。其次，加强小城镇基础设施建设，并纳入政府投资支持范围。不仅可以形成有利于多种产业发展的环境，而且可以直接创造大量就业岗位。当前可重点扶持全国 1965 个县级政府驻地镇，支持其改善水、电、路、气等基础设施条件，使其成为县域经济的增长极、进城农民的安居点、城镇化的新动力。

（二）以壮大县域经济构建农民就业重要平台

当前和今后相当长时期，我国大部分人口生活在县域，农村大部分劳动力就业在县域，农民大部分收入来自县域，扩大内需的潜力主要也在县域。要加大对县域经济发展的支持力度，加快推进省直接管理县（市）财政体制和管理体制改革，扩大县域发展自主权，增加对县的一般性转移支付，增强县域经济发展活力和实力。引导城市资金、技术、人才、管理等要素向县域流动，增强县域承接产业转移能力和带动就业能力，科学规划产业发展，培育特色支柱产业，大力发展农村第二、第三产业，在活跃农村经济中创造就业机会。

（三）妥善解决好进城农民工安居乐业问题

推进户籍制度改革，放宽中小城市和小城镇落户条件，有计划、有步骤地把已经进城，并有稳定就业和居住的农民工转变为城镇居民，逐步实现农民工在劳动就业和报酬、子女就学、公共医疗、住房租购以及社会保障方面与城镇居民享有同等待遇。同时，完善土地流转制度，通过承包土地使用权的流转，包括转让、转包、转租、抵押、入股等，促使土地逐步集中，发展适度规模经营。城镇的就业岗位从何而来？静态地看是没有出路的，城镇的就业压力也相当大。这需要动态地理解，我国的工业化战略要从城乡两条战线同时展开，逐步向一条战线融合，并使工业化和城镇化逐渐融合，并通过这种融合来转换发展模式。走新型工业化道路，将为农民创造更多的就业机会。

四、实施农业产业振兴计划，开辟农业内部就业新领域

农业产业化经营不仅是延长农业产业链条、增加农业附加值的关键措施，也是扩大农业就业容量、提高农业增收功能的有效途径，同时也是增强农业稳定发展能力、扭转农业弱质低效局面的根本出路。我们应该像振兴十大产业一样去振兴我们的农业产业，像重视工业化发展一样重视农业产业化发展。

（一）把农业产业化经营作为振兴农业产业的重要抓手

一要把农业产业化作为一件带有方向性的大事来抓，通过国家层面的支持和鼓励，在税收、信贷等各种政策上的优惠和支持，大力推动农业产业化的发展。二要着力打造一批实力强、带动能力强的国家级农业产业化龙头企业，依靠龙头企业的带动作用，孵化出完善的产业链经济。引导龙头企业做好农产品的精细加工、深加工、产品运输和销售，拉长农业产业链条，提升农业产业的整体素质和竞争能力。三要强化机制建设，支持发展“龙头企业 + 合作组织 + 农户”和“农产品行

业协会+龙头企业+合作组织+农户”的组织模式，逐步健全农户与企业利益共享、风险分担的合作机制，提升农业产业化带农增收能力。

（二）把提升农产品加工业水平作为振兴农业产业的重要途径

发达的国家都有发达的农产品加工业。以荷兰为例，农产品加工业就业人数是农业就业人数的2.3倍，农产品加工业产值占工业总产值的比重接近30%，超过农业总产值的1.2倍。在我国吉林、河南等农业大省，农产品加工业不仅成为地方经济的支柱产业，也成为吸纳劳动力就业的重要领域。因此，要大力提升农产品加工业水平，并在国家“十二五”规划中充分体现。加大财政投入，完善税收政策，引导龙头企业、乡镇企业、中小企业发展农产品精深加工，培育知名品牌。支持农产品深加工企业技术进步，推动结构升级和布局调整。现有支持中小企业发展的专项资金（基金）要向农产品加工企业适当倾斜，鼓励农产品加工企业巩固和开拓国内外市场。通过发展农产品加工业，促进农民就业增收。

（三）把加强农业产能建设作为振兴农业产业的重要基础

在我国现有的18亿亩耕地中，有2/3属于中低产田，如果对其进行治理改造，不仅可以增强粮食和农业生产能力，而且可以吸纳大量劳动力就业。可考虑将中低产田改造作为扩大内需的重要投资方向，作为农业政策支持的着力点。国家实施的新增千亿斤粮食生产能力规划，重点也应放在农田水利设施建设，特别是中低产田改造、高标准农田建设方面。

（四）把调整农业产业结构作为振兴农业产业的重要内容

目前我国在大宗农产品过剩的同时也存在部分农产品短缺问题，特别是优质农产品市场前景广阔。因此，应以市场需求为导向调整结构，开发精细农业、精品农业和农业多种功能，在增加短缺农产品供应能力的同时，增加就业机会。因为优质农产品生产，必然要求更多的劳力、资金、技术等资源要素的投入，会产生更多的劳动力需求。对农业的深度、广度和多功能的开发，特别是非耕地资源开发，发展特色农业、生态农业、旅游休闲农业，也可以大大扩大农业的容人之量。

五、实施农民培训计划，着力提升农民就业能力

能否有效提升农村人力资本水平，已经成为能否真正将农村巨大的人口资源转化为宝贵的人力资源的关键。

（一）大规模开展农民工职业技能培训

这对于在短期内提高农村劳动力就业技能水平、增强岗位适应性具有明显效果。2009 年初，人力资源和社会保障部、国家发展和改革委员会、财政部三部委联合出台了为期两年的“特别职业培训计划”，把重点放在农民工和农村新成长劳动力群体上。要整合各类培训资源，动态设置培训目标，优化培训内容和方法，鼓励订单培训，打造培训品牌，提高培训的针对性、适应性和有效性。

（二）大力发展农村职业教育

从 2009 年开始，国家重点支持农村中等职业教育发展并逐步实行免费，关键是要把政策落实好。各级政府也要加大对农村职业技术学校支持力度，搞好职校的各种软、硬件设施建设。职校也要按照市场引导培训、培训促进就业的原则，完善办学机制和模式，培养实用技术人才。

（三）培育一支高素质的青年农民队伍

建设新农村，必须有新农民。十年后谁来种地，已成为人们普遍担心的一个问题。培养高素质青年农民，是很多国家的

普遍做法。如欧盟就有直接针对青年农民的补贴，对年轻人从事农业，给予数额从5000—30000欧元的一次性创业补贴。韩国也实行农科大学生免费的政策。因此，建议政府有关部门研究制定青年农民培养专项规划，鼓励一部分有知识、有文化的青年投身到农业和农村产业。第一，国家对农民的各项补贴政策要向青年农民倾斜。特别是农机补贴，要优先考虑30岁以下青年农民，并适当提高补贴比例，鼓励青年成为农机服务专业户。第二，国家可设立青年农民创业基金。对有能力从事种养业的青年，如果投资达到一定规模，由创业基金给予一次性的投资补助。第三，加强对青年农民的技术培训。“农业科技入户工程”对青年农民要优先考虑。第四，建立农业教育基金，每年在农闲季节选拔青年农民到农业院校进行相关专业的专门培训；鼓励农业院校、农业职业技术院校的学生回乡务农。

（四）全面提升农村人口和劳动力素质

对农民来说，就业能力的提高是最大的，也是最长久的实惠；对政府来讲，农民就业能力提高，可以使农村的人口压力转变为人力资本，必须从娃娃抓起。要巩固农村义务教育普及成果，促进义务教育均衡发展，扭转目前农村基础教育与城市差距不断拉大的趋势，这是提高农民自身素质的治本之策，必须放在全局性的战略高度加以对待。目前要重点做好改善农村教育教学环境、优化农村教育基础设施、提高农村教师队伍整体水平、保障农村教育必要的经费等基础性工作，以切实推进农村基础教育健康发展。同时，公共医疗资源也要进一步向农村倾斜。这除了加大政府投入以外，还要通过相应的改革和政策措施来引导社会资源向农村流动。

六、统筹城乡发展，改善农民就业制度环境

（一）要加快建立城乡统一的劳动力市场

将农民就业纳入整个社会就业体系，形成城乡劳动者平等

就业制度。如可以建立城乡联网的劳动力供求系统，使用人单位招工和劳动者求职得到就地就近服务。对城镇紧缺的就业岗位进行统计和预测，发布劳动需求信息，引导农民有序外出就业，鼓励农民就近转移就业，扶持农民工返乡创业，减少农民进城就业的盲目性，促进劳动力资源的合理使用。

（二）要健全覆盖城乡的就业服务体系

强化就业服务机构为劳动者提供包括信息咨询、职业介绍、失业保险等服务责任，搞好农民就业技能培训，提高就业适应能力。

（三）要完善劳动力市场规则

加强农民工权益保护，防止市场垄断、歧视、非公正交易及侵犯自主交易权和人身权利、契约权利等不正当行为。彻底清除对劳动力进城务工的不合理限制和乱收费。切实改善农民工劳动条件，扩大农民工保险覆盖面，并逐步同城乡各项社会保障制度相衔接。强化流动人口服务和体制机制创新，将农民工纳入整个社会服务和管理体系，为他们创造良好的工作和生活环境。

第七章

千方百计增加农民收入

农民增收问题是“三农”问题的核心问题。改革开放以来，我国农民收入不断增长，但其增长速度长期以来一直低于国民经济的增长速度，一方面导致农民消费不足，制约消费需求和市场扩张，对长期经济增长不利；另一方面，农民收入增长缓慢也影响了我国全面建设小康社会的进程。党的十六大提出了全面建设小康社会的目标，党的十七大又提出了实现全面建设小康社会奋斗目标的新要求。全面建设小康社会，重点、难点在农村，关键在增加农民收入。可以说，增加农民收入已经成为影响国民经济协调发展的关键问题。

第一节

农民收入增长的历史变化与地区差异[①]

一、农民收入增长的历史变动

综观我国改革开放二十几年，农民收入增长的历程可分为四个阶段：第一阶段，1978—1984 年农民收入超常规增长；第二阶段，1985—1990 年农民收入在波动中缓慢增长；第三阶段，1991—1996 年农民收入反弹回升；第四阶段，1997 年至今农民收入进入缓慢增长的阶段。不同的增长阶段具有不同的特点。

（一）1978—1984 年农民收入超常规增长

表 7-1　1978—1984 年农民纯收入及增长率

年　份	1978	1979	1980	1981	1982	1983	1984
纯收入（元/人）	133.57	160.17	191.33	223.44	270.11	309.77	355.33
农民纯收入实际增长率（%）	—	19.2	16.6	15.4	19.9	14.2	13.6

资料来源：中国农业年鉴编辑委员会：《中国农业年鉴》，时代文艺出版社 2002 年版。

如表 7-1 所示，1978—1984 年农民收入的年增长率都在 10% 以上。这一阶段农村普遍实行了以推行农村家庭联产承包责任制为主要内容的改革，极大地解放了生产力，调动了农民

① 本节选自农业部软科学课题“农民增收的长效机制研究”（课题编号：200401），课题主持人：徐翔。

生产积极性，促进了农村经济快速发展。这一时期的农民收入增长具有两个显著特点：一个特点是农民收入增长速度远远高于农业总产值增长速度。1978—1984 年，我国农业总产值平均每年增长 7.6%（按 1978 年价计算），农村居民人均纯收入由 133.57 元增加到 355.33 元，增长 2.66 倍，平均每年递增 17.75%，扣除物价影响后仍高达 16.48%，远高于农业总产值增长速度。另一特点是农民收入由以实物为主转向以货币收入为主。1978 年以前，我国农业长期处在自给半自给的小农经济状态，商品经济成分很少。1978 年农民纯收入中实物收入占 58.1%，货币收入占 41.9%。农村改革以后，农村商品生产迅速发展，商品经济日趋活跃。1984 年农民人均纯收入中，货币收入为 206.3 元，所占比重上升到了 58.1%，我国农村由自给半自给经济向商品经济转变取得了重大进展。

（二）1985—1990 年农民收入在波动中缓慢增长

表 7－2　　1985—1990 年农民纯收入及增长率

年　份	1985	1986	1987	1988	1989	1990
纯收入（元/人）	397.6	423.76	462.55	544.94	601.51	686.31
农民纯收入实际增长率（%）	7.8	3.2	5.2	6.4	－1.6	1.8

资料来源：中国农业年鉴编辑委员会：《中国农业年鉴》，时代文艺出版社 2002 年版。

如表 7－2 所示，1990 年农民人均纯收入为 686.31 元，比 1984 年增加了 330.98 元，增长 93.14%，扣除物价影响后农民实际纯收入年均递增 3.8%。其中出现了 1985 年和 1988 年增长的两个相对峰值，分别为 7.8% 和 6.4%；1986 年和 1987 年增长分别为 3.2% 和 5.2%；而 1989 年出现了农民实际纯收入负增长，为－1.6%；到 1990 年农民实际纯收入有所回升，增长为 1.8%。因此，这一时期农民收入增长最明显的特点是在波动中缓慢增长。其他特点还有：

一是农民的第一产业收入相对稳定，第二、第三产业收入波动明显。1985—1990 年农民第二、第三产业收入增长迅速，年均增长 14.9%，但是在平均速度增长较快的同时，这一期间出现了 1988 年 28.7% 的高速增长，也出现了 1990 年 -5.2% 的负增长。

二是农民货币收入的增长速度波动明显。农民货币收入增长速度最快为 1988 年，增长率为 24.9%，而 1989 年便下降为 10.8%，1990 年进一步下降为 3.3%。这一期间农民货币收入的增长率呈现出先不断增长后逐年减缓的波动性。

（三）1991—1996 年农民收入反弹回升

表 7-3　　1991—1996 年农民纯收入及增长率

年　份	1991	1992	1993	1994	1995	1996
纯收入（元/人）	708.55	783.99	921.62	1220.98	1577.74	1926.07
农民纯收入实际增长率（%）	2.0	5.9	3.2	5.0	5.3	9.0

资料来源：中国农业年鉴编辑委员会：《中国农业年鉴》，时代文艺出版社 2002 年版。

如表 7-3 所示，1991 年农民收入在 1990 年增长 1.8% 的基础上再增长 2%，维持住了上升态势。1992 年邓小平同志南巡讲话后，农村经济形势更是进一步好转，当年农民实际收入增长速度达到 5.9%。随后几年，农民收入继续增长。除 1993 年农民实际收入只增长 3.2% 以外，其余几年均超过 5%，1996 年猛增至 9%，农民名义纯收入达 1926.07 元，是 1991 年农民名义收入的 2.72 倍。因此，可以说这 6 年农民收入增长的主要特点是反弹回升，在一个上升通道中平衡运行。其他特点还有：

一是家庭经营收入仍然是农民收入增长的主体，但比重呈下降趋势。在农民纯收入构成中，家庭经营收入占 70% 以上，是农民收入来源的主体。但是家庭经营收入占纯收入比重基本上逐年下降。1991 年农民家庭经营收入占纯收入的比重是 83.06%，1994 年 72.22%，1996 年下降到 70.74%，6 年下降了 15%，平均每年下降 2.5%。

二是农民从乡镇企业和外出打工得到的收入明显增加，农村劳动力流动加快。1991 年农民从集体组织和企业劳动的报酬收入人均 68.06 元，占纯收入的比重是 9.61%；而 1996 年这两个指标值分别是 450.84 元和 23.41%，与 1991 年比较，分别增长了 5.62 倍和 1.44 倍，增长速度非常快。

（四）1997 年至今农民收入进入缓慢增长的阶段

表 7－4　　1997 年至今农民纯收入及增长率

年　份	1997	1998	1999	2000	2001	2002
纯收入（元/人）	2090.13	2161.98	2210.34	2253.42	2366.40	2475.63
农民纯收入实际增长率（%）	4.6	4.3	3.8	2.1	4.2	4.8

资料来源：中国农业年鉴编缉委员会：《中国农业年鉴》，时代文艺出版社 2002 年版。
国家统计局：《中国统计年鉴》，中国统计出版社 2003 年版。

如表 7－4 所示，1997 年农民收入实际增长 4.6%，比上年回落 4.4 个百分点。1998 年继续下滑，收入增长速度只有 4.3%，1999 年增速进一步回落到 3.8%，2000 年收入增长速度只有 2.1%，2001 略有回升至 4.2%，2002 年增速为 4.8%，但都仍未超过 5%。农民收入增长缓慢是这一时期收入增长的最大特点。其他特点还有：

一是农业收入对收入增长的贡献正负交替。1997 年部分粮食大省遭遇旱灾，全国粮食和油料减产，但棉花、糖料和畜产品增产，农产品总量没有减少。以前占农民纯收入来源近一半的种植业收入在 1997 年名义上只增长了 2%，扣除物价影响，实际下降 2%；农业收入增长主要靠畜牧业，这一年畜牧业价格形式较好，农业收入对纯收入增长的贡献度比为

45.76%。1998年以来农民从农业获得的收入连续三年下降，1998年下降2.3%，1999年下降4.5%，2000年下降4.7%，对农民收入增长的贡献连续三年为负；2001年，农民从农业得到的收入人均为1165.2元，比上年增加40元，增长3.6%，对当年农民收入增长的贡献率达到35%。2002年仍保持了增长的势头，增长0.22%，对农民收入增长的贡献为2.4%①。

二是农民从事非农产业收入成为收入增长的主要来源。1997年农民从非农产业得到的收入为719.58元，比上年增加了98.9元，对农民收入增长的贡献为60.28%。1998年农民从非农产业得到的收入继续保持快速增长为802.14元，比上年增加了82.56元，对农民收入增长的贡献为114.91%。1999年和2000年农民非农产业收入对农民收入增长的贡献分别为199.46%和220.26%。2001年农民人均从非农业获得的收入为1066.4元，比上年增加62.2元，对农民收入增长的贡献率为55%。2002年农民从非农业获得的收入为1159元，比上年增加92.6元，增长了8.7%，对农民收入增长的贡献率为84.78%，仍是农民收入增长的主要来源②。然而，由于近年来宏观经济发展趋缓，乡镇企业效益下降；市场疲软、消费需求不振、经济增长乏力等因素，不仅影响了农产品需求增长和价格走高，而且影响了农村劳动力就业和转移，制约了农民非农产业收入的快速增长。

二、农民收入增长的地区差异

从历史的角度看，我国农民纯收入增长具有一定的阶段性特点，从现状来看，即使在同一年份，不同省份的收入水平差

① 农业部：《中国农业发展报告》，中国农业出版社2002年、2003年版，并经作者计算所得。

② 中国农业年鉴编辑委员会：《中国农业年鉴》，时代文艺出版社2002年版；《中国农业年鉴》编辑部：《中国农业年鉴》，学苑出版社2003年版。

距也很大。通过对省际差距进行分析，可以看出农民收入呈现出不均衡，以及呈梯度演变、整体收入水平低的特征，这些省份之间的收入差距也影响着农民整体收入的增长。

表 7－5　　2002 年各省（区、市）农民人均纯收入

高收入地区								
省份	上海	北京	浙江	天津	江苏	广东	福建	
农民人均纯收入（元）	6223.55	5398.48	4940.36	4278.71	3979.79	3911.9	3538.83	
中等收入地区								
省份	山东	辽宁	河北	湖北	海南	黑龙江	湖南	江西
农民人均纯收入（元）	2947.65	2751.34	2685.16	2444.06	2423.2	2405.24	2397.92	2306.45
省份	吉林	河南	山西	安徽	四川	重庆	内蒙古	广西
农民人均纯收入（元）	2300.99	2215.74	2149.82	2117.56	2107.64	2097.58	2086.02	2012.6
低收入地区								
省份	宁夏	新疆	青海	云南	陕西	甘肃	贵州	西藏
农民人均纯收入（元）	1917.36	1863.26	1668.94	1608.64	1596.25	1590.3	1489.91	1462.27

资料来源：国家统计局：《中国统计年鉴（2003）》，中国统计出版社 2003 年版。

如表 7－5 所示，在对农民收入水平进行横向比较时，我们采用 2002 年我国 31 个省（区、市）的农民人均纯收入数据分析。为了便于比较，将 31 个省分为高收入地区、中等收入地区，低收入地区。其中高收入地区是指农民人均纯收入在 3000 元以上的省，包括上海、北京、浙江、天津、江苏、广东、福建 7 个省（市）；中等收入地区是指农民人均纯收入在 3000 元至 2000 元之间的省，包括山东、辽宁、河北、湖北、海南、黑龙江、湖南、江西、吉林、河南、山西、安徽、四川、重庆、内蒙古、广西 16 个省（区、市）；低收入地区是指农民人均纯收入在2000元以下的省，包括宁夏、新疆、青海、云南、陕西、甘肃、贵州、西藏8个省（区、市）。通过比较可以看出地区农民收入水平具有如下特征：

（一）非均衡性

我国农民收入水平的非均衡性主要体现为：其一，三个收入水平区域的差异较大。高收入地区、中等收入地区和低收入地区的农民人均纯收入的平均值分别为4610.23元、2340.56元和1649.61元。高收入地区的平均值近似是中等地区平均值的2倍，是低收入地区平均值的2.6倍。在高收入地区中收入最高的上海市农民人均纯收入为6223.55元，比中等收入地区中收入最高的山东省高3275.9元，比低收入地区中收入最高的宁夏回族自治区高4305.64元。即使是高收入地区中收入排在最后的福建省的农民人均纯收入也比山东省高591.18元。其二，不同收入类型的内部收入差异不同，收入水平越高，内部差异越大。高收入地区收入的标准差为955.33，而中等收入地区和低收入地区的收入标准差仅为267.22和163.16。在高收入地区中收入最高的上海比排在第二位的北京高出825.07元，而北京又比排在第三位的浙江高出458.12元。中等收入地区的内部差异又比低收入地区的内部差异大。

（二）梯度演变性

我国农民收入的梯度演变性表现为收入水平呈东部地区—中部地区—西部地区的梯度降低趋势。按照经济社会发展水平并参考地理位置，我国的31个省（区、市）可以划分为东部地区、中部地区和西部地区。东部地区包括北京、天津、河北、辽宁、上海、江苏、浙江、福建、山东、广东、和海南；中部地区包括山西、内蒙古、吉林、黑龙江、安徽、江西、湖北、湖南和河南；西部地区包括四川、重庆、云南、贵州、西藏、陕西、甘肃、宁夏、广西、青海和新疆。通过与前面将31个省（区、市）按收入水平的高低的划分相比可以看出，高收入地区的7个省（市）都位于东部地区；中等收入地区的16个省（区、市）中有4个位于东部地区，10个位于中部地区，2个位于西部地区；而低收入地区的8个省（区、市）都属于西部地区。这一特征的形成除了自然地理的影响外，最主要是由经济社会的发展水平的差异决定的，高收入地区的7个省（区、市）都是东部沿海经济发展很快的省份，而低收入地区的8个省（区、市）都是经济文化都比较落后的西部地区。

（三）整体收入水平偏低

就全国范围来看，2002年全国农民平均纯收入为2475.63元，只有高收入地区的7个省（市）的收入在3000元以上，收入最低的西藏自治区农民人均纯收入只有1462.27元，只相当于全国农民平均纯收入水平的3/5。而同时期的全国城镇居民平均纯收入为7702.8元，是全国农民平均纯收入的3倍，即使是收入水平最高的上海市，农民人均纯收入也达不到城镇居民可支配收入的平均水平。

三、农民收入增长中的问题及成因

现阶段我国农民收入增长中存在的问题主要是非农收入增长不快、农民增产不增收、东西部地区收入差距大，这些问题的存在严重影响着我国农民收入增长。

（一）非农收入增长不快

1996—2002年，非农收入在农民收入中所占的比重不断增加，从38.08%上升到52.83%，平均每年上升2.46%，然而在看到非农收入在农民收入中所占比重不断增加的同时也应该注意到非农收入自身的增长率是在不断下降的，1997年农民的非农收入为870.13元，比1996年增加了91.36元，增长了 11.73%，但增幅比上年回落了 14 个百分点，1998 年至 2001 年的增长率分别为 11.43%，10.5%，8.44%，7.51%，增幅一直在下降，2002 年的增长率为 8.88%，虽比 2001 年略有上升，但增长速度与 2000 年以前相比仍比较缓慢①。由于非农收入在整个农民收入中的比重越来越大，因此它的增长减慢将直接影响农民收入的增长。造成非农收入增长不快的最根本原因有如下两个方面：

1. 户籍制度的束缚

要使资源的使用效率提高，前提条件之一是必须使其处于可流动的状态，从而能够配置于最需要的地方，不能流动的资源是难以达到效率最大化的。效率的降低意味着要素边际产出的降低，这决定了要素价格的降低，对于人力资源来说，意味着劳动力报酬的降低，或者说劳动力收入的降低，由于户籍制度阻碍了农民自由流动，因而它成为非农收入增长缓慢的主要原因。

户籍制度之所以成为制约非农收入增长的原因，一方面，户籍制度将农民限制在土地上。2002 年我国农村总劳动力为 48527 万人，其中农业劳动力为 31991 万人，占 65.9%②。相对于稀缺的土地资源而言，我国从事农业生产的劳动力是过剩的，这导致农业生产的低效率，也阻碍了农业机械化的进程。而一些农民进入城市就业，尽管已经打下了在城市长期生活下去的基础，获得了较稳定的工作，但他们并不敢将自己所拥有的土地的经营权转让或租赁，因为他们没有城市户籍，身份仍是农民，一旦将土地转让出去，意味着回到农村时就失去了生存的唯一依靠。因为农村没有社会保障制度，土地是他们最后的生存保障。因此，虽然一些农民离开土地去从事非农经营，但他们仍愿意为保有土地而支付费用。这导致土地流转制度难

① 国家统计局：《中国统计年鉴 2003》，中国统计出版社 2003 年版，并经作者计算。

② 农业部：《中国农业发展报告》，中国农业出版社 2003 年版。

以建立，阻碍了农业规模化经营，使农民不能从规模化经营中获利，而且影响了非农产业的发展。另一方面，户籍制度使农民进城就业遇到了种种障碍。即使他们进入城市工作，农民身份却未改变，被视作农民工。在相同的条件下，比如具有与城市居民相同的工作能力，进入城市的农民一般也只能从事收入更低、工作条件更差的工作，有时即使从事相同的工作，他们的待遇也比城里人更低。子女入学、医疗、住房、养老等问题也一直在困扰着农民工，也正是由于户籍制度将农民与城市居民的身份划开，农民的利益更容易受到侵害，得不到维护，每年的农民工工资的拖欠就足以说明这个问题。

2. 农村人力资源素质的制约

据统计，2002 年在我国农村总劳动力人数 48527 万人中，其中不识字或识字很少的有 3683.2 万人，占 7.59%；小学文化程度的有 14863.82 万人，占 30.63%；初中文化程度的有 23938.37 万人，占 49.33%；高中文化程度的有 5774.71 万人，占 11.90%；大专以上文化程度的有 266.9 万人，占 0.56%，整体平均受教育年限有 7.79 年。在不同年龄的劳动者中，其受教育年限不一样，但平均受教育的程度还达不到九年义务教育的水平。所以，从总体上看我国农村人力资本以初中文化为主，其次为小学文化，与城镇劳动力的受教育情况相比差距很大。正是农村人力资本积累的现状阻碍了农村剩余劳动力的转移，从而制约了非农收入的增长。

农业虽然是我国国民经济的基础，但在我国工业化进程中，农业在国内生产总值中的比重已从 1979 年的 31.2% 下降到 2002 年的 15.4%①。根据经济发展趋势，随着经济增长和人均国民收入提高，劳动力首先由第一产业向第二产业转移，随后又从第一产业、第二产业向第三产业转移，按照刘易斯模型，农业剩余劳动力的转移是伴随经济发展的持续过程，通过

① 国家统计局：《中国统计年鉴 2003》，中国统计出版社 2003 年版，并经作者计算所得。

两种在时空上并存的形式最终实现：一种形式是农业剩余劳动力的产业转移；另一种是地域转移，即向城市转移。通过对世界各国经济发展水平以及农业资源相对稀缺程度的分析表明，我国农业劳动力在社会总劳动力中的比重不应超过35%，因此，有专家估计，在目前情况下农村需要转移的剩余劳动力约3亿人，在我国经济结构调整，使得城市下岗人员不断增加的情况下，农村剩余劳动力大量向城市转移显然不现实（李朝林，2000）。因此，人们普遍认为对农村第二、第三产业实施战略性结构调整，加快乡镇企业发展，是最有效地转移农村剩余劳动力的方法，也是增加农民收入的一条途径。但是我国农村人力资本的水平是根本不能满足农村第二、第三产业结构优化，技术层次提高的需要的。按照产业资本与人力资本匹配的原理，这通常是包括产业资本技术含量的增加和从业人员人力资本积累水平的提高。在开放的经济系统中，产业资本有可能通过要素的流动来补充，但人力资本的增加则主要依靠投资积累。显然，一方面农村工业现有的劳动力的低素质和潜在的转移劳动力的人力资本低积累，是无法满足乡镇企业机制创新和技术创新的需要的，农村现有劳动力的素质阻碍了农村第二、第三产业结构的优化；另一方面农村第二、第三产业结构得不到优化，这些企业就不能得到发展，进而影响了农村剩余劳动力向非农产业的转移，使农村劳动力资源得不到充分的应用，劳动力的利用率不能有效提高，进而影响了农民收入的增长。

此外，我国农村劳动力整体素质偏低，在这种人力资本积累状态下，即使有好的项目或就业门路，他们也不能从事或适应，他们所掌握的科学文化知识、生产技术、市场经济知识根本不能适应社会的进步。以当前已转移到城市的农村劳动力所从事的工作为例，绝大多数是粗、脏、累、苦的收入较低的工作。从而低质量的农村人力资本既限制了农村剩余劳动力向城市的转移，也限制了农村剩余劳动力向高经济收入领域的转移和发展，限制了其收入的长期稳定增长。

（二）农民增产不增收

随着农业科技的发展，粮食的单产水平在不断的提高，农民在粮食耕地面积不变的情况下所获得的粮食产量也一直都在增长，但是在产量增长的同时，却并未给农民带来收入的相应增加，甚至一些地方出现了“增产减收”的现象。造成这种现象的根本原因在于农产品往往是缺乏需求价格弹性的商品，农产品的丰收使供给增加，在缺乏弹性的需求曲线的作用下，农产品的价格会大幅度地下降，由于农产品均衡价格的下降幅度大于农产品的均衡数量的增加幅度，最后致使农民总收入量减少。此外，产量的增加不能与收入的增长画等号，还是由于我国与市场脱节的农产品价格体制，高价的农业生产资料和居高不下的税费负担造成的。

1. 农产品价格体制与市场脱节

从1985年开始，我国的粮食和棉花购销制度进行了三次市场化改革，前两次均以退回到统购统销制度告终。之所以经历了三次反复，其中一个直接的原因是供给关系的不平衡，一遇上供给紧张，价格上升，决策部门马上就放弃原先的改革目标；一旦供给偏松，价格下降，又开始进行市场化改革。统购统销制度的最大特点是价格由国家制定，农民是交易的一方，但农民没有讨价还价的权利，与此同时国家未建立完整的农产品质量标准化体系对农产品的质量进行评定，无法做到优质优价。虽然国家实行农产品保护价收购政策，但农民的利益更多地受到了损害而不是受到了保护，因为大多数情况下国家收购价低于市场价。在我国很多农村地区，尤其是粮食主产区，出售粮食、棉花等农作物仍然是农民收入的一个主要来源①，因

① 根据《中国农业年鉴》2002年统计资料可知，在当前，来自农业的收入（主要是出售粮棉作物）占农民总收入的40%以上。

此粮棉收购价格过低必然使农民收入的增长受到显著影响。同时农产品的价格也会直接影响农民第二年的生产，因为这种价格难于准确反映市场的真实情况，无法代替市场有效地调节供需，引导生产。这种政策上的反复给农民带来了一大危害，即预期的不稳定性，农民无法确切地知道今后政策会不会变，会怎样变，因而其生产计划没有确定性，长期性，从而影响到农业生产的长期稳定发展，不利于农民收入的逐步增长。

2. 农业生产资料价格不断上涨

在低价出售农产品的同时，农民必须花高价购买农业生产资料。1990—1993 年，国家采取了很多政策措施，使粮食收购价格提高了 9.8%，但生产资料价格却上涨了 28.5%。粮食收购价格上扬给农民带来的收入增长被增幅更猛的农业生产资料成本抵消了。1997—2000 年，农产品收购价格指数逐年下降，其下降速度高于生产资料价格下降速度，使工、农业产品价格“剪刀差”[①] 更加扩大。

（三）东西部地区差异大

东部与中部、西部地区农民人均纯收入水平差距逐年扩大，而中部与西部地区的差距有所缩小。1990 年，东、中、西部地区农户家庭人均纯收入之比为 1.79∶1.13∶1，1995 年上升为 1.81∶1.15∶1，2002 年进一步扩大为 1.93∶1.29∶1[②]。区域间农民收入水平差异扩大的原因，主要是受当地社会经济和自然环境等因素变化的影响。20 多年来，东、中、西部经济发展水平的差异是农民收入水平差异的根本原因，由于经济发展水平的不同，从而从各方面对农民收入产生了一定的影响，

① 工、农业产品价格“剪刀差”是指由于工、农业产品的价格不同程度地背离价值，而在交换过程中表现出一种不等价交换的趋势，即工业品按高于价值的价格出售，而农产品则按低于价值的价格出售。

② 农业部：《中国农业发展报告》，中国农业出版社 2003 年版。

归纳起来主要有以下四个方面：

1. 资源环境不均等

农村联产承包责任制为农民的积极性发挥提供了广阔的空间，使原有的农村经济资源都得到了充分利用，所以总体上看，整个农村经济都有了较大幅度发展。但是，由于自然资源和社会经济资源的地区间差别，资源丰富和环境优越的东部地区经济发展迅速超过了中部和西部地区。东南沿海地区，自然资源和社会经济资源条件优越，丰富的资源、温和的气候，再加上较好的生产经营基础，使得地区经济迅速发展起来，同时便利的交通，也为市场经济的发展提供了客观条件。因此，东南沿海地区，市场经济发展迅速，农民收入增长也迅速。另一方面，自然资源条件较差的西部地区和贫困山区，环境恶劣，有些地区耕地资源不足，毁林开荒、毁草开荒使得环境更为恶劣；有些地区水资源非常稀缺，属于干旱半干旱地区，其生产的基础条件差；同时交通的不便，也使得一些贵重的特产资源无法实现其市场价值，从而阻碍了这些地区农村经济发展和农民收入水平提高。

2. 农村教育发展不平衡

经济的发展离不开教育，教育水平与农村经济发展之间是密切相关的，二者之间有一种互动关系，教育的发展，增加了农村人力资本的积累，为农村经济发展提供了保障，尤其是随着现代农业的发展，教育在农村经济发展中的地位更为重要；同时地区经济的发展，可以带来农民收入水平的提高，从而又为教育的公共投资和私人投资奠定了物质基础，促进了教育事业的发展，二者之间是相互促进、互为因果的。

教育发展的地区间不平等导致了农民人均纯收入的地区间差异。如果按经济发展水平从小到大将各省市自治区进行排列，可以看出一个明显的趋势，即经济发达地区的农村劳动力受教育水平普遍高于落后地区农村劳动力受教育水平。2001

年农村劳动力平均受教育年限最低的西藏只有4.89年，最高的北京为9.50年，而同期，北京农民人均纯收入为西藏的3.58倍。按东、中、西部不同的经济发展区域分析，东部地区农村劳动力平均受教育年限为8.05年，中、西部分别为7.98年和6.86年，东、中部地区农民的平均受教育年限都高于全国平均数7.78年，西部则明显低于全国平均水平。与此相对应，东部地区农民人均纯收入为全国平均数的1.37倍，而中部和西部则分别为0.91和0.7倍①，尤其是西部，农民人均纯收入远远低于全国平均数。可见，农村劳动力受教育程度的差别导致了农民人均纯收入的差别。

3. 非农产业发展不均衡

农民人均纯收入的构成主要有三部分，即工资性收入、家庭经营纯收入和转移性财产性纯收入。而工资性收入中，大部分是从本地企业中劳动所得到的收入，农村非农产业的发展是这部分收入的决定因素。当前地区间非农产业的发展是非常不平衡的，非农产业发展迅速的地区，农民的工资性收入就高，比如2002年，上海农民的工资性收入占人均纯收入的79.06%，北京为63.53%，而西藏和贵州分别为14.06%、25.97%②。这种由于非农产业发展不均衡所导致的工资性收入的差别构成了地区间农民人均纯收入差别的主要原因。而且，一方面，越是经济发达的地区，其非农产业发展越好，农民的工资性收入也就越高，纯收入也越高，形成一个良性循环；另一方面，越是经济落后的地区，非农产业发展也落后，纯收入也越低，形成一个恶性循环，这种非农产业集中于经济发达地区的现实导致了地区间农民纯收入差异的扩大。

① 中国农业年鉴编辑委员会：《中国农业年鉴2002》，时代文艺出版社2002年版，并经作者计算。

② 国家统计局：《中国统计年鉴2003》，中国统计出版社2003年版。根据《中国统计年鉴》2003年数据计算。

4. 农村市场化发展不同步

改革开放以来，我国进入了由计划经济向市场经济转化的过渡时期。市场经济是以市场为基础配置资源，一切经济活动都以市场为中心进行，生产要素在市场中得到优化配置，产品在市场中找到销路。因此，农村市场化进程的发展就成为农村经济发展和农民收入水平提高的重要影响因素。在我国，农村市场化发展是一个从无到有、从不完善到完善的过程，其在地区间的发展是不平衡的，东南沿海地区，由于历史原因和地理位置的原因，其市场化建设基础好，发展比较迅速；而中西部地区则相对较差，发展缓慢。在农村市场化进程缓慢的地区，由于市场信息不灵，在交替出现的“买难”和“卖难”中，往往要承受巨大的市场风险，遭受巨大的利益损失，从而影响了农村经济的发展和农民收入水平的提高；而农村市场化进程发展迅速的地区，不仅市场体系健全，而且市场的运行机制也相对完善，市场关系比较规范，市场竞争相对有序，宏观调控也比较有度，因此农民可以在相对公平的市场竞争中获得比较完全的市场信息，以此来配置生产资源、获得资金和销售产品，从而降低了市场风险，促进了农村经济的发展和农民收入水平的提高。

综上所述，1978—2002 年我国农民人均纯收入水平历史变动以及 2002 年全国 31 个省（区、市）农民人均纯收入水平差异的分析，显示我国农民收入进入缓慢增长时期，各地农民收入水平低且不均衡。阻碍我国农民收入增长的原因有户籍制度的束缚，农村人力资源的制约，农产品需求价格弹性小，农产品价格体制与市场脱节，生产资料价格高和农民税费负担较重等等。造成东西部地区收入差距大的原因有资源环境条件的不均等，农村教育发展不均衡，非农产业发展不均衡，市场化发展不同步等等。建立农民增收长效机制应从以上这些原因中寻找突破口。

第二节 农民增收的实证分析[1]

一、农业劳动力转移对农民收入增长的影响

我国农村存在着大量相对过剩的劳动力，劳动力过剩致使农业生产效率低下，目前我国农业劳动力占总劳动力的50%左右，而其所生产的农业总产值占国内生产总值的比例却小于20%。所以，转移农村剩余劳动力至非农产业可以使农民在非农产业中增加的收入大于其在农业生产中减少的收入，甚至是不减少其农业收入而增加其非农收入，所以农村剩余劳动力的转移是一条优化资源配置，增加农民收入的可行途径。

表7-6 农民收入与非农就业的关系

年份	农民名义纯收入（元）	农村总劳动力数（万人）	农业劳动力（万人）	非农就业劳动力（万人）	从事非农产业比重（%）	从事非农产业劳动力增长率（%）
1978	133.6	30637.8	28455.6	2182.2	7.1	—
1979	160.2	31024.5	29071.6	1952.9	6.3	-10.5
1980	191.33	31835.7	29808.4	2027.3	6.4	3.8
1981	223.44	32672.3	30677.6	1994.7	6.1	-1.6
1982	270.1	33866.5	31152.7	2713.8	8.0	36.1
1983	309.77	34689.8	31645.1	3044.7	8.8	12.2

① 本节选自农业部软科学课题“农民增收的长效机制研究”（课题编号：200401），课题主持人：徐翔。

续表

年份	农民名义纯收入（元）	农村总劳动力数（万人）	农业劳动力（万人）	非农就业劳动力（万人）	从事非农产业比重（%）	从事非农产业劳动力增长率（%）
1984	355.33	35967.6	31685	4282.6	11.9	40.7
1985	397.6	37065.1	30351.5	6713.6	18.1	56.8
1986	423.76	37989.8	30467.9	7521.9	19.8	12.0
1987	462.55	39000.4	30870	8130.4	20.8	8.1
1988	544.94	40066.7	31455.7	8611	21.5	5.9
1989	601.51	40938.8	32440.5	8498.3	20.8	-1.3
1990	686.31	42009.5	33336.4	8673.1	20.6	2.1
1991	708.55	43092.5	34186.3	8906.2	20.7	2.7
1992	783.99	43801.6	34037	9764.6	22.3	9.6
1993	921.62	44255.7	33258.2	10997.5	24.8	12.6
1994	1220.98	44653.4	32690.2	11963.2	26.8	8.8
1995	1577.74	45041.8	32334.5	12707.3	28.2	6.2
1996	1926.07	45288	32260.4	13027.6	28.8	2.5
1997	2090.13	45961.7	32434.9	13526.8	29.4	3.8
1998	2161.98	46432.24	32626.4	13805.84	29.7	2.1
1999	2210.34	46896.19	32911.32	13984.87	29.8	1.3
2000	2253.39	47962.51	32797.63	15164.88	31.6	8.4
2001	2366.40	48228.93	32451.21	15777.72	32.7	4.0
2002	2475.63	48526.9	31990.6	16536.3	34.1	4.8

资料来源：1980—2003 年《中国统计年鉴》、《中国农业年鉴》。

农村劳动力中从事非农产业的比重反映了剩余劳动力转移到非农部门的信息，该比重越大，说明剩余劳动力转移的越多，越有利于农民收入增加。本研究选用 La 指标反映农村劳动力中从事非农产业的比重，我们假定，促进非农就业可提高劳动生产要素的配置效率，从而对农民收入增长具有显著贡献。

由表 7－6 可以看出，我国农业劳动力人数自 1978 年以来基本上呈增长趋势，从 1978 年的 28455.6 万人增加到 2002 年的 31990.6 万人，毋庸置疑，我国在改革开放初期是典型的二元经济结构，农村存在大量剩余劳动力。根据我们对于拉尼斯—费景汉—刘易斯模型的分析，我国农村居民从事非农产业程度的提高必然会使收入随之提高。事实恰好证明了这一点：我国农村非农就业的劳动力比重自 1978 年以来，基本上呈现逐年递增的趋势，从 1978 年的 7.1% 增加到 2002 年的 34.1%。随着农民参与非农产业程度的提高，农民拥有的自身劳动力要素得到了较合理的配置，农民收入也相应的逐年增加。计算结果显示，农民收入与非农就业劳动力比重之间的相关系数为 0.8817，表明剩余劳动力的转移与农民收入增长之间有较强的相关关系。

二、农产品价格和种植业结构调整对农民收入增长的影响

在假定农业产量不变的条件下，农产品价格的提高会直接导致农民农业收入的增加，从而带来农民纯收入增长。本研究以农产品价格指数来反映农产品价格的变化程度，如果以 1978 年农产品价格指数为 100，那么其余年份的农产品价格指数如下表 7－7 所示，1979—1981 年农产品价格增长率逐年下降，1979 年农产品价格指数增长率为 22.1%，1981 年下降为 5.9%；同时期农民收入增长率也由 19.9% 下降至 16.8%；从图 7－1 可以看出，自 1984 年后其余各年（除 1990 年外）农产品价格增长率与农民收入增长率保持着相同的变化趋势，在 1991—1994 年农产品价格指数持续增长，农民收入增长率也出现了逐年增高的情景；1996—2002 年农产品价格增长率很低，有些年份甚至为负，农民收入增长率也陷入了低谷。这些表明农民收入受农产品价格的影响是很强的，农民收入增长率

随着农产品价格的提高而增加，随着农产品价格的降低而减少。我们通过计算发现农产品价格与农民收入的相关系数为 0.9022，这进一步证实了农民收入与农产品价格有正强相关性。

表 7－7　　　农民收入与农产品收购价格及种植业结构调整

年份	1978	1979	1980	1981	1982	1983	1984	1985	1986	1987	1988
农民纯收入	133.6	160.2	191.3	223.4	270.1	309.8	355.3	397.6	423.8	462.6	544.9
农产品价格指数 1978 = 100	100.0	122.1	130.8	138.5	141.5	147.8	153.7	166.9	177.6	198.9	244.6
非谷物占总播种面积的比例	19.7	19.7	19.9	20.8	21.6	20.8	21.7	24.2	23.1	23.2	24.0

1989	1990	1991	1992	1993	1994	1995	1996	1997	1998	1999	2000
601.5	686.3	708.6	784.0	921.6	1221.0	1577.7	1926.1	2090.1	2162.0	2210.3	2253.4
281.3	274.0	268.5	277.6	314.8	440.5	528.1	550.3	525.5	483.5	424.5	409.2
23.4	23.5	40.2	37.9	39.8	40.9	40.4	39.5	40.3	40.8	41.4	30.7

资料来源：《中国农村统计年鉴》（1980—2001 年）。

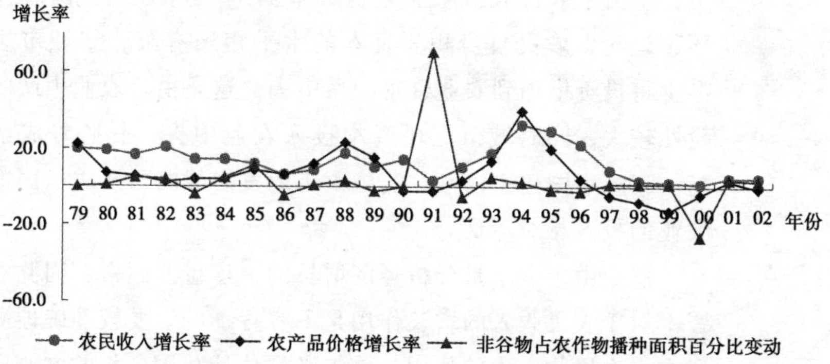

图 7－1　农民收入增长与农产品价格及种植业结构调整

我们选择非谷物播种面积占农作物总播种面积的比重来反映农业种植业结构调整的程度，农民种植的非谷物面积比重越大，说明其种植的经济作物或名特优农产品越多。由于大部分经济作物或名特优农产品较一般农作物更具有劳动密集性的特征，因此这种调整更能够充分利用农村的剩余劳动力，如果农民的种植业结构调整是在农产品市场保证优质优价的情况下进行的，农民收入能够通过种植业结构调整获得增长。但是从表7-7和图7-1可以看出，农民收入与种植业结构调整相关性不大，如1978—1983年非谷物播种面积基本没有变化，而1983年农民收入却增长到了1978年的2.3倍；在1990—1992年种植业结构调整幅度很大，非谷物播种面积占总播种面积的比重在1991年增长了16.7个百分点，增长幅度达71%，而农民收入在1991年比1990年仅增长了3.2%。经验数据证明农民收入与农业种植业结构调整相关性不强，出现这一问题的原因可能是农产品市场尚未做到优质优价，或者农民对于信息的甄别能力不强造成农民在结构调整时一哄而上的情况。

三、农村物质资本对农民收入增长的影响

我们基于以下三点理由认为农业生产的资本投入相当不足：①由于农民收入一直较低，根据纳克斯的“贫困恶性循环”理论，农民自身积累资本的水平相当有限。②城市居民很少将投资增加到农业资本积累中去，这是由于农业生产的风险性较大，同时城市居民资本投入农业中去，其监督成本很高。③新中国建立以来，实施重工业发展战略，造成了国家对农业的投入相对不足。

然而由于资本是分析经济增长的一项重要因素，因此农业资本对于农民收入的增长作用是不容置疑的。要较准确地测算资本在农民收入中的作用，首先必须估计我国各年的农业资本存量，丹尼森、乔根森等人对资本存量的计算做出了深入研究。然而具体到我国，由于涉及因素多而复杂，且缺乏系统全面的统计数据，所以比较准确地计算农业资本存量的难度非常大。我们在研究中，采用估计资本存量常用的方法——永续盘存法来估计我国各年的农业资本存量。

表 7-8　　农业资本存量的估计　　单位：亿元

年份	国家农业固定资产投资（1）	农村集体单位固定资产投资（2）	其中：用于农业的（3）	农村居民个人固定资产投资（4）	其中：用于生产性固定资产的（5）	农业固定资产投资总量（6）=（1）+（3）+（5）	固定资产投产价格指数 1980（年）=100	农业资本存量	劳动力人均占有农业资本存量（元/人）
1981	24.2	83.7	33.16	166.3	25.1	82.4	102.5	1257.4	384.9
1982	28.8	131.4	52.05	198.5	30.0	110.9	104.9	1363.1	402.5
1983	34.3	110.7	33.37	305.1	61.0	128.6	107.3	1483.0	427.5
1984	33.6	174.8	28.99	379.1	113.2	175.8	110.9	1641.6	456.4
1985	37.7	199.2	20.73	478.4	128.3	186.8	121.3	1795.5	484.4
1986	43.9	245.4	19.87	574.8	83.4	147.1	128.3	1910.2	502.8
1987	46.8	365.7	42.52	695.4	84.5	173.8	138.1	2036.1	522.1
1988	39.7	456.7	42.9	865.2	110.8	193.4	154.2	2161.5	539.5
1989	50.6	384.4	43.81	892.0	110.9	205.4	177.4	2277.2	556.3
1990	66.7	366.1	62.29	876.5	129.1	258.1	187.0	2415.3	574.9
1991	75.5	494.0	72.04	1043.0	130.1	277.6	204.8	2550.8	591.9
1992	85.0	994.9	87.88	1006.0	68.0	240.9	236.1	2652.8	605.7
1993	95.0	1631.0	83.0	1138.0	122.4	300.4	298.9	2753.3	622.1
1994	107.0	1989.0	146.0	1519.0	203.3	456.3	330.0	2891.6	647.6
1995	110.0	2367.7	204.0	2008.0	298.5	612.5	349.5	3066.9	680.9
1996	141.5	2802.3	280.2	2540.0	293.2	714.9	363.5	3263.6	720.6
1997	159.8	3055.6	305.6	2691.0	285.4	750.7	369.6	3466.7	754.3
1998	460.7	3233.3	323.3	2681.5	261.1	1045.1	369.5	3749.5	807.5
1999	357.0	3343.1	334.3	2779.6	279.8	971.1	367.2	4014.0	855.9
2000	414.5	3791.6	379.2	2904.3	317.3	1111.0	371.3	4313.2	899.3
2001	480.8	4235.7	423.6	2976.6	390.1	1294.5	372.7	4660.5	966.3
2002	625.9	4887.9	488.8	3123.2	429.5	1544.2	373.6	5073.9	1045.6

资料来源：1983—2003 年《中国农业统计年鉴》。其中 1996 年后农业集体单位固定资产投资中用于生产的部分为根据集体单位投资总量与用于生产部分的前六年的平均比例而估计得出的数据。

采用永续盘存法估计资本存量需按以下步骤进行，①确定一个基准；②对当年价格下的投资数进行缩减以得到一个实际投资数列；③采用公式 $K_{it}=I_{it}+K_{it-1}$ 计算出资本存量序列。

根据资料占有条件，我们参考国务院价格研究中心韩志荣等的研究，以1980年资本数据构建一个资本存量基准。韩志荣等在1983年《经济研究参考资料》第83期发表的文章《1980年全国农业生产占有资金数的研究》中指出，1980年我国农业固定资金分别属于全民所有制性质的、集体所有制性质的和公社非基本核算单位的，分别为249.0亿元、687.3亿元和249.7亿元，共计1177.0亿元①。

表7-8列出了1981—2002年国家、集体和农村个人对于农业的资本投资，并将其相加除以每年的固定资产投资价格指数，加上往年的资本存量得到各年的资本存量，以各年实际资本存量除以各年的农村劳动力求出劳动力人均占有农业资本的数量。劳动力人均农业资本与农民收入的相关系数为0.9631，这说明农民收入与农业资本有着很强的正向关系，追加对农业的资本投入是一条提高农民收入的有效途径。

四、农民人力资本对农民收入增长的影响

我们用平均受教育年限来代表农民对于自身教育的投资，从表7-9可以看出，农民中文盲的比重自1987年后呈现出明显递减的趋势，由1987年的24.99%下降为2002年的7.59%，受教育水平为小学的农民比重也呈逐年递减趋势，农民中初中、中专和大专学历的比重则都在逐年增长，这种受教育结构的变化带来了农民平均受教育水平的提高，农民人均受教育年限从1987年的6.17年增长到2002年的7.79年。

图7-2中可以看出，在1987—1995年间，农民平均受教育水平提高较快，同时该时期也是农民收入增长较迅速的时期；农民平均受教育年限在1996—2002年仅增长了0.54年，另一方面该时间段的农民收入也增长缓慢。对农民受教育水平与农民收入取相关系数得0.9788，这种正强相关关系充分说

① 韩志荣等："1980年全国农业生产占有资金数的研究"，《经济研究参考资料》，1983年第83期。

明了农民受教育水平提高对农民收入增长的积极作用。

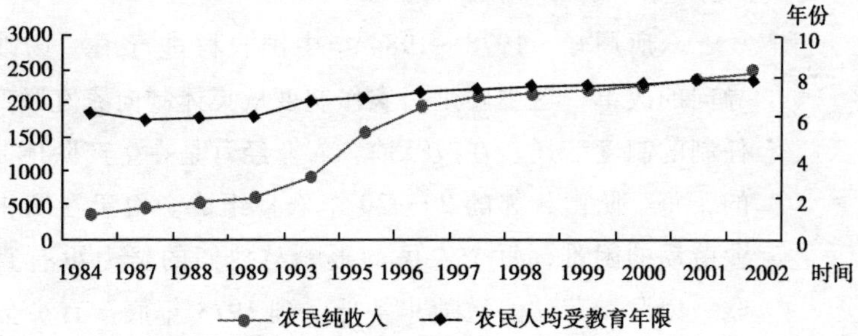

图 7－2　农民收入与受教育水平

表 7－9　　农民受教育水平的分布与平均受教育年限

年份	文盲人数比重（%）（1）	小学人数比重（%）（2）	初中人数比重（%）（3）	高中人数比重（%）（4）	中专人数比重（%）（5）	大专人数比重（%）（6）	人均受教育年限①（年/人）（%）（7）	农民纯收入（元）
1984	20.89	40.73	29.51	8.82	0	0.05	6.1656	355.33
1987	24.99	38.40	29.39	6.79	0.37	0.06	5.8173	462.55
1988	23.83	38.47	30.37	6.84	0.41	0.08	5.9235	544.94
1989	22.57	38.67	31.43	6.81	0.45	0.08	6.0321	601.51
1993	15.29	38.21	37.43	8.2	0.7	0.17	6.7548	921.62
1995	13.47	36.62	40.1	8.61	0.96	0.24	6.9906	1577.74
1996	11.23	35.52	42.83	8.91	1.2	0.31	7.2456	1926.07
1997	10.1	35.12	44.3	8.91	1.24	0.33	7.3617	2090.13
1998	9.56	34.49	44.99	9.15	1.46	0.37	7.4472	2161.98
1999	8.96	33.65	46.05	9.38	1.57	0.4	7.5375	2210.34
2000	8.09	32.22	48.07	9.31	1.83	0.48	7.6683	2253.39
2001	7.69	31.14	48.88	9.65	2.02	0.61	7.7595	2366.4
2002	7.59	30.63	49.33	9.81	2.09	0.56	7.7895	2475.63

资料来源：1985—2003 年《中国农村统计年鉴》。

① 一般认为小学教育为 6 年，初中、高中、中专和大专均为 3 年，所以我们采用：（7）=［（2）×6＋（3）×9＋（4）×12＋（5）×12＋（6）×15］/100 计算得农民人均受教育年限。

五、农业政策和制度创新对农民收入的影响

众所周知，1978—1984 年中国农村进行了一场以市场为导向的改革，这主要是指农作制度从集体制向家庭联产承包责任制的制度变迁。在改革前，农业经营是在生产队体制下组织的，每个队由相邻的 20—30 个农户组成。由于在队中监督农业劳动的困难，每个农民的报酬与他们的努力没有直接的关联，因此，劳动的激励非常低。到 1978 年底，有少数生产队秘密地将土地、其他资源和产出定额承包给单个农户，但这并未得到政府的公开承认，一年以后，这些队的收成远远高于其他队的收成。由于这种制度能够给农民产生更大的激励，所以到 1981 年末中国已经有 45% 的生产队转向了家庭联产承包责任制，1983 年底，有 90% 的生产队采用了该制度。我们以采用家庭联产承包责任制生产队的比重来量化农业制度变迁这一变量[①]，如表 7 - 10 所示，1978—1987 年家庭联产承包责任制逐年在农村实施，但这种制度推进的速度在各年不同，其中 1979 年推进速度最快[②]，1980 年较 1979 年增长 14 倍，1981 年较前年增长 3 倍多，以后各年增长速度变慢；我们发现农民收入的增长速度与家庭联产承包责任制推进速度相吻合，在 1978—1981 年，农民收入增长速度依次减小，分别为 19.2%、16.6%、15.4%；在 1983—1987 年农民收入增长率较改革起步阶段又有所降低，1983 年和 1987 年农民收入增长率分别为 14.2%、5.2%。通过计算我们发现 1978—1987 年农民收入与该制度变量的相关系数为 0.8722，这充分说明了有效的农业制度创新与农民收入的增长是直接相关的。

---

① 参考了林毅夫发表在《美国经济评论》上的文章《中国的农村改革与农业增长》，见林毅夫：《制度、技术与中国农业发展》，格致出版社 2008 年版第 76—98 页。

② 从 0% 增长到 1%，实际是增长了无穷大倍。

表 7-10　　农业制度与农民收入增长

年份	1978	1979	1980	1981	1982	1983	1984	1985	1986	1987	1988	1989	1990	1991	1992	1993	1994	1995	1996	1997	1998	1999	2000	2001	2002
农民名义纯收入	133.6	160.2	191.3	223.4	270.1	309.8	355.3	397.6	423.8	462.6	544.9	601.5	686.3	708.6	784.0	921.6	1221.0	1577.7	1926.1	2090.1	2162.0	2210.3	2253.4	2366.4	2475.6
农业制度变量	0	1	14	45	80	98	99	99	99	99	100	100	100	100	100	100	100	100	100	100	100	100	100	100	100

资料来源：农民收入源于1980—2002年《中国农村统计年鉴》，农业制度变量引于林毅夫著《制度、技术与中国农业发展》，上海人民出版社2005年版，第83页。

总的来看，从农民增收的长效因素看，就全国平均水平而言，农民收入对于物质资本存量的弹性是1.3，对于人力资本存量的弹性是3.7，对于非农就业的弹性是0.7；制度创新对农民收入增长的贡献是显著的。分地区看，物质资本对农民收入增长作用由大到小的顺序是：西部>东部>中部，人力资本对农民收入增长作用由大到小的顺序是：中部>东部>西部，农民收入增长对非农就业比重提高的敏感程度由大到小顺序是：东部>西部>中部，农民收入对制度的反应程度强度大小顺序依次是：东部>西部>中部。总之，从长期看，需要通过增加农业物质资本存量和人力资本存量，尝试更有效率的农业制度创新等长效机制来增加农民收入。

从农民增收的短效因素看，就全国平均水平而言，农产品价格每增长1%，将使农民收入增长1.03%；种植业结构调整对农民收入增长的作用不明显。分地区看，农民收入增长对于农产品价格提高的敏感程度由大到小顺序是：中部>西部>东部，种植业结构调整在东部地区对农民收入增长具有正面贡献，而在中部和西部地区对农民收入增长的作用不显著。这说明，要增加农民收入，提高农产品价格对农民收入增长是短期有效的，而种植业结构调整因素仅在东部地区对农民收入增长起到了较明显的短期作用。

第三节

农民收入与国民经济增长的关系①

一、国民经济快速增长与农民增收趋缓

（一）中国经济增长进入新一轮上升期

改革开放20多年来，中国经济总体上保持较快发展，国内生产总值和人均国内生产总值均呈上升势头（见图7－3、图7－4）。

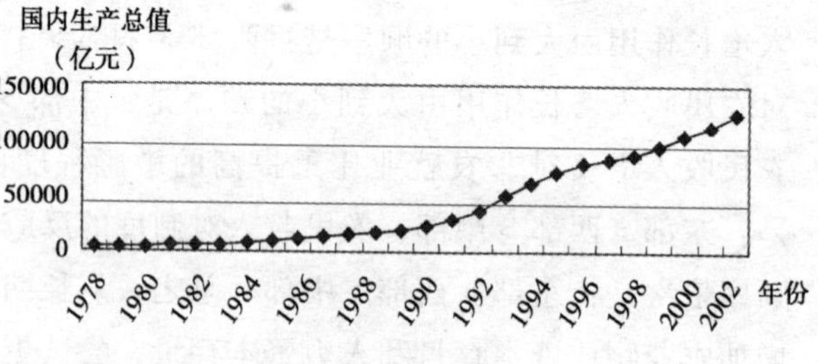

图7－3　1978—2003年国内生产总值变化

但是，在这20多年经济增长的过程中，国民经济增长的速度经历了一个起伏波动的过程。（见图7－5）

从1981—1985年，国民经济增长率由5.2%跃升到13.5%。20世纪80年代中期以后，中国经济增长速度又达到了1987年11.6%和1992年14.2%的高速度。随后的3年，中国经济增长速度分别为13.5%、12.6%和10.5%。

从1995年开始，中国经济出现了重大变化：产品从供不

① 本节选农业部软科学课题“国民经济增长与农民收入增长的关系研究”（课题编号：200402），课题主持人：陈洁。

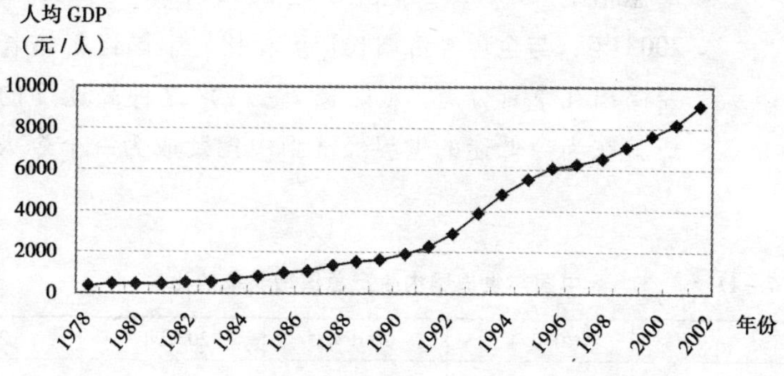

图 7－4　1978—2003 年人均国内生产总值变化情况

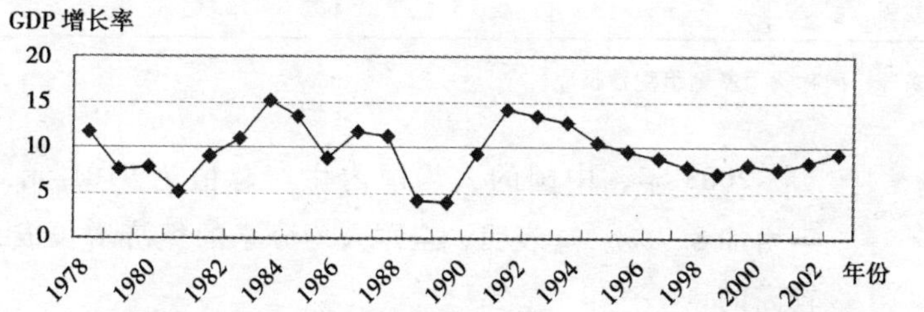

图 7－5　1978—2003 年国内生产总值增长率变动情况

资料来源：《中国统计年鉴 2004》。

应求变为供大于求，供求关系基本由市场决定，需求约束出现。1993 年，中国出现了高通货膨胀，中央政府采取了紧缩的货币和财政政策。在此影响下，中国经济增长率开始下滑。中国经济增长速度进入一个时间长达 6 年之久的持续下降阶段。1997 年，亚洲金融危机爆发，中国宏观经济在 1998 年出现了通货紧缩。加上经济发展阶段的转变，国有企业改革困难加大，不良资产和下岗职工大量增加，经济增长率持续走低。针对这种状况，中国中央政府实施了积极的财政和货币政策。2000 年宏观经济开始复苏。

自 2000 年至今，中国经济运转良好，国民经济增长保持了高速度。2001 年国内生产总值的增长率为 7.5%，2002 年国内生产总值的增速达到了 8.3%。到 2003 年，中国国内生产总值为116603.2亿元，比2002年增长了9.3%。2000—2003年，与全球经济增长速度相比，中国经济增长率始终都要高出几个百分点。（见表7-11）这种高速度的经济发展成就在当今低迷的世界经济当中无疑成为一个令人瞩目的亮点。

表7-11　　中国与世界国内生产总值增长率的比较　　单位:%

	2000年	2001年	2002年	2003年
世界	4.7	2.4	3	3.9
中国	8	7.5	8.3	9.3
差额	3.3	5.1	5.3	5.8

资料来源：国际货币基金组织数据库。

2003年，中国的人均国内生产总值为9101元，比2002年增加8.7%。这表明，全国人均分享的经济增长成果也是比较高的。

快速增长的国民经济与投资、消费和出口的增加直接相关。一方面，2003年中国全社会固定资产投资为55566.61亿元，比2002年增加了27.7%。全社会固定资产的快速增加直接拉动了经济的快速增长。

另一方面，随着人民收入的增加，消费需求对经济的拉动作用日益显现。2003年城镇居民人均可支配收入8472元，比上年增加了10%；农民人均可支配收入为2622元，比上年增加了5.9%；人均职工年平均工资为14040元，比上年增加13%；城镇人均消费性支出为6511元，比上年提高了8%；农村人均生活消费支出为1943元，比上年增加了6%。城乡居民储蓄存款余额也迅速增加。2003年年末，城乡居民人均储蓄存款余额为8018元，比上年增加了1252元，增加了18.5%。居民消费水平增长后，社会消费品零售总额也大幅度上升。2003年，国内商业全年实现社会消费品零售额45842

亿元。2003 年，城镇居民家庭恩格尔系数为 37.1%，比上年下降0.6 个百分点；农村居民家庭恩格尔系数为 45.6%，也比上年下降了0.6 个百分点。总体来看，中国人民生活水平普遍提高。

另外，随着改革开放程度的加大，中国外向型经济发展迅速。2003 年，全国出口总额为 36287.9 亿元，比上年增加25.7%，对经济的快速发展作出了贡献。2003 年，全国实际利用外资 561.4 亿美元，比上年增加 11.3 亿美元，增幅为2%。

从上述分析中，我们可以做出如下判断：中国经济增长进入新一轮上升时期。

（二）中国农民收入持续增加，但增收的速度趋缓

首先考察20 世纪中国农民收入增长的情况。改革开放以来，中国农村居民家庭人均收入水平是在不断提高的。（见图7 -6）1978 年，农村居民家庭人均纯收入仅为 133.6 元，到2003 年，增加到 2622.24 元，15 年间增长了约 19.6 倍，年均增长速度为7.06%。农民人均现金收入由 1980 年的 113.12 元增加到 2003 年的 918.38 元，增长约 8.1 倍。

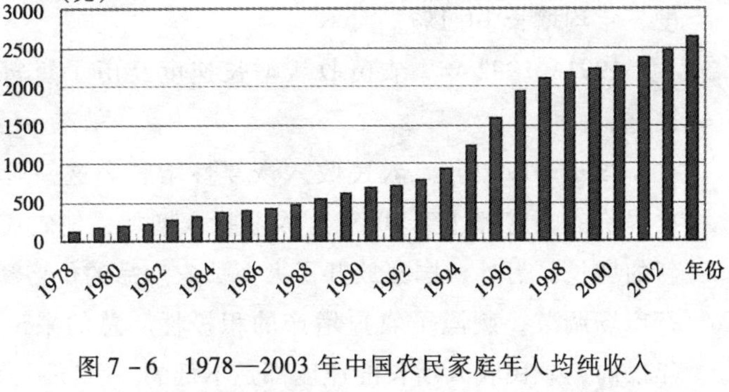

图 7 -6　1978—2003 年中国农民家庭年人均纯收入

历年来中国农民收入增长的速度是不一样的。从图 7 -7

和表7－12可以看出，1979—1983年，农民收入增长速度非常快，年均增长率接近20%，而且这几年的农民收入增长速度都高于国民经济增长速度，是改革开放以来增长最快的时期。这主要是因为，一方面，家庭联产承包责任制的实行调动了农民发展生产的积极性，促进了农产品总量的增长；另一方面，国家大幅度提高粮棉油等大宗农产品价格，直接增加了农民的收入。

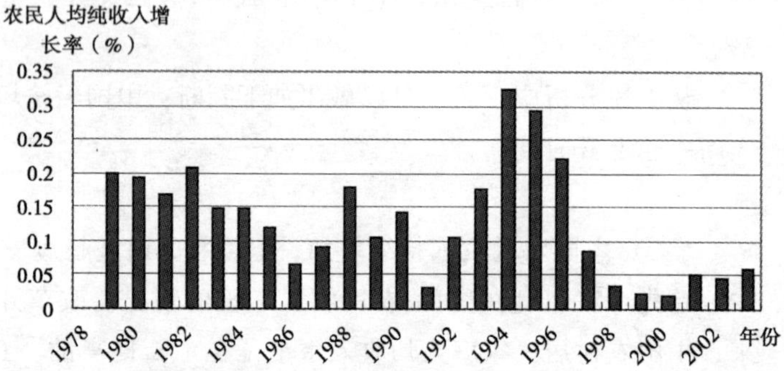

图7－7　1978—2003年中国农民家庭人均纯收入年增长率

1984—1987年，农民收入增长速度放慢，慢于国民经济增长速度，年均10.59%。1984年农产品首次出现“卖难”，农民收入增加主要来自农村非农产业。

1988—1990年，农民收入增长速度快于国民经济增长速度，年均增长14.1%。

1991—1992年，农民收入增长速度经历了短暂的下滑和回升。

1993—1996年，农民收入恢复性增长。这一阶段粮食两次提价的幅度都达到100%，农业投入增加，使农民收入出现新的增长。另外，国家放开了大多数农产品的价格和经营，实行市场调节，刺激了农户增产的积极性。总的来说，在1997年以前，农民收入增长的速度都是不低的。

但自1997年至2003年，与中国经济快速增长的图景不同，农民增收的速度明显放慢，不仅增长率降到了两位数以下，而且均低于国民经济增长速度，出现了较长时间的徘徊，农民增收的速度趋于缓慢。1997 年农民人均纯收入增幅比上年回落 13.6 个百分点，1998 年又比上年回落了 5.1 个百分点，1999 年又比上年降低了 1.2 个百分点，2000 年降低了 0.25 个百分点。2001 年开始，农民收入增长速度有所恢复，但依然徘徊在 1997 年的水平。

表 7－12　　1978—2003 年中国农民家庭人均纯收入增长率　　单位：%

年份	1978	1979	1980	1981	1982	1983	1984	1985	1986	1987	1988	1989	1990
农民家庭人均纯收入增长率	—	19.91	19.41	16.78	20.9	14.7	14.7	11.9	6.6	9.16	17.8	10.4	14.1
经济增长率	11.7	7.6	7.8	5.2	9.1	10.9	15.2	13.5	8.8	11.6	11.3	4.1	3.8
年份	1991	1992	1993	1994	1995	1996	1997	1998	1999	2000	2001	2002	2003
农民家庭人均纯收入增长率	3.2	10.6	17.6	32.5	29.2	22.1	8.5	3.4	2.2	1.95	5	4.6	5.9
经济增长率	9.2	14.2	13.5	12.6	10.5	9.6	8.8	7.8	7.1	8.0	7.5	8.3	9.3

资料来源：国家统计局：《中国统计年鉴 2004》数据计算，中国统计出版社 2004 年版。

（三）家庭经营收入仍然是农民收入的主要组成部分，但其在农村居民家庭收入增加部分中所占比重趋于下降

要分析农民收入增长趋缓的原因，首先要剖析农民收入变化的结构性原因。从表 7－13 和图 7－8 来看，从 1978 年到 2003 年，家庭经营收入始终是农民收入的主要组成部分。从 1978 年到 2003 年的 20 多年间，家庭经营收入占农民人均纯收入的比重大多数年份都在 70% 以上，从 1998 年开始，这一比重降到了 70% 以下，从 1998 年的 67.81% 下降到 2003 年的 58.8%。但总体上，家庭经营收入仍然占农民人均纯收入的一半以上。

表 7-13　　1978—2003 年农民收入构成　　单位:%

年份	1978	1980	1984	1985	1990	1991	1992
家庭经营纯收入的比重	66.3	55.6	80.3	74.44	75.56	83.06	73.62
工资性收入的比重	26.8	32.69	9.9	18.15	20.22	9.61	23.52
转移性和财产性收入的比重	16.9	11.71	9.8	7.41	4.22	7.33	4.85
年份	1993	1994	1995	1996	1997	1998	1999
家庭经营纯收入的比重	72.23	72.22	71.35	70.74	70.46	67.81	65.53
工资性收入的比重	21.11	21.54	22.42	23.41	24.62	26.53	28.51
转移性和财产性收入的比重	5.27	6.23	6.23	5.85	4.92	5.66	5.96
年份	2000	2001	2002	2003			
家庭经营收入的比重	63.34	61.6	60	58.8			
工资性收入的比重	31.17	28.6	34	35			
转移性和财产性收入的比重	5.49	9.8	6	6.2			

注：1980 年家庭经营纯收入为家庭副业纯收入，工资性收入为从集体中得到的收入。

资料来源：《中国统计年鉴 2004》表 10-20：农村居民家庭平均每人纯收入。

根据国家统计局对全国 31 个省（区、市）6.8 万个农村住户的抽样调查，2004 年农民人均纯收入为 2936 元，比 2003 年增加 314 元，增长 12%，扣除价格因素，实际增长 6.8%，为 1997 年以来增长幅度最高的一年。其中，农业生产经营收入是农民增收的最大来源。2004 年农民家庭生产经营纯收入人均 1746 元，增加 205 元，增长 13.3%。其中，农业纯收入 1056 元，增加 176 元，增长 20%；牧业纯收入 271 元，增加 25 元，增长 10.3%。农业纯收入增加对全年农民纯收入增长的贡献率达到 56%。而且，2004 年粮食主产区增收速度超过

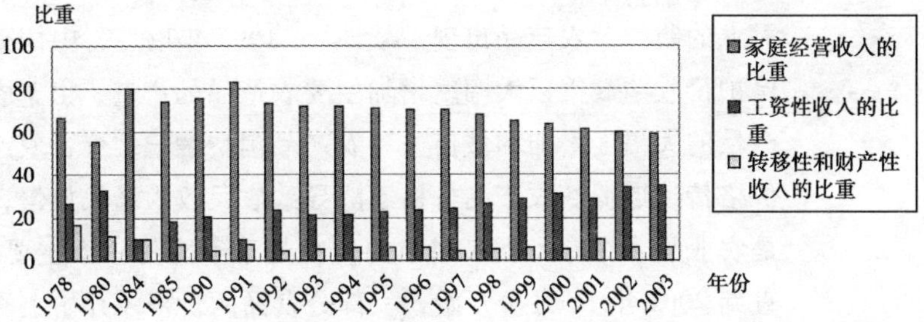

图 7-8　农民收入结构变化

非主产区，种粮农民收入增速超过非种粮农民。但 2004 年的情况只能说明国家对农业投入的力度前所未有。这一年的农民增收主要靠的是“涨价”和涨价所带来的“增产”。需要说明的是，家庭经营收入尤其是农业收入对农民收入增长的贡献已越来越弱，农业收入在农民收入中所占的份额下降是一个长期趋势。

大多数农产品价格低位运行是造成农产品增产但农民不增收的主要原因。我国农民家庭经营纯收入比重下降，主要在于第一产业纯收入，特别是农业纯收入出现徘徊甚至下降。1978—2003 年，农民家庭经营纯收入增长 1505.5 元，在农民人均纯收入中的比重下降了 16.8 个百分点。[①] 其中，第一产业的家庭纯收入增加了 1161.8 元，比重下降了 6.8 个百分点。农业纯收入绝对量减少 867.8 元，占纯收入的比重下降了 7.6 个百分点。也就是说，家庭经营各项收入中，第一产业收入比重的下降最快，而第一产业收入比重的下降又主要源于农业收入的下降，进而直接导致了农民家庭经营纯收入的下降。

20 世纪 90 年代以后，我国进入买方市场阶段，宏观供求关系发生了根本性转折，农产品供求关系也发生了重大变化。

① 数据来源：《中国统计年鉴 2004》，中国统计出版社 2004 年版，表 2-23 和表 2-24。

随着农产品供求格局的变化，农产品总量的增长受到了农产品需求的制约，农产品出现“卖难”。1995年以后，中国采取了保护价收购政策以大幅度增加主要农产品的产量，由于农产品产量的大幅度增加和城市人口农产品消费增长缓慢，农产品的价格持续走低。农产品价格下降导致农民收入增长放慢，这也是农业收入在农民收入当中的比重趋于下降的一个主要原因。直到2003年10月份开始，一部分食品的价格才开始上涨。但从农产品价格的总体水平来说，实际上还低于1996年的水平，属于恢复性上涨。从供求形势看，目前中国主要农产品供给充裕，库存较多；食品消费需求基本稳定，略有增加。因此，农产品价格没有大幅上涨的空间。随着经济发展和人民收入水平提高，城乡居民的恩格尔系数逐步下降，城乡居民的食品消费数量，特别是原粮的直接消费量也明显下降。居民消费状况和消费结构的变化，使农业的增长越来越受到需求的制约，主要农产品的收入弹性开始下降。这也就意味着，单纯靠增产已经不能为农民在农业中创造出更多的就业机会和收入来源，农业收入下降具有一定的必然性。

其次，我国农业结构不合理也影响农民增收。目前，我国农业人口占总人口的70%以上，农民收入中来自农业生产的收入占到一半，其中主要是粮食生产。而粮食生产的比较利益不高，种粮农民的收入增长受到影响。此外，在城乡居民生活水平较快增长的同时，农业生产结构变动相对滞后，高质量、绿色生态和个性化的农产品供给不足，不能适应市场日益多样化、优质化和精细化的需求，价格上不去，使得农民收入得不到提高。

目前来看，2004年和2005年两年“中央一号文件”都把农业增收摆在了突出的位置。从政策执行效果来看，2003年全年家庭经营农业增收额人均仅73元。从长期来看，农民来自农业的收入增加还受制于农产品价格以及政策性因素。

（四）工资性收入逐渐成为农民增收的重要源泉，但工资性收入的增长不大

从表7-13也不难看出，与1978年相比，2003年农民工资性收入占农民人均纯收入的比重已经由26.8%上升到35.0%。工资性收入正逐渐成为主要的收入增长源泉，也就是说农民收入中来自非农就业收入的贡献率越来越大。

但是，随着乡镇企业发展速度和效益下滑，城市就业压力增大，农民从乡镇企业获得的收入增长不多，进城和外出打工的劳务收入减少，非农产业收入下滑。首先，乡镇企业存在产权不明、产业结构层次低，政企不分，经营管理水平低，技术落后，人才缺乏等问题，乡镇企业的发展速度较之以前大大降低，效益也明显下降，吸纳就业的能力也逐步下降。1980—1988年，按不变价格计算，乡镇企业固定资产年递增20.3%，就业年增长15.6%，就业增长与固定资产投资增长的比率为0.77；而1991—1998年，乡镇企业固定资产年递增21.5%，就业年增长3.9%，就业增长与固定资产投资增长的比率下降到0.18。1999—2002年，乡镇企业固定资产年均增长7.18%，就业年增长1.22%，就业增长与固定资产投资增长的比率进一步下降到0.17。受此影响，1990—2002年，乡镇企业职工从9262万人增加到1.33亿，平均每年吸纳就业335万人，不到80年代年均新增就业707万人的一半。其中，1997、1998年连续两年负增长，净减971万人；1999—2002年4年仅增加648万人，平均每年增加160万人。

其次，劳务输出收入也不稳定。据全国农村固定观察点对2003年农民外出就业的调查，劳动力不外出的原因主要在于就业难。对于“您不愿意外出打工的原因是什么?”问题的回答，在所有的调查户中，第一个原因选择“找工作难”的占48.0%，19.8%的人选择“缺少技术”；在第二个原因中，24.1%的人选择“找工作难”，17.9%的人选择“拿不到工

资”，选择缺少各种信息的人也占到14.0%。总的来说，从20世纪90年代开始，“民工潮”逐年趋紧。目前农民进城务工还面临着各种障碍，城市对务工农民还有不少的歧视性政策，如对使用农民工进行计划管理和工种限制、就业证卡管理和乱收费等。在传统的户籍制度和社会保障制度下，大量进城务工农民不能获得与城市人口平等的社会身份，不能进行平等的就业竞争，也就得不到与城市居民同等的待遇。此外，农民工的合法权益得不到保障。一是工资拖欠问题严重。二是一些地区和城市为解决下岗职工再就业问题而辞退农民工。三是一些用人单位劳动条件差，工时长，工资低，恶意克扣或拖欠农民工工资，农民工的工伤、职业病防护没有保障。农民工素质偏低也影响他们的就业。与非农产业技术进步、结构升级和国际化的步伐越来越快不相称的是，农民工平均受教育年限较短，文化素质低。据统计，4.9亿农村劳动力中，高中及以上文化程度的只占12%，其中大专以上文化程度的只占2.6%，而初中及以下的仍占88%。由于自身素质原因和职业技能缺乏，农民工的就业竞争力越来越弱，就业空间也越来越小。农民的职业技能亟须提高。

第三，农民负担较重。2003年，在国家各种减轻农民负担政策的推动下，各地的农民税费负担有所下降，其中，东部地区农民税费减幅达到16.3%，中部为13.4%，西部为13.7%。但是纯农户和粮食主产区的农户税费幅度仍然较重：纯农户的税费负担人均77.5元，占当年纯收入的3.6%；粮食主产区农民的人均税费负担为89.5元，高出全国农民平均税费负担22.2元，占当年纯收入的3.4%。[①]

农民人均纯收入中的财产性、转移性收入所占比重基本保持稳定。1996年，财产性收入占农民收入的比重为2.2%，1997年为1.1%，1998年为1.4%，1999年为1.4%，2000年为2%，2001年为2%，2002年为2.1%，2003年为2.5%。

① 鲜祖德：《中国农村住户调查年鉴2004》，中国统计出版社2004年版。

1996年，转移性收入比重为3.6%，1997年为3.8%，1998年为4.3%，1999年为4.5%，2000年为3.5%，2001年为3.7%，2002年为4%，2003年为3.7%。

二、农民增收缓慢对国民经济增长的影响

自1992年以来，我国农民收入增长速度一直缓慢，致使农民的购买能力无法得到迅速提高。农民收入增长幅度连年下降已成为当前农业和农村经济发展中的突出问题。解决这一问题，直接关系到国民经济的发展能否持续，关系到全面建设小康社会的目标能否实现。

（一）农民增收速度趋缓使农民的购买力难以稳定提高

1997年以来，受出口带动力量下降、城市居民消费处于升级准备时期的影响，农村市场对整个国民经济所具有的潜在拉力也受到越来越多的重视，开拓农村市场成为大家关注的一个焦点。有关专家学者提出了诸多建议，如鼓励工商企业进军农村市场、建立农村消费信用制度、加强对农民的消费宣传和教育、改善农村的消费环境等。这些建议是不无益处的。但事实上，这些建议和措施至今也未收到良好的效果。就我国现阶段的情况来看，这些建议并未抓住本质问题对症下药。收入水平是影响购买力的根本性因素，农民收入水平及购买力低下乃是农村市场难以开拓的根本原因。

1997年以前，农民收入增长的速度是不低的。但自1997年之后，农民增收的速度明显放慢。2003年以后，农民家庭人均纯收入年增长率为5.92%，虽然有所恢复，但是还没有恢复到1997年以前的水平。农村居民纯收入增长速度的下降，直接抑制了农村居民最终消费需求的扩大，也影响了经济增长率的提高。1996年，农村居民人均纯收入增长速度为22.1%，农村居民最终消费需求增长率为13.99%，国民经济增长速度为9.6%；2003年，农村居民人均纯收入增长速度为5.9%，农村居民最终

消费需求增长率只有2.6%，国民经济增长速度为9.3%。

没有收入就谈不上购买，更谈不上消费。我国农村居民人口多，是一个极具潜力的市场，但农民的消费水平低，不具备消费能力，农村居民的潜在消费需求转化为现实需求还很困难。

（二）农民收入低速增长直接影响农户消费水平提高

国民经济要保持适度的增长速度，必须始终保持需求对经济增长的有效拉动。我国农村人口占全国总人口的70%以上，是世界上最大的消费群体。但是目前我国农民收入增长缓慢，农民消费水平还较低，缺乏购买力，使得农村市场消费需求不足。

1. 农村居民消费增长放慢

从图7-9来看，1997年以前，全国居民消费水平指数起伏变化较大。1997年以后，起伏的情况趋缓，但是对比来说，城市居民消费水平指数变化小于农村居民。从农村居民消费水平指数来看，经历了1999年以后的负增长，从2001年起，农村居民消费水平指数开始进入平缓时期。

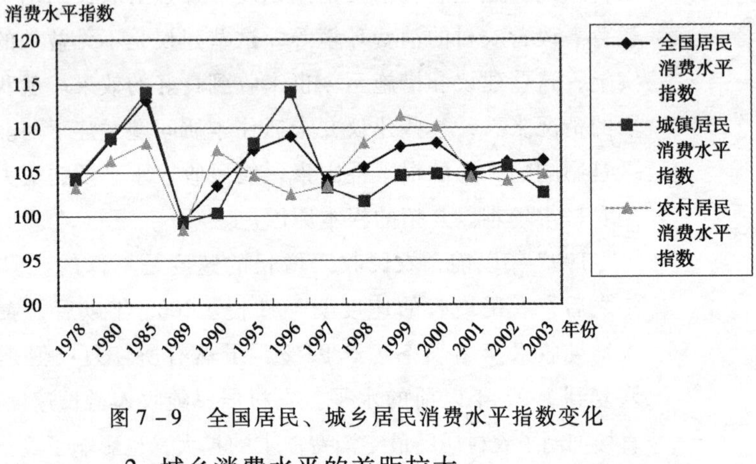

图7-9　全国居民、城乡居民消费水平指数变化

2. 城乡消费水平的差距拉大

根据《中国统计年鉴2004》的数据，以农村居民消费水平为1，1978年，城乡消费水平比是2.9，到1985年，城乡消

费水平差距一度缩小为2.3，但是1985年以后，城乡消费水平的差距又拉大了，1990年达到了3，1995年高达3.4，1995年以后，城乡消费水平差距有所缩小，但这种缩小的状况没有持续多久，1999年，城乡消费水平比达到了3.5，随后连续4年，城乡消费水平比都是3.6。

恩格尔系数是国际上衡量居民生活水平的一个基本指标。1978年，农村居民家庭的恩格尔系数为67.7%，到2003年降到45.6%。城镇居民的恩格尔系数1978年为57.7%，2003年下降到37.1%。由此可以看出，目前农村居民家庭的恩格尔系数还大大高于城镇居民家庭8.5个百分点。2003年，城镇人均消费性支出6511元，农村人均生活消费支出1943元，城镇是农村的3.35倍。2003年，每百户城镇居民拥有彩电130.5台，而在农村仅为67.8台；每百户城镇居民拥有家用电脑27.8台，农村仅为1.4台。在每百户城镇居民拥有洗衣机、移动电话、照相机和空调机等指标上，城乡均存在差距。

3. 地区消费水平差距明显

不同地区间的农村居民纯收入差距扩大，也导致了不同地区消费水平的差距拉大。1997年，东、中、西部农民生活消费水平分别为2009元、1498元和1239元，三者之比为1.62:1.21:1。2003年，东、中、西部农民生活消费水平分别为2511元、1728元和1466元，三者之比为1.71:1.18:1。[①]东部和中西部地区的农民生活消费水平的差距拉大了。东、中、西部农户在基本生活设施方面存在较大差异，东、中、西部地区在饮用自来水的普及率之比为1.62:0.94:1，东、中、西部地区农民居住钢筋混凝土住房之比为1.60:0.97:1，用燃气做生活燃料的东、中、西部地区之比为3.13:0.73:1。东部或富裕省份的富裕农村居民基本完成了住房、家电等耐用消费品的购买。而西部或贫困省份的贫困农村居民收入仅能维持基

① 鲜祖德：《中国农村统计年鉴2004》，中国统计出版社2004年版。

本的生存需要，有些贫困地区由于收入水平低下，仅能维持基本的生存需要，甚至负债消费，即便有购买欲望也没有实际的购买力。

4. 农村内部居民不同收入组消费水平差距明显

从表 7－14 不难看出，收入水平低的农户组家庭总支出低于高收入户组；在家庭经营费用支出、生活消费支出方面低收入组均低于高收入组。从分组数据看，农村居民购买力向高收入阶层集中，低收入阶层购买力不足。

表 7－14　　2003 年不同收入组农户家庭支出状况　　单位：元

指标	低收入户	中低收入户	中等收入户	中高收入户	高收入户	全国人均
总收入	1573.4	2328	3123.1	4219.5	7999.3	3582.4
纯收入	865.9	1606.5	2273.1	3206.8	6346.9	2622.2
总支出	1803.3	2148.6	2668.1	3336.1	5763.7	3025.0
1. 家庭经营费用支出	555.9	558.1	661.8	789.1	1328.9	755.4
2. 购置生产性固定资产支出	66.6	63.4	78	105.8	217.3	101.7
3. 税费支出	51.9	60.6	68.7	75.9	84.5	67.3
4. 生活消费支出	1064.8	1377.6	1732.7	2189.3	3755.6	1943.3
(1) 食品	575.7	714.1	840.8	999.2	1429.1	886
(2) 衣着	59.5	77.7	97.7	125.6	214.1	110.3
(3) 居住	141.56	180.8	240.9	339.4	726.4	308.4
(4) 家庭设备用品	39.4	51.6	66.3	90.5	181.7	81.7
(5) 交通通讯	56.9	84.1	128.9	183.2	412.7	162.5
(6) 文教娱乐用品及服务	109.9	161.4	218.3	276.8	465.5	235.7
(7) 医疗保健	63.8	81.7	104.3	124.9	228.5	115.8
(8) 其他商品及服务	18	26.2	35.5	49.6	97.7	43.0
5. 财产性支出	6.4	5.8	8.8	13.3	27.1	11.6
6. 转移性支出	57.8	83.1	118.2	162.7	350.4	145.7

资料来源：《中国农村住户调查年鉴 2004》表 3－7，中国统计出版社。

2003年，农村低收入户和高收入户的家庭经营费用支出相差773元，购置生产性固定资产支出相差150.7元，生活消费支出相差2690.8元。其中，生活性消费支出中，食品、衣着、居住、家庭设备用品、交通通讯、文教娱乐用品及服务分别相差853.4元，154.6元，584.84元，142.3元，355.8元，355.6元和164.7元。高收入组的各项生活性消费支出都要高于低收入组。2003年，全国农村居民平均每人的总支出3025元，其中，生活消费支出1943.3元。也就是说，约60%的农村居民的全部纯收入用于消费还达不到全国农村居民的平均支出水平，更谈不上生产经营和固定资产投资。40%以上的农村居民的纯收入即使全部用于生活消费性支出仍达不到全国农村居民的平均生活性消费支出水平。如此多的农村居民纯收入处于这么低的水平，很难实现农村总体消费水平的提高。从以上分析可以看出，农民的总体购买力还非常有限。

5. 纯农户生活消费支出增速减缓

2003年，纯农户生活消费支出人均1590元，增速比上年下降了0.7个百分点。在纯农户的各项支出中，居住支出和家庭设备用品及服务支出为负增长，比上年下降了1%和3.4%。从支出额看，纯农户食品支出比全国平均水平低109元，衣着支出低22元，居住支出低84元，家庭设备用品及服务支出低22元，交通和通讯支出低55元，文教娱乐用品及服务支出低35元，医疗保健支出低15元。①

6. 农村居民消费结构出现一些变化

首先，食品支出在农村居民生活消费支出中所占的比重快速下降，由1990年的58.8%下降为2003年的45.59%；其次，衣着、居住、家庭设备及用品和服务支出都有下降，交通通讯支出、文教娱乐用品及服务在农民消费中所占比重快速上升（见表7－15），这是农民消费结构升级最突出的表现。

① 鲜祖德：《中国农村住户调查年鉴2004》，中国统计出版社2004年版。

表 7－15　　农村居民生活消费结构变动表　　单位：%

生活消费支出构成	1990 年	1995 年	2000 年	2002 年	2003 年
食品	58.8	58.62	49.13	46.25	45.59
衣着	7.77	6.85	5.75	5.72	5.67
居住	17.34	13.91	15.47	16.36	15.87
家庭设备用品及服务	5.29	5.23	4.52	4.38	4.20
交通通讯	1.44	2.58	5.58	7.01	8.36
文教娱乐用品及服务	5.37	7.81	11.18	11.47	12.13
医疗保健	3.25	3.24	5.24	5.67	5.96
杂项商品及服务	0.74	1.76	3.14	3.14	2.21

资料来源：《中国农村统计年鉴 2004》表 11－8 农村居民生活消费支出及构成。

7. 县及县以下社会消费品零售总额在全社会消费品零售额中所占的比例不断下降

从表 7－16 来看，1990 年，县及县以下社会消费品零售总额在全社会消费品零售额中所占的比例为 53.15%，2003 年，这一比重下降到了 35.05%。社会消费品零售额是反映居民消费水平的一个重要指标。一般说来，一个地区社会消费品零售额越高，就说明消费需求越大，对经济发展的拉动作用也就越大。从数据来看，目前农村消费需求是比较低的。从世界各国工业化的经验看，在一国经济结构的转换过程中，随着农村人口绝对量的减少，农村消费比重下降是一个必然趋势。与之不同的是，20 世纪 90 年代以来我国农村人口绝对量还在不断增加，而农村社会消费品零售总额份额却在持续下降。

表 7－16　　社会消费品零售额及比例

年度	社会消费品（万元）	其中：县消费额		县以下零售额		县及县以下社会消费品零售总额在全社会消费品零售额中所占的比重（%）
		（万元）	（%）	（万元）	（%）	
1990	8300.1	1337.4	16.11	3074.1	37.04	53.15
1991	9415.6	1491.2	15.84	3394.6	36.05	51.89
1992	10933.7	1689.8	15.45	3833.6	35.06	50.51

续表

年度	社会消费品（万元）	其中：县消费额		县以下零售额		县及县以下社会消费品零售总额在全社会消费品零售额中所占的比重%
		（万元）	（%）	（万元）	（%）	
1993	12462.1	2039.5	16.37	3197.7	25.66	42.03
1994	16264.7	2407.2	14.8	4196.3	25.8	40.6
1995	20620	2919.6	14.16	5323.7	25.82	39.98
1996	24774.1	3280	13.24	6542.9	26.41	39.65
1997	27298.9	3500.1	12.82	7148.4	26.19	39.01
1998	29152.5	3681.9	12.63	7645.4	26.23	38.86
1999	31134.7	3892.5	12.5	8150.6	26.18	36.68
2000	34152.6	4217.2	12.35	8825.1	25.84	38.19
2001	37595.2	4583.2	12.19	9468.6	25.19	37.38
2002	40910.5	4880.4	11.93	10132.5	24.77	36.7
2003	45842	5247.8	11.45	10816.9	23.6	35.05

资料来源：根据《中国统计年鉴 2004》数据计算。

县及县以下社会消费品零售总额在全社会消费品零售额中所占的比例不断下降的原因在于：农村社会消费品零售总额增长速度慢于城市，导致了农村消费品零售总额占全国的比重迅速下降，由 20 世纪 90 年代初 50.2% 降到 2003 年的 35.0%。1990—2003 年，我国县及县以下社会消费品零售总额年均增长只有 7.7%，不但慢于同期国内生产总值的增长速度 8.1%，也慢于城市零售总额增长速度 9.5%。2003 年农村社会消费品零售总额比上年增长了 6.8%，比城市零售总额增长速度慢 3.5 个百分点。

一般来说，高收入水平群体增加的收入有越来越多的份额不是用于消费，而是用于增加储蓄。收入增长缓慢的大量低收入群体和农村居民虽然有很大的消费需求潜力，但却没有购买能力，使得大量工业品缺乏消费出路，造成越来越多的积压。这是我国消费需求难以提高的原因。从以上分析可以看出，目前，我国经济发展面临的最大问题就是需求不足。农民增收趋缓不仅影响农民的生产生活，而且影响整个国民经济的良性循环。如果能提高农村居民的消费水平，我国经济将大有潜力可挖。因此，要开拓农村市场，必须提高农民收入并实现共同富裕。

（三）农村居民最终消费对经济增长的影响

农村居民消费增长与国民经济增长存在相关性。

首先，从历史数据看，农村居民最终消费对GDP的总量和增长都作出了较大的贡献。1979—1986年，农村居民最终消费贡献率高达37.09%，其中，1981年，农村居民最终消费的贡献率达到70%，这说明提高农村居民最终消费对经济增长的贡献率的潜力是非常大的。除1980年外，1985年之前，农村居民消费需求的贡献率均高于城镇居民消费需求的贡献率。自1986年起，农村居民最终消费对GDP的增长贡献大幅下降且波动较大。1998年，农村居民最终消费贡献率最低，只有9.9%。1999年贡献率有了较大地提高，为21.70%，比1998年提高11.8个百分点，但仍比最高年份的1981年下降了48.6个百分点。[①] 2003年，这一贡献率下降到18.6%。

其次，农村居民消费作为社会总消费需求的重要组成部分，直接影响国民经济各部门的GDP。农村居民最终消费不仅直接影响国民经济各部门总产出，而且间接带来各相关部门产出的提高。如农业部门生产农产品对电力有直接需求。农业部门也需要化肥和机械，而生产化肥和机械也需要电力，这就成为农业部门对电力的间接消耗或需求。

2000年，农村居民最终消费19768.13亿元，需要国民经济各部门总投入（或总产出）257552.78亿元。其中，2000年，农村居民最终消费为农业部门提供的直接市场需求最多，达6418.55亿元，直接和间接地需要农业和其他部门生产26448.27亿元的产品。为国民经济其他部门提供的市场需求按贡献的绝对数额大小排序依次为：食品制造业4042.59亿

① 陈锡文主持，国务院发展研究中心课题组："农业波动与国民经济周期"报告，2002年。

元，机械设备制造业 1488.34 亿元，公用事业及居民服务业 1486.06 亿元，纺织、缝纫及皮革产品制造业 1259.70 亿元，商业饮食业 1156.31 亿元，它们依次需要国民经济各部门生产 14650.81 亿元、41629.77 亿元、11042.74 亿元、17089.21 亿元、16934.28 亿元的产品（见表 7－17）。2003 年，农村居民最终消费提供了总额为 21819.3 亿元的直接市场需求，占社会总产出的 18.6%。

表 7－17　农村居民最终消费对国民经济各部门的总产出的贡献

	农村居民最终消费（万元）	总产出（万元）	农村居民最终消费对国民经济各部门的总产出的贡献（%）
中间投入合计	197681306	2575527831	7.68
农业	64185461	264482670	24.3
采掘业	792333	80837464	0.98
食品制造业	40425924	146508103	27.6
纺织、缝纫及皮革产品制造业	12596969	170892098	7.4
其他制造业	4968867	89257895	5.57
电力及蒸汽、热水生产和供应业	2131847	85232150	2.5
炼焦、煤气及石油加工业	477819	83211417	5.7
化学工业	7748718	215871883	3.59
建筑材料及其他非金属矿物制品业	1971901	62751301	3.14
金属产品制造业	1705712	157266045	1.08
机械设备制造业	14883423	416297688	3.58
建筑业		221570467	
运输邮电业	6563144	105707979	6.2
商业饮食业	11563065	169342750	6.82
公用事业及居民服务业	14860589	110427373	13.46
金融保险业	5712306	51651590	11.06
其他服务业	7093228	144218958	4.9

资料来源：根据《中国统计年鉴 2004》表 3－14 支出法国内生产总值结构和表 3－20 2000 年投入产出基本流量表（最终使用部分）计算得来。

从表7－17还可以看出，农村居民最终消费需求对国民经济各部门的总产出的贡献存在差异：按贡献率的相对数额大小来排序，在全部农村居民最终消费中，用于农业和食品制造业的比重最大，分别是24.3%和27.6%，两者占农村居民全部最终消费的51.9%，比1997年下降了6.56个百分点，其他依次为公用事业及居民服务业13.46%、金融保险业11.06%、纺织、缝纫及皮革产品制造业7.4%和商业饮食业6.82%。其中，公用事业及居民服务业，纺织、缝纫及皮革产品制造业，商业饮食业分别比1997年提高了7.32个百分点、1.18个百分点，降低了0.42个百分点。总之，农村居民最终消费需求变化将引起国民经济各部门产出变化，国民经济总产出也依赖于不同部门的农村居民最终消费。

第三，农村居民最终消费需求的贡献率持续下降，将对国民经济产生不良影响。我国农村人口占总人口的70%，但是占总人口绝大多数的农村居民的社会消费品零售总额只有35%。中国经济的持续增长不可能永远依赖于固定资产的投资。投资和消费是驱动经济增长的两个轮子。因此，提高农村居民消费水平、刺激农村居民消费需求对GDP增长的贡献率和夯实国民经济增长的基础具有十分重要的现实意义。

三、经济增长、就业与农民收入增长

国民经济快速增长和农民收入增长缓慢这样一个矛盾的存在使得研究国民经济增长与农民增收之间的关系显得意义重大。而要理清这一问题的内在关系，必须解决一个基本的问题：国民经济增长与农民收入之间的关系。通过研究这一基础性问题，才能为建立农民增收的长效机制奠定基础，才能使农业、农村经济发展和农民增收与整个国民经济增长形成良性循环。

国民经济增长是通过什么机制来影响农民收入增长的呢？主要是通过创造就业需求。这是国民经济增长与农民收入增长

之间的最主要的关系。

(一) 新一轮经济增长的基本特征和存在的问题

新一轮的经济增长呈现出以下几个特征:

第一,投资是拉动中国经济增长的主要因素。1998 年以来,中国实行积极的财政政策。固定资产投资从 2000 年开始加速,固定资产投资增长率由 1999 年的 5.1% 上升到 2000 年的 10.3%,2001 年上升到 13%,2002 年上升到 16.9%,2003 年为 27.7%。从数字上看,固定投资增长率导致了当年固定投资占国内生产总值的比重逐渐上升。2000 年固定资产投资占当年国内生产总值的比例为 36.8%,2001 年为 38.8%,2002 年为 42.2%,2003 年为 47.4%。[①]

第二,新一轮经济增长中市场开始发挥主导作用。与以往不同,20 世纪 90 年代中期以来,中国经济已经由产品供不应求变为供大于求,由短缺经济变为绝大多数商品的供求关系基本由市场决定。这些变化表明,中国经济发展阶段已经转变。目前,资金、技术、劳动力等要素供给充裕;城乡居民收入持续增长,以住、行为主的消费结构升级持续进行;供求信息的传递更灵敏,这使得经济增长的协调性和稳定性增强。

第三,工业化和城市化特征突出,经济结构变化开始进入一个全新的历史时期。我国加工制造业体系正在进行全面调整,重化工业化的特征日益突出。以房地产和汽车工业等为代表的产业对重化工原材料、机电设备制造、能源、交通等产业和投资的拉动作用很大。在此影响下,社会生产结构迅速复杂化,规模空前扩大,工业制造业对城市的依赖程度迅速提高,工业经济提速推动城市经济提速,带动农村人口加快转移,推动城市化步伐大大加快。

同时,中国经济增长过程中也出现了一些不容忽视的问题:

① 资料来源:HSBC2003 年 8 月的《每月经济评论》和《中国统计年鉴 2004》。

1. 投资快速增长可能导致产能过剩

2003 年全社会固定资产投资的增幅高达 27.7%，远远高于改革开放以来全社会固定资产投资的平均增长率①。由于汽车、房地产及其相关行业的利润高，全国有超过 1/3 的省市将汽车作为支柱产业，房地产开发也搞得如火如荼。加之地方政府的行政性介入，这些行业存在着重复建设问题，给经济运行带来风险。目前工商企业的存货并无显著下降，近 70% 的商品在市场上仍是供过于求。与东南亚国家相比，中国固定资产投资占当年国内生产总值的比例相当高，已经高于 1997 年韩国（35.1%）、印度尼西亚（28.3%）、泰国（33.8%）、菲律宾（24.4%）等国家和地区发生金融危机时的比例②。也正是基于此，从 2004 年开始，中央政府已经开始逐步淡化积极财政政策，财政支出向公共财政方面转移。

2. 供给不足的隐忧依然存在

在供给方面，首先是资源环境的制约力量开始显现。随着产业升级步伐加快和重化工业化的启动，经济发展与资源环境的矛盾进一步突出。其一，某些基础产品供不应求，使得一些技术水平较低，投入和消耗较高的产品没有被市场淘汰出局，如煤炭、冶金等行业的小企业，对环境的不利影响加大。其二，重化工业化的产业规模迅速扩大，产业内容更加复杂，工业化与资源环境的矛盾更加突出。固定资产投资大幅增加导致了一系列重要的生产资料（如钢材、水泥等）需求高涨，导致电力、煤炭、铁路运力等全面供应紧张。其三，与我国加工制造业发展紧密联系的国际产业转移，也会将一部分对环境影响较大的生产转移进来。其四，随着城市化进程加快，我国国土资源利用的总格局正在发生重大变化，新的城乡布局、产业

① 刘伟："中国当前经济增长中的热点问题"，《中国经济增长报告 2004》，中国经济出版社 2005 年版。

② 资料来源：HSBC2003 年 8 月的《每月经济评论》。

布局、区域布局开始奠基，但目前却主要由地方政府根据任期内的各种考虑所决定，存在一定的重复建设和资源浪费现象，电、水、天然气等基础性资源出现短缺。其五，长期来看，粮食、水、石油等战略资源的供给不足。

其次，要素市场发育滞后，特别是资金、证券等要素市场发育滞后。更多行业中的劳动密集型中小企业缺乏必要的更新改造基金和流动资金而使现有生产能力不能得到充分发挥。

3. 投资增长中地方政府的主导作用相当明显

有的地方发展经济过分依赖招商引资的单一方式，大搞形象工程、政绩工程、开发区。由于国有商业银行的融资主渠道地位，以及与政府和国有大企业的密切联系，使经济增量中政府部门、国有部门扩张所推动的部分明显增大。大量重复投资仍在进行。这些扩张活动的风险过度集中于政府，因此带来的问题和隐患都较大。

4. 就业形势依然严峻

中国经济增长速度加快的同时，失业率还是居高不下，城市公开失业率（包括登记失业和下岗未再就业）已超过9%，显著超出通常所说的失业警戒线7%的水平。

5. 居民收入差距有继续拉大的趋势，相当一部分人群没有同步分享到中国经济增长成果的情况将长期存在

2003年全国城镇居民人均可支配收入8472元，扣除物价上涨因素，实际增长9.0%；农村居民人均纯收入2622元，实际增长只有4.3%。[①] 城乡居民的收入差距相差5810元，达到3.23倍。中国经济正处于由计划向市场、由封闭向开放、由城乡分割向工业化和城市化全面转型的时期。在经济转型过程中，城乡之间、地区之间、社会各阶层之间的不协调将会长期存在。这些不协调所产生的后果就是有相当一部分人群难以

① 国家统计局：《中华人民共和国2003年国民经济和社会发展统计公报》，中国统计出版社2004年版。

分享到中国经济增长所带来的好处。由于中国的城市化、工业化以及经济体制转型都将是一个长期的过程，而惠及所有人的社会保障体系的建立也需要一个过程，因此，相当一部分人群不能分享经济增长成果的现象将持续一定时期。

（二）经济增长对就业的拉动作用趋于缓慢

经济增长是就业增长的前提。但保证了一定的经济增长速度，就业增长却未必出现，中国目前的情况就是这样。我们一般用就业弹性来衡量经济增长对就业的拉动效果。所谓就业弹性，就是 GDP 增长 1 个百分点，带动就业增长的百分点。就业弹性越大，经济增长对就业的拉动作用越大。根据蔡昉等人的研究，目前我国经济的总体就业弹性为 0.1，也就是说，GDP 增长 1 个百分点，只能带动 0.1 个百分点的就业增长，大约是 80 万人。其中，第一产业为 0.06，第二产业为 0.34，第三产业为 0.54。这意味着农业不再具有吸纳就业的潜力；第二产业吸纳劳动力就业的能力已趋于下降；第三产业呈现较高的吸收就业的能力。

总的来看，20 世纪 80 年代，中国经济增长对就业的拉动作用较大，但自 90 年代以来逐步减小。1996 年以前，中国的就业增长和工作创造主要来源于正规就业和非正规就业两部分。1996 年后，中国的就业创造则变为主要依赖非正规就业驱动。在 1978—1996 年期间，正规就业净吸纳 5346 万人，平均每年增加 297 万人，占全国新增就业人数的 18.6%，占全国城镇新增就业人数的 51.4%。而 1996 年以后，非正规就业新增为 8128 万，平均每年增加 1626 万人；同期，正规就业减少了 4053 万，平均每年减少 811 万人。正规就业人数下降是这一时期就业增长能力下降的主要原因。具体地，由于我国经济结构发生的剧烈调整，部分行业、部分经济类型出现衰退，这些行业主要集中在国有单位和城镇集体单位的传统正规部门。而另一方面，新兴行业和经济类型虽然不断崛起，但他们创造就业的速度远远低于传统行业和经济类型衰退所造成的就业减少的速度，造成严重的下岗失业问题。因此虽然目前新兴行业、私营个体经济和外资经济等经济成分得到了发展，创造出大量的就业需求，但就业形势依然严峻[①]。在市场竞争的环境下，经济存量结构中国有经济将加快退出。国有经济撤退必然引发一些经济社会问题，主要是一方面中年以上的下岗职工增加，社会保障压力加大；另一方面产生了一批新富翁，使收入分配差距扩大。

国家统计局公布的数据表明，2003 年第一产业增长 2.5%，比 2002 年减慢了 0.4 个百分点；第二产业增长 12.5%，比 2002 年提高了 2.7 个百分点；第三产业增长 6.7%，比上个年度减慢了 0.8 个百分点。按现行汇率计算，2003 年中国 GDP 的总量相当于 1.4 万亿美元，而在比上年度增长的 9.1 个百分点中，第二产业占了 6.5 个百分点，第二产业对整个经济增长的贡献率达到 79.1%。第二产业发展势头迅猛，尤以重化工业的发展速度最为突出[②]。

目前中国的重化工业化特征已经日益明显，中国经济发展已进入重化工业化阶段。重化工业是资本密集型的工业，是一种规模经济，也是需要更高水平的服务业支撑的经济。机械、汽车、化学工业是重化工业的代表，当重化工业发展到特定阶段，科技水平相对发达，新兴的高技术产业和现代服务业形成一定规模，与重化工业关系密切的金融、保险、物流等服务业将得到较快发展[③]。

从 2000 年的投入产出表来看，前后向关联度最大的行业依次为金属产品制造业、化学工业、机械设备制造业、炼焦煤气及石油加工业等。这说明，重化工业的关联作用在产业结构

---

① 刘伟、蔡志洲："就业与经济增长"，《经济导刊》，2004 年第 6 期。

② "中国经济重化工业化"，《香港商报》，2004 年 2 月 26 日。

③ 徐康宁："中国工业化进程：重化工业化阶段难以跨越"，《新华日报》，2004 年 11 月 21 日。

整体升级过程中扮演着重要的角色。目前，国内外市场对重化工业产品的需求还很旺盛，发展重化工业有着广阔的市场需求。重化工业的发展又为轻纺工业和消费品工业的发展提供足够的支持。中国经济增长越来越依靠市场需求的拉动，这种需求既来自于市场对最终产品的需求，也来自于市场对包括机器、工业资料等中间产品的需求，这无疑为重化工业的发展提供了巨大的市场空间。只要中国继续保持以扩大内需为主的发展思路，推进工业化进程朝着高级阶段发展，重化工业的发展阶段无法跨越。

在重化工业化阶段，经济增长的就业弹性将下降。这是因为重化工业发展使资本和技术对劳动力投入的替代性增强。[1]经济发展进入到资本密集度提高阶段，经济增长就会造成劳动力吸收能力下降，失业压力增大。如果宏观调控不当，可能会出现经济高增长与失业压力增大的“逆反”现象。

（三）农村非农就业格局逐渐发生变化，但乡镇企业吸纳劳动力能力增加缓慢，农民的增收渠道难以拓展

国民经济增长对农村劳动力的吸纳存在产业差异。改革开放以前，中国农村劳动力主要滞留在农业领域。1978 年，农业劳动力总数 2.85 亿，占社会总劳动力的份额为 70.9%。改革开放以后，中国农村非农产业得到迅速发展，农民外出就业的规模逐步扩大，城市化步伐加快，累计约有 4.1 亿农村劳动力从农业和农村中转移出来。其中，转移到当地农村非农业或者外出就业但在城镇居住时间不足半年的约 2.1 亿，进入城镇的约 2 亿。

从表 7 - 18 可以看出，从绝对数来看，乡村从业人员 2003 年要比 1999 年增加 2074.5 万人，增长了 4.42%。其中，在农林牧渔业中的从业人员下降了 1652.2 万人，下降了

① “我国经济发展新阶段及战略取向”，《宏观经济研究》，2004 年第 5 期。

5.02%；在农村工业中就业的人数增加了984.1万人，增加了24.90%；在乡村建筑业中就业的人数增加了669.1万人，增加了20.9%；在交通运输业、仓储及邮电业中从业的人增加了212.4万人，增加了19.04%；在通信业中无人就业；在批发零售贸易业餐饮业中就业的人增加了474.5万人，增加了29.94%；在其他非农行业中就业的人增加了1386.7万人，增长了28.89%。

表7-18　农村劳动力在农村非农产业的就业情况　单位：万人

指　标	1999年	2000年	2002年	2003年
按行业分乡村从业人员	46896.5	47962.1	48526.9	48971.0
农林牧渔业	32911.8	32797.5	31990.6	31259.6
工业	3953.0	4108.6	4505.6	4937.1
建筑业	2531.9	2691.7	2959.0	3201.0
交通运输业、仓储及邮电	1115.8	1170.6	1259.1	1328.2
通信业	0	0	0	0
批发零售贸易业餐饮业	1584.6	1751.8	1996.8	2059.1
其他非农行业	4799.3	5441.9	5815.8	6186.0

数据来源：《中国统计年鉴2004》表13-1　农村基层组织和农业基本情况。

其次，从农村非农产业从业人员的就业分布看，第三产业比重逐步上升。20世纪90年代以前，农村非农业劳动力主要在第二产业就业。90年代以后，由于农村第三产业快速发展，这种格局被逐步打破，农村非农业劳动力在第三产业就业的份额逐步上升。1990—2003年，农村非农业劳动力在第三产业的就业份额从45.2%上升到55.6%，上升了10.4个百分点，年均上升0.8个百分点。

改革开放以来，乡镇企业发展迅猛，并成为我国工业的半壁山河，同时也给农民提供了大量的就业机会。“六五”时期乡镇企业劳动力就业人数平均每年增加552万人；“七五”时期平均每年增加596万人；“八五”时期平均每年增加688万人。乡镇企业在拓展了农村劳动力就业门路的同时也大大增加了农民收入。1978 年乡镇企业从业人员人均工资仅为 300 多元，到 1998 年已达 4000 多元，比 1978 年翻了 4 番。1998 年全国农民人均从乡镇企业获得的收入已达 700 多元；农民收入的增加有 1/3 是通过乡镇企业职工工资收入增加而实现的。[①]

从图 7 - 10 来看，1990—1993 年，乡镇企业每年的就业人员增加数是呈快速上升势头的。1994 年，乡镇企业吸收的就业人数出现了负增长。1995 年和 1996 年两年，乡镇企业吸收劳动力就业的数量又开始增加。但是从 1995 年开始乡镇企业吸收就业的数量明显下降，平均每年仅增加 94 万人。到 1998 年，乡镇企业从业人数仅 12537 万人，在 1997 减少 458 万人的基础上又减少了 513 万人[②]。2003 年是乡镇企业发展得较好的一年，乡镇企业就业的人员已经达到 13573 万人，比上年增加 285 万人。总体来看，乡镇企业吸纳劳动力的能力已经大大下降。今后，如果能够每年能向农民提供新增就业机会 300—400 万个的话就已经不错了。乡镇企业吸收劳动力能力的持续下降，不利于农村剩余劳动力的转移和农民收入水平的提高。

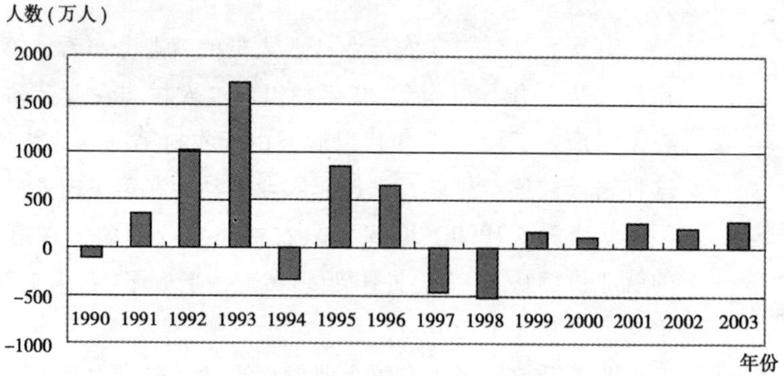

图 7 - 10　镇企业 1991—2003 年历年比上年增加就业人员数

① 国家统计局："乡镇企业异军突起"，http：//www. stats. gov. cn/tjfx/ztfx/xzgwsnxlfxbg。

② 同上。

（四）20世纪90年代中期以来农民进城务工就业状况波动，制约了农民收入水平提高

改革开放前，受城乡分割政策的影响，农村劳动力外出就业很少。20世纪80年代，农村劳动力开始陆续外出就业。随着经济发达地区劳动密集型加工业的发展，20世纪90年代以后，我国农村劳动力跨区域流动、进城务工出现几次高潮，流动规模不断扩大。1995年，外出就业的农村劳动力已接近5000万人，其中跨省就业的约有2500万人。1995—1997年，中国宏观经济增长速度放慢，受此影响，农村劳动力外出就业增幅下降。但1998年以后，伴随农业和农村经济结构战略性调整的步伐，农村劳动力外出就业又开始大幅增长，成为农民增收的主要来源。根据农村固定观察点在31个省（区、市）的20089户、83536人的调查数据，2003年外出就业的农村劳动力占农村劳动力比重已经达到20.5%，较2002年增长了1.1个百分点。以此估计，全国外出就业的农村劳动力总数大致为9820万人。其中，乡外县内占35.7%，县外省内占23.3%，跨省占41.0%。在外就业时间不足三个月的约占10%，超过半年的约占70%（常年在外的占27.3%）。调查表明，2003年外出劳动力平均就业收入为5279.4元，外出费用为1511.4元，劳动力外出净收入为3768元。据此推算，2003年农民外出就业总收入约5184亿元，外出打工净收入约3700亿元。寄带回家乡比2002年的3274亿元略有增长。

但是，农民外出就业的增收潜力并未完全发挥出来。20世纪90年代中期以后，农民工在城市的就业状况开始恶化。这与我国城市化发展滞后和城市经济吸收劳动力能力下降有关，也与我国目前实行的城乡分割的户籍制度和就业制度有关。

1. 城市化发展严重滞后使进城务工农民的就业和收入受到影响

我国城市化水平还很低，2003年底，我国的城市化率是40.53%，远远低于发达国家的水平。城市化水平过低直接影响农村劳动力的转移和农产品需求的扩大，给农民就业和增收带来困难。首先，城市化发展滞后使二元经济矛盾进一步增大。由于农业劳动力向非农产业转移缓慢，大量劳动力滞留在比重不断下降的农业上，导致农民收入不断下降，农民与城市居民的收入差距迅速扩大。受二元经济结构影响，农业、农村和农民在国民收入分配中长期处于不利地位，农村土地、资金、人才等要素不断外流，严重制约农业经营规模的扩大和农业效益的提高，直接影响农民的农业收益。其次，城市化水平低使得农村工业被迫就地发展，形不成产业集群，“聚集效应”低下，造成乡镇企业发展势头减缓，乡镇工业发展低层次，难以迈向现代化工业阶段，影响了乡镇企业转移农业剩余劳动力的能力。第三，城市化滞后导致城市第三产业发展缓慢。在人口、工业相对密集的区域，第三产业才能发挥其服务功能的规模效益。城市化滞后影响了人口聚集和产业布局重组，抑制了第三产业吸纳劳动力的优势的发挥。第三产业发展缓慢反过来又大大延缓了我国农村剩余劳动力向非农业转移的速度，从而使我国的产业结构和就业结构变动大大偏离了工业化发展的一般规律。

2. 城市经济提高资本密集度的追求越来越强烈，资金越来越密集地向城市聚集

近年来城市经济发展速度加快，农民工在城市获得就业机会，但其劳动收入没有获得与城市经济及城市居民相近的增长，反而出现了收入增长减慢趋势。农村与城市的经济差距拉大，是加重农民工城市就业状况恶化的重要原因。目前，资本向城市聚集的趋势并没有减弱，这造成农村资金减少，投资下滑，农村发展陷入越来越深的困境。农村贫困加重，对农民工争取城市就业及收入权益产生削弱性影响。农民从资金稀少的农村走入资金密集的城市，仍然分享不到资金密集所带来的收

益增长机会。农村贫困加重与农民工就业状况恶化相互推动。

3. 农民进城务工的环境较差，直接制约了农民收入水平的提高

目前一些劳务输入地的城市通过行政手段对农民工进入实行“指标控制”。比如北京市对外来务工人员进行总量控制，使其保持在90万人左右。农民工在一些劳务输入地必须先花钱办理就业卡、暂住证、婚育证、健康证等。有的城市规定按农民工的数量对企业收取使用农民工的管理费。在2003年1月国务院办公厅发布《关于做好农民进城务工就业管理和服务工作的通知》以前，这种情况非常严重。当前，一些城市按照国家规定取消了对农民进城就业的限制，但这距离形成城乡统一的劳动力市场还很远。其次，一些劳务输入地城市对农民采取了就业行业限制政策，把行业、工种划分为农民工禁止进入、限制进入、允许进入的三种类型，对农民工筑起产业壁垒。如北京市劳动和社会保障局规定，1999年有5个行业34个职业限制使用外地务工人员，2000年又提高到8个行业103个职业。第三，抬高素质门槛，规定外来务工人员必须达到初、高中以上文化程度，并取得相关行业的从业资格证书才能就业。否则，劳动保障部门将责令用人单位限期对有关人员进行培训，并予以警告和相应的处罚。这些措施使得农民很难进入收入相对较高的行业。第四，工资长期上不去，直接制约了农民收入的增加。上海财经大学2000年7—8月对广东省14个地级市512个外省民工的调查，其月平均工资为611元。据国务院发展研究中心农村部的调查，2001年广东省佛山市南海区农民工月平均工资大体是在650元左右。扣除物价因素，工资水平多年变化不大，始终维持在低水平。据对广东省佛山市南海区1984—2000年农民工工资变动情况的考察，该区2000年底外来人口109万人，其中就业人数95万人左右，为本地就业人口的1.5倍。1984—2000年，平均工资由150元升至650元，增长3.3倍，年递增9%。而同期全国居民消费

价格指数上升 2.3 倍，城市居民消费价格指数上升 3.4 倍。南海区消费价格指数定在二者之间，扣除物价因素，农民工工资仅有很少的上升。而以外汇计算的工资成本基本未升，有的还有所下降。1984—2001 年月平均工资折合港币，在 17 年中，只上升 18%。若按美元计算，则没有上升。第五，拖欠、克扣、吞噬农民工工资。拖欠农民工工资问题在各地都存在，据全国总工会的调查测算，进城农民工被拖欠的工资总额约为 1000 亿元。第六，现在农民工在城市的劳动力市场中没有任何的保障和保护，他们还没有被纳入社会劳动保障体系当中去。

四、收入分配、经济增长与就业

经济增长与就业增长偏离的深层次原因还在于国民收入分配。收入分配不合理会导致国民经济结构不合理，从而导致就业结构失衡。

（一）固定资产投资与消费比例严重失衡导致就业型产业发育不足

改革开放以后，我国改革了高积累的分配政策和制度，使国民收入分配不断向城乡居民倾斜。当前城乡居民收入已经占国民总收入的 60% 以上。但由于没有从根本上改变城市偏向的分配政策，从而导致农民收入占国民收入份额不但没有增加，反而有所减少。

2003 年中国经济增长突破 9%，接近过去 25 年的年平均增长率 9.36%，中国经济目前正处于一个较好的成长时期。但中国固定资产投资与消费比例严重失衡，投资比重过高，消费比重太低的问题也较为突出。（梁优彩，2004）[①] 刘伟、蔡

① 梁优彩："为什么经济的持续高速增长未能缓解就业压力？"http：//www.cei.gov.cn，2004 年 9 月 17 日。

志洲等人通过统计方法对国内生产总值（GDP）、全社会固定资产投资完成额和居民消费的增长以及它们之间的数量关系进行了分析。分析结果认为：中国目前的经济增长仍处于正常状态，但固定资产投资增长已经超出正常范围；2003 年的固定资产投资的增幅已经明显超出经济增长的需求。根据支出法来分析国内生产总值的结构，可以看出，2003 年，最终消费为 52678.5 亿元，占 GDP 的 50.6%；资本形成总额为 51382.7 亿元，占 GDP 的 49.4%；其中，固定资本形成总额为 51248.3 亿元，占 GDP 的 49.2%，存货增加 134.4 亿元，占 GDP 的 0.13%。在经济增长率保持不变的情况下，全社会固定资产投资完成额的增长与居民消费增长之间存在负相关关系。如果经济增长率和其他条件不变，投资每增长 1%，消费将会下降 0.8%。

根据《中国统计年鉴（2004）》支出法国内生产总值表提供的数据来看，投资率和消费率[①]的变动趋势如图 7－11：

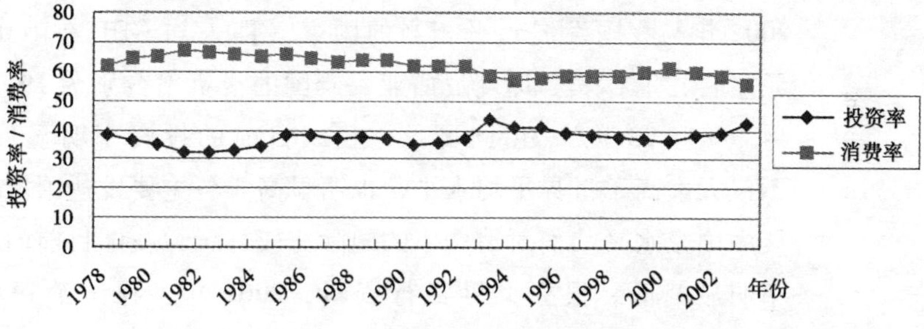

图 7－11　1978—2003 年中国投资率与消费率变动

从各国经济发展和工业化进程的经验来看，投资率存在一个从低到高的上升并趋于相对稳定的倒 U 型曲线演变过程；消费率演变过程则呈现与投资率相反的 U 型线。从趋势图的

① 投资与消费的比例关系决定着宏观经济结构。投资率与消费率能较准确、全面地反映投资与消费比例关系，它们反映了一定时期内生产活动的最终成果用于建设与用于生活的比例关系。公式表示为：投资率＝（资本形成总额/支出法 GDP）×100% 和消费率＝（最终消费/支出法 GDP）×100%。

走向来看，中国投资率走高而消费率走低。基本符合各国的一般规律。投资率和消费率的这种变化主要是因为：在工业化过程中，随着收入水平的提高，消费结构不断提升，第二产业增加值在GDP中所占比重不断增加，而第二产业需要更多的中间投入，从而导致投资率不断上升、消费率不断下降。在经济发展到发达阶段时，居民消费结构将由工业消费品为主转变为以第三产业提供的住房、教育、旅游等服务类产品为主，第三产业的发展相对较快，投资率因此而下降，消费率上升。为满足消费结构进一步提升的消费需求，需要第二产业与第三产业同步发展，因此，在发达阶段投资率和消费率将维持在相对稳定的状态①。

与世界平均水平相比，中国投资率偏高近20个百分点，消费率偏低近20个百分点。根据世界银行资料，2002年，我国投资率为39.4%，世界平均水平为19.9%，低收入国家为19.7%，中等收入国家为22.9%，高收入国家为19.0%。2002年与我国发展水平相当的国家（即人均GDP在1000美元左右）菲律宾、印度尼西亚、泰国的投资率分别为19.3%、14.3%和23.9%。由此可见，我国目前的投资率明显偏高，不仅大大高于世界平均水平，也明显高于各主要发达国家和发展中国家水平。而对消费率的国际比较显示，我国目前的消费率明显偏低。根据世界银行资料，2002年，我国消费率为58.0%，世界平均水平为80.1%，低收入国家为80.7%，中等收入国家为74.3%，高收入国家为81.0%，2002年与我国发展水平相当的国家（即人均GDP在1000美元左右）菲律宾、印度尼西亚、泰国的消费率分别为81.2%、78.8%和68.9%。显然，我国目前消费率不仅大大低于世界平均水平，也明显低于发展中国家的平均水平。

近几年的经济增长主要是由投资带动的。按照支出法计算

① 李建伟："投资率和消费率的国际比较分析"，《国研报告》，2005年3月28日。

国内生产总值，由投资形成的国内生产总值所占比重 1990 年为 35.2%，2000 年为 36.4%，2002 年上升到 39.2%，2003 年上升到 42.3%。近 3 年里，在新增国内生产总值中约有 55% 的份额是由投资增长贡献的。与投资增长形成鲜明对比的是，全社会消费增长对国内生产总值增长的贡献下降。从 1997 年开始，全社会消费品零售总额增长从前 4 年年均 20% 以上的增幅突然跌到 10.2%，此后一直在 10% 以下徘徊，2003 年即使消费品市场有所回暖，社会消费品零售总额增长也只有 9.1%①。

投资、消费比例失衡导致的突出矛盾是在国内生产总值形成过程中产生的投资对消费的挤出效应。在目前的资本超分配和投资拉动主导型的发展模式下，国家投资结构和企业发展战略都偏重于 GDP 的资本分配部分，而对能增加就业和后续增加消费分配的产业和企业投资不足。过去限制个体工商户和中小企业发展的政策，也造成了企业结构中资本密集型大企业偏多，而劳动密集型中小企业、微型企业和自由职业者偏少，使得国民经济 GDP 中资本—利润和折旧—投资分配的功能过强，而劳动—收入—消费分配的功能过弱。消费分配比率低，使得劳动密集型的企业和产业等的投入和发展不足，丰富的劳动力无法被吸纳和利用。

（二）现行公共财政体制存在明显的收入分配不合理

1. 国家城乡投资不平衡

由于农业是弱势产业，因此很多国家在财力具备的条件下对农业予以支持和保护，改善农业生产和经营的条件，从而降低了农业成本。这样农民就可以以较低的成本参与市场竞争，并可以分散农业风险。与此同时，政府对农场主的高额直接补

① 马晓河："当前中国经济是投资偏热、消费偏冷"，http：//news. stock888. net/040206/101，1317，468071，00. shtml。

贴可以直接增加农民的收入。据美国农业部测算，美国新农业法规定，今后10年（2002年至2011年）政府补贴农业的资金为1900亿美元，比1996年农业法增加约830亿美元。2002—2007年6年间，按1996年农业法，法定农业补贴为666亿美元，2002年农业法在此基础上增加了519亿美元，6年总计达1185亿美元①。欧盟农业价格、收入支持的支出方面设定的最高上限为405亿欧元。日本2000年以各名牌大米3年市场的平均价格为基准价格，如果当年产的价格低于基准价格，对差额的80%给予补助②。总体来看，农业在发达国家是一个受到“照顾”的产业。农民不仅可以通过从事农业生产可以获得销售收入，而且还可以理所当然地获取政府的补贴。农民的收入水平是非常高的。从我国的情况来看，对农业抽取的资金较多，补贴得非常少。农民从事农业更多的是做嫁衣而不是获得补贴。

（1）农业为工业化提供资金积累

投资是国民经济总需求的重要组成部分。投资结构决定国民经济和社会发展格局。由历史条件所决定，我国在20世纪50年代初确立了以“农业为基础，工业为主导”的经济发展战略，把国家工业化作为经济发展的首要目标，利用农业剩余则成为达成这一目标的主要手段。利用农业为工业提供积累，实行倾斜性投资便成为当时的选择。

回顾1952—1989年的38年间，国家50%以上的固定资产投资用于工业，各个五年计划中用于重工业的固定资产投资就在35.7%—54%，农业占用固定资产总额的比重不到20%，工农业投资比率为6.4∶1。1952—1990年，我国农业为工业化提供资金积累的总量达11594亿元，工业化从农业净调动了1

① 农业部产业政策与法规司：“关于完善我国农业国内支持政策的建议”，http：//www.agri.gov.cn/ztzl/gdztzl，2002年12月24日。

② 郭建军：“国外先进国家农业政策调整的经验”，http：//www.agri.ac.cn/agri_net，2003年6月25日。

万亿元的资金，占国民收入积累额的22.4%，平均每个劳动力每年无偿向工业化资本积累提供的剩余最多时达266元，占当年农民人均纯收入的42.24%，最少时也在30元以上，占当年农民人均纯收入的50%以上（冯海发，1993年）。

对工业的过度投资和对农业的投资不足造成工农业发展失衡。1986—1990年，农业平均增长速度为4.8%，工业为13.2%，1991—1997年农业平均增长速度为7.4%，工业为20.0%。2003年，工业增加值比上年增长12.6%，增速比上年提高2.6个百分点；农业增加值比上年增长2.5%，增幅比上年下降0.4个百分点。工业与农业增长的比例关系由上年的3.5:1提高到5:1，农业增长明显落后。

（2）国家财政对农业的投入力度明显不够

1978年，国家财政用于农业的支出占13.4%，1997年这一比重只有10.20%，落差较大。数十年间，支农资金用于生产性支出的仅为40%左右。再看农业基本建设投资：在国家基本建设投资中，用于农业的投资总量是在扩大，但相对份额却是下降的："六五"时期农业投资为6.3%，"七五"时期为3.6%，1993年为2.8%。"九五"时期政府农业财政支出呈总体增长趋势，不完全统计5年国家财政用于农业的资金为7840亿元，是"八五"时期的3倍。2000年政府财政所有对农业的支出超过2090亿元，比1996—1998年三年平均水平1785亿元增长15.4%，占当年财政总支出的13%，占当年全社会农业总投入12137亿元的17%，相当于当年GDP的14.1%。"九五"时期增长较快的有：2000年农业基本建设投资480亿元，比1996年增长2.5倍；农林水气等部门事业费408亿元，比1996年增加60%以上；财政扶贫支出128亿元，增长1.4倍；粮棉等主要农产品政策性补贴615亿元，增长50%。尽管"九五"时期政府财政支农资金投入的增长幅度较大，但财政支农总量投入不足，不仅与农业增加值占GDP的比重不一致，与发达国家的农业财政支出相比，绝对数额也显得较小。2000年中国政府农业财政支出折算成美元为249亿美元，只有美国的2.4%、日本的2.8%、欧盟的5.1%[①]。

2. 农业支持效率低下

首先，政府财政农业支出的大头用于人员供养及行政开支，而用于建设性的支出比重不高。支援农业生产支出和农林水气部门的事业费占财政农业支出的70%左右。

其次，政府财政支农的内容单一。第一，财政支农用于水利建设比重较大，用于农业基础设施建设的比重较少。1996—2000年，中央财政累计安排水利基础设施建设投入约占中央农业基本建设投入总量的70%，对农业节水技术研究推广投入不够。农业生产性投入和气象等基础设施投资总量所占比重呈下降之势。1996年以来，中央政府在安排农业基本建设投入时，用于农业科技、良种工程、信息体系建设、检验检测体系等方面的投入还不足农业投入总量的10%。第二，一些关系农业和农村经济发展全局的基础性、战略性、公益性项目，如农业品质改良、重大病害控制、食品安全保障、农产品检验检疫、执法体系建设、社会化服务体系建设等则缺乏足够的投入保障。第三，政府支农直接用于流通环节的多，用于产前、产中和产后服务环节的少。2000年，政府财政支农资金用于农业基础设施的资金约在600亿元左右，占整个投入的比重在30%；用于补贴粮、棉、油、糖流通领域补贴615亿元，占整个投入的30%；用于农业公共服务462亿元，占整个投入的22%；直接用于生产的资金423亿元，占整个投入的18%。第四，对农民的直接收入支持有限。我国农业财政资金的投入主要以间接支持为主。2000年，以间接方式支持农业、农民、农村的资金占整个资金投入的67%左右，包括对大型水利、生态、气象等基础设施的投入，农林水气等部门事业费的大部

① 韩俊、谢扬、罗丹："中国政府支农资金的来源及规模变动"，《国务院发展研究中心调研专刊》，2003年。

分，政策补贴等；与农民收入直接有关的资金投入占23%左右，包括支援农村生产支出、农业综合开发、支援不发达地区发展支出、农林水气等部门事业费和农业基本建设投资的一部分。目前我国已经开始实施的对种粮农民直接补贴的规模还比较小。

近几年我国农民家庭经营纯收入比重下降，主要在于农民农业纯收入出现徘徊甚至下降。1978—2003年，农民家庭经营纯收入增长1505.5元，在农民人均纯收入中的比重下降了16.8个百分点①。其中，第一产业的家庭纯收入增加了1161.8元，比重下降了6.8个百分点。农业纯收入绝对量减少867.8元，占纯收入的比重下降了7.6个百分点。

3. 农村公共财政体制存在的问题使得县乡财政困难

我国1994年开始把财政包干体制改革为在合理划分中央和地方事权基础上的分税制。分税制改革后，各级政府如有条件都尽可能地上收财权，下放事权，即尽可能多地从下级财政抽取资金，将那些收入多、增长潜力大的税种收入，全部或高比例地上收，如县要将75%的增值税和100%的消费税上缴中央财政；而那些需要投入多、难度大的事，则向基层下放，县乡财政成为层层集中财力的对象。作为基层政权组织，县乡镇政府的地位最为不利。由于地方税源不足，县乡财政越来越陷入“无米之炊”的窘境。在乡镇财力缩减的同时，县乡财政支出责任却在不断加大：农村基础设施建设、公共服务设施建设、社会服务、对农业生产和流通领域的支持、农村居民生活环境的改善等公共物品及公共服务（包括公共卫生、医疗、义务教育、农村社会保障等）的提供都要由县乡负责。面对这些政府责任，县乡政府财力却显得“捉襟见肘”。农村公共财政体制存在的问题主要造成了以下恶果：

一是基层政权的顺利运转受到影响。由于财政分配不公

① 国家统计局：《中国统计年鉴2004》，中国统计出版社2004年版，表2－23和表2－24。

平，县乡财政没有足够的资源，因此，地方政府没有能力提供公共产品。一些基层工作受到影响，甚至需要举债度日。

二是转嫁负担给农民。为了弥补资金的不足，县一级把负担摊到各乡，乡一级则摊到各村或是转嫁到乡镇企业头上，村一级再转嫁给农民，使得农民负担加重。于是，各种名目的税费就出现了。这一方面对农民增收起到反面的作用，另一方面，财政危机向农民转嫁，影响到农村社会稳定。为了弥补资金的不足，地方政府向农民收取各种费用，农村乱集资、乱收费、乱摊派急剧膨胀，使农民非税收负担增长，影响了农民收入。

三是农村社会事业发展不足。农村社会事业包括的领域主要有：农村公共安全和生产安全，农村食品安全与生物安全，乡村建设，农村劳动就业与社会保障，与人的精神生活有关的农村文化、教育和体育等相关领域[①]。目前，由于资金困难，投入不足，我国农村社会事业发展还很落后，农村的义务教育问题、农村合作医疗问题、农村社会保障问题、农村公共卫生问题、农村基本建设问题等都还没有得到很好的解决。

（三）收入分配对就业和农民增收的影响

总的来说，重工轻农的投资倾向本身就是一种资源的不合理配置和浪费，其结果是更大的资源浪费，是国民财富的损失。国民经济的这种长期非均衡运行已严重阻碍农业和农村的进一步发展。城乡之间形成鲜明对照的长期投资反差的结果是农村经济结构无法进行战略性调整，农业无力对生产要素进行进一步投入，农业生产基础设施老化，无力在更大规模上来组织扩大再生产，技术创新速度缓慢，农业的发展迟缓，工农业

① 国务院发展研究中心农村部课题组：“我国社会事业科技发展面临的挑战和战略机遇”，来源：http：//210.76.125.44/ztrd/jcck/yjbg/t20050303_16020.htm，中国科学技术信息研究所加工整理，2005年3月4日，执笔人：张忠法、周宏春。

反差愈来愈大，农村市场低迷。

对城市的相对过度投资和对农村的投资严重不足不仅造成中国不合理的产业结构，还导致城市化水平大大滞后于工业化水平，中国城乡发展严重失衡，这是当前农民收入低下和农村市场低迷的根本原因。

1. 产业结构不合理导致就业结构失衡

1979—2003 年，我国 GDP 年均增长 9.4%，其中，第一产业年均增长 4.5%，第二产业增长 11.3%，第三产业增长 10.0%。按照 1990 年不变价格计算，第一、第二、第三产业增加值占 GDP 的比重分别由 1978 年的 40.0%、38.5% 和 21.5% 演变到 2003 年的 12.8%、59.5% 和 27.7%。也就是说，第一产业比重下降了 27.2 个百分点，第二产业上升 21 个百分点，第三产业仅上升了 6.2 个百分点。按照现价计算，2003 年我国第一、第二、第三产业增加值占 GDP 的比重分别为 14.6%、52.3% 和 33.1%，其中工业增加值占 GDP 的比重为 45.3%。按照世界银行的数据，目前全球第一、第二、第三产业的平均构成约为 4%：32%：64%，而工业增加值占 GDP 的比重为 21% 左右。其中，高收入国家和中等收入国家第一、第二、第三产业的平均构成分别为 2%、30%、64% 和 10%、36%、54%[①]。我国第三产业的比重比世界平均水平低 30.9 个百分点，而第一产业比世界平均水平高约 10.6 个百分点，第二产业则比世界平均水平高出 20.3 个百分点，国民经济产业结构明显不合理。

在工业化进程中，随着第二、第三产业在国民经济中的比重上升，我国的劳动力逐步向第二、第三产业转移，在第一产业就业的劳动力比重已由 1978 年的 70.5% 下降到 2003 年的 49.1%，与此同时，在第二、第三产业就业的劳动力比重则分

① 李建伟："投资率和消费率的演变规律及其与经济增长的关系"，《经济学动态》，2003 年第 3 期。

别由17.3%和12.2%上升到了21.6%和29.3%。目前来看，我国第一产业的劳动力比重依然太高，第三产业吸纳的劳动力比重又明显偏低，这有别于大多数发达国家和发展中国家的情况。

目前我国经济增长主要靠第二产业拉动，但第二产业的劳动力需求弹性太低，新创造的就业岗位较少。主要原因是因为科技进步大大提高了该部门的劳动生产率。有关研究表明，第二产业增加值的年增长率超过10%时，才会创造新的就业岗位。预计未来我国经济的潜在增长率约为9%—10%，要降低第二产业在国民经济中的比重，其增长率就要低于GDP的增长率，因此，今后，我国第二产业的增长率可能低于10%，所以，一般说来今后第二产业将会逐步释放少量的劳动力。

我国第三产业就业的劳动力比重虽然低，但是它却创造了近一半的新增就业岗位。2003年我国总就业人数达到74432万人，比1978年增加34280万，其中第一产业增加了8228万人，占总就业人口增量的24.0%；第二产业增加9132万人，占26.6%；第三产业增加16919万人，占49.4%。目前来看，第三产业吸纳劳动力就业的优势还没有完全发挥出来。这是因为在我国经济高速增长的同时，第三产业发展相对缓慢，占GDP的比重太低。究其原因，1998年以来，我国实行积极的财政政策，以扩大固定资产投资为主要手段来启动国内需求，固定资产投资成为拉动经济增长的基本动力，其对经济增长的贡献度越来越大，与此同时消费对经济增长的贡献则逐年下降。结果导致本来就很高的第二产业比重持续上升，而第三产业的比重没有明显提高。

2. 城乡社会事业发展失衡影响农民增收

国民收入分配的不平衡使得城乡社会事业发展失衡。表现在以下方面：

(1) 教育差距明显

农村孩子在九年义务教育方面所享有的“待遇”远远低

于城市孩子。在缺乏国家财政拨款支持的前提下，农村教育部门往往把增收杂费变成最主要的经济来源。近年来，农村学生辍学、流失率偏高，初中生辍学率上升，有的地方农村辍学率高达10%以上。根据国家教育科学“十五”规划课题“我国高等教育公平问题的研究”的成果，小学及以下文化程度的人群在农业人口和非农业人口中所占的比例分别是：51.5%和16.3%；初中文化程度的人群在农业人口和非农业人口所占的比例分别是41.5%和32.4%；高中文化程度的人群在农业人口和非农业人口所占的比例分别是6%和21%；中专文化程度的人群在农业人口和非农业人口所占的比例分别是0.8%和13.2%；大专文化程度的人群在农业人口和非农业人口所占的比例分别是0.2%和11.1%；本科文化程度的人群在农业人口和非农业人口所占的比例分别是0.02%和5.63%。这说明，农村人口中低学历人口的比例远远高于城市人口，城市人口中高学历人口的比例明显高于农村人口的比例。在城市，高中、中专、大专、本科、研究生学历人口的比例分别是农村的3.5倍、16.5倍、55.5倍、281.55倍、323倍。根据蒋中一等人的研究，教育差距主要在于初中的入学率，东部地区农村的儿童可以完成九年制义务教育，但中部和西部地区的农村离国家规定的九年制义务教育的指标还有不小的距离。这种距离不仅是学童接受教育年份的不同，还有教育质量上的差距。目前，国家重点高校城市子女占了相当大的比重，农村学生和弱势阶层的子女逐渐减少。教育资源、教育质量相对较弱的地方性高等院校聚集了较多农村学生。这反映了在高等教育入学机会上存在的城乡差距。目前，城乡教育差距正在演化成教育的不公平。教育不公平将强化城乡二元结构，加剧城乡分化。此外，一些地方的农民培训活动还流于形式，农民急切渴望的技术、知识的需求还得不到满足。

目前，无论是从事农业、非农产业，还是进城务工，都对农村劳动力素质和质量的提高提出进一步的要求：农业新技术、新成果推广和利用需要农民文化科技整体素质的提高。各大城市的劳动力市场反馈出的信息表明，目前对于高素质的熟练劳动力的需求非常强烈。如不及时更新技能，农民工要找到满意的工作、挣得满意的收入已越来越困难。因此，相当数量的低素质劳动力只能从事脏、累、苦、重等较为辛苦的劳动。比如随着家务劳动的社会化，过去认为的“只要是个人儿就行”的“保姆”如今已成为一种经过社会分工后的职业。“保姆”也演变为“家庭服务员”、“家政助理”、“管家”、“家政秘书”等新的职业称谓。保姆已不仅仅是做家务，人们提出了更高的要求，这种要求体现在人们需要懂得护理知识和技能的月嫂，需要熟习现代化家用电器、会烹调的钟点工，需要懂理财的家政助理、管家，需要有专才、综合素质高的家教、秘书等。但满足上述要求的劳动力还很少。目前北京、上海、杭州、南京等城市的家政服务业市场都传递出一个信号：高素质的家政服务员告缺。光南京市 2003 年保姆就缺 10 万人。还有一些岗位提出必须要有资质。如北京市劳动和社会保障局规定，凡在京从事美容、美发、保健按摩、中式烹调和汽车修理职业的人员，必须持有职业资格证方可上岗。不难得知：“素质门槛”正在取代“行政壁垒”而成为制约农民工就业的主要因素。

多项研究都表明，文化程度较高的农民，掌握农业新技术的能力较强，获得信息渠道较广，能够根据市场行情的变化，及时调整生产结构，从而得到较多的收益；文化素质较高的农民也较容易在城市就业。目前的农村劳动力素质低已成为制约农民收入提高和劳动力转移层次和速度的重要因素。

（2）医疗卫生差距

据卫生部卫生经济研究所的研究，70% 的农村人口所拥有的公共卫生资源不足全国总量的 30%。农村每千人平均拥有不到一张病床，而城市的平均数字约为 3.5 张；农村每千人只拥有一名卫生技术人员，城市则在 5 名以上；农村人口医疗保险覆盖率只有9.58%，城市则为42.09%。根据蒋中一等人的研究，西部地区婴儿死亡率要远远高于中、东部地区。在新型合作医疗的人群覆盖率上这三个地区的差距明显，因此在基本医疗服务的可得性上，西部地区的保障水平是较低的。根据国务院发展研究中心农村部最近对全国100多个村庄的典型调查，医疗支出已经成为农村居民一项沉重的经济负担。在全部调查农户中，医疗支出占消费性支出的8.5%，大病户家庭则占了30%左右。重大传染病70%—80%发生在农村。

农村劳动力素质和质量的提高不仅要依靠教育、培训，也有赖于农民营养和健康水平的提高。目前农村的营养水准和医疗卫生保障程度，直接影响着人口的健康状况，进而间接地影响劳动生产率和经济增长。因此，通过改善营养、医疗卫生条件，改善农民健康状况，提高其劳动生产率，可以推进城乡经济增长，有利于农民增收。

（3）社会保障差距

在社会保障方面，参加农村养老保险的人数2002年为5462万人，2003年为5428万人。在城镇，参加基本养老保险的职工人数2002年和2003年分别为11129万人和11647万人，城镇是农村的2倍多①。而且，城镇居民还有失业保险和基本医疗保险。根据国家统计局公布的数据，2003年，中国农村绝对贫困人口达到2900万人，比上年增加80万，这是90年代以来我国扶贫开发历史上首次出现反弹。农村扶贫面临着新的特点和挑战。一是贫困发生率下降速度减缓，近年来徘徊在3.0%—3.1%之间。二是绝对贫困人口日益分散、扶贫成本逐年增加。三是财政转移支付能力的增长速度低于成本增加速度，政府干预效果下降。四是贫困瞄准难度加大。近年来，农村贫困人口变化很大，贫困人口和低收入人口从数量上

① 国家统计局：《中国统计年鉴2004》表10－1人民生活基本情况，中国统计出版社2004年版。

看大进大出，从收入和支出水平上看年度间极不稳定，这一现象增加了扶贫政策在瞄准贫困人群时的难度。目前中国农村贫困面还很大，贫困程度较深，很多农民家庭承受自然灾害和市场风险的能力十分脆弱。因此，农村社会保障体系的建设可以扩大社会保障的覆盖面，做到“应保尽保”，缓减农村内部的收入差异和社会矛盾。

（4）公共事业的供给

根据蒋中一等人的研究，在农村社区环境方面，东、中、西部地区硬化道路之比为1.86∶1.14∶1，东、中、西部地区安装电话之比为2.64∶1.39∶1，东、中、西部地区拥有手机之比为3∶1.32∶1。通讯和道路建设是市场的基础设施，由此可见农村市场的基础设施效能也是由东向西逐步递减的。另外，在拥有电脑和上网服务方面，中部和西部地区还是空白①。

道路、交通、通讯、信息等基础设施的状况影响着农民获得市场信息的机会。入世以后，对农业冲击最大的不是生产问题，而是市场问题。帮助农民把农产品顺利地销售出去是政府义不容辞的责任。通过加大信息基础设施建设力度，逐步建立健全农村经济综合信息服务体系，进一步扩大和完善农产品市场信息网络，有助于农民增收。

3. 不均衡的地域经济发展是地区间农民收入差异的重要原因

东西部地区经济发展的差距主要体现在工业化发展水平不平衡。西部地区工业的内部结构不优化，传统产业比重高，国有经济比重高，工业发展的基础条件差。西部地区处于主导地位的产业、行业和产品在整个经济中的成长性差、需求弹性低、关联度小、效益不高。资源产品和初级产品工业占据主导地位，使西部地区的工业表现出技术含量低、附加值低和消费

① 蒋中一等：“东、中、西部农村社会发展水平的差距比收入水平的差距要小”，《中国农村研究2004》，中国财政经济出版社2004年版。

弹性低的特征。上述原因使得西部地区与东部地区乃至全国的经济发展差距越来越大。2003 年与 1999 年相比，西部地区国内生产总值占全国的比重由 17.5% 下降到 16.83%，人均国内生产总值由相当于东部地区的 40.1% 下降到 37.6%；地方财政收入占全国比重由 18.4% 下降到 16.7%；全社会消费品零售总额占全国的比重由 16.8% 下降到 16.3%；利用外资占全国的比重由 4.6% 下降到 3.3%；城镇居民人均可支配收入和农民人均纯收入分别由相当于全国平均水平的 92.8% 和 75.2% 下降到 86.7% 和 74.9%。

经济发展水平的地域差异直接导致了区域之间的收入差距拉大。根据中国社会科学院社会形势分析与预测课题组“2005 年：中国社会形势分析与预测”报告，在全国 31 个省（区、市）中，2004 年上半年人均收入最高的五省（市）是：上海、北京、浙江、广东和福建。上半年五省（市）人均收入为 7453 元，比上年同期增长 12.4%。而人均收入最低的五省（区、市）是宁夏、青海、甘肃、黑龙江和新疆，上半年人均收入为 3661 元，比上年同期增长 10.9%。人均收入最高的 5 省（市）与人均收入最低的 5 省（区、市）的人均收入相差约 2 倍。

总的来说，农民收入增加不仅依赖于国民经济的持续稳定增长，而且还依赖于经济增长的成果能为农民所分享，也就是国民收入的合理分配。如果经济增长的成果不能为农民所分享，这样的经济增长也就不可能形成城乡的统筹发展，国民经济增长也就不可能带来农民收入增长。

五、贸易、国民经济增长与农民增收

理论上讲，贸易可以使一国的经济资源得到合理配置，从而提高劳动生产率，增加产量，按照“比较优势”原则来进行国际交换，还可以节约大量的社会劳动，增加社会财富总量。一句话，贸易对于经济增长是有利的。经济学家罗伯特逊

形象地把对外贸易比作是经济增长的“发动机”。从中国的贸易实践当中也可以对此有充分地论证。

但正如经济增长不一定会带来就业的增长一样，贸易对于农民收入的影响也是难于衡量的。自由贸易可能使一部分农民收入增加，也可能使一部分农民收入减少。在现实生活中，我们都不难找到这样的实例。正如阿兰·温特（L. Alan Winter）在“贸易自由化与贫困的联系”一文中所指出的，“贸易自由化给家庭和国家带来的具体且直接的影响是不同的”①。

毋庸置疑，中国加入 WTO 之后，贸易自由化的进程是大大加快了，中国经济也因而遇到了前所未有的开放市场的压力。这种压力不仅仅影响着城市经济，也影响着农村经济。随着入世后过渡期的来临，贸易自由化对中国经济的影响将渐渐显露出来。由于本研究的研究重心并不在于贸易对农民收入的影响，也由于在这方面的研究结论必须有赖于有关的商品分类的实证分析的支撑，因此，本部分仅依赖已有的统计数据和文献来对贸易与国民经济增长和农民增收的关系作初步分析。

（一）贸易对国民经济增长的作用

从我国近年来的外贸实践来看，进出口对我国经济增长的激发和带动作用也是非常显著的：

第一，出口为国家获取了大量外汇收入。出口贸易是我国外汇收入的主要来源，占国家外汇收入的 4/5 以上。外汇的增加，增强了我国的进口能力，改善了国际收支状况。2003 年我国外汇储备已经达到 4032.51 亿美元。

第二，出口增加加快了我国产业结构调整步伐和产品的更

① 徐薇、余宛泠译自“Trade liberalisation and poverty: what are the links?”，原文引自 *The World Economy* 2003 年 8 月刊，吕梅校。

新换代，为一些企业实现规模经济创造了条件，提高了经济效益。国内企业为适应国外市场，加快了学习、吸收和提高的过程，增强了竞争力。出口扩张还会对相关产业发挥关联带动效应，鼓励外资的流入和使国内投资流向发生变化，资本会越来越集中在具有相对优势的领域。

第三，出口提高了进口能力，缓解了经济发展“瓶颈”的制约。出口换汇可以提高一国的进口能力，引进国外先进的技术和管理知识，以迅速实现产业升级、技术进步、制度创新和整体经济向更高水平发展，为实现超越式发展提供了可能和机遇。一些先进技术设备的进口，促进了技术进步和产业升级，增强了经济发展后劲。如我国钢铁工业在引进国外先进工艺和技术设备后，品种质量和技术水平有较大改善，规模经济水平不断提高。短缺原材料、物资和消耗品的进口还满足了工农业生产和人民生活的需要。

总体上，外贸的快速增长为我国更好地利用国外市场、资源、资金、技术和人才创造了条件，对外贸易和国际经济技术合作对我国国民经济的持续高速发展作出了巨大贡献。

具体的，对外贸易对经济增长的拉动程度到底有多高呢？我们利用对外贸易依存度指标①、外贸对 GDP 的拉动度②、利用外贸增长率与国内生产总值增长率加以对比分析。从以下数据和图表可以看出，对外贸易总额在国内生产总值中所占的比

① 外贸依存度是指一国进出口贸易额与其国内生产总值之比，即外贸依存度 = 进出口额/国内生产总值。其中出口依存度 = 出口贸易额/国内生产总值；进口依存度 = 进口贸易额/国内生产总值。这些概念和指标，在一定程度上反映了外贸与本国国内生产总值的关系以及一国的经济通过对外贸易与整个世界经济发生联系的程度。在国际上，通常使用出口依存度来描述对外贸易与国民经济的关系，因为出口额比进口额更能真实地反映一国经济通过贸易参与国际经济的程度，而且可以避免进出口贸易值的重复计算。

② 采用支出法来计算外贸对国民经济的贡献度，其公式如下：外贸对 GDP 的拉动度 =（净出口增量/GDP 增量）× GDP 相对增幅。该公式包含两个部分：外贸对 GDP 的贡献度（率）= 净出口增量/GDP 增量；外贸对 GDP 的拉动度 = 贡献度（率）× GDP 相对增幅。

重除个别年份小有波动外，都呈现出上升的趋势。2003 年对外贸易总额已经达到 GDP 的 60.1%。

从进出口贸易总额的增长率、出口增长率与国内生产总值增长率的趋势看，除了个别年份外，凡是进出口贸易增长较快、出口贸易增长较快的年份，我国国民经济发展也比较快，国内生产总值的增长率也较快。

我国的出口贸易依存度除了 1998 年和 1999 年受东南亚金融危机影响外，一直在稳步提高，2003 年达到 30.95%。这意味着我国经济已经广泛地参与了世界经济，与世界经济的联系日益紧密。

从外贸对国民经济的贡献率与外贸对国民经济的拉动度来看，1993 年以后，除了受东南亚金融危机影响的几年外，其他年份，外贸的贡献率和拉动度都是正值，有的年份还非常大。像 1997 年，外贸对国内生产总值的贡献率达到 35.5%，对国内生产总值的拉动度达到 3.4 个百分点。

表 7－19　　我国外贸进出口增长表　　单位：亿元

年份	进出口总额	进出口增长率（%）（1978 年＝100）	出口		进口		国内生产总值		进出口占 GDP 比率（%）
			出口额	出口增长率（%）	进口额	进口增长率（%）	GDP 总额	GDP 增长率（%）（1978 年＝100）	
1987	3084.2	—	1470.0	—	1614.2	—	11962.5	—	25.8
1988	3821.8	4.5	1766.7	1.4	2055.1	27.3	14928.3	5.3	25.6
1989	4156.0	-7.7	1956.1	-6.0	2199.9	7.0	16909.2	-3.8	24.6
1990	5560.1	31.0	2985.8	49.5	2574.3	17.0	18547.9	7.4	30.0
1991	7225.8	26.3	3827.1	24.6	3398.7	32.0	21617.8	13.3	33.4
1992	9119.6	19.8	4676.3	15.9	4443.2	30.7	26638.1	16.9	34.2
1993	11271.0	9.2	5284.8	-0.2	5986.2	34.7	34634.4	14.9	32.5
1994	20381.9	48.6	10421.8	62.0	9960.1	66.4	46759.4	10.9	43.6
1995	23499.9	0.4	12451.8	4.1	11048.1	10.9	58478.1	8.9	40.2
1996	24133.8	-3.2	12576.4	-4.8	11557.4	4.6	67884.6	9.4	35.6

续表

年份	进出口总额	进出口增长率（%）（1978年=100）	出口		进口		国内生产总值		进出口占GDP比率
			出口额	出口增长率（%）	进口额	进口增长率（%）	GDP总额	GDP增长率（%）（1978年=100）	
1997	26967.2	10.9	15160.7	19.6	11806.5	2.2	74462.6	8.8	36.2
1998	26849.7	2.2	15223.6	3.1	11626.1	-1.5	78345.2	8.0	34.3
1999	29896.2	14.8	16159.8	9.4	13736.4	18.2	82067.5	8.0	36.4
2000	39273.2	33.4	20634.4	29.6	18638.8	35.7	89468.1	10.7	43.9
2001	42183.6	8.3	22024.4	7.6	20159.2	8.2	97314.8	9.6	43.3
2002	51378.2	23.4	26947.9	24.0	24430.3	21.2	105172.3	9.5	48.9
2003	70483.5	37.3	36287.9	34.8	34195.6	40.0	117251.9	11.6	60.1

注：表中相关数据均来自历年《中国统计年鉴》，有关增长率以1978年不变价格计算。

表7-20　　　　我国外贸对国民经济的作用分析表

年份	出口依存度（出口额/GDP）（%）	外贸对GDP的贡献度（净出口增量/GDP增量）（%）	外贸对GDP的拉动度（贡献率×GDP相对增幅）（%）
1987	12.29	—	—
1988	11.83	-4.86	-1.2
1989	11.57	2.3	0.3
1990	16.10	40.0	3.9
1991	17.70	0.6	0.1
1992	17.55	-3.9	-0.9
1993	15.26	-11.7	-3.5
1994	22.29	9.6	3.4
1995	21.29	8.0	2.0
1996	18.53	-4.1	-0.7
1997	20.36	35.5	3.4
1998	19.43	6.3	0.3
1999	19.69	-31.5	-1.5
2000	23.06	-5.8	-0.5
2001	22.63	-1.7	-0.1
2002	25.62	8.3	0.7
2003	30.95	-3.5	-0.4

注：表中数据根据根据历年《中国统计年鉴》数据计算。

以上仅仅是从数据资料反映出来的信息，贸易在利用国外资源、优化本国资源结构、提高本国产品竞争力、创造就业机会等方面都起到了非常重要的作用，这些难以用单纯的数据反映出来。从以上分析看，贸易无论在量上还是在质上都对我国国民经济的增长起到了非常大的作用。它们之间存在着互相联系、互相影响的关系，即贸易促进了国民经济的增长，国民经济的增长也进一步带动了贸易的增长。

（二）农产品贸易对国民经济的出口贡献率

农产品贸易是对外贸易的一部分，对国民经济的重要性和作用同样可用以上方法分析。

从表7－21和表7－22的分析数据看，农产品对外贸易对国民经济增长的作用不很明显，尤其在近几年，农产品对外贸易总额占国内生产总值的比重比较小，不到5%。这是由于农业的产业地位和产业发展规律所决定的。但是仍然能够从中发现一定的规律，即农产品对外贸易发展迅速的时期也是国民经济增长快速的时期。当农产品对外贸易总额增长比较快、农产品出口额增长比较快的时期，国内生产总值增长同样也比较快。农产品的出口依存度是稳中有降，但这并不表明我国农产品出口下降，而是由于农业的特性，在这一时期农产品出口增长速度赶不上国民经济增长速度。但是农产品对外贸易同样对国民经济表现出了一定的贡献率和拉动度。如2002年，仅农产品贸易对国内生产总值的贡献率就达到1.52%，当年8.1%的国内生产总值增长率中，农产品对外贸易拉动0.12个百分点。但是近几年由于我国农产品进口数量的迅速扩大，农产品贸易对国民经济增长的贡献率和拉动度都有所下降，有的年份还是负值。从另一个角度分析，农产品对外贸易和我国整个对外贸易一样，其对国民经济增长的作用并不完全能够由以上指标反映出来。农产品对外贸易的扩大可以通过提供就业岗位、解决就业、延长产业链、优化资源配置、促进优势产业带的形成等间接促进国民经济的增长。因此，农产品对外贸易同样对我国国民经济的增长起到了很大的作用。

表 7-21　我国农产品进出口额与国内生产总值（GDP）增长情况表

年份	农产品进出口额（亿美元）	农产品进出口增长率（%）（1978 年 =100）	农产品出口		农产品进口		国内生产总值		进出口占 GDP 比率（%）
			出口额（亿美元）	出口增长率（%）（1978 年 =100）	进口额（亿美元）	进口增长率（%）	GDP 总额（亿元）	GDP 增长率（%）（1978 年 =100）	
1994	190.75	—	129.59	—	61.16	—	46759.4	—	3.5
1995	265.24	17.4	143.64	-6.4	121.60	67.8	58478.1	8.9	3.8
1996	250.72	-11.3	142.50	-6.9	108.22	-16.5	67884.6	9.4	3.1
1997	248.94	-1.8	149.37	3.7	99.57	-9.0	74462.6	8.8	2.8
1998	221.75	-8.7	138.44	-5.0	83.31	-14.2	78345.2	8.0	2.3
1999	217.48	1.1	135.38	0.8	82.10	1.6	82067.5	8.0	2.2
2000	268.53	25.4	156.19	17.1	112.34	38.9	89468.1	10.7	2.5
2001	277.89	4.3	159.75	3.1	118.14	6.0	97314.8	9.6	2.4
2002	304.34	11.0	180.19	14.3	124.15	6.5	105172.3	9.5	2.4
2003	401.36	32.0	212.43	18.0	188.93	52.3	117251.9	11.6	2.8
2004	514.2	27.6	233.90	9.7	280.30	47.8	128156.3	12.0	3.3

表 7-22　农产品外贸对国民经济的作用分析表

年份	农产出口依存度（农产品出口额/GDP）	农产品外贸对 GDP 的贡献度（净出口增量/GDP 增量）（%）	农产品外贸对 GDP 的拉动度（贡献率 ×GDP 相对增幅）
1994	2.39	—	—
1995	2.05	-3.31	-0.83
1996	1.75	1.08	0.18
1997	1.66	1.96	0.19
1998	1.46	1.14	0.06
1999	1.37	-0.41	-0.02
2000	1.45	-1.05	-0.10

续表

年份	农产出口依存度（农产品出口额/GDP）	农产品外贸对GDP的贡献度（净出口增量/GDP增量）（%）	农产品外贸对GDP的拉动度（贡献率×GDP相对增幅）
2001	1.36	-0.24	-0.02
2002	1.42	1.52	0.12
2003	1.50	-2.23	-0.23
2004	1.51	-5.30	-0.50

注：表中有关数据来自《中国商务年鉴》和《中国统计年鉴》2004。之所以农产品贸易仅仅从1994年分析，是因为在1994年以前，农产品贸易额的统计体系不健全，年度间数据缺乏可比性。

（三）农产品贸易对农户收入增长的影响

1. 农产品进口对我国一些粮棉油主产区农民收入造成一定影响

2003年我国农产品（不包括水海产品）进出口额达到324.4亿美元，比2002年增长36.9%。其中出口159.7亿美元，增长18.2%；进口164.7亿美元，增长61.5%，农产品贸易项下出现4.9亿美元的贸易逆差，而2002年农产品项下还有贸易顺差33亿美元。2004年我国农产品进出口贸易逆差更是达到55亿美元。

目前国外大宗农产品已经开始大举进入中国市场。由于国内大豆加工能力迅速扩张，国产大豆供不应求，2003年我国进口大豆2074万吨，价值54.2亿美元，分别激增83.3%和1.2倍，进口大豆数量已经超过国内大豆产量。同样，国内棉花减产使棉花进口激增，2003年进口棉花87万吨，价值11.7亿美元，分别增长3.9倍和5.3倍，在关税配额商品中，只有棉花完全用完全年配额，而上一年棉花的关税配额使用进度仅为22%。

2003年，我国进口的大豆、植物油、棉花和天然橡胶价格出现大幅上涨，这些商品的进口平均价格分别比上年上涨

20%、16.1%、29.7%和33.1%，因价格上涨因素造成上述产品进口合计比2002年增加支出17.8亿美元。进口农产品价格的上涨与国内市场相互作用，也推动了国内粮油价格上涨，从而进一步刺激相关商品的进口猛增。2003年我国进口食用植物油541万吨，价值25.8亿美元，分别增长69.6%和96.9%。

2005年，我国进入入世后过渡期，更大幅度取消非关税措施、降低关税、扩大关税配额，势必会增加农产品的进口。进口激增有可能挤压农产品价格，对我国农产品市场造成冲击。在这种形势下，大豆主产区和棉花主产区的农民生产积极性下降，有可能加剧农村劳动力剩余和隐蔽性失业。由于这些大宗农产品是绝大多数低收入者的主要收入来源，因此他们会成为这种不利影响的受害者。

另外，目前扭曲的农产品贸易体制还会进一步扭曲市场价格。发达国家的高补贴带来了高剩余，为了消除市场压力，发达国家把农业结构调整的成本转移到外国生产者身上，这会打压国际农产品的市场价格。在国外成本低、数量多、质量有相对优势的农产品的冲击下，国内这些农产品价格将下跌，生产萎缩，影响农民就业和收入的增加。比如我国东北大豆主产区的农民受的大豆进口的影响，1997年农民出售大豆价格为1.28元/斤，2001年跌到0.89元/斤，下降了31%，使豆农收入受到影响。此外，进口激增也会给无补贴或是低补贴的生产者进行农业结构调整的负担将更重，给我国试图通过比较优势、充分利用全部农业资源制造更多的困难。

2. 农产品出口直接带动农民增收

改革开放后，尤其是加入世界贸易组织后，为了提高我国农产品的竞争力，扩大农产品出口，我国建立了一大批外向型农产品生产基地，如山东、广东、黑龙江、新疆等地。这些出口基地一般都有相对稳定的目标市场，农产品的生产标准、程序、质量、外观、口味等一般都是按照目标市场的要求进行生产。这些地区农产品进出口贸易与当地农民的收入紧密相关。如陕西苹果在产量和销量上已经跃居全国第二位，目前苹果种植面积达800万亩，果品优质率达45%，销往俄罗斯、荷兰、英国等30多个国家和地区。仅果品一项，2003年果品产区1000万农民人均增加纯收入就达910元。

随着国民经济和对外贸易的快速增长，农产品出口占中国出口总额的份额已由20世纪90年代初的17%下降到目前的4.8%。尽管中国农产品出口份额相对下降，但农产品出口对保持国民经济的稳定增长，尤其是对增加农民就业、促进农民增收和农业结构调整、提高农业竞争力具有越来越重要的作用。首先，农产品出口带动了农业、食品加工业、运输业、商业饮食业等相关部门的经济发展，同时也为这些部门创造了大量的就业岗位。2002年农产品出口共创造了4704.5万个就业岗位，占中国总就业人口73740万人的6.38%。每1万美元的农产品出口，能直接和间接创造近28个就业岗位。根据程国强的测算[①]，出口1万美元的鸡肉，可提供19.7人的就业机会；劳动密集度较高的农产品带动的就业更多，出口1万美元的蔬菜，可提供30多人直接和间接就业。根据他的测算，2002年山东省鸡肉出口一年可为农民提供90多万人的就业机会。

在农产品出口创造的就业岗位中，农业和非农业部门分配比例约为7∶3，农业高于非农业。2002年，中国农产品出口为农业部门创造了3478.3万个就业岗位，占农产品出口创造总就业的73.9%，占农业总就业的10.7%。其中，种植业占98.1%，渔业占1.01%，畜牧业和林业分别为0.66%和0.21%。2002年农产品出口在非农部门创造了1226.17万个非农就业，占社会总就业的1.66%，占非农部门就业总数的3%左右，见表7-23。

① 程国强，国务院发展研究中心《调研报告》（专刊），2004年第160期。

表 7－23　　农产品出口创造的就业岗位　　单位：万个

项　　目	2000 年	2001 年	2002 年
农产品出口创造的就业	4064.82	4067.44	4704.48
农业就业	3025.64	2951.24	3478.31
种植业	2972.24	2888.90	3412.73
林业	6.46	6.78	7.42
畜牧业	18.30	23.63	22.91
渔业	28.64	31.93	35.25
非农产业就业	1039.18	1116.20	1226.17
工业	861.12	928.04	1017.46
建筑业	3.81	3.66	3.75
运输邮电业	26.39	26.75	28.23
商业饮食业	76.45	85.65	99.80
非物质生产部门	71.41	72.10	76.94
每 10 亿美元的出口收入产生的就业	290.48	275.76	279.51

资料来源：程国强，国务院发展研究中心《调研报告》（专刊），2004 年第 160 期。

由于农产品出口带动了农业就业，因此它对促进农民增收发挥着重要作用。根据程国强的测算，2002 年，农民人均出口收入为 12.13 美元，在农民人均纯收入中，出口收入约占 4.3%。尤其在中国东南沿海地区，农产品出口成为农民增收的主要来源。

3. 我国农产品出口遭遇非关税壁垒，影响农民增收

随着中国进入 WTO 后过渡期，中国的进出口贸易出现了一些新的变化。首先是 2004 年中国农产品贸易首次出现逆差，中国由农产品净出口国变为农产品净进口国。其中起主要作用的是粮食、棉花、糖、畜禽产品。从我国近年农产品出口的总体状况看，我国在粮食等土地密集型农产品贸易方面的出口劣势已经呈现，但在肉类、水产品、蔬菜、水果等劳动密集型农产品和烤烟、甘草、蔺草等经济作物上还存在一定的出口优势。但由于我国农产品质量偏低，发达国家对我国出口农产品的品质、质量、卫生、安全等技术要求越来越严格，技术壁垒越来越高，我国农产品的出口环境一直不容乐观。2002 年，欧盟兽医委员会宣布禁止从中国进口虾、兔和家禽肉等肉源性

食品。2004年，中国禽流感爆发。日本、韩国、欧盟等41个国家和地区对我国禽类及其产品实施禁止和限制进口措施。2003年，国内遭遇“非典”，农产品出口受到影响。2003年5月，日本以自我国进口的鸭肉中检出禽流感病毒为由，再次全面对我国禽肉制品封关，造成我国冻鸡出口锐减，全年出口2.8亿美元，下降22.5%。2004年，我国禽流感爆发直接影响畜禽产品出口，那些以畜禽养殖和出口为主业的农户收入受到影响。

以上分析的是农产品贸易对农民收入的直接作用。除此以外，农产品贸易还可以通过带动国民经济增长来进一步带动农民收入增长。但是，我国现行的体制政策导致社会资源分配不公，国民经济增长的好处并没有对农民收入产生比较明显的作用，开放经济的利益并没有被农民获得，或者获得的部分很少。除了非经济因素外，农产品的流通体系以及工农产品的比价（尤其是农业生产资料的价格体系）也是影响农民利益的一个重要因素。目前，农产品流通体系不顺，中间环节过多，虽然消费者为农产品支付了较多的货币，但农业生产者并没有得到多少好处。此外，农业生产资料价格的上涨会抵消农产品价格给农业生产者带来的收入增加的好处，使农户的种粮积极性下降。因此，只要不利于农业、农民、农村的政策存在，开放经济的成果就难以传导到农民手中①。从农民收入结构看，在农民收入增长中，非农经济收入所占比重已经越来越高，而且主要靠务工工资收入拉动。在粮油棉等土地密集型农产品面临自由化冲击的情况下，非农就业收入将在很大程度上决定农民的支付能力。随着中国经济融入世界经济的程度加深，市场竞争也会越来越激烈，乡镇企业和城市企业都面临着提高竞争力、提高效益、提高经营能力等方面的挑战。在这种情况下，如果部分企业经营困难或是部分产业陷入困局，甚至企业倒闭，都会使企业的就业能力降低，从而使城市和农村的就业情况更趋严重。

① 程国强，国务院发展研究中心《调研报告》（专刊），2004年第160期。

跳出农业来看，贸易自由化对农民收入的影响会更深刻。

第四节

城乡收入差距以及地区间、不同农户间农民收入的差距①

一、我国区域差距的实证分析

使用全国的指标分别计算出1987年到2002年全国以及城乡各自的泰尔指数（见图7－12）。就全国来讲，泰尔指数呈不断上涨的趋势，其中，在20世纪90年代和21世纪初涨幅较大。同时，城乡的泰尔指数均呈现出不断上涨的趋势，这一趋势在农村尤为明显。

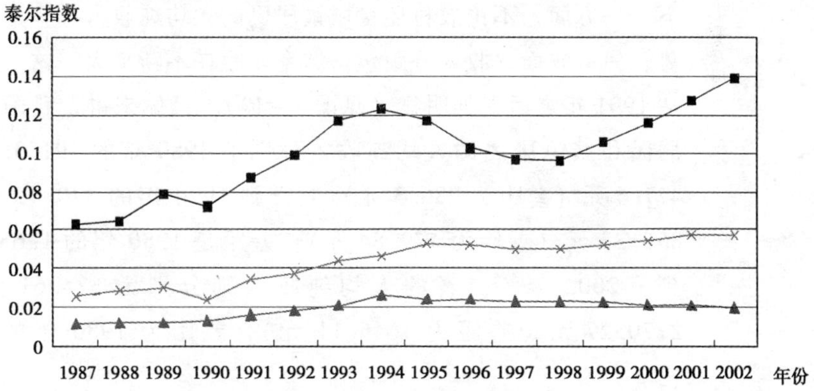

图7－12　1987—2002年泰尔指数

① 本节选自农业部软科学课题“城乡收入差距及地区之间、农户之间农民收入差距变化趋势研究”（课题编号：200508），课题主持人：万广华。

（一）城乡收入差距分析

国际劳工组织 1995 年发表的 36 个国家的资料显示，绝大多数国家的城乡人均收入比都小于 1.6，只有 3 个国家超过了 2，中国是其中之一。城乡收入差距严重地阻碍了我国现代化建设的进程。

城乡居民收入差距是指在一定时期内（通常为一年）城市和农村居民在获得收入数量上所存在的差别。本课题主要通过城市居民家庭人均可支配收入与农村居民家庭人均纯收入之比、城乡居民收入差距的基尼系数等指标比较全面地反映 1980—2003 年间我国城乡居民收入的差距，探讨导致城乡收入差异产生的原因。

1. 数据分析

（1）我国城乡居民收入及其变化趋势

在 1978 年改革开放之前，中国是一个典型的平均主义国家。改革开放之后，在“让一部分人先富起来”的政策指引下，一方面，不论农村还是城镇居民的人均纯收入都呈上升趋势，另一方面，收入差距包括城乡差距在不断扩大。这一趋势从 1991 年之后更加明显（见图 7－13）。具体来讲，我国农村居民和城镇居民的人均纯收入分别由 1980 年的 191.3 元和 477.6 元（差距为 286.3 元）上升到 1990 年的 370.49 元和 850.33 元（差距为 479.84 元），差距是 1980 年的 1.68 倍；到了 2002 年，二者的人均纯收入则分别为 624.61 元和 2270.27 元（差距为 1646.11 元），差距为 1980 年的 5.7 倍。

从农村居民与城镇居民收入比来看，改革开放之初这一比例相对较小，在 1985 年之后逐年扩大。在改革开放之初的 1980 年，我国城乡居民的人均收入比为 2.5，到了 1985 年这一比例缩小为 1.93，之后便逐年扩大到 2002 年的 3.64（见图 7－14）。当然，这一比例在 1994 年之后的一段时间有所回落。

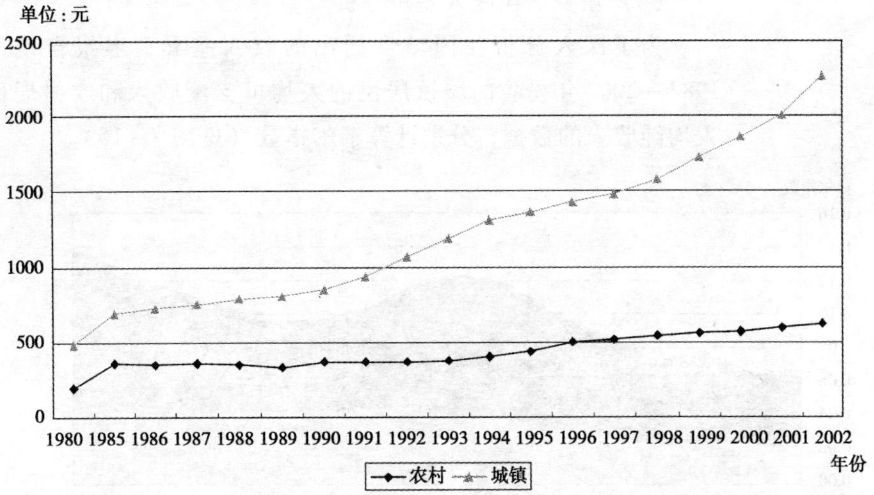

图 7－13　1980—2002 年历年我国城乡居民人均实际纯收入

这主要是因为，自 1997 年以来，我国农民收入增长率连年下滑，由 1996 年的 9% 持续下降到 2000 年的 1.9%，而同期城镇居民收入增长幅度一直保持在 7% 左右。如果考虑农村居民纯收入中用于生产性投入和城镇居民享受的住房、医疗、教育等各种财政补贴项目等因素，城乡居民的实际收入差距还要大。

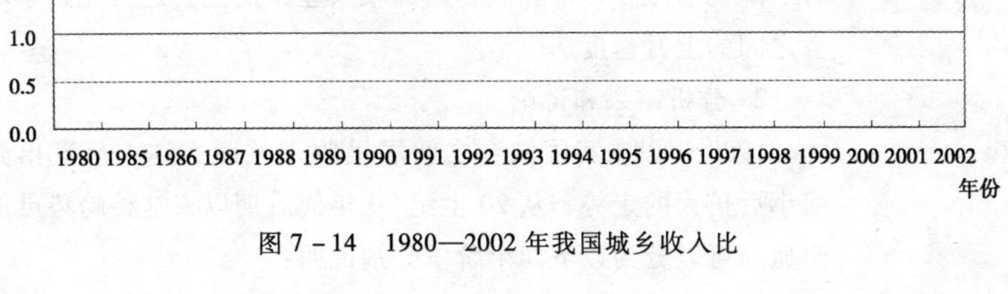

图 7－14　1980—2002 年我国城乡收入比

(2) 城乡居民收入差距分析

为了深入分析我国城乡居民的收入差异，本报告使用1987—2002年份省的城镇居民的人均可支配收入和农村居民人均纯收入的数据，分别计算泰尔指数（见图7-15）。

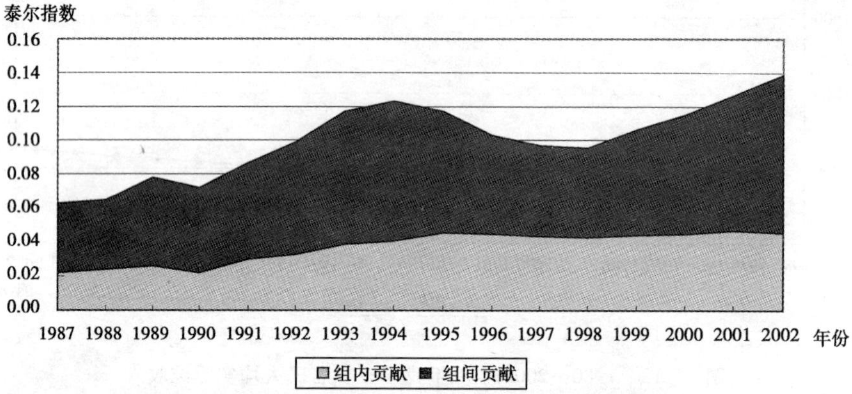

图7-15　1987—2002年我国的城乡收入的泰尔指数及其分解

从图7-15可以看出，从1987年到2002年，我国的城乡收入差距逐年呈扩大趋势，分别在1989年、1994年和2002年达到历史最高水平。虽然城乡收入差距的组内贡献在此期间有所波动，但是组间贡献占绝大部分比例。其中，在1988—1993年以及1998年到2002年呈上升趋势。具体来讲，从1988年的62.18%上升到1993年66.99%，增幅达7.7%；从1998年的55.02%上升到2002年的66.92%，增幅达21.6%。相反，从1994年到1997年间城乡收入差距的组间贡献则呈下降趋势，其间降幅为17%。城乡之间收入差距在1994年之后的下降说明城乡内部和农村内部收入差距的上升速度超过了城乡之间的上升速度。

2. 分析结果和讨论

1980年以来我国城乡之间居民收入差距大体上呈现出先缩小后扩大的走势，从20世纪90年代后期以来这种趋势更加明显。可以分为以下四个阶段分别说明：

(1) 第一阶段 (1980—1985 年)

这一时期我国以农村改革为主。农村改革获得巨大成功,城市经济体制改革却严重滞后,农民收入的增长幅度超过了城镇居民,城乡之间收入差距逐步缩小,城乡收入比由 1980 年的 2.50 降为 1985 年的 1.93,降幅达 29.5%。

(2) 第二阶段 (1986—1994 年)

这一时期以城市经济体制改革为主,城乡收入差距逐步扩大。其中,1990 年城乡居民收入比有所减少(由 1989 年的 2.46 降到 1990 年的 2.30),这主要原因是 1989 年国民经济进入了调整阶段,国家采取宏观调控措施,对过热的经济增长实施软着陆,工资改革步伐放慢,职工收入增长速度降低。1991 年后因受当时整个市场疲软的影响,乡镇企业发展速度下降,生产虽然走出了徘徊局面,但因农副产品收购价格和集市贸易价格下降,导致农民收入增长迟缓,城乡居民收入差距又开始扩大。1993 年以后由于工资改革的深化,大范围提高职工工资收入,以及城镇职工灰色收入大幅度增加,而农村居民收入增长缓慢,导致城乡居民收入增速不同,使得城乡收入差距逐渐扩大。城乡比由 1986 年的 2.05 上升为 1994 年的 3.29,升幅为 60.5%。

(3) 第三阶段 (1995—1997 年)

由于国家较大幅度地提高了农副产品的价格,同时出台了一系列促进乡镇企业发展的举措,农民现金收入大量增加,而同期由于政府实行紧缩性的宏观调控政策,城镇经济发展趋缓。因此,这一时期城乡收入差距再次缩小,城乡人均收入比由 1995 年的 3.1 下降为 1997 年的 2.86,微降 7.74%,但未能形成连续有效的趋势。

(4) 第四阶段 (1998—2002 年)

此间由于国家连续两次调低了粮食收购价格,但是农业生产资料价格却以年均 10% 的速度增长,粮食供给出现了供大于求的局面,农民卖粮难、增产不增收的情况较为普遍。另一方面，同期乡镇企业的发展速度进一步趋缓，连年跌幅达20%。这就影响到农民的农业收入和非农收入，造成农民收入锐减，城乡收入差距至此又开始逐年拉大，至2002年中国城乡居民人均收入比由1998年的2.92扩大到2002年的3.64，增幅达24.7%。

总之，虽然从20世纪90年代开始，政府逐渐取消了对城镇居民的食品和住房补贴，城乡收入差距理应不断缩小，但是，我们也应看到整个90年代期间，农产品价格持续走低，而农业生产资料价格却以年均10%的速度增长，这就制约了占农民收入绝大部分的家庭经营收入的增长。同时，工资性收入在农村家庭收入中所占的比例呈逐年上升趋势。

上述分析说明改革开放以来我国城乡居民收入差距呈扩大趋势，这是二元经济结构条件下农业产业和非农产业劳动生产率差距所导致的一个必然结果，除非加快城镇化建设，使更多的农村地区走城镇化的道路，否则很难消除城乡差别。当然，城乡差距的合理界限或者尺度多大才合适，这个标准很难把握，有待于我们进一步考察和研究。

二、东中西部农民收入差距分析

（一）东中西部农村居民收入差距分析

1. 三大地带农村居民总收入及其变化趋势

从三大经济地带的收入水平来看，农村居民人均纯收入总体呈不断上涨趋势。东部地区农村居民的收入水平高于中部地区，中部地区的收入水平高于西部地区。同时，三大地带农村居民收入差距不断扩大。例如，1980年，东部地区的农村居民收入为225.35元，分别为中部地区和西部地区的1.19倍和1.3倍，到了2002年，这一比例分别上涨到1.37倍和1.91倍。值得注意的是，中部地区和西部地区的收入差距也在拉大。在1980年，中部地区农村居民的收入是西部地区的1.1倍，2002年这一比例扩大到1.39倍。

2. 三大地带农村居民收入差距分析

为了比较全面地分析我国三大经济地带的农村居民的收入差距，我们分别使用基尼系数和泰尔指数分析收入差距及其变化（见图 7－17）。可以看出，农村居民在三大地带之间的收入差距在逐步扩大。基尼系数由 1987 年的 0.201 上涨到 2002 年的 0.296；泰尔指数则由 1987 年的 0.063 上涨到 2002 年的 0.139。值得注意的是，这两个指数均显示出在 1991 年到 1994 年以及 1998 年以来收入差距明显扩大。

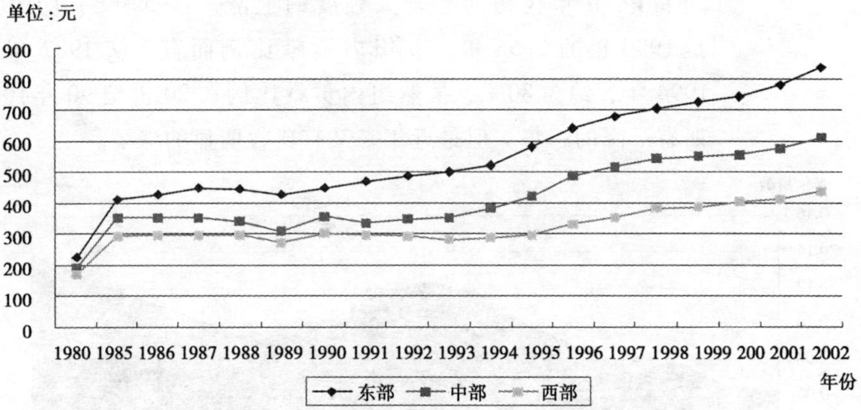

图 7－16　1980—2002 年三大经济地带人均纯收入及其变化

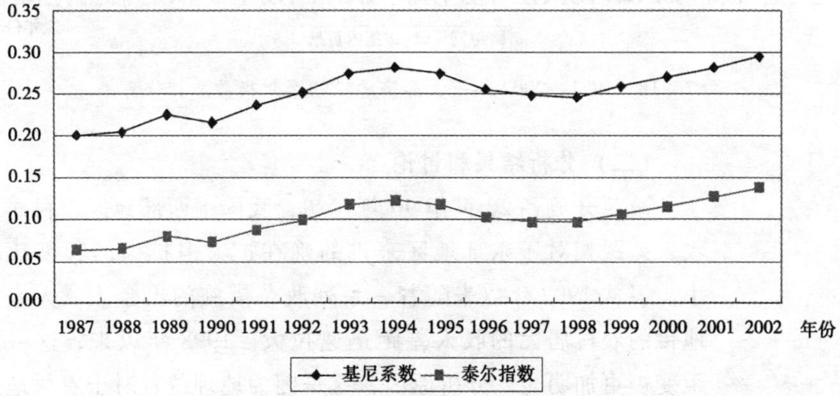

图 7－17　1987—2002 年三大经济地带的基尼系数及泰尔指数

为了深入分析三大经济地带农村居民收入的差距，本报告使用泰尔指数计算出收入差距的组间贡献和组内贡献（见图7－18）。总体来看，农村居民收入差距的组间贡献波幅不大，但是组内贡献变化明显。从贡献比例来看，组内贡献在大多数年份大于70%，部分年份超过80%。具体来讲，三大地带农村居民收入的组间贡献呈缓幅上升趋势，2002年的这一指标为0.0325，是1987年的3.07倍。值得注意的是，组间贡献在20世纪90年代初期有较大幅度的上涨，1995年为0.0307，是1990年的2.56倍。就组内贡献比例而言，从1987年至1994年，约为80%，虽然组内贡献比例在20世纪90年代后期有下降的趋势，但是近年来又有比较明显的涨幅。

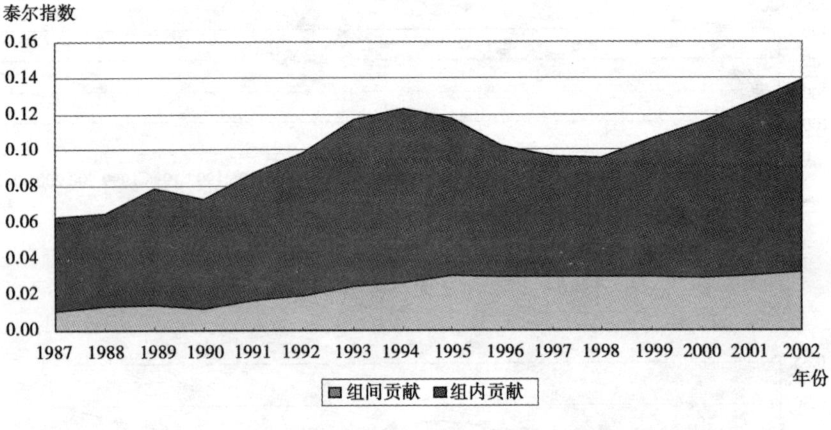

图7－18　1987—2002年三大经济地带的泰尔指数及其分解

（二）分析结果和讨论

改革开放到20世纪90年代初，我国中西部地区农村居民收入差距相对于东部地区来讲的确在扩大但扩大的程度比较小。但从1992年以来随着一系列改革措施的出台，三大经济地带的农村居民的收入差距迅速拉大。1998年以来，这一差距变得更加明显。分析原因，这是因为地理位置对于农村地区经济的发展具有非常重要的作用。沿海开放地区具有外向型农业发展的良好条件，加之这些地区具有比较发达的乡镇企业，为农村居民提供了较好的收入来源。内陆省份相对闭塞，农民观念保守，获取收入的渠道相对单一，造成了目前我国收入差距在已经不平等的基础上又在扩大的这一现实问题。具体来讲，大多数年份组间贡献不到30%的这一事实说明，国家区域经济发展政策的确对于收入差距产生了一定的影响，但是考虑地理位置、资源禀赋等区域经济发展差异的现实，我们不应将区域差距过分地归咎于政策因素，尽管审慎的区域发展政策确实能在很大程度上缩小这一差距。当然，对于政策所造成的区域差距的准确度量还需要更加完善的数据和科学分析方法。

三、我国农村内部收入差距的实证分析

（一）数据分析

为了深入考察我国农村内部的收入差异，我们使用农业部固定观察点的农户调查数据进行分析。沿用国家统计局的分类标准，我们将农村住户的家庭人均纯收入分为工资性收入、家庭经营收入和其他收入三大类①。在此基础上着重考察农村居民收入构成及变化、纯农户和兼业户之间的收入差距变化规律及其趋势。对于纯农户，按照土地经营规模考察不同农户的收入差距变化趋势。对于兼业户，按照其兼业的行业分别考察其收入差距变化趋势。目的在于探讨农村内部收入变化的影响因素，进而提出缩小农村内部收入差距的政策建议。

1. 农村居民总体收入差距分析

（1）农村居民总收入构成及其变化趋势

改革开放以来，我国农民的人均纯收入在波动中不断增长（见图7－19）。人均纯收入由1987年的582.69元，增加到1999年的679.81元，增幅达16.6%（净增97.12元）。1988

① 按照国家统计局的分类法，我国农村住户的家庭的人均纯收入可以分为工资性收入、家庭经营收入、财产性收入和转移性收入。由于后两者在历年数据中比例变化不大，为了简化问题分析，在此将其合并为一项处理。

年之前，农民人均纯收入呈上涨趋势；1991 年后，农民人均纯收入由当年的 749.53 元下跌到 1995 年的 634.67 元跌幅达 15.3%（下跌 114.86 元）；之后虽有波动，但年均波幅小于 5%。从分项收入的变化来看，财产性收入和转移性收入变化不大，工资性收入连年呈不断增长趋势，由 1987 年的 64.86 元增加到 1999 年的 193.88 元，年均增长 18%（净增 129.02 元）。值得注意的是，工资性收入在 1995 年后超过了财产性收入和转移性收入的总和。家庭经营收入的变化同农民总收入的变化趋势基本相同。在 1988 年之前，家庭经营收入是上涨的，当年为 379.32 元，之后下跌到 1990 年的 279.54 元，两年期间下跌了 26.4%；在 1991 年，家庭经营收入创造了历史纪录，达到 479.72 元，是 1988 年的 1.26 倍。

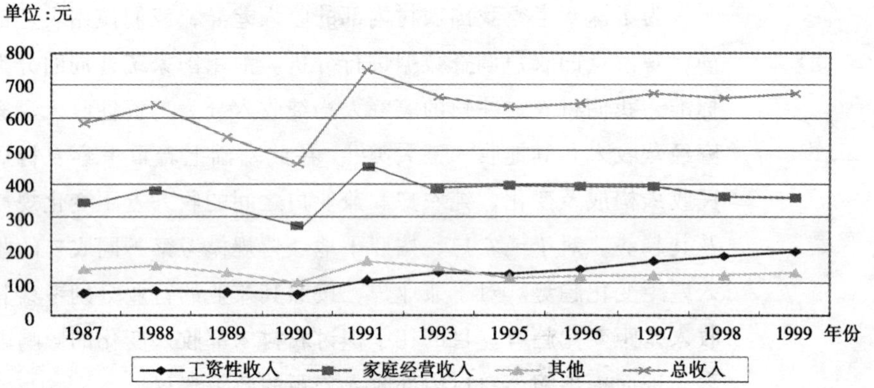

图 7－19　1987—1999 年农民分项收入及其变化趋势

从收入的构成及其变化趋势来看，工资性收入所占比例持续上涨，由 1987 年的 11.13% 上涨到 1999 年的 28.65%，几乎接近总收入的 1/3；家庭经营收入所占比例连年下跌，由 1987 年的 60.10% 跌到 1999 年的 52.69%，跌幅达到 7.41%；财产性收入和转移性收入所占比例在 20% 左右，1993 年以来有不断下跌的趋势（见图 7－20）。

（2）农村居民收入差距及其变化趋势

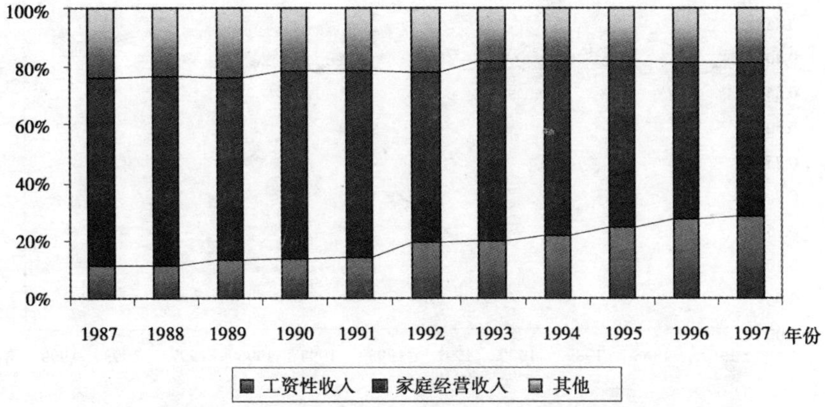

图 7－20　1987—1999 年农民收入的构成比例

为了分析农村居民收入差距及其变化趋势，我们使用固定观察点 8 个省份全体农户的人均纯收入及其分项收入分别计算农村居民收入的基尼系数和集中指数。

在 1987 年到 1999 年期间，我国农村居民人均纯收入的基尼系数大体在 0.4 左右，其变化同总收入的变化非常形似（见图 7－21）。在 1988 年到 1990 年间有比较明显的下降，在 1990 年到 1995 年间有较大幅度的波动，1995 年之后呈缓幅上升趋势。具体来讲，基尼系数从 1987 年的 0.386 上涨到 1999 年的 0.421，涨幅超过 9%。其中，在 1989 年（1989 年为 0.424）的增加之后迅速回落至 1990 年的 0.322；但是在 1991 年又上升至 0.455，增幅达 40%，随后又跌落至 1995 年的 0.381，突破了 1987 年的水平。在随后的 4 年时间缓幅上升到 1999 年的 0.423。

从分项收入对人均收入基尼系数的贡献来看，家庭经营收入在历年中所占的比重最大，但是呈逐年递减的趋势，由 1987 年的 56.66% 下降到 1999 年的 46.80%，降幅达 9.86%。工资性收入所占比例逐年上升，由 1987 年的 8.93% 上升到 1999 年的 27.76%，升幅达 18.83%。包括转移性收入和财产性收入的其他收入呈递减趋势，由 1987 年的 34.41% 下降到

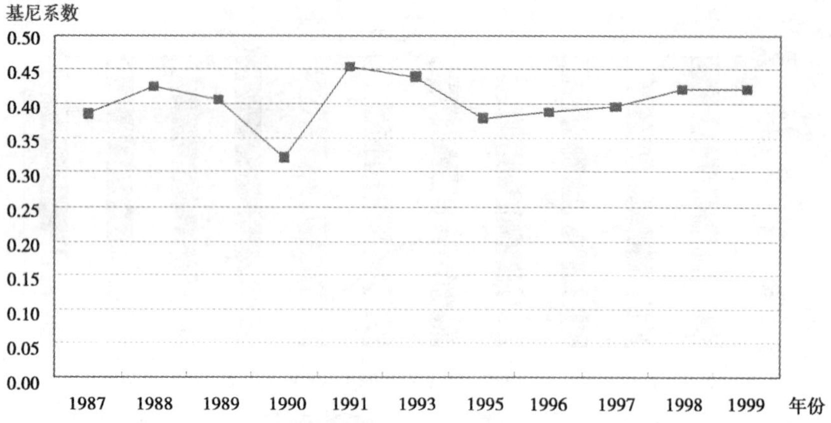

图 7－21　1987—1999 年我国农村居民收入的基尼系数

1999 年的 25.45%，降幅达 8.96%（见图 7－22）。可以看出，虽然家庭经营收入对基尼系数的贡献率较大（约占 50%），但是工资性收入的迅速增长是基尼系数不断增大的主要原因之一。这与市场经济改革后中国的现实相符。随着改革开放的深入，尤其是 1990 年之后，国家开放了劳动力市场，农村剩余劳动力获得了更多的市场参与机会，他们一部分在周边的乡镇企业获得了一定的收入，另一部分则常年在外打工，获得了可观的劳动收入。

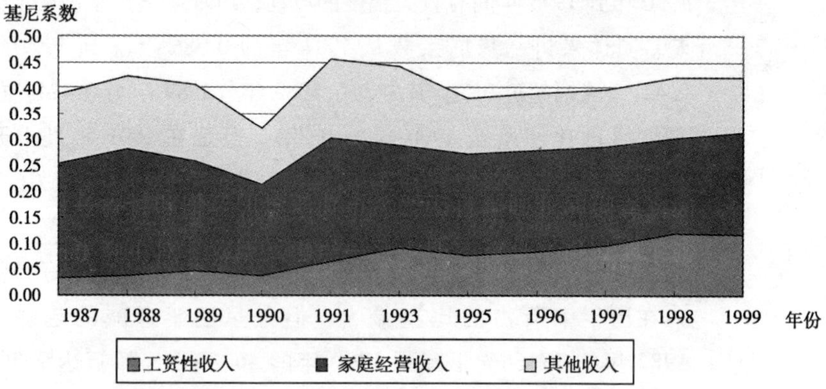

图 7－22　1987—1999 年分项收入对总的基尼系数的贡献

（3）纯农户和兼业户的人均纯收入及其变化趋势

在本节的分析中，我们将农户按家庭经营主业分为纯农户和兼业户分别论述。根据国家统计局的分类方法，按照农业总收入在家庭生产性总收入中所占的比重（设比重为 x）不同，将农户分为纯农户（$x \geq 95\%$）、农业兼业户（$50\% \leq x < 95\%$）、非农兼业户（$5\% \leq x < 50\%$）和非农户（$x < 5\%$）。

1987 年到 1999 年期间，纯农户和兼业户的人均纯收入发生了戏剧性的变化。在 1990 年之前，纯农户家庭的人均纯收入均大于兼业户家庭，但是有趋同的趋势，差距最大的年份是 1987 年，当年纯农户的人均纯收入为 583.8 元，高于兼业户 55.15 元。1991 年，兼业户人均纯收入首次高于纯农户，之后，兼业户的收入始终大于纯农户，两者的收入差距呈逐步扩大的趋势。到了 1999 年，兼业户和纯收入的人均纯收入分别为 647.96 元和 561.1 元，两者收入差距达 86.86 元（见图7－23）。

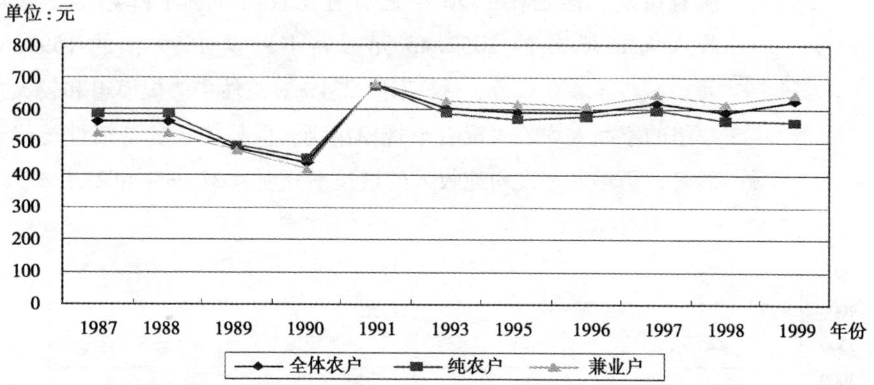

图 7－23　1987—1999 年我国农村纯农户和兼业户的人均纯收入

2. 纯农户内部收入差距的分析

（1）纯农户内部的分类标准

目前，对于农户按照经营面积的划分方法较多，但是均具有较大的主观性。在本节分析中，我们试图提出一种新方法，并用来对纯农户按照土地经营面积进行科学分组。这种分类方法充分利用了统计学原理，避免了主观性，也具有相当强的可操作性。

首先，假定农户家庭的人均土地经营面积服从对数正态分布，对人均土地经营面积先取对数，分别计算出取对数之后的人均土地经营面积（亩）的均值和方差。其次，以全部纯农户人均土地经营面积的均值为基数，分别对均值加减一个标准差和两个标准差，从而将全部纯农户按照其土地经营面积分为5组。分别为小规模组、中小规模组、中等规模组、较大规模组和大规模组（见表7－24）。

如图7－24所示，中小规模组农户家庭的人均纯收入虽然略少于小规模农户，但是其增长势头明显，家庭人均收入呈持续增长态势，年均增长28.51%，有超过小规模农户的趋势。大规模组的人均收入虽然在1991年到1996年期间高于除小规模和中小规模组的人均收入，甚至在1989年的时候高于其他所有组别，但是在1996年之后有比较明显的下降趋势，人均收入从1996年的2052.43元一路下跌至1999年的1591.81元，减少了460.62元，跌幅达22.4%。虽然中等规模组和较大规模组的家庭人均收入没有小规模组高，但是增长的持续性要优于后者，历年家庭人均纯收入的增长率分别为22.28%和25.2%。

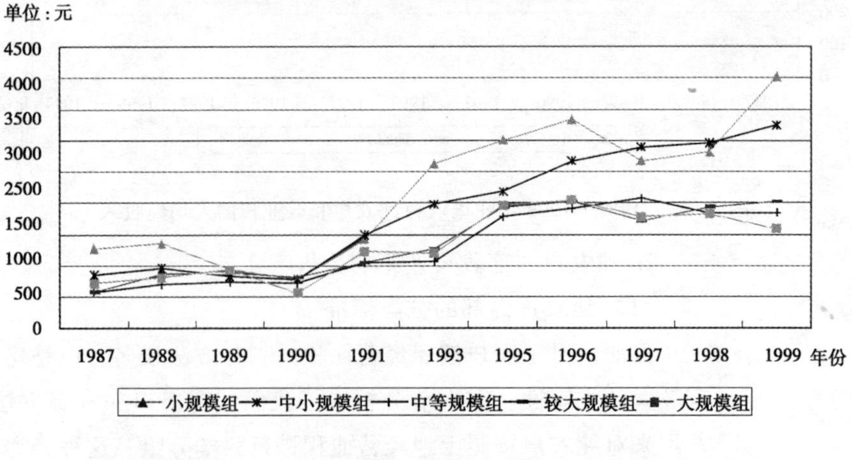

图7－24　1987—1999年不同土地经营规模的纯农户的人均纯收入

表 7－24　1987—1999 年我国纯农户的人均土地经营规模分组

年份	调查户数	人均经营规模(亩)	标准差	小规模组(a≤x<b)		中小规模组(b≤x<c)		中等规模组(c≤x<d)		较大规模组(d≤x<e)		大规模组(e≤x<f)	
				a	b	b	c	c	d	d	e	e	f
1987	4267	1.83	2.68	0.02	0.25	0.25	0.68	0.68	4.89	4.89	13.09	13.09	126.49
1988	4309	1.75	2.65	0.03	0.25	0.25	0.66	0.66	4.63	4.63	12.25	12.25	120.34
1989	4288	1.78	2.76	0.02	0.23	0.23	0.65	0.65	4.92	4.92	13.59	13.59	127.26
1990	2852	1.54	2.42	0.02	0.26	0.26	0.63	0.63	3.71	3.71	8.98	8.98	152.00
1991	1465	2.14	3.37	0.05	0.19	0.19	0.63	0.63	7.20	7.20	24.27	24.27	302.11
1993	3508	1.64	2.74	0.01	0.22	0.22	0.60	0.60	4.50	4.50	12.32	12.32	199.34
1995	3567	1.77	2.71	0.02	0.24	0.24	0.65	0.65	4.79	4.79	12.96	12.96	283.07
1996	3418	1.73	2.75	0.03	0.23	0.23	0.63	0.63	4.75	4.75	13.03	13.03	131.67
1997	3193	1.70	2.86	0.02	0.21	0.21	0.59	0.59	4.86	4.86	13.90	13.90	131.33
1998	2951	1.62	2.81	0.02	0.21	0.21	0.58	0.58	4.56	4.56	12.82	12.82	120.25
1999	2907	1.67	2.81	0.02	0.21	0.21	0.59	0.59	4.68	4.68	13.15	13.15	121.75

可以看出，家庭土地经营规模对于农户的收入有很大的影响。小规模农户由于土地经营面积较少，家庭劳动力以青壮年为主，农业的劳动生产力较高，所以土地的产出较高，同时，在1990年之后，随着国家劳动力市场的放开，许多小规模农户举家外出务工，只是在农忙时节才回家收种庄稼，这部分人的主要收入来源已经不依赖于土地。中等规模和中小规模的农户是收入增长持续性最强的两组，这是因为在目前技术水平和制度约束条件下，一方面，他们有较多的土地和比较丰富的劳动力从事多种经营，例如利用一部分土地种植经济作物，家庭剩余劳动力有机会从其他产业和外出务工中获得收入，这部分收入要高于单纯的土地产出；另一方面，反映出现有农业经营方式和土地制度条件有利于中等规模农户的生存和发展。较大规模农户和大规模农户家庭人均收入水平总体偏低，这意味着他们以种植业为主。因此，国家农业产业政策调整对于他们收入的影响较大。这反映在1990年到1996年期间，规模最大的两组农户收入增长比较迅速。所以说，政府应该加大对于大规模农户自身经营管理水平和农业投资的扶持。

（2）纯农户内部收入差距分析

为了深入分析影响纯农户内部收入差距的因素，我们在上述农户经营规模分组的基础上，通过计算泰尔指数进行分析（见图7－25）。

从1987年到1999年，按照土地经营规模大小划分的不同组别的纯农户泰尔指数波动较大，总体上呈上升趋势。1989年、1991年和1997年是泰尔指数的三个峰值，1990年、1995年和1998年是三个泰尔指数的谷底。这说明，按照经营规模划分的纯农户之间的收入差距变化明显，而且这种差距在不断加大，从1987年的0.246增长到1999年的0.369，增长了50%。这一结果同前述基尼系数的结果吻合。

从泰尔指数的构成来看，组间贡献率普遍较小，最大值1996年也不到27%，而且各年变化非常明显，但是历年的组

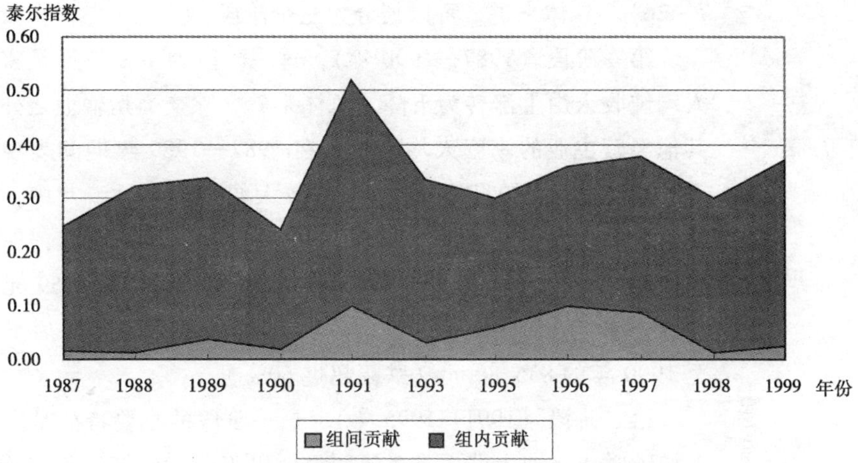

图 7－25　1987—1999 年纯农户内部的泰尔指数及其分解

内贡献率较大。这说明，20 世纪 80 年代末期，政府的农业产业政策没有对于不同土地经营规模的农户收入产生不同的影响，进而对于他们之间收入差距的扩大作用不很明显，但是 90 年代中期的农业产业政策的确在一定程度上对于同土地经营规模的农户收入差距的扩大起到了相当大的作用。这一点可以从组间贡献的峰值及其 90 年代的变化看出。值得注意的是虽然 90 年代末期的泰尔指数有扩大的趋势，但是组间贡献率明显减少，由此可以推测，90 年代中期的农业政策进行了调整，降低了不同土地经营规模农户对于政策变化的敏感性。

3. 兼业户之间收入差距的分析

按照固定观察点的指标设置，农户按照家庭经营主业可分为 10 类。分别为没有家庭经营、种植业、林业、畜牧业、渔业、工业、建筑业、交通运输业、包括餐饮娱乐等在内的服务业、其他。

（1）兼业户的人均纯收入及其变化趋势

总体来看，从 1987 年到 1999 年，不同类型兼业户的收入都是在波动中增长，但是增长和波动的幅度各不相同（见图

7 - 26)。具体来讲，可以划分为三个阶段：

第一阶段（1987—1990 年），这一阶段的主要特征是家庭人均纯收入由上涨转为下降。总体来看，除交通运输业之外的其他经营主业的家庭人均纯收入在 1987—1989 年期间表现为上升趋势，但是在 1990 年时又有较大幅度的下跌，其中，以建筑业的下跌最为明显，跌幅达 111.12%。在此期间，渔业人均纯收入的波动也比较明显，先由 1987 年的 1241.59 元增加到 1989 年的 2101.52 元（年均增幅达 34.6%），然后下跌至 1990 年的 835.80 元（跌幅超过 60%）。

第二阶段（1991—1995 年），这一阶段的主要特征是家庭人均纯收入迅速上涨而且增幅明显。以工业、建筑业和交通运输业为例，他们的家庭人均纯收入分别由 1990 年的 880.42 元、666.44 元和 1332.22 元上涨到 1995 年的 3513.94 元、3260.19 元和 4691.39 元，分别净增 2.99 倍、3.89 倍和 2.52 倍。此期间种植业、林业和畜牧业的人均收入相对较低，分别由 1990 年的 645.02 元、335.85 元和 844.87 元上涨到 1995 年的 1818.78 元、1181.65 元和 2306.45 元，分别净增 1.82 倍、2.52 倍和 1.73 倍。

第三阶段（1996—1999 年），这一阶段的主要特征是家庭人均纯收入继续上涨但涨幅明显放缓。1996 年之后，传统的农业产业中种植业和林业的人均收入开始减少，年均下跌分别为 0.39% 和 2.1%，相反畜牧业的收入呈增长趋势，年均增长 3.37%。在此期间，渔业的人均收入呈迅速下降趋势，年均下跌 7.67%。工业、建筑业和交通运输业中除工业的人均纯收入有较大幅度的上涨（年均涨幅达 6.75%）之外，后两者的人均纯收入分别以 12.42% 和 5.27% 的速度下跌。有趣的是，在此期间的服务业却在不断增长，人均纯收入的年均增长率为 5.5%。

一个需要注意的事实是，在上述三个阶段中种植业、林业和畜牧业家庭的人均纯收入均呈比较稳定的上涨趋势，分别由 1987 年的 515.59 元、287.09 元和 913.05 上涨到 1999 年的

2030.99 元、1867.64 元和 2567.01 元，涨幅分别为 2.7 倍、5.1 倍和 2.1 倍，其中以第二阶段的增长最为明显。

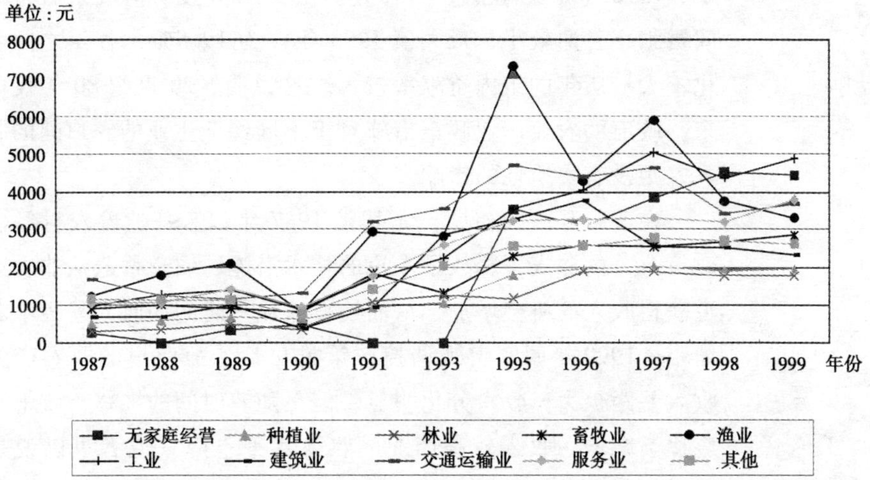

图 7－26　1987—1999 年不同经营类型兼业户的人均纯收入

（2）兼业户之间收入差距的分析

沿用上述分析方法，我们使用泰尔指数分别计算各个年份不同经营主业的兼业户的组间贡献和组内贡献（见图 7－27）。

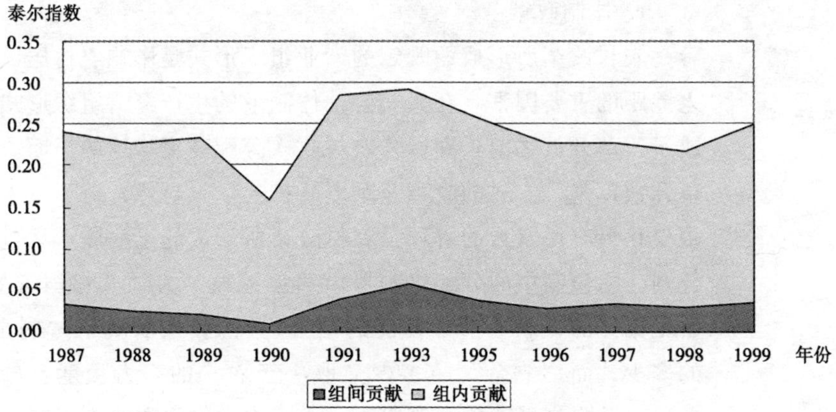

图 7－27　1987—1999 年兼业户内部的泰尔指数及其分项

从1987年到1999年，按照经营主业分类的农户收入泰尔指数波动较大，1989年、1993年和1999年是泰尔指数的峰值，1990年是泰尔指数的谷底。从泰尔指数的构成来看，组间贡献率普遍较小，最大值1993年仅为19.5%，各年之间变化不大；历年的组内贡献率较大。这说明，20世纪80年代以来，政府的农业产业政策措施对于不同经营主业的农户间的收入差距没有实质性的影响。

在改革开放的初期，尤其是1987年以来，随着农村经济政策改革的深入，释放了农户的技术潜能，农户普遍从非农渠道获得收入的机会增加，从而使得兼业户之间的收入差距不断缩小。1990年国家宏观调控政策推出后，兼业户的非农产业收入差距扩大，收入分化明显，但是随着时间的推移，政策效应逐渐减弱，收入较高产业的收入水平下降（或者可以说是收入较低产业的收入水平上升），使得收入差距逐渐缩小。

（二）分析结果和讨论

结合我国的农村改革和农业的发展水平，我们认为，影响我国农村内部收入差距的因素可以概括为：

1. 体制政策

农村改革所形成的既定的产业组织形式是影响农村居民收入差距的重要因素。在人民公社体制下的生产经营组织形式形成了改革开放之前长期以来农村收入分配高度均等的局面。改革开放以来，农村的收入差距不断扩大。很显然，对于收入差距变化最有说服力的解释是农村改革所形成的家庭联产承包责任制。承包制中的分配机制可以简单地概括为“交够国家的、留足集体的，剩下都是自己的”，农户的收入取决于“剩余”的多少，而“剩余”的多少又取决于农户的努力程度、自然条件以及生产经营能力等因素。由于农户之间在努力程度、自然条件以及生产经营能力等方面存在极大的差距，从而导致农户之间收入差距的不断扩大。

从政策层面来讲，政府在农村实行的税费政策通常是按照人头或土地面积来进行分摊，这种税费政策具有收入分配的“累退效应”，即富人和穷人都交纳大致相同的税费，对富人而言，税率是相对较低的，对穷人而言，税率则是较高的，因此，这种具有“累退效应”的税费政策实际上扩大了农民之间的实际收入差距。当然，从2001年以来，我国已经开始试点取消农业税，可以预见，农业税的取消能够减少以农业为主的农民的负担，进而增加他们的收入，在一定程度上缩小农村内部的收入差距。因为缺少相关的数据，我们尚无法进行详细分析。

2. 经济发展

转型期国家农业经济发展的一个普遍现象是从传统单一的农业经济逐步向农工商共同发展的现代经济转变。非农产业的发展使得其逐渐成为农村经济增长和农民增收的主要来源。同时，非农产业的发展对于农民提出了更高的要求。但是，由于农民个体在职业技能、知识积累、资本占有等方面存在着较大的差异，这就客观上使得不同农户从事非农产业的机会差异，自然形成了从非农产业中获得的收入必然存在较大差距。这是导致农村收入差距扩大的又一重要原因。可以预见，随着经济的发展和农户家庭经营的进一步分化，农民在资本占有、职业技能、知识积累等方面的分化将进一步加大，收入差距将继续扩大。

3. 参与国际经济体系的机会

改革开放初期，各地农民参与国际经济体系的机会普遍较少，随着改革的深入和对外开放力度的加大，给沿海地区以及部分农民带来了国际贸易的机会，他们更容易分享到国际分工的好处，从而带来更多的收入机会，这是形成农村内部收入差距扩大的另一重要原因。

四、缩小城乡、区域、农村内部收入差距的政策建议

（一）改革就业政策与户籍制度

一是加快改革户籍制度，给农民自由迁移的权利，城乡之

间要实现人口和劳动力无障碍迁移和流动，让农民有发展和增加收入的机会。二是清理就业歧视政策。目前，要进一步清理不利于、不便于农民进城务工的各种规定，为农民进城务工提供一个宽松、便利的环境。三是清理工资歧视政策。应进一步明确有关政策规定，打破农民工身份界限，逐步消除因身份不同而遭受的工资歧视。四是完善最低工资政策。目前，全国各省、区、市已普遍建立最低工资制度。合理调整最低工资标准并抓好落实，是保护并促进提高低收入者收入的基础性措施。五是落实并完善再就业政策。创造就业岗位提供给下岗失业人员；对下岗失业人员进行技能培训，提高其素质和再就业能力；对他们创业给予信贷、税收优惠；对吸纳下岗失业人员的单位给予信贷、税收优惠等等。

（二）对落后地区实行扶持政策

一是鼓励和支持社会各方面参与落后地区的开发和建设。二是扶持乡镇企业尤其是落后地区乡镇企业的发展。既然乡镇企业在地方经济发展中的作用越来越大，建议政府加强对乡镇企业，尤其是落后地区乡镇企业的扶持，通过税收优惠、产业扶持等措施促进乡镇企业的发展，进而提升其竞争能力，增加农村居民从乡镇企业获取收入的机会。三是帮助落后地区进行基础设施建设。四是促进人口和劳动力在地区间合理流动。包括两种形式：一种是人口从落后地区向发达地区顺向流动和迁移，另一种是人口从发达地区向落后地区逆向流动和迁移，达到提高素质、促进当地经济发展的目的。五是提供科技、信息资源，通过向落后地区输出科技、信息，改造、提升落后地区经济，促进落后地区的经济发展。

（三）实行公平的教育政策

一是抓好农村义务教育。二是抓好进城务工农民子女的义务教育，确保他们都能享受义务教育。三是抓好职业培训，包括农民进城务工的培训、下岗失业人员的再就业培训。四是抓好各类人才的开发，通过多种形式的教育，建设好人才队伍。

（四）完善税收调节机制

一是加大个人所得税征管力度，对高收入单位中的人员、高收入者重点征收个人所得税，加强审计、财务管理、银行账户的联动配合，摸清收入来源及其总量，在此基础上依法征收个人所得税。二是进一步完善个人所得税。提高征税起点，暂不提高累计税率，对将收入转入投资办企业的给予鼓励，给以适当税收优惠。三是研究开征遗产税和赠予所得税，缩小居民收入的差距。四是完善商品税政策。对基本生活必需品免税或征低税，对非基本生活必需品，特别是高档消费品，按高税率征税。

（五）加大对中西部地区的转移支付力度

一是加大对中西部特别是西部的转移支付力度，这是缩小区域间差距最有效的政策措施。转移支付的规模必须适当，要限定在国家财力所能允许的范围内。二是积极推进西部大开发战略，平衡地区间经济发展差距，不断缩小地区收入分配差距。

（六）完善和落实社会保障政策

一是完善社会保险政策。继续抓好养老、失业、医疗、工伤、生育等项社会保险的扩面征缴。将尽可能多的从业人员纳入到社会保险制度中来，并筹集好社保基金。健全社会保险制度，使灵活就业人员参保方便，使雇佣非全日制人员的企业有参保的积极性，新增添一些鼓励性政策，吸引企业参保。切实抓好各项社会保险金依法、按时、足额发放，切实保障低收入者群体的基本生活。二是完善社会福利政策。加大对农村地区社会福利的投入，抓好农村特别是城市郊区、远郊的社会福利建设工作。做好有选择性的社会福利工作，即对老弱病残、鳏寡孤独者提供相关福利，以保证并适当提高这一部分低收入居民的绝对收入和相对收入，从而减少贫困人数。三是社会救助政策。加快建立全国统一、规范和完善的社会救助体系，充分发挥其保障基本生活的“保低”作用。

上述内容所涉及数据，详见本节附表1至附表13。

附表1　　1980—2002年我国城乡居民人均纯收入

年份	名义收入（元）		实际收入（元）	
	农村	城镇	农村	城镇
1980	191.30	477.60	191.30	477.60
1985	397.60	739.10	355.32	686.90
1986	423.80	827.90	353.95	725.19
1987	462.60	916.00	355.11	755.52
1988	544.90	1119.40	346.55	785.77
1989	601.50	1373.90	328.93	808.40
1990	686.30	1510.20	370.49	850.33
1991	708.60	1700.60	363.96	936.01
1992	784.00	2026.60	370.80	1065.37
1993	921.60	2577.40	375.44	1191.66
1994	1221.00	3496.20	397.93	1309.94
1995	1577.70	4283.00	440.22	1365.73
1996	1926.10	4838.90	493.96	1430.02
1997	2090.10	5160.30	519.90	1487.81
1998	2162.00	5425.10	541.03	1579.95
1999	2210.30	5854.02	560.41	1730.83
2000	2253.40	6280.00	566.80	1858.64
2001	2366.40	6859.60	591.09	2014.06
2002	2475.60	7702.80	624.61	2270.72

说明：1. 历年农村和城镇居民的名义收入来自《中国统计年鉴》。

2. 历年农村和城镇居民的实际收入考虑到了消费物价指数（国家统计局）。

附表 2　　1987—1999 年我国农村居民实际人均纯收入

年份	人均总收入		工资性收入		家庭经营收入		其他	
	实际值（元）	百分比	实际值（元）	百分比	实际值（元）	百分比	实际值（元）	百分比
1987	582.69	100	64.86	11.13	379.32	65.10	138.51	23.77
1988	638.07	100	72.43	11.35	415.45	65.11	150.19	23.54
1989	542.28	100	69.68	12.85	343.64	63.37	128.96	23.78
1990	460.04	100	63.3	13.76	297.54	64.68	99.20	21.56
1991	749.53	100	107.02	14.28	479.72	64.00	162.79	21.72
1993	663.46	100	128.76	19.41	387.43	58.40	147.27	22.20
1995	634.67	100	125.14	19.72	395.78	62.36	113.75	17.92
1996	645.83	100	138.42	21.43	389.91	60.37	117.50	18.19
1997	677.42	100	164.5	24.28	391.50	57.79	121.42	17.92
1998	661.72	100	179.05	27.06	360.33	54.45	122.34	18.49
1999	676.81	100	193.88	28.65	356.59	52.69	126.34	18.67

注：以 1987 年为基期。

附表 3　　1980—2002 年我国三大经济地带农村居民实际人均纯收入　　单位：元

年份	东部	中部	西部
1980	225.35	189.94	171.59
1985	412.94	353.09	294.89
1986	429.12	353.38	296.66
1987	449.95	354.06	297.59
1988	447.84	338.02	299.01
1989	427.60	309.64	273.05
1990	450.52	356.92	302.47
1991	472.28	334.71	295.79
1992	490.22	350.14	291.08
1993	502.17	350.64	279.09
1994	523.71	382.51	290.35
1995	582.52	420.40	298.14
1996	639.42	487.11	331.84
1997	680.10	519.01	353.37
1998	704.03	543.29	380.66
1999	727.40	553.62	387.56
2000	741.62	555.51	401.35
2001	782.43	576.30	411.01
2002	835.49	609.78	437.83

注：以 1980 年为基期。

附表 4　　1987—2002 年我国三大经济地带农村居民收入的基尼系数及泰尔指数

	1987	1988	1989	1990	1991	1992	1993	1994
基尼系数	0. 2013	0. 2049	0. 2246	0. 2149	0. 2363	0. 2518	0. 2741	0. 2815
泰尔指数	0. 0628	0. 0650	0. 0789	0. 0724	0. 0871	0. 0990	0. 1170	0. 1228
	1995	1996	1997	1998	1999	2000	2001	2002
基尼系数	0. 2745	0. 2556	0. 2480	0. 2461	0. 2591	0. 2701	0. 2823	0. 2958
泰尔指数	0. 1175	0. 1025	0. 0969	0. 0957	0. 1061	0. 1153	0. 1266	0. 1387

附表 5　　1987—2002 年我国三大经济地带农村居民收入的泰尔指数及其分解

年份	泰尔指数	绝对值		相对数（%）	
		组间贡献	组内贡献	组间贡献	组内贡献
1987	0. 0628	0. 0106	0. 0522	16. 88	83. 12
1988	0. 0650	0. 0132	0. 0518	20. 31	79. 69
1989	0. 0789	0. 0144	0. 0644	18. 25	81. 62
1990	0. 0724	0. 0120	0. 0604	16. 57	83. 43
1991	0. 0871	0. 0166	0. 0706	19. 06	81. 06
1992	0. 0990	0. 0189	0. 0801	19. 09	80. 91
1993	0. 1170	0. 0244	0. 0926	20. 85	79. 15
1994	0. 1228	0. 0264	0. 0964	21. 50	78. 50
1995	0. 1175	0. 0307	0. 0868	26. 13	73. 87
1996	0. 1025	0. 0300	0. 0726	29. 27	70. 83
1997	0. 0969	0. 0299	0. 0670	30. 86	69. 14
1998	0. 0957	0. 0295	0. 0662	30. 83	69. 17
1999	0. 1061	0. 0298	0. 0764	28. 09	72. 01
2000	0. 1153	0. 0292	0. 0861	25. 33	74. 67
2001	0. 1266	0. 0306	0. 0960	24. 17	75. 83
2002	0. 1387	0. 0325	0. 1062	23. 43	76. 57

附表 6　　1987—2002 年我国的城乡居民收入的泰尔指数及其分解

年份	泰尔指数	绝对值		相对数（%）	
		组间贡献	组内贡献	组间贡献	组内贡献
1987	0. 0628	0. 0404	0. 0223	64. 45	35. 55
1988	0. 0650	0. 0404	0. 0246	62. 18	37. 82

续表

年份	泰尔指数	绝对值		相对数（%）	
		组间贡献	组内贡献	组间贡献	组内贡献
1989	0.0789	0.0525	0.0264	66.52	33.48
1990	0.0724	0.0503	0.0221	69.49	30.51
1991	0.0871	0.0568	0.0303	65.20	34.80
1992	0.0990	0.0660	0.0330	66.70	33.30
1993	0.1170	0.0784	0.0386	66.99	33.01
1994	0.1228	0.0818	0.0410	66.62	33.38
1995	0.1175	0.0717	0.0458	61.02	38.98
1996	0.1025	0.0575	0.0450	56.10	43.90
1997	0.0969	0.0535	0.0434	55.23	44.77
1998	0.0957	0.0526	0.0430	55.02	44.98
1999	0.1061	0.0619	0.0442	58.36	41.64
2000	0.1153	0.0706	0.0447	61.25	38.75
2001	0.1266	0.0799	0.0468	63.05	36.95
2002	0.1387	0.0928	0.0459	66.92	33.08

附表7　　1987—1999年按照土地经营规模划分的各组农户的人均实际纯收入

单位：元

年份	小规模组	中小规模组	中等规模组	较大规模组	大规模组
1987	1263.25	844.93	575.42	574.59	704.38
1988	1357.44	952.86	688.16	872.37	796.97
1989	926.38	823.10	729.64	886.69	944.89
1990	775.46	787.64	704.09	802.12	566.72
1991	1435.05	1496.47	1036.94	1037.44	1223.99
1993	2623.32	1990.06	1071.88	1272.03	1210.83
1995	3017.03	2193.33	1773.30	1932.09	1962.74
1996	3336.37	2671.02	1911.77	2031.50	2052.43
1997	2663.64	2903.39	2079.83	1723.78	1785.58
1998	2799.86	2958.49	1856.96	1933.61	1824.91
1999	4040.04	3253.92	1857.35	2022.47	1591.81

附表8　　1987—1999年纯农户各组人均纯收入的年均增长率

年均增长率	小规模组	中小规模组	中等规模组	较大规模组	大规模组
%	21.98	28.51	22.28	25.20	12.60

附表 9　1987—1999 年我国农村居民收入的基尼系数及其收入分项的贡献

年份	G0		G1		G2		G3	
	绝对值	百分比	绝对值	百分比	绝对值	百分比	绝对值	百分比
1987	0.3862	100.00	0.0345	8.93	0.2188	56.66	0.1329	34.41
1988	0.4243	100.00	0.0369	8.69	0.2445	57.63	0.1429	33.68
1989	0.4074	100.00	0.0483	11.85	0.2096	51.44	0.1496	36.71
1990	0.3222	100.00	0.0377	11.70	0.1759	54.58	0.1086	33.71
1991	0.4549	100.00	0.0657	14.44	0.2372	52.15	0.1520	33.41
1993	0.4397	100.00	0.0909	20.66	0.1991	45.27	0.1498	34.07
1995	0.3801	100.00	0.0769	20.22	0.1969	51.82	0.1062	27.96
1996	0.3881	100.00	0.0846	21.81	0.1929	49.71	0.1105	28.48
1997	0.3973	100.00	0.0974	24.51	0.1909	48.05	0.1090	27.45
1998	0.4218	100.00	0.1180	27.99	0.1873	44.41	0.1164	27.61
1999	0.4213	100.00	0.1169	27.76	0.1972	46.80	0.1072	25.45

注：G0——人均纯收入的基尼系数；

G1——工资性收入对总的基尼系数的贡献；

G2——家庭经营收入对总的基尼系数的贡献；

G3——其他收入对总的基尼系数的贡献。

附表 10　1987—1999 年不同经营类型兼业户的年均纯收入　单位：元

年份	无家庭经营	种植业	林业	畜牧业	渔业	工业	建筑业	交通运输业	服务业	其他
1987	275.00	515.59	287.09	913.05	1241.59	991.55	666.44	1678.04	1033.59	1176.67
1988	1.00	617.99	341.26	1000.80	1795.59	1265.80	694.19	1224.74	1048.37	1141.55
1989	328.75	675.90	481.02	918.56	2101.52	1372.50	1023.31	1155.60	1420.66	1116.11
1990	490.00	645.02	335.85	844.87	835.80	880.42	371.40	1332.22	944.60	762.80
1991	1.00	934.97	1104.58	1837.05	2920.38	1718.29	949.22	3202.27	1765.76	1437.38
1993	1.00	1066.84	1240.02	1303.60	2819.80	2246.60	2855.22	3538.42	2594.73	2010.39
1995	3516.25	1818.78	1181.65	2306.45	7308.59	3513.94	3260.19	4691.39	3243.12	2540.01
1996	3066.18	1965.16	1866.53	2591.09	4283.17	4049.24	3740.78	4387.55	3249.78	2547.71
1997	3844.67	2030.99	1867.64	2567.01	5893.98	5016.87	2562.80	4626.75	3318.30	2780.59
1998	4507.04	1918.66	1776.53	2669.45	3754.14	4357.76	2530.19	3402.24	3188.63	2702.06
1999	4433.85	1942.01	1750.89	2852.84	3298.06	4868.98	2346.58	3693.59	3785.71	2614.47

附表 11　　1987—1999 年不同经营类型兼业户人均纯收入的年均增长率

年份	无家庭经营	种植业	林业	畜牧业	渔业	工业	建筑业	交通运输业	服务业	其他
1987	0.00	0.00	0.00	0.00	0.00	0.00	0.00	0.00	0.00	0.00
1988	0.36	119.86	118.87	109.61	144.62	127.66	104.16	72.99	101.43	97.02
1989	32875.00	109.37	140.95	91.78	117.04	108.43	147.41	94.35	135.51	97.77
1990	149.05	95.43	69.82	91.98	39.77	64.15	36.29	115.28	66.49	68.34
1991	0.20	144.95	328.89	217.44	349.41	195.17	255.58	240.37	186.93	188.43
1993	100.00	114.10	112.26	70.96	96.56	130.75	300.80	110.50	146.95	139.86
1995	351624.80	170.48	95.29	176.93	259.19	156.41	114.18	132.58	124.99	126.34
1996	87.20	108.05	157.96	112.34	58.60	115.23	114.74	93.52	100.21	100.30
1997	125.39	103.35	100.06	99.07	137.61	123.90	68.51	105.45	102.11	109.14
1998	117.23	94.47	95.12	103.99	63.69	86.86	98.73	73.53	96.09	97.18
1999	98.38	101.22	98.56	106.87	87.85	111.73	92.74	108.56	118.73	96.76

附表 12　　1987—1999 年纯农户内部的泰尔指数及其分项

年份	泰尔指数	绝对数		相对数	
		组间贡献	组内贡献	组间贡献	组内贡献
1987	0.2456	0.0175	0.2282	0.0711	0.9289
1988	0.3190	0.0123	0.3067	0.0385	0.9615
1989	0.3038	0.0362	0.3002	0.1075	0.8925
1990	0.2211	0.0204	0.2191	0.0850	0.9150
1991	0.4274	0.0984	0.4176	0.1907	0.8093
1993	0.3323	0.0309	0.3015	0.0929	0.9071
1995	0.2474	0.0596	0.2414	0.1979	0.8021
1996	0.2686	0.0994	0.2587	0.2775	0.7225
1997	0.2990	0.0868	0.2903	0.2301	0.7699
1998	0.3005	0.0133	0.2872	0.0443	0.9557
1999	0.3695	0.0272	0.3423	0.0736	0.9264

附表 13　1987—1999 年兼业户内部的泰尔指数及其分项

年份	泰尔指数	绝对数		相对数	
		组间贡献	组内贡献	组间贡献	组内贡献
1987	0.2412	0.0329	0.2084	0.1362	0.8638
1988	0.2262	0.0249	0.2013	0.1100	0.8900
1989	0.2333	0.0217	0.2116	0.0929	0.9071
1990	0.1589	0.0090	0.1499	0.0567	0.9433
1991	0.2849	0.0393	0.2456	0.1380	0.8620
1993	0.2912	0.0569	0.2344	0.1952	0.8048
1995	0.2575	0.0377	0.2197	0.1465	0.8535
1996	0.2260	0.0269	0.1991	0.1192	0.8808
1997	0.2259	0.0336	0.1922	0.1489	0.8511
1998	0.2172	0.0288	0.1884	0.1325	0.8675
1999	0.2488	0.0345	0.2143	0.1387	0.8613

第五节

发达地区缩小城乡收入差距的个案调查①

一、上海市、浙江省、江苏省城乡居民收入差距现状及变化趋势

以 2003 年资料为依据，计算上海市、浙江省、江苏省农民人均收入水平及城乡居民收入差距状况，基本结果为：上海

① 本节内容选自农业部软科学课题“上海、浙江、江苏是如何缩小城乡居民收入差距的”（课题编号：200428），课题主持人：潘盛洲。

市农民人均纯收入6654元，是全国平均水平的2.54倍；城乡居民人均收入比为2.54:1，比全国平均水平小21%，即2003年上海市城乡居民收入差距比全国平均水平低21%。浙江省农民人均纯收入5389元，是全国平均水平的2.06倍；城乡居民人均收入比为2.45:1，比全国平均水平小24%，即2003年浙江省城乡居民收入差距比全国平均水平低24%。江苏省农民人均纯收入4239元，是全国平均水平的1.62倍；城乡居民人均收入比为2.18:1，比全国平均水平小33%，即2003年上海市城乡居民收入差距比全国平均水平低33%。相比而言，江苏省城乡居民收入差距最小。

2000年以来，上海市、浙江省、江苏省城乡居民收入差距的变化态势是：上海市由2000年的2.09:1变为2003年的2.54:1，扩大了21.5%；浙江省由2000年的2.18:1变为2003年的2.45:1，扩大了12.4%；江苏省由2000年的1.89:1变为2003年的2.18:1，扩大了15.3%。相比而言，浙江省城乡居民收入差距扩大幅度最小。

对上述情况可以作出两点解释：第一，上海市、浙江省、江苏省城乡居民收入差距明显小于全国平均水平，这充分说明，城乡居民收入差距的缩小是经济发展的结果，只有加快经济发展，提高综合经济实力，才能为缩小城乡居民收入差距创造条件，才能推动城乡居民收入差距的缩小。第二，上海市、浙江省、江苏省城乡居民收入差距仍呈扩大态势，但根据国际经验判断，目前的差距仍处在较为合理的水平，同时也说明，缩小城乡居民收入差距是一个长期的任务，需要较长的时间才能完全实现城乡居民收入差距的缩小和均等化。

二、上海市、浙江省、江苏省缩小城乡居民收入差距的主要做法

（一）上海市缩小城乡居民收入差距的做法

1. 体制上理顺市区（县）关系，分类指导发挥效应

全市以政府分级管理体制改革为主线，坚持“两级政府、两级管理”，根据区县发展的现状特点，先后研究出台了区县特强产业政策、财税体制改革政策等一系列政策措施，促进了区县快速发展，使区县经济实力不断增强，在全市经济社会发展中的地位和作用日益提高。2003年郊区经济实现增加值1978.5亿元，占全市GDP的31.7%；工业总产值5682.7亿元，占全市59%；财政收入492.9亿元，比1990年增长7倍；合同利用外资90亿美元。

2004年年初，为促进区县经济合理布局、协调发展，进一步完善“两级政府、两级管理”体制，针对各区县在全市“科教兴市”主战略实施和“四个中心”建设中的不同战略定位（即对中心城区政策导向突出发展现代服务业，郊区政策导向突出推进先进制造业），市政府制定出台了《关于市与区县财税体制改革的实施意见》，从2004年起分三步走，实施市与区县财税体制改革，力争通过分类指导、差别政策，实现市与区县两级政府财力配置的平稳调整和合理优化。

2. 重点推进“三个集中”，加快郊区发展

推进“三个集中”是上海郊区发展的重要战略举措，2003年上海市政府编制了《上海加快推进“三个集中”行动纲要》，并出台了相应配套性文件，建立了评估机制。

（1）农业向规模经营集中

着眼于率先实现农业现代化，1998年以来上海市开始实施新一轮农业结构调整，着重抓好产业结构、布局结构、功能结构和组织结构调整，农业的区域化布局、规模化生产正在逐步形成。2003年粮经作物播种面积比为35:65，全市优质水稻面积比例为87%。种植业制定了“三个三分之一”布局规划，即三分之一优质粮食作物，三分之一高效经济作物，三分之一林果、花卉。在功能结构方面，以服务全国为目标，努力构筑为全国农业服务的会展、物流、科技、信息、检测认证五大平台。另外，注重发展农民专业合作社和龙头企业，目前，全市

“农户+市场”的企业数达到350家。

（2）工业向园区集中

坚持集约节约用地的原则，明确郊区重点构筑六大制造业基地和九个市级工业区的目标，优化郊区工业区布局，优先发展“一业特强”，鼓励工业向园区集中。做到三个结合：一是与大交通枢纽结合。促使工业板块和现代交通、节点城镇在空间布局上形成合力，促进各类生产要素良性互动，进而提高工业区可持续发展能力和对内对外辐射能级。二是与城市化结合。使工业区布局以新城和中心镇为重点，工业区建设与城镇建设互为依托，在加速城镇产业形成的同时，引导人们的工作、居住和生活属地化。三是与发展基础相结合。充分依托和兼顾原有的基础设施、开发规模、产业特色和发展前景等重要基础，培育区县特色经济与优势产业，在全市范围内，构筑新型的产业体系。目前，“一业特强”成效凸现，嘉定的汽车及零配件制造、奉贤的输配电生产等已初具规模；九大市级工业园区已开发面积91.36平方公里，完成工业总产值1124.3亿元。

（3）农民居住向城镇集中

按照积极稳步推进郊区城市化的要求，坚持城镇规划与上海总体规划相衔接，以加快建设新城和中心镇为重点，构建中心城—新城—中心镇——般镇梯度辐射、层次分明、布局合理、各具特色的上海现代都市城镇体系。一是有序推进小城镇建设。按照风格各异、功能齐全的规划要求建设“一城九镇”试点，部分试点城镇特色风貌已经凸现，松江新城、安亭新镇已初具规模。二是鼓励宅基地置换。切实维护农民利益，不断改善农民生活环境，有序推进农民集中居住。至2003年底，郊区城镇建成面积680平方公里，城镇化水平为55%。

3. 建立农民增收长效机制，提高农民生活水平

坚决贯彻落实中央方针、政策，以提高农民收入为重点，建立农民长远利益保障机制。

（1）实行粮食生产保护机制，增加农民经营性收入

上海郊区目前还有5万户左右的纯农户，加大粮食生产支持力度，可以有效地提高专业种粮农户的实际收入。围绕两个确保（确保160万亩粮田面积，确保100万吨粮食总量），2004年研究落实了“一个取消，七项补贴”政策，深化农村税费改革。在前两年取消“村提留、乡统筹”，实行农业税“零税率”基础上，继续取消农民“义务工、积累工”，减少农民负担5366万元。实行种粮大户直接补贴、水稻良种补贴、粮田换茬绿肥补贴、出售余粮补贴、农机购置补贴、粮农生产投保补贴以及“三高”粮田建设补贴，全市财政（包括区县）安排资金2.82亿元，其中直接补贴到农户的资金1.52亿元，充分调动了农民的生产积极性，直接拉动郊区农民人均收入增长一个百分点。

在稳定粮食生产的基础上，从农业生产的经营机制着手，为农民增收创造条件。其一是减少农业经营人员，扩大农业经营规模。上海市每年转移农村富余劳动力10万人左右，农业经营规模逐年扩大，通过流转等方式，郊区已有上万户粮农经营规模达到30亩以上，以亩均收650—680元测算，户均收入1.5万—2.2万元。其二是推进农业组织化，增强农产品竞争力。近年来郊区扶持发展350多家农业产业化龙头企业和近万家营销组织，联结农户达40多万户，现有的农产品80%以上通过农业企业和营销组织进入市场，农产品商品率达到了83%。有160多个农产品获无公害、有机、绿色以及优质、安全、卫生质量认证，100多个品牌产品在市内外市场享有一定知名度，产品价格高于一般产品15%—30%，农户每亩耕地的经营收入平均达到了2500多元。

（2）建立城乡统一劳动力就业机制，提高农民工资性收入

2003年上海郊区农民收入中来自非农就业的工资性收入已占到83%，完善农村劳动力就业的各项政策机制，加快农村富余劳动力向非农产业转移，是促进农民增收工作的重中之重。

一是建立城乡一体化的劳动力市场。2003 年上海市委出台了 5 号文件，明确“一个体系、两个相同”，本市已经基本形成城乡一体的劳动力就业管理体制，农村富余劳动力非农就业纳入了劳动和社会保障部门的管理范围。全市形成了市劳动职业介绍市场、区县劳动和社会保障服务中心、乡镇劳动服务所三级就业服务体系，农民享受城镇居民同等的就业服务政策。

二是建立多层次、多渠道农民职业教育和技能培训体系。扩大农民非农就业，农民的教育、培训是关键。全市在普及九年义务教育制度的基础上，重点发展郊区中、高等职业技术教育，提高农民的文化技能水平。充分运用企业定向培训、电视远程教育等培训基地和社会化、开放式的教育培训网络，有针对性地对农民进行职业教育和技能培训，培训后的转岗就业率达到 80% 以上。对家庭经济有特殊困难的农民子女就学，实行“教育补助券”的救助措施。

在完善农民就业政策和机制的同时，依托工业园区、民营经济小区、小城镇建设挖掘本地区就业潜力，采取政府购买保洁、保安、保绿、保养等社区服务性岗位，优先吸纳农民就业。2004 年上半年，新增 8.87 万个非农就业岗位，农民工资性收入增长 8.6%。

(3) 完善农村社会保障制度，提高农民保障性收入

上海郊区经过不断探索和完善，已建立了农村最低生活保障线、农村社会养老、新型合作医疗“三位一体”的农村社会保障制度。

一是低保救助。根据经济和社会发展的实际水平，上海市农村低保救助标准逐年提高，2002 年郊区农村居民低保救助标准调整为家庭人均年收入 2240 元；海岛农村居民低保救助标准为家庭人均年收入 1980 元，低于标准者救助资金由市、区县、乡镇三级政府按比例负担。目前全市享受农村低保救助的对象有 9 万多人，年人均救助额为 1069.9 元。并基本实现

了“应保尽保”，贫困家庭和弱势群体的基本生活有了保障。

二是社会养老。分为三种情况：征地养老：因非农建设征用农民集体土地，男性超过55周岁、女性超过45周岁的农民享受征地养老，由用地单位为其一次性缴纳养老保险基金（男性约9万元，女性约11万元）。征地养老人员每月享受368—408元的养老金：农村养老：本市农村养老保险已有135万人参加，覆盖率达92%以上。农村社会养老保险累计筹集资金66亿元，年养老金保险收入10.09亿元，养老金领取人数39万人，年农村养老金平均每人每月75元。小城镇社会保险：自去年起本市全面推进小城镇社会保险（简称“镇保”）制度，到目前已有28万失地农民进入“镇保”。进入“镇保”的退休农民，今年养老金月均可达375元。计划用3—5年的时间基本实现“农保”向“镇保”的转换，使农村社会养老水平得到进一步提高。

三是合作医疗。上海郊区在农民自愿和集体、政府适当补贴基础上不断完善农村医疗制度。现农民参保率达到77%，合作医疗基金筹集总额4.5亿元。各级政府每年对合作医疗的扶持经费不低于每个参保农民30元。农民年均享受农村合作医疗的补偿费达到190元。近年来，郊区通过各级政府扶持资金和农民个人的部分上缴资金，建立了“大重病统筹基金”，专门用于参保农民5000元至2万元部分的大病补偿。

（二）浙江省缩小城乡收入差距的主要做法

2003年，浙江省城乡居民人均收入均居全国各省（市、区）第三位，城乡居民收入差距为2.45:1，明显低于全国3.24:1的平均差距水平，属于城乡居民收入差距相对较小的省。在增加农民收入、努力缩小城乡居民收入差距方面，浙江省主要采取了以下举措：

一是加快农业结构调整，大力发展效益农业，努力促进农业增效和农民增收。近年来，全省着力于突破“小而全”的传统农业发展格局，大力推进农业结构调整和产业化经营，积极探索以市场为导向、以效益为中心、以科技为支撑的效益农业发展新途径。目前全省有各类农业产业化经营组织7110个，从业人员89.7万人；固定资产297.4亿元，比上年增长34.8%；农产品批发市场693个，交易额585.6亿元，交易量6381万吨，分别比上年增长35%和21%；带动种植业基地865万亩、畜牧饲养1077万头、禽类饲养16018万羽、水产养殖184万亩，分别增长10.5%、17.4%、27.1%和18.1%。全省还有各类专业大户60多万户；工商资本投资农业已超过300亿元。

二是加快农民素质培训，促进农村富余劳动力向非农产业转移。2004年年初，省委、省政府作出了实施“千万农村劳动力素质培训工程”的决定，要求从2004年至2010年，全省培训农村劳动力1000万人，其中培训“专业农民”100万人，提高他们运用先进实用农业技术的能力，使他们成为建设现代农业的主体力量；培训“转业农民”400万人（以失地农民、转产渔民、下山移民和农村剩余劳动力为重点），提高他们的就业技能和整体素质，加快农村劳动力向第二、第三产业转移；培训“打工农民”500万人（已经在第二、第三产业就业的农村劳动力），提高他们的岗位技能，使他们加快成为先进制造业和第三产业的合格劳动者。2004年全省培训135万农村劳动力，转移就业60万人。

三是大力发展民营经济和区域块状经济，努力增加农民来自非农产业的收入。浙江省一直非常重视发展民营经济和区域块状经济，近年来出台了一系列鼓励扶持政策。到2003年底，全省生产总值中民营经济占70.1%，私营企业30.1万家，个体工商户159万户，个私从业人员782.3万人。全省个体私营经济工业总产值、销售总额、社会销售品零售总额和出口创汇额等四项指标，已连续6年居全国第一；全省商品交易市场总量达4036个，市场成交额达5599亿元，已连续13年名列全国第一；全省产值超亿元的各类特色产业区块519个，涉及175个大小行业和23.7万余家企业，年产值近6000亿元，约占全省工业年总产值的49%左右。正是由于民营经济和区域块状经济的发展，促进了农村工业化进程，大大增加了农民的非农产业收入。2003年浙江农民人均纯收入达到5431元，其中非农产业收入占81%，从事第二、第三产业已成为农民最主要的收入来源。如海宁市，农村大部分农民尤其是青壮年几乎都从事着非农产业，城乡差距的缩小主要得益于皮革、家纺、经编等多个产业集群的快速发展，转移了大量农村劳动力，目前该市农民的收入中有60%以上来自非农产业。

四是坚持实施城镇化战略，加快推进城乡一体化。从1998年开始，浙江省城市化水平基本上每年以近2个百分点的速度提高，近几年每年有90万农民转化为市民。2003年，浙江城市化水平按“五普”口径达53%，已进入了城乡一体化加快发展的新阶段；第一产从业人员在全社会从业人员中的比重减少到30.9%；全省55.2万“低保”对象中城市8.1万人、农村47.1万人，平均保障水平分别达到每人每月222元和116元。

五是加快以“新五保”为主要内容的农村社会保障体系建设。浙江省在全国率先建立了城乡一体的最低生活保障制度，把低收入农户纳入保障范围，所需资金由各级政府列入年度财政预算。2003年，全省共有最低生活保障对象55.3万人，其中城镇8.1万人、农村47.2万人，平均保障水平为城镇每人每月209元、农村每人每月116元；建立失地农民基本生活保障制度，要求各地多方筹资建立专项保障资金，其中政府承担部分不低于30%，从土地出让收益或财政中列支，集体和个人承担部分从土地补偿费、征地安置补助费中列支或抵交，失地农民每月可领取200—300元的基本生活保障金。2003年，全省已有52万失地农民参加了这一保障，占全部失地农民的1/4，其中有15万农民开始领取保障金；建立包括农民工在内的职工基本养老保险制度。制定了《浙江省职工基本养老保险条例》，把农民工纳入到基本养老保险范围。到2003年底，全省有657万职工参加了基本养老保险，增长15.6%。2003年9月，浙江省人民代表大会又颁布了《浙江省失业保险条例》，将农民工列入了失业保险的范围，并于2004年1月1日起实施；建立以县为单位的大病统筹农村合作医疗制度，省里规定统筹标准每人每年30元，财政补助每人每年在15元以上，要求到2007年所有的县都要建立这一制度，覆盖到80%以上的农户。目前，全省27个试点县都建立了这一制度。宁波和杭州的许多县财政补助达到60元。建立城乡孤寡老人集中供养和贫困农户子女免费入学制度。推行农村“五保”对象和城镇“三无”对象的集中供养，省里要求通过三年的努力，实现80%以上的农村“五保”对象实行集中供养。2003年，全省投入敬老院建设资金达5亿元，完成新建、改扩建敬老院354所，全省城镇“三无”对象、农村“五保”对象的集中供养率分别达到68.8%和49.5%，其中农村集中供养标准人均达到3200元，占上年农民人均收入的65%。同时，为了切实解决因贫上不起学的问题，对贫困家庭子女提供免费义务教育，对农村考上大学的贫困学生实行救助。

（三）江苏省缩小城乡居民收入差距的做法

江苏省紧紧围绕率先全面建成小康社会、率先基本实现现代化这个目标，坚持以增加农民收入为中心，统筹城乡经济社会发展，着力抓好“推进科教兴农、深化农村改革、调整农业结构、发展民营经济、加快劳务输出”五大重点，促进全省农业农村经济发展和农民增收，努力缩小城乡居民收入差距。

1. 大力推进科教兴农战略，发展现代农业、建设现代农村、培育现代农民对照“两个率先”目标，新时期农业和农村工作面临发展现代农业、建设现代农村、培育现代农民的重大任务，科教兴农不仅是农业，更要包括农村和农民。

(1) 围绕发展现代农业，以实施“农业品种、技术、知识三项更新工程”为重点，大力提高农业科技水平

2004年，省级财政安排农业三项工程资金1.6亿元、“星火计划”贷款贴息资金2000万元，重点支持农业科技项目发展。省里还安排5000万元财政资金，支持无公害农产品产地认定、优势农产品标准化生产技术规程的制定，完善农产品质量安全准入和实施品牌战略。

(2) 围绕建设现代农村，以加快农村新型社区建设为重点，大力提高农村文明程度

搞好村庄布局规划，形成县城、中心镇、中心村的一体化规划体系。2004年，省级财政安排资金1亿元，重点实施农村桥梁和河道疏浚项目，大力推进清洁家园、清洁村庄、清洁河道等活动，绿化美化农村，切实解决“脏、乱、差”的问题。积极引导广大农民群众建立科学、文明、健康的生活方式。

(3) 围绕培育现代农民，以实施现代农民教育工程为重点，大力提高农民的综合素质

2004年，省级财政安排资金4000万元，重点用于苏北和苏中地区农村劳动力培训。省有关部门研究起草了《江苏省现代农民教育和培训纲要》，计划通过3—5年的努力，基本形成农民教育和培训体系，加强对农民进行不同内容、不同形式的培训，全面提高农民的整体素质。

2. 围绕完善社会主义市场经济体制的要求，努力实现农村改革的新突破

一是深化农村税费改革。从2005年起，全部免除农民的农业税；积极稳妥地推进乡村区划调整，进行乡镇机构改革和人员精简分流工作，建立以县为主各级政府负责的农村义务教

育投入机制，开展村级债务化解工作。二是建立被征地农民的基本生活保障制度。从 2004 年初开始，将征地最低补偿标准由原来每亩 1.56 万元提高到分地区实行的 2.3 万元和 3.8 万元，在 28 个县（区）开展建立被征地农民基本生活保障试点，主要利用土地补偿费、安置补助费、20%—30% 的政府土地出让收益，设立被征地农民基本生活保障资金专户，按四个年龄段分别领取生活补助费或养老金，实现由人员安置、货币安置向保障安置的转变。三是推进农村社区股份合作制改革。苏州、无锡、常州、南通、南京、徐州等地的一些城中村、园中村和城乡结合部，拥有一定数量的集体经营性净资产并有较为稳定的经营性收入来源，多数群众有改革愿望和要求。全省已建成约 135 个村级集体经济股份合作组织。四是改革和创新农村金融体制。继续深化农村信用社改革，真正把信用社改造成为农村社区服务的地方性金融企业。目前，全省农村信用社系统成立了 83 家法人单位，组建了张家港、常熟、江阴 3 家农村商业银行，农村信用社存、贷款规模在全省列工、农、建行之后居第四位。通过发展农户小额信用贷款、联户担保贷款和扶贫小额贷款，发放支农贷款 526 亿元，逐步缓解农民贷款难的问题，为农民增收提供重要支持。五是建立健全农村社会保障体系。本着城乡统筹、合力推进、完善体制、提高水平的原则，着力建立农村养老保险制度、最低生活保障制度和合作医疗制度，不断提高覆盖率和保障水平。以县为单位推行乡镇企业职工参加社会保险，扩大进城务工的农村劳动力参加社会保险。

3. 加快农业结构调整，提高农业的综合生产能力和综合竞争能力

其一是大力推进优势特色农产品区域化布局。根据全省优势农产品产业化发展总体规划，优化各类生产要素配置，做大做强 16 个优势主导产业，推动优势农产品和特色农产品向优势产区集中，构建一批优势农产品的产业带，建设一批优势农

产品生产基地。其二是大力推进农业产业化经营。重点培育三大市场竞争主体，即壮大龙头企业、发展专业合作组织、健全农产品市场营销体系。省级财政每年拿出5000万元贴息资金，重点支持龙头企业采用新技术、开发新产品、建立原料基地、发展精深加工、开拓国内外市场，并在税费征收、用地用电等方面给予优惠，以促进它们加快发展。鼓励发展农村专业合作组织和行业协会。2004年，省财政继续安排专项资金重点支持50家农村专业合作组织和30家农产品行业协会。加强农产品批发市场建设。为扩大农产品销售，降低运输成本，省政府决定对苏北、苏中、茅山老区的鲜活农产品和省级龙头企业自产的农产品及其加工品运输开辟“绿色通道”，采取发放“绿色通道通行证”的形式，对持证车辆除高速公路外免收过路、过桥、过渡费。其三是大力提高农业外向化程度。坚持吸引外来资本、引进外来技术、开拓国外市场、利用国外资源“四外并举”。安排开放型农业发展资金3000万元，加快出口农产品基地建设，培育区域特色出口农产品，积极开展境外促销活动，培植一批具有国际知名度的江苏农产品品牌。

4. 大力发展民营经济，加快建立有利于富裕农民的农村经济结构

其一是推进开发区、小城镇和市场建设，着力打造农村民营经济发展的载体。在大力加强开发区硬件建设的同时，更加注重软件建设；在扩大投资规模的同时，更加注重投资强度，促进民营经济向产业集聚化、企业集群化发展。其二是加快体制、科技和管理创新，着力提高农村民营经济发展水平。推动建立以企业为主体的技术创新体系，增强企业核心竞争力。推动民营经济“铺天盖地”发展的同时，努力培育一批“顶天立地”的民营企业。其三是狠抓各项政策措施落实，着力优化农村民营经济发展环境。省委、省政府制订了《关于进一步加快民营经济发展的若干意见》和《关于进一步改善企业发展环境的规定》，进一步为民营企业发展提供及时、优质、

高效、低廉、畅通的服务。规划用3—5年时间，力争培育20个年营业收入在100亿元以上、200个年营业收入在10亿元以上和2000个年营业收入在1亿元以上的骨干私营企业。

5. 围绕实现“新增500万农民大转移”的目标，进一步加快农村劳务输出步伐

继续把农村劳务输出作为最大的农民致富工程来抓，围绕“新增500万农民大转移”的目标，进一步落实工作措施，强化工作责任。按照南北挂钩、城乡统筹、面向全国、拓展海外的思路，坚持苏南苏北联动、外输内转结合、就业创业并重、城市农村统筹、培训维权齐抓，重点抓好信息网络、技能培训、劳务市场、政策保障、组织协调五大体系建设，确保每年新增劳务输出50万人以上，力争达到70万人。各级党委、政府均建立了协调机构，加强对农村劳务输出的协调、督查、服务工作，加快农村劳务输出、促进农民增收致富的热潮已初步形成。

6. 办好农村“五件实事”，改善农民生产生活条件

根据统筹城乡发展的要求，从2003年起，用3年时间，投入200亿元，全面实施惠及农村千家万户的“五件实事”，改善农民生产生活条件。一是建立以大病统筹为主的新型农村合作医疗制度。省财政对转移支付县（市）和黄桥、茅山老区所属乡镇，按照参保农民每人每年给予10元补助，市、县配套10元，农民自交10元。同时，以县为单位建立农村医疗救助制度，完善农村贫困家庭医疗救助体系。二是实施新一轮农村改水攻坚工程，用3年时间将农村人口饮用卫生水覆盖面提高到95%以上，新增受益人口940万人。三是筹措资金2.3亿元，重点支持苏北16个经济薄弱县7万户贫困农户的草危房改造，并实行部门包村、干部包户、特困户包建的措施，确保完成三年改造任务。四是大力推进农村公路建设。全省投资160亿元，建成农村公路4万公里。三年内基本实现全省所有农村公路等级化、灰黑化，对财政补贴县每公里补贴15万元。

五是调整和完善农村税费改革政策。农村“五件实事”得到了基层广大干部群众的欢迎，进展顺利。2003年，全省农村改水受益人口344万人，自来水普及率已达85%，草危房改造8.2万户（其中苏北16个县改造3.5万户），新增农村公路通车里程6320公里，新型合作医疗在67个县（市、区）覆盖了48.7%的农村人口。“五件实事”的实施，有效地引导社会各方面增加了对农村的投入，改善了农民的生产和生活条件。

三、上海市、浙江省、江苏省缩小城乡居民收入差距的经验和启示

（一）经验总结

上海市、浙江省、江苏省增加农民收入、促进城乡居民收入差距缩小的具体做法有所不同，但有共同的经验。

1. 把农民增收纳入城乡经济社会发展的总体框架综合考虑

即在统筹城乡发展的方略下综合谋划促进农民增收的措施，而不是就农村来谈农村发展、就农民来谈农民增收。事实上，在目前的发展阶段，农民收入已经是一个全局问题，必须把农民增收放在国民经济社会发展的整个体系中统筹考虑。

2. 注重从财政投入上扶持农民增收

主要是增加财政对农业的投资，增加财政对节水灌溉、人畜饮水、乡村道路、农村沼气、农村水电、草场围栏等农村“六小”工程的投入，增加财政对减免农业税的转移支付，增加财政对农民粮食生产的直接补贴，增加财政对农民购买良种和农业机械的补贴，增加财政对农业产业化“龙头企业”的贴息资金等，构建财政支持农民增收的长效机制。

3. 注重挖掘农业内部的增收潜力

主要是推进农业结构调整，按照比较优势原则调整和优化农业结构，大力发展竞争优势明显的劳动密集型产品，如蔬菜、花卉、养殖等，粮食生产注重提高品质和专用化。农业结

构调整成为拉动农民增收的一个基本力量。

4. 注重大力发展非农产业，开辟农民增收的新领域和新空间

一方面大力发展乡镇企业，推进农村工业化，就地为农民创造非农就业机会，实现农民就业的非农化；另一方面鼓励农民进入城镇务工就业，发展劳务经济，推进农村城镇化。发展非农产业和外出务工，已经成为拉动农民增收的重要渠道。

5. 注重农村基础设施建设

加大对农村道路、能源、通讯、供水、环保等生产生活基础设施建设的投入，为农民增收创造良好外部条件，为缩小城乡差距创造条件。

6. 注重农村社会保障体系建设

逐步实行农村最低社会保障制度、农村贫困人口救助制度、失地农民就业和社会保障制度等，上海市还实行新征土地留一定比例给农民，让农民以土地入股或集体资产入股等形式，参与开发、建设，用土地的长期收益来保障农民的长远利益。

（二）重要启示

由上海市、浙江省、江苏省增加农民收入、促进城乡居民收入差距缩小的实践，可以得到以下几个重要启示：

1. 缩小城乡居民收入差距要靠政府的调节

根据经济学的一般理论，缩小城乡居民收入差距属于分配范畴，市场机制无法解决分配差距问题，解决分配差距必须依靠政府。因此，缩小城乡居民收入差距是政府的一项基本职能，应该主要通过政府行为而不是市场机制来促进农民收入的较快增加和城乡居民收入差距的缩小。

2. 缩小城乡居民收入差距关键是加快农民增收

城乡居民收入差距主要是由于农民收入增长慢造成的。因此，缩小城乡居民收入差距的关键是加快农民增收的速度，较

快地增加农民收入，而不是限制城镇居民收入的增长。通过限制城镇居民收入增长来实现城乡居民收入差距的缩小是消极的，而通过加快农民增收速度来实现城乡居民收入差距的缩小是积极的。只有加快农民收入增长，使农民收入较快增加，才能在城乡居民收入共同增长中缩小城乡居民收入差距，即要在城乡居民收入共同增长中通过农民收入的更快增长来实现城乡居民收入差距缩小的目标。

3. 缩小城乡居民收入差距要注重开辟农民增收的新领域

要从本地的实际出发，通过调整和优化结构，建立有利于农民增收的农业结构体系；要加快农村工业化步伐，把发展农村第二、第三产业作为农民增收的主渠道；要加快推进城镇化，把更多的农村富余劳动力转移到城镇就业和生活，这是富裕农民和实现城乡一体化的根本之路。

4. 缩小城乡居民收入差距要研究建立长效机制

城乡居民收入差距缩小是一个相对较长的过程，临时性的措施可以收到一些效果，但不能从根本上解决问题。必须建立长效机制，使增加农民收入的有效措施制度化、长期化、固定化，才能实现农民收入的持续快速增长，促进城乡居民收入差距的不断缩小。建立长效机制的关键是调整国民收入分配结构，使国民收入分配向农业、农村和农民倾斜，形成制度化、规范化、长期化的财政支持农民增收措施。

5. 缩小城乡居民收入差距需要加快探索建立农村的社会保障制度

农村社会保障制度是实现农民收入和生活稳定化的重要措施，是缩小城乡居民收入差距工作的重要内容，也是缩小城乡居民收入差距长效机制的重要内容。要重视建立农村社会保障制度，通过由点到面、由低层次到高层次、由较少项目到较多项目的探索和完善，推进农村社会保障制度与城镇接轨和城乡社会保障制度一体化。